U0930848

甘棠书系

清人联语别集笺注

王闿运联语笺注

主编……………常江

笺注……………王维灏

广西美术出版社

图书在版编目（CIP）数据

清人联语别集. 王闿运联语笺注 / 常江主编；王维灏笺注. -- 南宁：广西美术出版社，2025. 5.

ISBN 978-7-5494-2815-1

Ⅰ. I269.6

中国国家版本馆CIP数据核字第202514MQ61号

....

清人联语别集笺注 **王闿运联语笺注**

QINGREN LIANYU BIEJI JIANZHU WANG KAIYUN LIANYU JIANZHU

主　　编：常　江
笺　　注：王维灏
出 版 人：白竹林
总 策 划：谢　冬　杨　勇
策划编辑：刘　丽
责任编辑：马丽媛
书籍设计：陈　凌
美术编辑：李　冰
校　　对：李带舅
监　　制：黄庆云　莫明杰
出版发行：广西美术出版社
地　　址：广西南宁市青秀区望园路9号
邮　　编：530023
印　　刷：广西民族印刷包装集团有限公司
开　　本：787 mm × 1092 mm 1/16
字　　数：570千字
印　　张：29
版次印次：2025年5月第1版第1次印刷
书　　号：ISBN 978-7-5494-2815-1
定　　价：98.00元

甘棠书系

“清人联语别集笺注”编委会

王闿运像

总序

忘记是摄影还是绘画，也忘记在何时何地看到：一棵树，独绿于沙漠之上、阳光之下，亮丽，抢眼，比起“万绿丛中一点红”，多了几分震撼。

我曾久久地看着、想着、回味着，突然觉得那棵树是棠树，有很大很大树荫的棠树。那树下坐着办公的，不再是召公，而是得到召公遗爱的一群当代人。他们没想到治国安天下，只是将甘棠作为一种理念与信仰，在商量并且付诸行动：在棠树周围种出一片片联林，越种越远；这些树木，要常青常绿，高品质，高追求，以新的风景，改变“局部小气候”。

甘棠人开辟出的第一片风景，是“甘棠奖”。这个奖是不是权威，要历史认定，但它确定是高尚的：获奖者不是凭一副联，而是从年度作品中自选十副得意之作，靠的是整体水平；评奖者是个庞大的团队，几乎代表了时下楹联创作和研究的“天花板”，且见不到一位“楹联官员”的名字，却有诗词大家的位置，因此，他们的投票情况是敢于公布的；参加颁奖典礼的楹联人，竟可以享受走蓝地毯这样崇高的礼遇。

谁能想到，楹联创作的风景如此美好。

甘棠人开辟出的第二片风景，是“甘棠丛书”。出版丛书，是个长远的计划，有诸多的项目，恕我不能详加介绍，否则，既不符合甘棠人“做了再说”的风格，也让出版社的选题过早暴露。但第一个项目“清人联语别集笺注”丛书已经问世，是一定要说说的。

我曾经和许多人一样，对于各种文学史不收入楹联而愤愤不平，直到现在，如果哪种文学断代史、文学类型史说上几句楹联，我们都会报以热烈掌声，仿佛得到了高度认可，甚至某种胜利。可我们却从来不想想，怎么写进去，写什么进去。文学史的内容，主要就是作家与作品。假如我是一个工匠，要砌“文学史”这面墙，“杜甫诗”“稼轩词”大可放心使用，但拿起大名鼎鼎的“苏轼楹联”这块“砖”，你敢砌进去吗？苏轼是位雅人、俗人都喜欢的人物，他虽命运多舛，却是人们茶余饭后的喜剧角色，关于他的对联传说，是文人笔记中“蹭热点”的话题，到底哪些是真、哪些是假，没有人梳理过。把这样的“砖”砌进墙里，终成破洞；砌进堤内，终成管涌。难过的是，楹联界所谓“历代名人”的联语，几乎都没有被认真梳理过，满地都是“碎砖头”。全都凑凑合合堆进去，“文学史”岂不是“豆腐渣工程”？

平心而论，在当代楹联发展的早期，有心人注重搜集、出版各类楹联作品集，是有积极作用的。出现“听风就是雨”“不问青红皂白”“多多益善”的现象，也情有可原。几十年了，各地出版“集成”的高潮已经过去；该争论的话题，似乎永远不会停止；振奋人心的预言，留给未来。当下，有志于楹联文化的人，该重新考虑“楹联作家和作品”这一永恒的主题了。不研究“楹联作家和作品”，中国楹联史就没办法落笔；没有楹联史，楹联学就会残缺；不搞楹联学，楹联界还有什么“学术”可言？

然而，研究“楹联作家和作品”，很难，也很复杂。搜寻、整理、辑佚、增补就已经很不容易了，点校、辨伪、考讹、笺注更不是人人都敢碰的。研究“楹联作家和作品”要具备三个条件：有一个好的作品底本，可以与其他本子参校；有关于作家的丰富的史料，可以详尽地对照取舍；有一批具备历史眼光、学问功底和坚强毅力的学者，互相助力。

当甘棠人认识到“楹联作家和作品”的巨大价值和潜在意义之后，

便又一次聚集在棠树下。那里已经有创作团队，是活跃在联坛上的中坚力量；也有评审团队，是威望重、素养高、创研俱佳的诗联宿将；还有眼力独特、思维全面的甘棠风景的设计者。如今又有一些成就斐然的中青年学者，与德高望重的老先生们一起整装出发，去组建甘棠大军的先头部队，完成“清人联语别集笺注”丛书，努力让那些“养在深闺人未识”的对联集尽早地“飞入寻常百姓家”。按着规划，清人的作品集将分批出版，最先与读者见面的是张之洞、范当世、王闿运、俞樾、梁章钜等人的作品，成熟一批，出版一批，出版顺序与联家的社会地位、影响程度、作品高下毫无关系。

这样的系统工程，诗词人早就完成了，为诗史、词史提供了稳妥的资料，并积累了宝贵的经验。楹联界似乎才刚刚开始，亡羊补牢吧，该做的总要做，也总要有人来做。我们给这套书的定位是：既有史料意义，又有阅读价值，还能发挥一定的学术引导作用。

欢迎更多的朋友到棠树下聚合，甘棠人，永远在创造新风景的路上。

常江

癸卯二伏于北京丰台两栖轩

序

王闿运（1833—1916年），字壬秋，又字壬父，号湘绮，世称湘绮先生，其先祖于明代自江西徙居湖南衡阳西乡，居数世，后迁居湘潭城外。王闿运原名开运，后因与县令同名，改名闿运。王于咸丰五年（1855年）参加乡试，中第五名举人，参与湘军谋划，后又至京入肃顺家任教，曾多次向曾国藩进言。同治元年（1862年）入唐训方幕、阎敬铭幕，后辞归。光绪五年（1879年），王闿运应四川总督丁宝桢之邀入川担任尊经书院山长，廖平、戴光等皆出其门下。光绪十二年（1886年），王闿运辞归湖南，先后主持长沙思贤讲舍、衡州船山书院。光绪二十八年（1902年）主办南昌高等学堂，但不久即辞退回湘，在湘绮楼讲学授徒。光绪三十二年（1906年），湖南巡抚岑春蓂上书表其德行，清政府授予他翰林院检讨的官职，宣统三年（1911年）又加封他为翰林院侍讲。民国三年（1914年）受袁世凯聘入国史馆任馆长，编修国史，兼任参议院参政，后辞归。民国五年（1916年），八十三岁高龄的王闿运在家乡无疾而终，当时总统黎元洪亲作神道碑文，湖南、四川等省均致公祭之文，享誉极盛。王闿运好治经学，并以致用为目的，著作有《湘绮楼诗集》《湘绮楼文集》《湘绮楼笺启》《八代诗选》《唐七言诗选》《楚辞注》《桂阳州志》《东安县志》《衡阳县志》《湘潭县志》《湘军志》等。王闿运弟子众多，其中知名者有杨度、杨庄、杨钧、夏寿田、齐白石、八指头陀、宋育仁、杨锐、廖平、胡元仪、易顺鼎、刘揆一、马宗霍等。

王闿运不仅是晚清重要的文化人物，也是湖湘地区的对联大家，在《湘绮楼联语》中，收录他的对联有三百六十四副，其中尤以院宇联三十一副和哀挽联一百七十副为佳。王闿运的对联文字沉稳，风格雅正，善于用典，除部分应酬之作外大多为佳联。他的对联除了有文学价值外，因他一生经历道光、咸丰、同治、光绪、宣统以及民国时期，且足迹遍布湖南、湖北、江西、北京、天津、四川、江苏、浙江、陕西、河南、河北等地，还可以说是反映了整个晚清阶段的历史。而且王闿运与曾国藩、李鸿章、张之洞、肃顺、岑春煊、岑春蓂、陈士杰、郭嵩焘、曾纪泽、瞿鸿禨、黎元洪、袁世凯等重要历史人物以及当时的文化人物皆有往来，因此其联本身也有着很高的历史研究价值。单纯读其联语，若对所写之人不熟悉，会导致很难读懂所涉之事迹典故，因此就有了为《湘绮楼联语》作笺注的想法。

《湘绮楼联语》为王闿运所撰的联语集，最早的版本为民国六年（1917年）湘绮楼藏版，原书共四卷，分为院宇（31联）、荣庆（33联）、哀挽（170联）、赠句（132联），后岳麓书社点校铅印本，将王闿运佚联23首（一说29首）编为第五卷补遗，此即为王闿运的主要楹联作品。本书即以这些楹联作为笺注的对象，然后增补了一些出自《湘绮楼日记》的楹联。此外，还有一些散佚的对联，也传是王闿运所撰，惜无更多证据佐证，故本书未予笺注。前四卷的对联顺序皆按照《湘绮楼联语》原书，其中卷四赠句中插入了集句联54副，也是按原书的编排顺序。

笺注《湘绮楼联语》中的对联，最难的部分是其中的哀挽联一百七十联，除了部分联的被挽者是非常明确的以外，有很多联的被挽者并不十分出名，而如不能了解被挽者的生平事迹，就很难理解联语中的事迹典故。因此，笺注的第一目标是找到被挽者的真实身份。好在通过《湘绮楼日记》以及其他的诸多文史资料，大部分联都能定位到明确的对象，且能和联语印证相符，这对我们学习王闿运的楹联艺术有着非常重要的价值。此外，了解王闿运每一副对联的创作时间、地点以及背景，也将有助于我们解读和理解其中的含义，故而本书在这两方面花费了较多的笔墨。

本书自辛丑年（2022年）成初稿，又经删改数稿，终于定稿。在撰写的过程中，得到了诸多师友的指点和帮助，特此表示感谢。此外，由于水平有限，难免会有错漏谬误之处，有待方家指正。

壬寅冬兰台于上海

凡例

一、本书以《湘绮楼联语》（民国六年湘绮楼藏版）为基础而作笺注，原书共366联，分为院宇（31联）、荣庆（33联）、哀挽（170联）、赠句（132联），即本书前四卷。为保持书籍原貌，联语次序未作调整。

二、本书第五卷为补遗，主要收录于《湘绮楼日记》有记载或有章可循，但未见于《湘绮楼联语》的32联。此外还有一些流传于网上或其他书籍中的对联，虽然也说是王闿运所作，但缺乏更多的实据，故本书未收录。

三、本书第六卷为补遗（又），是笔者于《湘绮楼日记》中发现的对联，未见于前人记载，故录为补遗（又）。

四、除了部分异体字以外，原文中繁体字基本都已改为简体字。注释主要针对联语中的部分词语和典故，以及集句联的出处。

五、附录中的《王闿运年谱简编》及王闿运相关资料，主要依据王代功《湘绮府君年谱》，并参考其他资料，整理而成。

六、本书在笺注过程中参考了较多书籍和文献，基本已列在《主要参考书目》中，但仍难免会有遗漏，特此说明。

目次

卷一　院宇

卷二 荣庆

卷三　哀挽

卷四　赠句

卷五　补遗

卷六　补遗（又）

附录

卷一 院宇

眼明小阁浮烟翠
身在荷香水影中

书衡仁兄雅正

阆蓮

回雁峰东寮

明窗啜茗时，半日闲，三日忙，须勘破庭前竹影；

画船携酒处，衡山月，嶷山雨，冷思量城外钟声。

【注释】

勘破庭前竹影：用王守仁格竹之典。钱德洪《王文成公年谱》："五年壬子，先生二十一岁，在越。……是年为宋儒格物之学。先生始侍龙山公于京师，遍求考亭遗书读之，一日思先儒谓'众物必有表里精粗，一草一木，皆涵至理。'官署中多竹，即取竹格之，深思其理不得，遂遇疾；先生自委圣贤有分，乃随世就辞章之学。"

画船：装饰华美的游船。南朝梁元帝《玄圃牛渚矶碑》："画船向浦，锦缆牵矶。"

嶷山：九嶷山，又名苍梧山。位于永州市宁远县城南，属南岭山脉之萌渚岭，纵横二千余里，南接罗浮山，北连衡岳。

城外钟声：用张继"姑苏城外寒山寺，夜半钟声到客船"之典。

【解析】

回雁峰坐落于湖南省衡阳市雁峰区，为八百里南岳衡山七十二峰之首，又称南岳第一峰。峰名由来有二，一曰：北雁南来，至此越冬，待来年春暖而归；二曰：山形似一只鸿雁伸颈昂头，舒足展翅欲腾空飞翔。

同治十一年（1872年）（壬申）九月二十五日，王闿运"作雁峰东寮一联"，并同李篁仙等好友聚饮，并"与耕云借表还乡用"。联写山居之悠闲，宴饮之意趣，上联作慕古之思，而下联有思乡之意，为写先生当日之真实心思。

【考辩】

《湘绮楼日记》同治十一年九月二十五日有记载，文字一致。

《古今联语汇选》亦收录此联，文字一致。

西禅寺

湖南无十方丛林，一方大缺典也。普明上人尝议以西禅寺公之法侣，示寂后，法裔秀枝师愿成之。栋宇狭小，香田租少，惧不副众望，运本寺中道徒，犹惴惴焉。乃有碧崖和尚以无边宏愿，行不思议功果，且捨且募，不三年成百万大工，斯实海内希有之事。于今世举一事而先咨嗟者，识力为何如也。工成庆赞，因题柱志愧。

弹指见华严，看天马云开，一角小山藏世界；

观心礼尊宿，听木鱼晨叩，十方古德应斋期。

【注释】

弹指：捻弹手指作声，佛家多以喻时间短暂，亦表示欢喜、赞叹、许诺、觉悟等。《法华经·神力品》：“一时謦欬，俱共弹指。”《吉藏义疏》：“弹指者，表觉悟众生。”

华严：佛万德譬如华，以如华之万德庄严法身，故称华严。此处犹言华严经所指华藏世界之三位圣者毗卢遮那佛、普贤菩萨、文殊师利菩萨。

天马：天马山，在湖南省衡阳市南部雁峰区，西禅寺即在天马山上。

观心：观察心性。佛教以心为万法的主体，无一事在心外，故观心即能究明一切事理。

尊宿：亦作“尊夙”。指年老而有名望的高僧。贾岛《送灵应上人》：“遍参尊宿游方久，名岳奇峰问此公。”

十方：佛教谓东南西北及四维上下。《宋书·夷蛮传·呵罗单国》：“身光明照，如水中月，如日初出，眉间白豪，普照十方。”徐陵《为贞阳侯重与王太尉书》：“菩萨之化行于十方，仁寿之功沾于万国。”

古德：佛教徒对年高有道的高僧的尊称。《景德传灯录·诸方广语》：“先贤古德，硕学高人，博达古今，洞明教网。”

斋期：佛教斋戒的日期，小乘禁过午食，以午前、午中进食为斋；大乘禁肉食，以素食为斋。又有六斋日、十斋日之说。

【解析】

西禅寺在湖南衡阳，位于衡阳市城南天马山，旧史称西禅寺始建于宋，原址在衡阳市大西门外里许，今已废。该寺于宋时由花药寺开派而来。后经普明禅师、秀枝禅师、碧崖禅师改禅寺为十方丛林并重修，以弘扬佛法。

佛寺道观，因住持传承的方式不同，可分为“子孙丛林”和“十方丛林”两类。子孙丛林，由自己所度的弟子轮流住持，是一种师资相承的世袭制，故又称为剃度丛林。十方丛林，往往邀请名宿住持，并由官吏监督选举。因此将子孙丛林改为十方丛林，当有极大之勇气。

光绪二十四年（1898年）十月一日，王闿运“为西禅寺改丛林，题一联以赞碧崖和尚之勇猛”。故上联扣其地理，下联赞其高僧，隐合禅意。

【考辩】

《湘绮楼日记》光绪二十四年十月一日有记载，文字一致。

《师竹庐联话》《对联话》亦收录此联，文字一致。

江南关公祠

杯酒斩颜良，河北英雄齐丧胆；

单刀会鲁肃，江南名士尽低头。

【注释】

杯酒斩颜良：《三国志·蜀书·关张马黄赵传》“绍遣大将军颜良攻东郡太守刘延于白马，曹公使张辽及羽为先锋击之。羽望见良麾盖，策马刺良于万众之中，斩其首还，绍诸将莫能当者，遂解白马围”。

单刀会鲁肃：《三国志·吴书·周瑜鲁肃吕蒙传》“备既定益州，权求长沙、零、桂，备不承旨，权遣吕蒙率众近取。备闻，自还公安，遣羽争三郡。肃住益阳，与羽相拒。肃邀羽相见，各驻兵马百步上，但诸将军单刀俱会。肃因责数羽曰：‘国家区区本以土地借卿家者，卿家军败远来，无以为资故也。今已得益州，既无奉还之意，但求三郡，又不从命。’语未究竟，坐有一人曰：‘夫土地者，惟德所在耳，何常之有！’肃厉声呵之，辞色甚切。羽操刀起谓曰：‘此自国家事，是人何知！’目使之去。备遂割湘水为界，于是罢军”。

【解析】

江南关公祠在南京，为祭祀三国关羽之祠庙。

此联为题江南关公祠，所述皆关公事。然如按原注，颜良为华雄之误，虽合《三国演义》“温酒斩华雄”之事，但是斩华雄事却与河北英雄无关，而唯有斩颜良方能使河北英雄丧胆。某版本作“匹马斩颜良”，或许更加合适。关公单刀赴会之事，按《三国志》所述，其实与鲁肃是平分秋色，未占到任何便宜。按《三国演义》所述，则关公之忠勇压江南众人多矣。联语亦有讽江南文士之意。

【考辩】

《师竹庐联话》《古今联语汇选》亦收录此联，文字一致。

东洲禅寺

衡府东洲罗汉寺，乃前明旧刹，几三百年。建船山书院于前，适余主讲，柏永禅师主寺，相邻十年，因题柱以志因缘。

竹树护精庐，林乌似识前朝事；

钟鱼答弦诵，芋火还容宰相分。

【注释】

精庐：既为学舍、读书讲学之所，亦指佛寺、僧舍。《后汉书·卷五三·姜肱传》：“盗闻而感悔，后乃就精庐，求见征君。”《北齐书·卷三四·杨愔传》：“州内有愔家旧佛寺，入精庐礼拜，见太傅容像，悲感恸哭。”

林乌：林中之鸟雀。曾巩《初夏有感》：“林乌梁燕各生子，翅羽已足争飞腾。”

钟鱼：寺院撞钟之木，因制成鲸鱼形，故称。亦借指钟、钟声。黄庭坚《阻风入长芦寺》：“金碧动江水，钟鱼到客船。”

弦诵：古代授《诗》、学《诗》，配弦乐而歌者为弦歌，无乐而朗读者为诵，合称“弦诵”。后泛指授业、诵读之事。《晋书·儒林传序》："虽尊儒劝学，亟降于纶言；东序西胶，未闻于弦诵。"

芋火还容宰相分：唐代衡岳寺僧明瓒性懒食残，号懒残。李泌尝读书寺中，异其所为，深夜往谒，懒残拨火取芋以啖之，曰："慎勿多言，领取十年宰相。"后泌显达，封为邺侯。事见《宋高僧传》卷十九。

【解析】

东洲禅寺位于东洲岛，在湖南省衡阳市区东南面的湘江中央。

光绪二十八年（1902年）十月五日，王闿运记"邻僧来求楹联并赠诗，因题一联"，即为此联，诗为：

东林近在雁峰南，虎踞中流波影涵。

雉出损根删密竹，鹰盘云顶见高杉。

瞿昙帝释知同记，弥勒维摩共一龛。

等是忘情隔尘世，木鱼声里唤堂参。

此联主要写书院和邻寺相通之谊，并自比为李泌，将禅师比高僧懒残，足见香火因缘。

【考辩】

《湘绮楼日记》光绪二十八年十月五日有记载，文字一致。

《师竹庐联话》《古今联语汇选》亦收录此联，文字一致。

多宝寺

四川彭县牡丹甚多。

山中昼永看花久；

树外天空任鸟飞。

【注释】

昼永：白昼漫长。林逋《病中谢冯彭年见访》诗："山空门自掩，昼永枕频移。"

天空任鸟飞：言天之空旷，可任鸟飞翔。阮阅《诗话总龟前集》卷三十引《古今诗话》谓：唐代大历年间，禅僧元览在竹上题诗"大海从鱼跃，长空任鸟飞"。

【解析】

多宝寺在四川彭县（今彭州）丹景山最高处，今名金华寺。

光绪七年（1881年）三月十六日王闿运至多宝寺，为看花而留宿，次日写此联。斯处牡丹极盛，又有子规夜啼，故此联写多宝寺之景甚肖也。

【考辩】

《湘绮楼日记》光绪七年三月十七日有记载，文字一致。

《师竹庐联话》《古今联语汇选》亦收录此联，文字一致。

伊山寺

明月似闻三弄笛；

白云长对六朝山。

【注释】

三弄笛：礼乐名。《晋书·桓伊传》："徽之便令人谓伊曰：'闻君善吹笛，试为我一奏。'伊是时已贵显，素闻徽之名，便下车，踞胡床为作三调。弄毕，便上车去，客主不交一言。"王士祯《秋柳四首》之一："莫听临风三弄笛，玉关哀怨总难论。"

六朝：指东吴、东晋，南朝宋、齐、梁、陈六朝。许嵩《建康实录》："具六朝君臣行事，事有详简，文有机要，不必备举。"张敦颐亦有《六朝事迹编类》。

【解析】

伊山寺在衡阳市衡阳县云锦峰下，始建于魏晋年间，因东晋桓伊幼年于此读书遂得名。

上联“三弄笛”即说桓伊事，下联作怀古之思，见意境。

【考辩】

《师竹庐联话》《古今联语汇选》亦收录此联，文字一致。

东洲船山书院

海疆归日启文场，须知回雁传经，南岳万年扶正统；

石鼓宗风承宋派，更与重华敷衽，成均九奏协箫韶。

【注释】

海疆归日启文场：光绪十年（1884年），中法战争期间，彭玉麟奉旨赴广东办理防务。光绪十一年（1885年），率老将冯子材抗击法军，在镇南关、谅山大捷，不久后，中法和议达成，彭玉麟遂停战撤兵，因病乞休回到衡阳。光绪十二年（1886年），彭玉麟捐俸银一万二千两，迁船山书院到东洲。本句即说此事。

回雁：衡山第一峰回雁峰。

石鼓：指石鼓书院，位于湖南省中南重要城市衡阳市石鼓区石鼓山，与应天书院、白鹿洞书院、岳麓书院并称四大书院，彭玉麟曾在此驻军。

宗风：原指佛教各宗系特有的风格、传统，多用于禅宗。此处为流派、风格之意。元好问《夏山风雨》：“惨澹经营有许功，吴僧谁得嗣宗风。”

重华：舜，姚姓，妫氏，名重华。《史记五帝本纪》：“虞舜者，名曰重华。”

敷衽：解开襟衽，表示坦诚。《楚辞·离骚》：“跪敷衽以陈辞兮，耿吾既得此中正。”

成均：古之大学。《周礼·春官·大司乐》：“掌成均之法，以治建国之学政，而合国之子弟焉。”注引董仲舒云：“五帝名大学曰成均。”

九奏：行礼奏乐九曲。《书·益稷》：“箫韶九成，凤凰来仪。”孔颖达疏：“成，谓乐曲成也。郑云：‘成，犹终也。每曲一终，必变更奏。’故经言九成，传言九奏，周礼谓之九变，其实一也。”白居易《禽虫十二章序》：“微之梦得尝云：‘此乃九奏中新声，八珍中异味也。’”

箫韶：舜乐名。《书·益稷》：“箫韶九成，凤凰来仪。”

【解析】

船山书院坐落于湖南省衡阳市雁峰区东洲岛，清光绪八年（1882年）湖南提学使朱逌然倡议建立，彭玉麟、王之春、杨概、程商霖、蒋霞初等集捐，在衡阳城内王衙坪；光绪十年（1884年）正式招收生徒，择师主讲，聘李杨华为首任山长，书院章程由衡阳知县张宪和奉学院令仿照广东学海堂制定，“专课经带诗赋，本非科举之学”。清光绪十一年（1885年），彭玉麟上书奏请朝廷，并独捐银一万二千两将“船山书院”迁建于湘江中的东洲岛。光绪十六年（1890年），彭玉麟亲自聘请王闿运为山长，并捐银在书院后重建楼房，题名“湘绮楼”，作为王闿运的书斋及住房，自此王闿运在此主持书院达二十余年。

光绪十七年（1891年）五月二十二日，王闿运“偶思雪琴建船山书院之意，作一联，不可悬示，亦如曾涤生挽联也”，故此联为练笔自娱之用，非作悬刻。

上联写雪琴事，下联写书院源流，上承石鼓，并怀舜帝之德，亦暗合舜帝南巡在衡山会诸侯、举礼乐之事也。

【考辩】

《湘绮楼日记》光绪十七年五月二十二日有记载，文字为“海疆归日启文场，须知安定传经，南岳万年扶正统；石鼓宗风承宋学，愿与重华敷衽，成均九德协箫韶”。

《师竹庐联话》《古今联语汇选》亦收录此联，文字一致。

确山铜川书院

文武继诸周，好为汝南增月旦；

弦歌开广夏，定因言叔得澹台。

【注释】

汝南：汝南郡。汉高祖四年（公元前203年）置汝南郡，最初治所在上蔡县（今河南省驻马店市上蔡县西南），辖境相当于今河南省颍河、淮河之间，京广铁路西侧一线以东，安徽省茨河、西淝河以西、淮河以北地区。

月旦：月旦评，品评人物或诗文等。《后汉书·许劭传》："初，劭与靖俱有高名，好共核论乡党人物，每月辄更其品题，故汝南俗有'月旦评'焉。"

弦歌：出任邑令之典。《论语·阳货》："子之武城，闻弦歌之声。夫子莞尔而笑，曰："割鸡焉用牛刀？"子游对曰："昔者偃也闻诸夫子曰：'君子学道则爱人，小人学道则易使也。'"子曰："二三子，偃之言是也！前言戏之耳。"《晋书·隐逸传·陶潜》："谓亲朋曰：'聊欲弦歌，以为三径之资，可乎？'执事者闻之，以为彭泽令。"

广夏："夏"通"厦"，即高大的房屋。《楚辞·王褒〈九怀·陶壅〉》："息阳城兮广夏，衰色罔兮中怠。"王逸注："遂止炎野大屋庐也。"

言叔：言偃，字子游，孔门七十二贤。擅长文学，曾任鲁国武城县令，阐扬孔子学说，使用礼乐教化士民，境内到处有弦歌之声，为孔子所称赞"吾门有偃，吾道其南"。

澹台：澹台灭明，字子羽，孔门七十二贤。《论语·雍也》："子游为武城宰。子曰：'汝得人焉尔乎？'曰：'有澹台灭明者，行不由径，非公事，未尝至于偃之室也。'"

【解析】

铜川书院，位于河南确山县，旧属汝南郡，今归属驻马店市。康熙六年（1667年）知县吴瑛率邑绅捐资兴建于南关路东。县人以吴别号铜川命名之，亦称朗陵书院。

光绪二十九年（1903年）二月三十日，王闿运在确山，应友人请作此联。

上联切以地理，引出汝南月旦评之事。下联说子游向孔子荐子羽之事，以颂知县吴琠之德。

【考辩】

《湘绮楼日记》光绪二十九年二月晦日有记载，文字一致。

《师竹庐联话》《古今联语汇选》亦收录，文字为“文武继诸周，好为汝南增月旦；弦歌开广厦，定因言偃得澹台”。

四川尊经书院

集张、左句

考四海而为隽；

纬群龙之所经。

【注释】

考四海而为隽：出自左思《蜀都赋》“考四海而为隽，当中叶而擅名”。

纬群龙之所经：出自班固《幽通赋》“登孔昊而上下兮，纬群龙之所经”。

【解析】

尊经书院位于四川成都南校场石犀寺附近。同治十三年（1874年），工部侍郎、四川宜宾人薛焕，偕省内官绅十五人，上书四川总督吴棠和四川学政张之洞新建书院，得到张之洞的支持以及川督和清廷的批准，定名为“尊经书院”。光绪四年（1878年），四川总督丁宝桢力邀王闿运出任尊经书院山长，直到光绪十三年（1887年）回湘。

光绪六年（1880年）十二月二十三日，王闿运请郭健安写春帖，自云集张、左二句，“颇与此书院相称”。然此二句实为集左、班之句。

【考辩】

《湘绮楼日记》光绪六年十二月二十三日有记载，文字一致。

《古今联语汇选》亦收录此联，文字一致。

成都杜公祠

自许诗成风雨惊，想当年硬语愁吟，开得宋贤两派；

莫言地僻经过少，记今日寒泉配食，远同吴郡三高。

【注释】

诗成风雨惊：出自杜甫《寄李十二白二十韵》“笔落惊风雨，诗成泣鬼神”。原为杜甫说李白之诗才，此处以说杜甫之诗才。

宋贤两派：指宋代学杜诗的以黄庭坚为代表的江西诗派和以陆游为代表的剑南诗派。

地僻经过少：出自杜甫《宾至》“幽栖地僻经过少，老病人扶再拜难”。

寒泉：黄泉。王勃《为原州赵长史请为亡父度人表》：“但臣霜露之感，瞻彼岸而神销；乌鸟之诚，俯寒泉而思咽。”蒋清翊注：“寒泉，今指黄泉。”

吴郡三高：指吴郡三高祠。《吴郡志》卷十三祠庙下：“三高祠，在吴江县垂虹桥南，即王氏臞庵之雪滩也。昔堂在垂虹南圯，极偏仄，乾道三年（1167年），县令赵伯徙之雪滩，三高者，范蠡、张翰、陆龟蒙也此。祠人境俱胜，名闻天下。”范成大有《三高祠记》。

【解析】

杜公祠即成都浣花溪畔杜甫草堂，原为杜甫旧居，宋代重修并立祠。

上联说杜甫之诗才，下联说该祠虽居偏僻之地，但是香火之盛已经不亚于吴县三高祠了。联语赞颂杜甫之诗才名声，对仗工而雅正。

【考辩】

《对联话》《古今联语汇选》《古今楹联名作选萃》亦收录，文字为“自许诗成风雨惊，为平生硬语愁吟，开得宋贤两派；莫言地僻经过少，看今日寒泉配食，远同吴郡三高”。

苏州湖南馆

文武翊中兴，翩然楚客听吴咏；

循良有先正，谁比云汀继道荣。

【注释】

翊：同翼，辅佐。《三国志·吕凯传》：“今诸葛丞相英才挺出，深睹未萌，受遗托孤，翊赞季兴，与众无忌，录功忘瑕。”

中兴：指国家由衰退而复兴。《诗·大雅·烝民序》：“任贤使能，周室中兴焉。”此处指同治中兴。

循良：循吏和良吏。《北史·孙搴等传论》：“房谟忠勤之操，始终若一。恭懿循良之风，可谓世有人矣。”

先正：前代的贤臣。《书·说命下》：“昔先正保衡，作我先王。”孔传：“正，长也，言先世长官之臣。”

云汀：陶澍，字子霖，号云汀，湖南安化人，曾任江苏巡抚、两江总督。

道荣：陈鹏年，字北溟，湖南湘潭人，曾任江宁知府、苏州知府、河道总督，卒于任。有《道荣堂文集》。

【解析】

苏州湖南会馆，在苏州通和坊吴县直街口东。

光绪十五年（1889年）十月十八日，王闿运“改会馆联，书之”。

上联说湘人对中兴之功，并切以会馆所在地；下联举湘人曾在苏州为官者，均为忠良循吏，有利于地方，以扬湘楚之声名。联语赞湘楚人物事功，合会馆联之意。

【考辩】

《湘绮楼日记》光绪十五年十月十八日有记载，文字一致。

《古今联语汇选》亦收录此联，文字一致。

衡州长沙馆台

原注：“鹤”，日记作“袖”。

东馆接朱陵，好与长沙回舞鹤；

南山笼紫盖，共听仙乐奏云门。

【注释】

朱陵：朱陵洞，位于衡阳石鼓山东侧。相传唐天宝年间，董奉先曾在洞内炼丹因而得了仙洞之名。前蜀杜光庭《洞天福地记》：“第三洞，南岳衡山，周回七百里，名朱陵之天。”

舞鹤：湖南省长沙市麓山寺后有白鹤泉，相传曾有一对仙鹤常飞至此。张栻《和石通判酌白鹤泉》：“满座松声闻金石，微澜鹤影漾瑶琨。”

紫盖：紫盖峰，在南岳庙东，被称为“南岳第二峰”。韩愈《谒衡岳庙遂宿岳寺题门楼》：“紫盖连延接天柱，石廪腾掷堆祝融。”

云门：周六乐舞之一，相传为黄帝时所作。《周礼·春官·大司乐》：“以乐舞教国子。舞《云门》《大卷》《大咸》《大磬》《大夏》《大濩》《大武》。”郑玄注：“此周所存六代之乐，黄帝曰《云门》《大卷》。”《旧唐书·音乐志一》：“按古六代舞，有《云门》《大咸》《大夏》《大韶》，是古之文舞；殷之《大濩》，周之《大武》，是古之武舞。”

【解析】

衡州长沙馆台即湖南衡阳长沙会馆戏台。

光绪二十八年（1902年）十二月二十八日，王闿运“作会馆戏台联”。

上联切以地理，下联说乐声之妙。联语对仗工巧，文字亦清丽可人。

【考辩】

《湘绮楼日记》光绪二十八年十二月二十八日有记载，文字为“东馆接朱陵，好与长沙回舞袖；南山笼紫盖，共听仙乐奏云门”。

《对联话》亦收录，文字为“东馆接朱陵，好与长沙回舞袖；南山笼紫盖，共听仙乐奏云璈”。

《师竹庐联话》《古今联语汇选》亦收录此联，文字一致。

衡州庐陵馆

代江西五府首士作

胡文游迹至今存，高闬重新，当令先正流芳远；
湘岳清晖扶栋起，一枝广荫，共喜江州盛会多。

【注释】

胡文：胡指胡铨，字邦衡，号澹庵，吉州庐陵县（今江西吉安）人。南宋名臣、文学家，曾出任衡州知州。文指文天祥，初名云孙，字宋瑞，又字履善。自号浮休道人、文山。吉州庐陵县人，南宋末年政治家、文学家，抗元名臣，曾出任提点荆湖南路刑狱，曾登衡阳合江亭并有《合江楼》诗。

高闬：高门墙。亦指富贵门第。沈遘《依韵和李审言见赠叙旧》：“自与公家三世旧，坐看高闬压亨衢。”范成大《上元纪吴中节物俳谐体三十二韵》：“小家厖独踞，高闬鹿双撑。”

先正：参前第014页“先正”注释。

江州：州名，在江西九江，庐陵旧属江州。西晋元康元年，割扬州之豫章郡、鄱阳郡、庐陵郡、临川郡、南康郡、建安郡、晋安郡和荆州之武昌郡、桂阳郡、安成郡合十郡，因江水之名而置江州。

【解析】

庐陵台在庐陵会馆，庐陵会馆又叫江西五府会馆，首士即会馆之会首，掌管会馆会产和会务，一般由商贾担任。

光绪二十五年（1899年）四月二十九日，庐陵会馆新成，会馆首士向王闿运求楹联，王代江西五府会馆首士作了此联并书写。

上联写了两个在衡阳留迹的庐陵名人，并述新成之事，下联写会馆所在地并作贺。

【考辩】

《湘绮楼日记》光绪二十五年四月二十九日有记载，文字为“胡文游迹至今传，高闬重新，当令先正流芳远；湘岳清晖扶栋起，一枝广荫，共喜江州盛会多”。

《古今联语汇选》亦收录此联，文字一致。

西关祠台

演段亦声容，居然晋舞秦讴，慷慨鸣鹍增壮气；
传芭祠义烈，遥想荆城益濑，往来风马卷灵旗。

【注释】

演段：原指数学上的演示、演算，此处即演示之意。最早见于杨辉著作所录的刘益《议古根源》，后又见于李冶的《益古演段》、朱世杰的《四元玉鉴》与《算学启蒙》以及程大位的《算法统宗》等明代算书。杨辉对其解释为：“盖欲演算之片段也，知片段则能穷根源。”

鸣鹍：弹琵琶。鹍即鹍鸡，一种黄白色的鸟，形似鹤，古时用鹍鸡筋做琵琶弦。刘孝绰《夜听妓赋得乌夜啼》："鹍弦且辍弄，《鹤操》暂停徽。"苏轼《古缠头曲》："鹍弦铁拨世无有，乐府旧工惟尚叟。"

传芭：古代南方祭祀时，舞者手执香草，相互传递。《楚辞·九歌·礼魂》："成礼兮会鼓，传芭兮代舞。"王逸注："芭，巫所持香草名也……巫持芭而舞讫，以复传与他人更用之。芭，一作巴。"元郑元祐《次韵钱伯行游仙体二首》之二："谛授宝书盟刻玉，醉离瑶席舞传芭。"

祠：祭祀。《韩非子·十过》："此秦王之所以庙祠而求也。"

益濑：指关羽濑，又叫关侯滩，位于湖南益阳城西青龙洲、萝卜洲上游附近。《水经·资水注》："又东北过益阳县北，县有关羽濑，所谓关侯滩也，南对甘宁故垒。"

风马：指风。薛季宣《吴江放船至枫桥湾》："风马座中生，天幕波中出。"

灵旗：战旗。《史记·孝武本纪》："其秋，为伐南越，告祷泰一，以牡荆画幡日月北斗登龙，以象天一三星，为泰一锋，名曰'灵旗'。为兵祷，则太史奉以指所伐国。"《汉书·礼乐志》："招摇灵旗，九夷宾将。"颜师古注："画招摇于旗以征伐，故称灵旗。"

【解析】

西关祠台即湖南衡阳城西关公祠戏台。

光绪六年（1880年）正月十六日，左锡九来，请王闿运作西关祠戏台联。左锡九为王闿运同学，湘潭人，曾校刊《海防要览》。

上联说演绎舞乐之慷慨激昂，以切戏台之事。下联说祭祀关公事，并切以地理。联语慷慨雄浑，对仗亦工，切合其地其人。

【考辩】

《湘绮楼日记》光绪六年正月十六日有记载，文字一致。

成都贵州馆

祠祀尹王

何须驷马高车，只名山教授，下驿栖迟，千载西南留道统；

同此瓣香尊酒，问洨长真传，鹅湖正派，几人宦学比前修。

【注释】

驷马高车：套着四匹马的高盖车，此处用司马相如“不乘驷马高车，不过此桥”之典，《太平御览》卷七三引常璩《华阳国志》：“升迁桥在成都县北十里，即司马相如题桥柱曰‘不乘驷马高车，不过此桥’。”

名山教授：说尹珍事，《后汉书·南蛮西南夷列传》：“桓帝时，郡人尹珍自以生于荒裔，不知礼义，乃从汝南许慎、应奉受经书图纬，学成，还乡里教授，于是南域始有学焉。”

下驿栖迟：说王阳明事，王阳明曾任贵州龙场驿丞，《明史·王守仁传》：“谪龙场，穷荒无书，日绎旧闻。忽悟格物致知，当自求诸心，不当求诸事物，喟然曰：‘道在是矣。’……学者翕然从之，世遂有‘阳明学’云。”

瓣香：拈一瓣香，表示敬仰之意。陈若水《沁园春·寿游侍郎》：“丹心在，尚瓣香岁岁，遥祝尧龄。”计东《再与宋牧仲书》：“乃于郡署旁废圃中，西向设瓣香，流涕再拜而去。”

洨长真传：指许慎学术的传人。范晔《后汉书·许慎传》：“许慎字叔重，汝南召陵人也。性淳笃，少博学经籍，马融常推敬之，时人为之语曰：‘五经无双许叔重。’为郡功曹，举孝廉，再迁除洨长。卒于家。初，慎以五经传说臧否不同，于是撰为五经异义，又作说文解字十四篇，皆传于世。”

鹅湖正派：指朱熹、陆九渊学术的传人。鹅湖指鹅湖之会，南宋淳熙二年（1175年）吕祖谦邀集朱熹和陆九渊在信州鹅湖寺举行辩论。后此处建鹅湖书院，以作传衍。

宦学：谓学习仕宦所需的各种知识。《礼记·曲礼上》：“宦学事师，非礼不亲。”郑玄注：“宦，仕也。”孔颖达疏引熊安生曰：“宦谓学仕宦之事，学谓习学六艺。”

前修：亦作“前脩”，指前贤。《楚辞·离骚》：“謇吾法夫前修兮，非世俗之所服。”《后汉书·刘恺传》：“今恺景仰前修，有伯夷之节，宜蒙矜宥，全其先功，以增圣朝尚德之美。”李贤注：“前修，前贤也。”

【解析】

成都贵州会馆位于成都牛市街附近。

光绪六年（1880年）十二月二十二日，“鄂生请作贵州馆祠联，祠祀尹、王”。遂作此联。鄂生即唐炯，贵州遵义人，唐树生之子，其时代理四川盐茶道。

上联以司马相如之典切成都地理，说尹、王事，以切馆祠。下联说今人学术尚未及先贤，并有期勉之意。

【考辩】

《湘绮楼日记》光绪六年十二月二十二日有记载，文字为“何须驷马高车，只名山教授，下驿栖迟，千载西南留道统；同此瓣香尊酒，问洨长真传，鹅湖正脉，几人宦学比前修”。

《古今联语汇选》亦收录此联，文字一致。

《六碑龛贵山联语》亦收录，文字为“何须驷马高车，只名山教授，下驿栖迟，千载西南留正统；同此瓣香樽酒，问洨长真传，鹅湖嫡派，几人宦学比前修”。

成都湖南馆

游宦溯前贤，自襄阳诸葛、连道恭侯，蜀都中盛集千年，楚国楩楠参古柏；

华轩开广厦，数南北萍踪、东西使节，锦水外江流万里，洞庭吐纳豁离襟。

【注释】

游宦：外出求官或做官。《汉书·地理志下》："及司马相如游宦京师诸侯，以文辞显于世，乡党慕循其迹。"

诸葛：诸葛亮，曾在襄阳隆中耕读，后来辅佐刘备入蜀为相。

连道恭侯：连道指连道县，汉高祖五年（公元前202年）置长沙国，后析为湘南和连道两县，据《读史方舆纪要》记载，连道县在今湘乡县北六十里（30公里）。《汉书·地理志》载长沙国有连道县。恭侯即蒋琬，字公琰，零陵郡湘乡县人，原属连道县。三国时期蜀汉宰相，诸葛亮去世，蒋琬继其执政，拜尚书令，又加行都护、假节，领益州刺史，再迁大将军，录尚书事，封安阳亭侯。延熙元年（238年），受命开府，加大司马，总揽蜀汉军政。延熙九年（246年），蒋琬病逝，谥号为恭。

楩楠：黄楩木与楠木，皆大木，比喻大材，栋梁之材。《淮南子·齐俗训》："伐楩柟豫章而剖梨之，或为棺椁，或为柱梁。"陆龟蒙《京口与友生话别》诗："宗溟虽畎浍，成厦必楩楠。"

华轩：华堂。《文选·潘岳诗》："优游省闼，珥笔华轩。"吕向注："华轩，殿上曲栏也。"王维《同卢拾遗过韦给事东山别业二十韵》："托身侍云陛，昧旦趋华轩。"

萍踪：飘泊无定的行踪。陆游《答交代杨通判启》："瓜戍及期，幸仁贤之为代，萍踪无定，怅候问之未遑，敢谓劳谦。"

使节：使者。亦用以称派驻一方的官员。《史记·淮南衡山列传》："于是王乃令官奴入宫，作皇帝玺，丞相、御史、大将军、军吏、中二千石、都官令、丞印，及旁近郡太守、都尉印，汉使节法冠，欲如伍被计。"杜甫《严中丞枉驾见过》："川合东西瞻使节，地分南北任流萍。"

锦水：锦江。杜甫《短歌行赠王郎司直》："西得诸侯棹锦水，欲向何门趿珠履。"温庭筠《赠蜀府将》："十年分散剑关秋，万事皆随锦水流。"

离襟：离别的思绪或离别的情怀。骆宾王《送宋五之问》："欲谂离襟切，歧路在他乡。"梅尧臣《送玉汝》："明日车马北，岂不动离襟。"

【解析】

光绪六年（1880年）八月二十二日，王闿运作成都湖南会馆柱联，又为莫提督作一联，此为自作之联。

上联借两位来自荆湘且入蜀为官的名相，以说楚材蜀用之意。下联化用杜诗，并切以成都和湖南的地理，借锦江水和洞庭水相通而言在此得以稍解离愁。

【考辩】

《湘绮楼日记》光绪六年八月二十二日有记载，文字一致。

又，代莫提督作

少年裘马锦江游，喜整顿重来，秋稻屡丰兵气静；

高会簪缨华屋敞，愿英贤继迹，甘棠留荫后人看。

【注释】

裘马：轻裘肥马，富奢之意。陆游《风入松》："十年裘马锦江滨，酒隐红尘。万金选胜莺花海，倚疏狂、驱使青春。"

整顿：收拾；安排。辛弃疾《水龙吟·甲辰岁寿韩南涧尚书》："待他年、整顿乾坤事了，为先生寿。"

兵气：战争的气氛。王昌龄《宿灞上寄侍御玙弟》："昨闻羽书飞，兵气连朔塞。"岑参《轮台歌奉送封大夫出师西征》："虏塞兵气连云屯，战场白骨缠草根。"

高会：盛会。《战国策·秦策三》："于是使唐雎载音乐，予之五千金，居武安，高会相与饮。"

簪缨：达官贵人的冠饰，后遂借以指高官显宦。萧统《锦带书十二月启·姑洗三月》："龙门退水，望冠冕以何年？鹢路颓风，想簪缨于几载。"

甘棠留荫：《诗经·召南》有《甘棠》诗，颂召公之德，此处亦用此典。

【解析】

光绪六年（1880年）八月二十二日，王闿运作成都湖南会馆柱联，又为莫提督作一联。莫提督即莫搢卿，后亦有挽莫搢卿联。

上联化用陆游诗，说成都经吏治后丰饶祥和。下联说会馆所开盛会，愿所来之宾朋才俊效慕前贤。

【考辩】

《湘绮楼日记》光绪六年八月二十二日有记载，文字一致。

《师竹庐联话》《古今联语汇选》亦收录此联，文字一致。

衡州江南馆

湘水东流，想金陵龙虎遥蟠，共向邮亭望远；

雁峰南馆，看石鼓江山如画，长依侯计筹边。

【注释】

龙虎遥蟠：龙蟠虎踞，形容地势险要，多指金陵的山水。吴勃《吴录》："刘备曾使诸葛亮至京，因睹秣陵山阜，叹曰：'钟山龙盘，石头虎踞，此帝王之宅。'"

邮亭：驿馆；递送文书者投止之处。《墨子·杂守》："筑邮亭者圜之。"《汉书·薛宣传》："过其县，桥梁邮亭不修。"颜师古注："邮，行书之舍，亦如今之驿及行道馆舍也。"元稹《酬乐天东南行诗一百韵》："邮亭一萧索，烽候各崎岖。"

雁峰：衡山回雁峰。

南馆：居于南。馆有安置、居留之意。《孟子·尽心下》："孟子之滕，馆于上宫。"赵岐注："馆，舍也。上宫，楼也。孟子舍止宾客所馆之楼上也。"《孟子·万章下》："舜尚见帝，帝馆甥于贰室。"

石鼓：石鼓山，位于衡阳市北门外，在蒸水和湘江汇合处。

侯计：堠计，通过土堆计算里程。堠，又叫封堠，指古代划分疆界和分程记里的土墩。《御定康熙字典》："又封土为坛，以计里也。五里只堠，十里双堠。"韩愈《路傍堠》诗："堆堆路傍堠，一双复一只。"

筹边：筹划边境的事务。刘过《八声甘州·送湖北招抚吴猎》："共记玉堂对策，欲先明大义，次第筹边。"《明史·吴执御传》："故曰筹边不在增兵饷，而在择人。"

【解析】

衡州江南馆即湖南衡阳江南会馆，在衡阳四牌楼十字街区。

上联说怀念江南，思乡之意。下联述山川如画，抒发为国筹谋之志。

【考辩】

《师竹庐联话》《古今联语汇选》亦收录此联，文字一致。

又，江南馆台

铁板铜弦，高唱大江东去；

琼楼玉宇，细听水调歌头。

【注释】

铁板铜弦：铁绰板和铜琵琶。蒋士铨《临川梦·提纲》："铁板铜弦随手弄，娄江有个人知重。"亦形容苏词之风格。俞文豹《吹剑续录》载："东坡在玉堂，有幕士善讴，因问：'我词比柳词何如？'对曰：'柳郎中词，只好十七八女孩儿，执红牙拍板，唱"杨柳岸，晓风残月"。学士词须关西大汉，执铁板，唱"大江东去"。'公为之绝倒。"

大江东去：指苏轼之词《念奴娇·赤壁怀古》"大江东去，浪淘尽，千古风流人物"。

琼楼玉宇：美玉砌成的楼宇，犹言其高也。苏轼《水调歌头·明月几时有》："我欲乘风归去，又恐琼楼玉宇，高处不胜寒。"

【解析】

江南馆台即湖南衡阳江南会馆戏台。

上联说唱苏轼念奴娇词，有慷慨气概。下联说听苏轼水调歌头词，有怀乡之意。

南昌湖南馆

宅枕龙沙，看表里川原，曾是湘人辛苦地；

门盈驷马，喜从容尊俎，幸逢江介宴安时。

【注释】

龙沙：指塞外沙漠之地，犹言争战之地。《后汉书·班超传赞》：“定远慷慨，专功西遐，坦步葱、雪，咫尺龙沙。”李贤注：“葱岭、雪山，白龙堆沙漠也。”李白《塞下曲》：“将军分虎竹，战士卧龙沙。”

驷马：套着四匹马的高盖车，表示地位显赫。此处代指有身份的高贵人物齐聚一堂。《汉书·于定国传》：“少高大闾门，令容驷马高盖车。”《南史·隐逸传上·渔父》：“吾闻黄金白璧，重利也；驷马高盖，荣势也。”

尊俎：尊，盛酒器；俎，置肉之几。代指宴席。《礼记·乐记》：“铺筵席，陈尊俎，列笾豆。”王安石《送吴显道南归》诗：“天际张帷列樽俎，君歌声酸辞且苦。”

江介：江岸，沿江一带。《楚辞·九章·哀郢》：“哀州土之平乐兮，悲江介之遗风。”晋陆机《辩亡论下》：“于时大邦之众，云翔电发，悬旌江介，筑垒遵渚，襟带要害，以止吴人之西。”

宴安：安逸，逸乐。《汉书·景十三王传赞》：“是故古人以宴安为鸩毒，亡德而富贵，谓之不幸。”苏轼《策略》一：“臣尝观西汉之衰，其君皆非有暴鸷淫虐之行，特以怠惰弛废，溺于宴安，畏期月之劳，而忘千载之患，是以日趋于亡而不自知也。”

【解析】

南昌湖南馆即南昌湖南会馆，建于同治六年（1867年），位于南昌市进贤门内，今不存。

上联说湘军在江西与太平军鏖战事，下联说此时会馆之盛，宴游之乐。联语亦有赞湖南人物之意。

【考辩】

《师竹庐联话》《古今联语汇选》亦收录此联，文字一致。

《对联话》亦收录，文字为“宅枕龙沙，看表里山川，曾是湘人辛苦地；门盈驷马，喜从容尊酒，幸逢江介晏安时”。

莫愁湖亭

同治十年，重新莫愁湖亭，桂芗亭司使要游索题。余案乐府，莫愁，河中人，嫁卢氏，卢亦北方名族。而石城艇子，说者岐异。盖丽质佳名，流传词赋，如宋子、齐姜之比，不宜侪之苏小、真娘，故为引附。

莫轻他北地燕支，看画艇初来，江南儿女生颜色；
尽消受六朝金粉，只青山无恙，春时桃李又芳菲。

【注释】

燕支：胭脂，一种红色的颜料，妇女用作化妆品。代指美女。厉鹗《和余葭白题唐子畏画韩熙载夜宴图》：“门生解事执乐句，燕支拍碎声穿空。”王闿运《哀江南赋》：“红粉之楼遂圮，燕支之色无多。”

画艇：装饰精美的游船。文及翁《贺新郎·西湖》：“簇乐红妆摇画艇，问中流、击楫何人是。”刘宋时期《莫愁乐》：“莫愁在何处，莫愁石城西。艇子打两桨，催送莫愁来。”

六朝金粉：六朝即定都南京的东吴、东晋、宋、齐、梁、陈六朝；金粉指旧时妇女妆饰用的铅粉，常用以形容繁华绮丽。形容六朝的靡丽繁华景象。元无名氏《醉花阴·秋怀》：“他他他把六朝金粉收拾去，单单单留下写恨几行书。”

【解析】

莫愁湖在南京建邺区外秦淮河西侧，形成于六朝，又称横塘、石城湖。北宋《太平寰宇记》记载：“莫愁湖在三山门外，昔有妓卢莫愁家此，故名。”同治十年（1871年），曾国藩修复湖心亭、胜棋楼、郁金堂、赏荷亭、光华亭等，并广植花柳及莲荷、荷花，此联即为此时所题。

同治十年九月二日，王闿运在清江浦遇曾国藩，相谈后同赴徐州、镇江，最后到江宁，九月二十三日江苏布政使桂芗亭邀王闿运前来游览莫愁湖。然后王闿运返湘，十月八日，王闿运正乘舟过彭蠡，寄题此联。

王闿运认为莫愁女并非妓也，不属苏小小、真娘之类，因此此联有翻案之意，上联说莫愁女北来为江南儿女增添颜色，下联说江宁之地又恢复了六朝的繁华。

【考辩】

《湘绮楼日记》同治十年十月八日有记载，文字一致。

《楹联新话》《古今联语汇选》亦收录此联，文字一致。

《疚存斋联语彙录》亦收录，文字为“莫轻他北地胭脂，看画舫初来，江南儿女无颜色；尽消受六朝金粉，只青山无恙，春时桃李又芳菲”。

西湖退省庵

花柳野亭开，居士身闲来放鹤；

湖山行处好，圣朝恩重莫骑驴。

【注释】

居士：皆指颇有道艺而不求仕宦之处士，此处指彭玉麟。《韩非子·外储说左上》：“齐有居士田仲者，宋人屈谷见之。”《礼记·玉藻》：“居士锦带。”郑玄注：“居士，道艺处士也。”

放鹤：此处为隐居之意。宋林逋隐居西湖孤山，终生不仕不娶，唯喜植梅养鹤。沈括《梦溪笔谈卷十人事二》：“林逋隐居杭州孤山，常畜两鹤，纵之则飞入云霄，盘旋久之，复入笼中。逋常泛小艇游西湖诸寺，有客至逋所居，则一童子出，应门延客坐，为开笼纵鹤。良久，逋必棹小船而归，盖常以鹤飞为验也。”

圣朝：尊称本朝。《汉书·两龚传》：“圣朝未尝忘君，制作未定，待君为政，思闻所欲施行，以安海内。”晋李密《陈情事表》：“逮奉圣期，沐浴清化。”

骑驴：韩世忠骑驴之典。冯梦龙《智囊·术智·委蛇》：“韩世忠既罢，杜门绝客，口不言兵，时跨驴携酒，从一二奚童，纵游西湖以自乐。”张璨《韩世忠湖上骑驴图》：“神州难复旧山河，散尽熊貔事讲和。驴背看来犹矍铄，朝廷谁说召廉颇。”

【解析】

西湖退省庵在杭州西湖小瀛洲岛北，即今之浙江先贤祠。同治十二年（1873年）春，时任兵部侍郎兼长江水师提督的彭玉麟巡江后再次来到杭州。因羡慕西湖风光，奏明朝廷，决定在小瀛洲岛北原湖心亭址修筑归隐后的寓所娱老，亦曰“退省庵”。彭公在日记中写道，退省庵“皆自建，不烦公费”。

上联说此地恰宜效林和靖隐居，下联说朝廷恩重，彭当继续为国出力，不须为韩世忠骑驴纵游自乐之事。

【考辩】

《师竹庐联话》《古今联语汇选》亦收录此联，文字一致。

江西滕王阁

胜地已千年，每临江想望才人，不比劳亭伤送客；
高朋常满坐，到旧馆仍陪都督，更闻悬榻喜留宾。

【注释】

才人：有才情之人，此处指王勃。王充《论衡·书解》：“故才人能令其行可尊，不能使人必法己。”王融《杂体报范通直诗》：“三楚多秀士，江上复才人。”

劳亭：劳劳亭，又名劳楼、劳劳楼、望远楼、望远亭、远望楼、临沧观，坐落于今江苏省南京市西南，始建于三国东吴时期，多为分别、相送之所。李白《劳劳亭》：“天下伤心处，劳劳送客亭。春风知别苦，不遣柳条青。"

高朋常满坐：王勃《滕王阁序》"千里逢迎，高朋满座"。

旧馆：指滕王阁。《滕王阁序》："临帝子之长洲，得天人之旧馆。"

仍陪都督：王勃写滕王阁序是在洪州都督阎伯屿的宴会上，而王闿运游滕王阁亦得江西巡抚夏时招待。《滕王阁序》："都督阎公之雅望，棨戟遥临。"

悬榻：礼待贤士之意。《后汉书·徐稺传》："蕃（陈蕃）在郡不接宾客，唯稺来特设一榻，去则县之。"《滕王阁序》："人杰地灵，徐孺下陈蕃之榻。"

【解析】

滕王阁在江西南昌市东湖区赣江东岸，始建于唐永徽四年（653年），为唐太宗李世民之弟滕王李元婴任江南洪州都督时所修，因初唐诗人王勃所作《滕王阁序》而闻名。

光绪三十一年（1905年）正月四日，王闿运想起子培请题滕王阁联，遂写此联。

上联说怀古之悲不下于别离，下联说此日之高朋胜会，并得巡抚招待，有自比王勃、徐稚之意。

【考辩】

《湘绮楼日记》光绪三十一年正月四日有记载，文字一致。

席祠

名位并彭陈，唯公冠冕贤科，应知将略真儒术；

崇祠镇淮汉，更此馨香里社，允迪前光佑后人。

【注释】

彭陈：彭指彭玉麟，字雪琴，号退省庵主人、吟香外史，衡州府衡阳县（今衡阳市衡阳县渣江）人，清朝晚期军事家、书画家，人称“雪帅”。湘军水师创建者、中国近代海军奠基人之一，官至两江总督兼南洋通商大臣，兵部尚书，封一等轻车都尉。陈指陈湜，字舫仙，湖南湘乡人，湘军宿将，曾任陕西按察使、江西布政使，死后赠太子少保。彭、陈和席都于光绪年间列入紫光阁中兴功臣，画图悬挂。

贤科：科举时代对选拔官吏所分科目的美称，犹指科举出身。文同《谢成都端明启》：“谬缘贤科，窃迹秘府。”李开先《钝庵赵尹征粮受奖帐文》：“发迹贤科，倚马之才空北冀；登名仕籍，栖鸾之地在章城。”

淮汉：淮河和汉水。刘克庄《送真舍人帅江西八首》：“淮汉沄沄战血腥，蜀山鬼哭不堪听。”萧元之《送郡守张宗丞》：“淮汉秋风起，边声不可听。”

里社：祭祀土地神的处所，借指乡里。蔡邕《独断》卷上：“大夫不得特立社，与民族居，百姓已上则共一社，今之里社是也。”梅尧臣《南阳谢紫微挽词》之三：“里社当存祀，邦人定立碑。”

【解析】

席祠即席少保祠，位于今长沙市芙蓉区小瀛洲巷。原为王璋宅园，后归湘军将领席宝田所有，并在此建宗族祠堂。席宝田，字研芗、研香，湖南省东安县伍家桥人。清廪贡生，咸丰二年（1852年）办团练，咸丰九年（1859年）与石达开部作战，获胜后升知府。咸丰十年（1860年），奉湖南巡抚骆秉章命，募千人，号精毅营，不久赴郴州、桂阳等地，阻击广东天地会起义军。同治三年（1864年）湘军攻陷天京后，在江西石城杨家牌击败太平军八部，俘获幼天王洪天贵福和干王洪仁玕等，清政府以记名布政使遇缺题奏。同治六年（1867年）招募湘军万人，赴贵州镇压苗民起义军。后因患疾，离黔回湘，居省城长沙小瀛洲，并在家乡东安重建孔庙，修县志，置学田，办书院。光绪十五年（1889年）六月病卒，追赠太子少保，紫光阁画像，优恤。原籍及江西、贵州建专祠。席家祠堂常被称为席少保祠。

光绪二十年（1894年）九月二十二日，王闿运作此联。

上联说虽然三人都入紫光阁中兴功臣画像，但席宝田之廪贡生出身，其儒术有胜于彭、陈处（彭玉麟只中过秀才，陈湜武将出身）。下联说今已立祠祭祀，长佑后人。

【考辩】

《湘绮楼日记》光绪二十年九月二十二日有记载，文字一致。

陈祠

孤垒捍神京，栾范论心，分谤生民功不朽；
新祠邻故宅，曾杨把臂，世家乔木泽偏长。

【注释】

孤垒：孤立的堡寨。陆游《自兴元赴官成都》诗："梁州在何处，飞蓬起孤垒。"王禹偁《贺收复益州表》："暂出偏师，果平孤垒。"

神京：帝都；首都。张大安《奉和别越王》："丽日开芳甸，佳气积神京。"五代和凝《小重山》："春入神京万木芳，禁林莺语滑，蝶飞狂。"

栾范：栾指晋国大夫栾枝，又被称为栾贞子，是栾共叔之子，晋靖侯之孙栾宾的孙子，春秋时期晋国下军将，后为上军将。范指晋国太傅范武子，又称随会、范会、士会，春秋时期晋国政治家、军事家、中军将、太傅，范姓得姓始祖。

分谤生民：分担别人受到的诽谤。《左传·宣公十二年》："楚师方壮，若萃于我，吾师必尽。不如收而去之，分谤生民，不亦可乎。"《宋史·胡铨传》："（秦桧）乃建白令台谏、侍臣佥议可否，是盖畏天下议己，而令台谏、侍臣共分谤耳。"

曾杨：指曾国藩和杨岳斌。杨岳斌，原名载福，字厚庵，湖南善化（今湖南长沙）人，晚清名将，湘军水师统帅。咸丰三年（1853年），随曾国藩创建湘军水师，任右营营官，累升至福建水师提督，赐号彪勇巴图鲁。同治年间，与曾国藩、曾国荃定计合围南京，围剿长江两岸，授陕甘总督，赏一等轻车都尉世职。光绪元年（1875年），杨岳斌受命与彭玉麟整顿长江水师。光绪十一年（1885年），率军赴援台湾，协同刘铭传共御法军。光绪十六年（1890年），杨岳斌病逝，赠太子太保，谥勇悫。

把臂：握持手臂，表示亲密，亦指亲切会晤。袁康《越绝书·记吴王占梦》："伏地而书，既成篇，即与妻把臂而决。"钱起《过沈氏山居》："贫交喜相见，把臂欢不足。"

世家乔木：乔木世家，意思是指贵族世家。《诗经·小雅·伐木》："伐木丁丁，鸟鸣嘤嘤。出自幽谷，迁于乔木。"

【解析】

陈祠，即陈士杰祠，陈士杰于光绪十九年（1893年）卒，在长沙和桂阳都有建祠，此为桂阳陈祠，在桂阳泗洲街三里官街中左侧。陈之故居亦在此。陈士杰，字隽丞，号俊臣，湖南桂阳州（今桂阳县）人，为曾国藩最重要的心腹幕僚之一。咸丰三年（1853年）初，陈士杰入曾国藩衡州军幕，咸丰九年（1859年）擢知府；同治元年（1862年），以曾国藩奏荐，擢为江苏按察使，以家乡不靖，上书辞却。同治四年（1865年），加布政使衔。后以镇压鲍超部哗变霆军及收编原太平军士兵，赐号刚勇巴图鲁。同治十年（1871年），陈士杰出任山东按察使，在任辨析疑狱，平反错案。后因山东巡抚文格被劾，牵连罢官。五年起复，署福建按察使，六年升山西布政使。光绪七年（1881年）擢浙江巡抚，光绪八年（1882年）转任山东巡抚。因遭妒忌，中以蜚语，被劾其海防草率，事下尚书延煦、左都御史祁世长，得白。海防军罢，而士杰亦病矣，数请乞休，始允。光绪十九年（1893年），卒于家，予省城及本籍建祠。陈士杰数子均为官，其中最出名的是陈兆葵、陈兆文、陈兆棠。王闿运十女王真嫁于陈士杰之子陈兆璇，故而陈士杰亦是王之亲家。

光绪二十八年（1902年）正月十六日，王闿运作陈祠联。

上联先述阻石达开北上之功，然后为其多次受弹劾及蜚语辩解。下联说与曾杨交好，并有后人承继世泽。联语述其事，并以多人作衬，以旌其功业。

【考辩】

《湘绮楼日记》光绪二十八年正月十六日有记载，文字一致。

夏祠

锡祚自玄珪，门列双旌，更有五云扶栋宇；
发祥依白阜，枝分百世，定荣丹桂报馨香。

【注释】

锡祚：赐祚，赐福。魏征《享太庙乐章·雍和》："神惟格思，锡祚不已。"

玄珪：一种黑色的玉器，上尖下方，古代用以赏赐建立特殊功绩的人，此处借指特大功业。《书·禹贡》："禹锡玄圭，告厥成功。"孔传："玄，天色，禹功尽加于四海，故尧赐玄圭以彰显之，言天功成。"蔡沉集传："水色黑，故圭以玄云。"

双旌：唐代节度领刺史者出行时的仪仗，此处泛指高官之仪仗。《新唐书·百官志四下》："节度使掌总军旅，颛诛杀。初授，具帑抹兵仗诣兵部辞见，观察使亦如之。辞日，赐双旌双节。"李商隐《为怀州李中丞谢上表》："赐以竹符之重，遂使霍氏固辞之第，早建双旌。"徐炯注："双旌唯节度领刺史者有之，诸州不与焉。今则通用为太守之故事矣。"

五云：五色瑞云，多作吉祥的征兆。《南齐书·乐志》："圣祖降，五云集。"骆宾王《为齐州父老请陪封禅表》："瑞开三眷，祥洽五云。"

白阜：白阜岭，在桂阳县最北部。夏时为湖南桂阳莲塘大湾村人，村后就是白阜岭。

枝分百世：本枝百世，指子孙昌盛，百代不衰。《诗·大雅·文王》："文王孙子，本支百世。"毛传："本，本宗也；支，支子也。"郑玄笺："其子孙适为天子，庶为诸侯，皆百世。"

丹桂：桂树的一种，喻子息。白居易《有木诗》之八："有木名丹桂，四时香馥馥。"高明《琵琶记·丞相教女》："回首庭前，凄凉丹桂好伤怀。"

馨香：指用作祭品的黍稷。《左传·僖公五年》："若晋取虞，而明德以荐馨香，神其吐之乎。"包佶《祀风师乐章·迎俎酌献》："德盛昭临，迎拜巽方。爰候发生，式荐馨香。"

【解析】

夏祠即夏时祠，在湖南桂阳。夏时，字叔轩，湖南桂阳人，官至江西、陕西巡抚，兵部侍郎、都察院右副都御史，御赐一品封典，诰授光禄大夫，建威将军。在任上兴学、练兵、劝工、振商、铁路，遣留学等诸新政中多有建树。夏时是陈士杰的外甥。夏时五子俱学识优长，其中长子夏寿田亦为王闿运学生，光绪二十四年（1898年）榜眼及第，历任翰林院编修、学部图书馆总纂、总统府内史。

光绪三十三年（1907年）十月二十七日，王闿运“夜作夏祠联不成”。次日早晨起来完成了此联。

上联说夏时之功业、官位，犹见祥瑞。下联说夏氏一族自白阜发祥，更有子息荣于身后。联语工雅，合祠联之正义。

【考辩】

《湘绮楼日记》光绪三十三年十月二十八日有记载，文字一致。

长沙恤无告堂

世上苦人多，一命存心思利济；

湘中民力竭，涸泉濡沬念江湖。

【注释】

一命存心：出自程颢《二程粹言爱民》“一命之士，苟心存爱物，于人必有所济”，意思是哪怕只是小官，如果有心关爱万物，对于众人也会有所帮助。一命，指低微的官职，《周礼·地官·党正》：“一命齿于乡里。”贾公彦疏：“一命，谓下士。”

利济：救济；施恩泽。五代齐己《送谭三藏入京》：“阿阇梨与佛身同，灌顶难施利济功。”《初刻拍案惊奇》卷十七：“特求法师广施妙法，利济冥途。”

涸泉濡沬念江湖：“沬”应为“沫”之误。此句为同处困境，相互救助之意。《庄子·天运》：“泉涸，鱼相与处于陆，相呴以湿，相濡以沫，不若相忘于江湖。”

【解析】

恤无告堂，为专用于救济鳏寡孤独者的慈善机构，在湖南长沙，同治八年（1869年）由长沙刘培元、善化唐继盛等人创办。无告出自《书·大禹谟》：“不虐无告，不废困穷。”孔颖达疏：“不苛虐鳏寡孤独无所告者，必哀矜之。”

光绪二年（1876年）三月三日，左锡九请王闿运作恤无告堂联，即为此联。

上联为劝人行善之语，下联为号召长沙百姓互助以度困境。

【考辩】

《湘绮楼日记》光绪二年三月三日有记载，文字为“世上苦人多，一命存心思利济；湘中民力竭，涸泉濡沫念江湖”。

《古今联语汇选》亦收录，文字为“世上苦人多，一命存心思利济；湘中民力竭，涸泉濡沫念江湖”。

长沙盐道堂

资湘北汇总无波，看列城控带黔吴，山水钟奇多将相；
纲引东来承旧法，更禺荚旁通陉蜀，倪桑著论待经纶。

【注释】

资湘：资水和湘水，湘水北流至湘阴北之临资口与资水汇合。

列城：城邑，边塞城堡。《左传·僖公十五年》：“赂秦伯以河外列城五，东尽虢略，南及华山，内及解梁城，既而不与。”北魏郦道元《水经注·汝水》：“楚盛周衰，控霸南土，欲争强中国，多筑列城于北方，以逼华夏。”

钟奇：聚集灵奇。程节斋《水调歌头·括坡诗》：“钟奇毓秀，应是积善庆之余。”

纲引：文据名，清代行销食盐的一种凭票。清制，两淮盐引之正引内分为纲引、食引两种。凡行引地区距离盐场较远、引课重者为纲引，即大批量长途运销者。

禺荚：也作“禺筴”，指盐业。语出《管子·海王》：“禺筴之商，日二百万，十日二千万，一月六千万。”

唥蜀：“唥”应为“岭”。岭南和蜀地。李曾伯《贺新郎·岭蜀天涯路》：“岭蜀天涯路。忆前年、担簦西上，旌麾南去。”

倪桑：倪指倪宽，字仲文，汉武帝时官员。《汉书·倪宽传》：“（倪宽）收租税，时裁阔狭，与民相假贷，以故租多不入。后有军发，左内史以负租课殿，当免。民闻当免，皆恐失之，大家牛车，小家担负，输租襁属不绝，课更以最。上由此愈奇宽。”桑指桑弘羊，河南洛阳人，西汉时期政治家、理财专家，汉武帝的顾命大臣之一，官至御史大夫。桑弘羊对郡国盐铁官予以整顿，并增加了盐铁官的设置地区，基本完善了盐铁官营的管理系统和经营网络。

经纶：整理丝缕、理出丝绪和编丝成绳，统称经纶。引申为筹划治理国家大事。《易经·屯》：“云雷，屯；君子以经纶。”孔颖达疏：“经谓经纬，纶谓纲纶，言君子法此屯象有为之时，以经纶天下，约束于物。”《礼记·中庸》：“唯天下至诚，为能经纶天下之大经，立天下之大本，知天地之化育。”

【解析】

盐道即盐法道，清代在不设盐使的各省置盐法道，掌管盐政，见《清史稿·职官三·初差御史》。本联为长沙盐道大堂联。

光绪二年（1876年）九月二十八日，向万鑅告诉王闿运，盐道欲作堂联，嫌不佳，诡云失之，请王闿运拟作，即为此联。向万鑅，字子振，亦字绍春，湖南善化人，历任浔州府补用知府、桂林府盐法道、梧州府知府、太平思顺道、苏州府知府等。

上联切以长沙的地理，有人杰地灵之意。下联说盐事，犹从倪、桑说盐对国家之重要性。

【考辩】

《湘绮楼日记》光绪二年九月二十八日有记载，文字为“资湘北汇总无波，看列城控带黔吴，山水钟奇多将相；纲引东来承旧法，更禺荚旁通岭蜀，倪桑著论待经纶”。

《古今联语汇选》亦收录，文字为“资湘北汇总无波，看列城控带黔吴，山水钟奇多将相；纲引东来承旧法，更禹荚旁通岭蜀，倪桑著论待经纶”。

安仁救婴局

捐资数千金，经理得宜，积成巨万，作联奉赞。

保赤庆民康，水滴杨枝作甘露；

流钱看利溥，春回榆荚满宜川。

【注释】

保赤庆民康：保赤意思是养育、保护幼儿。民康即民安。语本《书·康诰》：“若保赤子，惟民其康乂。”孔颖达疏：“《释诂》云：‘康，安也；乂，治也。’”孔传：“爱养人如安孩儿赤子，不失其欲。”

水滴杨枝作甘露：滴水观音为三十三观音之一，传说观音菩萨寻声救苦，左手拖净瓶，右手持杨柳枝，将大悲甘露洒向人间，为世人造福。

流钱：流通的钱币。岳珂《山居感旧百韵》：“万艘争转粟，九府亦流钱。”

利溥：利，益处很大。溥，广大普遍之意。即获利丰厚之意。王夫之《读通鉴论·后汉光武二十》：“仁人之言，其利溥如此哉！”

榆荚：榆树的果实，形似铜钱，亦是汉代钱币名，此处指钱。王融《永明九年策秀才文》：“聚人曰财，次政曰货……但赤侧深巧学之患，榆荚难轻重之权。”杜甫《乾元元年华州试进士策问》：“夫时患钱轻，以至于量资币，权子母。代复改铸，或行乎前榆荚、后契刀。”

宜川：宜阳河，流经安仁县西南部。

【解析】

救婴局为清代收养孤儿的慈善机构，此联所写为湖南郴州安仁县救婴局。光绪四年（1878年）以总兵周礼濂（安仁人）为首捐款创办救婴局当铺。有当铺为业，故曰“经理得宜，积成巨万”。

上联说救婴局所为之救婴善举，下联说经营有方而获利，最后切以地理。

毛孝子墓庐

月白风清，依然昔日鸣机地；

夫忠子孝，难慰寒泉罔极心。

【注释】

鸣机：织布。陆游《与子虡子坦坐龟堂后东窗偶书》：“鸣机织苎葛，暑服亦已成。”《随园诗话》卷七引清张玉穀《乌夜啼》：“参横月落庭乌啼，窗前有女犹鸣机。”

寒泉：犹黄泉，九泉。王勃《为原州赵长史请为亡父度人表》：“但臣霜露之感，瞻彼岸而神销；乌鸟之诚，俯寒泉而思咽。”蒋清翊注：“寒泉，今指黄泉。”

罔极：无穷尽，多指父母恩德。《诗·小雅·蓼莪》：“父兮生我，母兮鞠我……欲报之德，昊天罔极。”朱熹集传：“言父母之恩，如天无穷，不知所以为报也。”

【解析】

毛孝子其人不详，墓庐即墓旁守丧之庐，光绪三十二年（1906年）十月二十九日，有毛孝子来向王闿运求墓庐联，即为此联。王闿运当时在衡阳东洲，因此此墓庐应在衡阳，从联意看应是毛孝子为其母守孝之庐。

上联说墓庐犹其母昔日织布之地，下联说其夫忠其子孝，依然难慰九泉之下无尽之心。

【考辩】

《湘绮楼日记》光绪三十二年十月二十九日有记载，文字一致。

题曲园

曲径通幽处；

园林无俗情。

【注释】

曲径通幽处：此句出自常建《题破山寺后禅院》“曲径通幽处，禅房花木深”。

园林无俗情：此句出自晋陶渊明《辛丑岁七月赴假还江陵夜行涂口》“诗书敦宿好，林园无世情”。

【解析】

曲园即俞樾所居之园，在苏州马医科巷。俞樾，字荫甫，自号曲园居士，浙江省德清县城关乡南埭村人。清末著名学者、文学家、经学家、古文字学家、书法家。俞樾于同治十三年（1874年）得友人资助，购得马医科巷西大学士潘世恩故宅废地，亲自规划构屋，作为起居、著述之处。在居住区之西北原有隙地如曲尺形，取老子“曲则全”之意，构筑小园取名“曲园”。

此联为王闿运应俞樾之请而题，上下联分别为集唐人和晋人诗句，下联略有改动，以述曲园之幽雅。

【考辩】

《古今联语汇选》亦收录此联，文字一致。

逌三仁兄雅鉴

青松树杪千年鹤

红藕香中万点珠

王闿运书

甲午慈寿

代孙翼庆祝。

慈覆卌年，中外禔福；

臣门五叶，歌颂承平。

【注释】

禔福：安宁幸福。司马相如《难蜀父老》：“遐迩一体，中外禔福，不亦康乎？”

五叶：五代，五世。梁肃《述初赋》：“播五叶而逮予，垂慎身之芳烈。”《旧唐书·礼仪志三》：“朕接统千岁，承光五叶。”

承平：治平相承，太平。《汉书·食货志上》：“今累世承平，豪富吏民訾数钜万，而贫弱俞困。”鲍防《杂感》：“汉家海内承平久，万国戎王皆稽首。”

【解析】

光绪二十年（1894年）九月二十一日，王闿运为孙翼作此庆联。孙翼即孙翼之，时为同知。

此年慈禧寿辰将至，各衙署均题联以贺，故孙同知请王闿运为此联，皆为谀颂之语，四十年应该是从生同治算起，约三十八年左右，至于五叶则是指孙之家世，皆无可观。

【考辩】

《湘绮楼日记》光绪二十年九月二十一日有记载，文字一致。

杨海琴母

九洲名士尊贤母；

三月春荣满寿杯。

【注释】

春荣：春花。曹植《与吴季重书》："得所来讯，文采委曲，晔若春荣，浏若清风。"林逋《山中冬日》："废圃春荣动，回塘雾气昏。"

寿杯：祝寿之酒杯，又叫寿觞。司空图《杨柳枝寿杯词十八首》："年年织作升平字，高映南山献寿觞。"林亦之《淑人生日口占》："寿杯今日逢长至，款款长年此日长。"

【解析】

杨海琴即杨翰，字伯飞，一字海琴，号樗盦，别号息柯居士，直隶河间（今河北河间）人。道光二十五年（1845年），中进士，授官湖南辰沅永靖道台，官至永州知府。有《扬州画苑录》《清画家诗史》《儒林琐记》等作品。光绪五年（1879年）卒。

光绪三年（1877年）三月七日，王闿运为杨海琴母作寿联，即为此联。

上联说其母为贤母，有名士来贺。下联说正逢三月寿辰，春花满杯，皆是贺寿常用之语。

【考辩】

《湘绮楼日记》光绪三年三月七日有记载，文字一致。

周母柳氏

礼教能令贤子达；

婺光长共望舒圆。

【注释】

礼教：礼仪教化。《孔子家语》："敦礼教，远罪疾，则民寿矣！"

婺光：婺女星之光。多用于祝贺妇女寿诞。婺指婺女，二十八宿之一，玄武七宿的第三宿。《广韵·遇韵》："婺，婺女，星名。"

望舒：也作明舒、素舒、圆舒，神话中为月神驾车之神，借指月亮。屈原《楚辞·离骚》："前望舒使先驱兮，后飞廉使奔属。"

【解析】

其人生平不详。

上联说礼仪教化而有贤子，下联说婺星与月同圆，切以时辰，应在某月十五前后。

李母徐氏

薇花恩诰儿亲拟；

林下高风秋更清。

【注释】

薇花恩诰：又叫紫诰，帝王任命或封赠的诏书。薇花即紫薇花，取其紫色。诰即诏书，古时诏书盛以锦囊，以紫泥封口，上面盖印，故称紫诰。杜甫《赠翰林张四学士》："紫诰仍兼绾，黄麻似六经。"

林下高风：同"林下风气"，指女子态度娴雅、举止大方。刘义庆《世说新语·贤媛》："王夫人神情散朗，故有林下风气。"

【解析】

李母徐氏为李桓之妻、李辅耀之母。李桓，字叔虎，号黼堂，湖南湘阴人，收罗清代人物资料，辑成《国朝耆献类征初编》《国朝贤媛类征初编》，另有《宝韦斋类稿》。其子李辅耀，字幼梅，湘阴人，同治九年（1870年）优贡，光绪元年（1876年）副贡，官浙江候补道。

光绪三年（1877年）六月二十七日，王闿运为此联，款云"晋貤一品夫人李母徐太孺人五十初度"。

上联说其受封一品诰命之诏书由其子亲拟，下联说其娴雅大方，并切以秋之时辰。

【考辩】

《湘绮楼日记》光绪三年六月二十七日有记载，文字一致。

端匋斋伯母

寿国袆衣荣八命；

谢庭犹子致三公。

【注释】

寿国：保全国家；使国家久存。《管子·霸言》："夫一言而寿国，不听而国亡，若此者，大圣之言也。"《吕氏春秋·求人》："有能益人之寿者，则人莫不愿之。今寿国有道，而君人者而不求，过矣！"

袆衣：周礼所记命妇六服之一，后妃祭服、朝服"三翟"中最隆重的一种。《周礼·天官·内司服》："掌王后之六服：袆衣、揄狄、阙狄、鞠衣、展衣、缘衣。"《旧唐书·志第二十五》："袆衣，首饰花十二树，并两博鬓，其衣以深青织成为之，文为翚翟之形。"

八命：周代官爵分为九等级，称九命。其中八命为王之三公及州牧。此处指朝廷重臣。《周礼·春官·典命》："王之三公八命。"《周礼·春官·大宗伯》："八命作牧。"郑玄注："谓侯伯有功德者，加命得专征伐于诸侯。"

谢庭：谢安的门庭，喻指子弟优秀之家，又因谢安为羊昙之舅，代指舅家或妻家。张孝祥《鹧鸪天·为老母寿》："明年今日称觞处，更有孙枝满谢庭。"龚自珍《长相思》："早寒时，暮寒时，江上春潮平岸时，谢庭书到时。"

犹子：指兄弟之子。《礼记·檀弓上》："丧服，兄弟之子犹子也，盖引而进之也。"

三公：古代中央三种最高官衔的合称，泛指高官。周以太师、太傅、太保为三公。《尚书·周官》："立太师、太傅、太保，兹惟三公，论道经邦，燮理阴阳。"

【解析】

端匋斋即托忒克·端方，字午桥，号陶斋，满洲正白旗人，曾任湖南巡抚、直隶总督、北洋大臣，金石学家。端方幼年时被过继给伯父桂清为嗣子，因此本联所贺应为桂清之妻。

光绪二十九年（1903年）二月二十二日，王闿运书端方伯母贺联，即为此联。

上联说因保全国家之功，得到封诰。下联说其家门庭有侄端方亦为高官。联语对仗工，唯其意略简。

【考辩】

《湘绮楼日记》光绪二十九年二月二十二日有记载，文字一致。

龙母

火枣交梨，会仙无暑；

碧鸡金马，应寿为祥。

【注释】

火枣交梨：道教经书中所说的两种仙果。陶弘景《真诰·运象二》："玉醴金浆，交梨火枣，此则腾飞之药，不比于金丹也。"罗隐《第五将军于余杭天柱宫入道因题寄》："交梨火枣味何如？闻说苕川已下车。"

无暑：清凉之意。陈亮《贺新郎（同刘元实唐兴正陪叶丞相饮）》："映帘栊、清阴障日，坐来无暑。"曾丰《至兴安县游乳洞》："三伏了无暑，四时长是春。"

碧鸡金马：传说中的神名。今昆明市东有金马山，西有碧鸡山，两山相对，山上都有神祠，古人以之作为祥瑞的征兆。《汉书·郊祀志下》："或言益州有金马、碧鸡之神，可醮祭而致，于是遣谏大夫王褒使持节而求之。"如淳曰："金形似马，碧形似鸡。"

【解析】

龙母应为龙汝霖之母，光绪六年（1880年）王闿运又作龙母挽联。龙汝霖，字皞臣，湖南攸县槚山人，道光二十六年（1846年）举人。曾任山西曲沃、山西高平、江西铅山知县，有政声。与王闿运同为肃顺子师，时称“肃门五君子”之一。又与王闿运、邓辅纶、邓绎、李篁仙结“兰陵词社”，时称“湘中五子”。龙好文学，亦与郭嵩焘等友善，著有《坚白斋集》。

光绪二年（1876年）六月六日，王闿运作贺龙母八十寿联，即为此联。

上联说得神仙果实而享清凉，犹切以夏日时辰也。下联说有诸多祥瑞为之贺寿。

【考辩】

《湘绮楼日记》光绪二年六月六日有记载，文字为“大枣交梨，会仙无暑；碧鸡金马，应寿为祥”。

《古今联语汇选》亦收录此联，文字一致。

陈母

湘寓十年，清贫益寿；

秋花九月，晚境如仙。

【注释】

益寿：增延寿命。《史记·孝武本纪》：“祠灶则致物，致物而丹沙可化为黄金，黄金成以为饮食器则益寿。”

晚境：晚年的境遇。曹伯启《泾阳述怀》诗：“晚境难期博望侯，微官且学子长游。”

【解析】

其人生平不详。

光绪二年（1876年）九月十六日，王闿运亲自拜访陈母贺其八十寿辰，并为此联。

上联述其流寓至湘十年，虽清贫却得长寿。下联切以时辰，并言其晚景如仙以为贺。

【考辩】

《湘绮楼日记》光绪二年九月十六日有记载，文字为“湘寓十年，清贫益寿；秋花九月，晚景如仙”。

程春浦母万氏八十

芳华已见桃三熟；

静寿宜同岳万春。

【注释】

桃三熟：蟠桃熟了三次，犹言长寿之意。强至《韩魏公生日》：“阴施在人天报远，蟠桃三熟鬓毛斑。”张元干《十月桃（为富枢密）》：“蟠桃三熟，正清霜吹冷，爱日烘香。”

静寿：有德行的人平静且长寿。《论语·雍也》：“子曰：‘知者乐水，仁者乐山；知者动，仁者静；知者乐，仁者寿。’”苏辙《题南康太守宅五老亭》：“岌然终日俱无语，静寿相看意自明。”

【解析】

程春浦，即程学伊，字春浦，衡阳人，候补同知，参与地方团练组建和军粮运输，并倡修县志和义仓，劝募赈灾，后举升知府，以道员用。程学伊之父为程世雄，其妻万氏，即程学伊之母，衡阳人，有孝行，善治家，以贤母闻名，周济亲族，教养子孙，八十九岁卒。

上联说其人长寿，下联说其人静德，皆寿联常用语。

程母萧氏

孙曾庆寿辰，绕膝增多三百指；

衿綦全妇职，嗣音重祝八千秋。

【注释】

孙曾：孙子和曾孙，泛指后代。陆游《湖村》：“老人不用夸顽健，时看孙曾浴画盆。”

绕膝：围绕膝下，指子女侍奉父母。王世贞《送妻弟魏生还里》：“阿姊扶床泣，诸甥绕膝啼。”

三百指：三十个人，意思是人口众多。百指指十口，十个人。元结《元鲁县墓表》：“不颂之，何以戒占田千夫、室宇千柱、家童百指之徒也哉！”蔡绦《铁围山丛谈》卷四：“（米芾）且言举室百指，行至陈留，独得一舟如许大，遂画一艇子行间。”

衿綦：衿本意指汉服的交领，此处指衿褵，古代女子出嫁时，由母亲将佩巾系上女儿领衿的一种礼节。刘向《列女传·齐孝孟姬》：“母醮之房中，结其衿缡，诫之曰：‘必敬必戒，无违宫事。’”綦本意为古人系鞋的带子，在祭祀等重典上系上鞋带表示庄重。《礼记·内则》：“屦着綦。”

嗣音：保持音信。《诗·郑风·子衿》：“纵我不往，子宁不嗣音。”郑玄笺：“嗣，续也。女曾不传声问我，以恩责其忘己。”朱熹集传：“嗣音，继续其声闻也。”

八千秋：八千岁，犹言长寿，祝寿常用语。庄周《逍遥游》：“上古有大椿者，以八千岁为春，八千岁为秋。”

【解析】

程母即程学伊之妻萧氏。

上联说其子孙众多，家族兴衍。下联说其人尽妇职而操持族中事务，并祝长寿。

杨母罗氏

柏酒酿春开寿宴；

兰陔戏彩有曾孙。

【注释】

柏酒：柏叶酒。中国传统习俗，谓春节饮之，可以辟邪。宗懔《荆楚岁时记》：“（正月一日）长幼悉正衣冠，以次拜贺，进椒柏酒，饮桃汤。”杜审言《守岁侍宴应制》诗：“弹弦奏节梅风入，对局探钩柏酒传。”

兰陔：孝养父母长辈之典。《诗·小雅·南陔序》：“《南陔》，孝子相戒以养也……有其义而亡其辞。”晋束皙承此旨而作《补亡》：“循彼南陔，言采其兰；眷恋庭闱，心不遑安。”

戏彩：亦为孝养父母长辈之典。《艺文类聚》卷二十引汉刘向《列女传》：“老莱子孝养二亲，行年七十，婴儿自娱，著五色采衣。尝取浆上堂，跌仆，因卧地为小儿啼。”张元干《青玉案·筠翁生朝》词：“庭兰戏彩传金鼎，小袖青衫更辉映。”

【解析】

其人不详。

上联切以寿辰时间，应在春节前后。下联说子孙孝养之意。

成都将军岐元母

万里称觞，献三危瑞露；

七襄留锦，成一品天衣。

【注释】

称觞：举杯祝酒。谢朓《三日侍华光殿曲水宴代人应诏诗》之九："降席连绥，称觞接武。"王安石《次韵王禹玉平戎庆捷》："称觞别殿传新曲，衔璧名王按旧仪。"

三危：三危山，传说中的仙山。《山海经·西山经》："又西二百二十里，曰三危之山，三青鸟居之。"晋陶潜《读山海经》诗之五："朝为王母使，暮归三危山。"

瑞露：酒名。苏轼《小圃五咏·地黄》："融为寒食饧，嚥作瑞露珍。"陆游《谢郭希吕送石洞酒》："瑞露颇疑名太过，橐泉犹恨韵差低。"自注："瑞露桂杯酒，得名甚盛。"

七襄：织女星。杜审言《七夕》："天街七襄转，阁道二神过。"高濂《玉簪记·重效》："灯辉月朗，鹊度星桥会七襄，鸾笙凤管吹悠扬。"

天衣：仙神所着之衣。司空图《灵台三官堂文》："尘蒙而庙貌全隳，藓驳而天衣半褫。"

【解析】

爱新觉罗·岐元，满洲正红旗人，清朝宗室。先后在清代道光、咸丰、同治三朝为官，担任过内阁侍读学士、鸿胪寺卿、通政使司副使、光禄寺卿、太常寺卿、内阁学士兼礼部侍郎衔。光绪五年（1879年）授盛京将军，光绪七年（1881年）调成都将军。

光绪十年（1884年）七月五日，王闿运为岐元母寿作此联，并注岐元母寿为七月二十七日。

上联言奉酒祝寿，下联言献蜀锦为贺。联语虽工却无新意。

【考辩】

《湘绮楼日记》光绪十年七月五日有记载，文字一致。

郭葆生母于氏

郭父为母寿作屋城中，未几焚败，几不能保，去年借我名驱占兵，乃费万金重修，故为喜事。郭先在江南娶于氏，及还，父母已为聘杨氏，乃以于为次妻。生葆生，有文武材，除说谎外，皆可取，亦可传也，惜不得为何贞翁记之。

称觞喜重理池台花木；

教子能增光将相门楣。

【注释】

称觞：参前第051页“称觞”注释。

门楣：门庭，门第。陈元光《太母魏氏半径题石》：“清贞蜚简籍，规范肃门楣。”

【解析】

郭葆生即郭人漳，湖南湘潭易俗河人，字葆生，号憨庵，又名郭五，清末大臣郭松林之子。以世荫得道员，历任山西道台、江西和两广巡防营统领，因其在山西任道台时贪污去职，后与革命党人黄兴、赵声往来。光绪三十三年（1907年）在广东巡防营统领，受命镇压钦、廉二州农民抗税斗争，革命党人约请他在阵前倒戈响应起义，他表面答应，临事背约，因而导致起义的失败。辛亥革命后当选为众议院议员。其母于氏为郭松林次妻。何贞翁即何绍基，字子贞，号东洲，别号东洲居士，晚号猿叟（一作蝯叟），湖南道州（今道县）人，晚清诗人、画家、书法家。道光十六年（1836年）进士。咸丰初简四川学政，曾典福建等乡试。历主山东泺源、长沙城南书院。

民国四年（1915年）九月十三日，王闿运写寿对送郭葆生，即为此联，并有前录之序言。

上联说举杯祝寿，并祝郭松林重修屋宅之事。下联说郭葆生之才足光门楣。

【考辩】

《湘绮楼日记》民国四年九月十三日有记载，文字一致。

商农父八十

传经令子作名师，定知五豆称觞，讲舍春风桃李笑；

学语曾孙说眉寿，待得九龄锡嘏，南宫舞勺杏花香。

【注释】

令子：犹言佳儿、贤郎，多用于称美他人之子。《南史·任昉传》："（任昉）四岁诵诗数十篇，八岁能属文，自制《月仪》，辞义甚美。褚彦回尝谓遥曰：'闻卿有令子，相为喜之。所谓百不为多，一不为少。'"李商隐《五言述德献上杜七兄仆射》："过庭多令子，乞墅有名甥。"

五豆：豆为古代容器、容量单位，四升为一豆，五豆即二十升，八十岁可饮。《左传·昭公三年》："齐旧四量，豆、区、釜、钟。四升为豆，各自其四，以登于釜。釜十则钟。"《礼记·乡饮酒义》："六十者三豆，七十者四豆，八十者五豆，九十者六豆，所以明养老也。"

眉寿：长寿。《诗·豳风·七月》："为此春酒，以介眉寿。"毛传："眉寿，豪眉也。"孔颖达疏："人年老者必有豪眉秀出者。"高亨注："眉寿，长寿也。"

锡嘏："锡"通"赐"，给予、赐给。《诗·商颂·烈祖》："申锡无疆，及尔斯所。"《庄子·列御寇》："人有见宋王者，锡车十乘。"嘏，福也。锡嘏即赐福之意。《诗·小雅·宾之初筵》："锡尔纯嘏，子孙其湛。"

南宫：南面的住室或宫殿。《仪礼·丧服》："子不私其父，则不成为子。故有东宫，有西宫，有南宫，有北宫，异居而同财。"

舞勺：古代儿童学文舞，后以指幼年。《礼记·内则》："十有三年，学乐，诵诗，舞勺。成童舞象，学射御。"孔颖达疏："舞勺者，熊氏云：'勺，钥也。'言十三之时，学此舞勺之文舞也。"刘允济《经庐岳回望江州想洛川有作》诗："礼乐富垂髫，诗书成舞勺。"

【解析】

商农即杨书霖，字商农，湖南长沙人，举人，光绪元年（1875年）任兴化县教谕。光绪四年（1878年）二月十六日，杨请王闿运为其父八十寿作贺联，即为此联。

上联首先说杨商农之业，次句切八十寿辰，结句切春日时辰。下联先说有曾孙尚在学语，已知祝寿，后二句说十年后曾孙应当十三岁开始学文了。贺寿切于时辰、年龄、子孙，可见王闿运对杨家应是非常熟悉的，此联亦为贺联中比较用心之联。

【考辩】

《湘绮楼日记》光绪四年二月十六日有记载，文字为“传经令子作名师，定知五豆称觞，讲舍春风桃李笑；学语曾孙说眉寿，待得九龄锡嘏，南宫勺舞杏花香”。

刘韫斋八十

松篁春满裴公宅；

桃李荣欣宝相门。

【注释】

松篁：松与竹。郦道元《水经注·沔水二》：“池中起钓台。池北亭，郁墓所在也。列植松篁于池侧沔水上。”韦庄《春愁》诗：“后庭人不到，斜月上松篁。”

裴公宅：裴公指裴度，裴公宅即绿野堂别墅，裴度的别墅名。故址在今河南省洛阳市南。《新唐书·卷一百七十三·裴度列传》：“时阉竖擅威，天子拥虚器，搢绅道丧，度不复有经济意，乃治第东都集贤里，沼石林丛，岑缭幽胜。午桥作别墅，具燠馆凉台，号绿野堂，激波其下。度野服萧散，与白居易、刘禹锡为文章、把酒，穷昼夜相欢，不问人间事。”倪应复题《桃溪渔隐图》诗：“为访裴公宅，堂开绿野间。”

宝相门：指帝王家。宝相，指帝王的形象。北齐邢邵《文襄皇帝金像铭》：“神仪内莹，宝相外宣。”

【解析】

刘韫斋即刘崐，字玉昆，号韫斋，云南普洱景东县人。清嘉庆十三年（1808年）三月十七日生，光绪十三年（1887年）十二月二十日卒于湖南省长沙市，卒年八十。道光八年（1828年）二十岁优贡生，道光十二年（1832年）乡试中第二名举人（亚元），道光二十一年（1841年）中进士，选翰林院庶吉士，历任翰林院编修、侍讲、侍读学士、内阁学士兼礼部侍郎、鸿胪寺少卿、太常寺少卿、顺天府尹、太仆寺卿、江南正考官、文渊阁执事、湖南学政、湖南巡抚等职。刘崐一生两度出任顺天乡试考官、会试副考官、读卷官、翰詹大考阅卷官。同治三年（1864

年），恢复江南乡试，刘崐为大主考。在任湖南巡抚期间，曾督修《湖南通志》以及重修天心阁和城墙、大修岳麓书院。

此联应为光绪十三年（1887年）二三月间所写，但《湘绮楼日记》光绪十年（1884年）十一月朔日至光绪十三年四月晦均缺，因此未知确切日期。又据《郭嵩焘日记》，光绪十三年三月十八日为刘崐庆寿，王闿运也参加了，可知此联应写于此日前后。

上联切以春日之时辰，并说裴度事，切以刘崐晚年隐居事。下联说刘崐有诸多门生均在朝为官，刘曾为江南正考官，故所言皆不虚也。白居易有诗《奉和令公绿野堂种花》："绿野堂开占物华，路人指道令公家。令公桃李满天下，何用堂前更种花。"其意大抵如此。

但少村八十

正月十五生。

薇省月华三五夕；

楚南人颂八千春。

【注释】

薇省：紫薇省的简称，又称"薇垣"，借指中枢机要官署。赵翼《寄题同年项任田青士居祠堂》："任田我同榜，薇省班稍后。"

月华：月亮周围的五彩光环，视为祥瑞。冯应京《月令广义·八月令》："月之有华常出于中秋夜次，或十四、十六，又或见于十三、十七、十八夜。月华之状如锦云捧珠，五色鲜荧，磊落匝月，如刺绣无异。"

三五夕：农历十五日夜晚。谢灵运《南楼中望所迟客》："与我别所期，期在三五夕。"李峤《月》："桂满三五夕，蓂开二八时。"

楚南：地域名，泛指湖南。刘勰《文心雕龙·程器》："瞻彼前修，有懿文德。声昭楚南，采动梁北。"

【解析】

但少村即但湘良，字少村，蒲圻（今湖北赤壁）人。曾任湖南储粮道、湖南盐运司、湖南辰沅永靖道、湖南长沙道、湖南布政使等要职。光绪二十八年（1902年）二月二日，王闿运为其八十生辰作此联，且特意注明其生日为正月十五日。

上联说其官职和生辰之日的祥瑞，下联说湘人并为其祝寿，犹指其为湖北人在湖南做官而得湖南民心也。

【考辩】

《湘绮楼日记》光绪二十八年二月二日有记载，文字一致。

郑赞侯

官如陶令多酃酒；

年近何公减宦情。

【注释】

陶令：指晋陶潜。陶潜曾任彭泽令，故称。赵孟頫《见章得一诗因次其韵》：“无酒难供陶令饮，从人皆笑郦生狂。”

酃酒：古代名酒名，指湘东地区酃水、渌水酿的酒。郦道元《水经注·耒水》：“（酃）县有酃湖，湖中有洲，洲上民居，彼人资以给酿，酒甚醇美，谓之酃酒。”陆龟蒙、皮日休等《寒夜文宴联句》：“酃酒分中绿，巴笺擘处殷。”

何公：何休，字邵公，任城樊（今山东兖州）人。东汉时期今文经学家，儒学大师。诏拜郎中，因不合于自己的志愿，以病辞去。闭门不出，用功十余年，作《春秋公羊传解诂》十二卷。又注《孝经》《论语》等。另作《春秋汉议》十三卷，以春秋大义，驳正汉朝政事六百多条，“妙得公羊本意”。党禁解除，被召为司徒掾属，拜议郎，再迁谏议大夫。五十四岁卒。事见《后汉书·卷七十九·儒林列传·第六十九下》。

官情：做官的志趣、意愿。《晋书·刘元海载记》：“吾本无宦情，惟足下明之。恐死洛阳，永与子别。”白居易《祭弟文》：“吾去年春授秘书监，赐紫。今年春除刑部侍郎。孤苦零丁，又加衰疾，殆无生意，岂有宦情？”

【解析】

郑赞侯即郑襄，字赞侯，又字湛侯，江夏（今湖北武汉）人，湘社成员，官太湖知县。有《久芬室诗集》。后卷有挽郑湛侯联。

光绪十九年（1893年）六月一日，王闿运为此联赠郑湛侯，“劝其去官，省日日言去也”。王又说“此人染笏山习气，殊为可笑”，盖因笏山日记亦每多自责。六月四日，王闿运贺郑湛侯生日，因此本联归入“荣庆”亦无不可。

上联说其官职类似陶令，且多爱美酒。下联说其年齿，亦劝其学何休辞官之意，言辞略带调侃，非一般寿联之写法也。

【考辩】

《湘绮楼日记》光绪十九年六月一日有记载，文字一致。

杨斗垣

洛社耆英，堂留绿野；

天家寿酒，婿寄黄门。

【注释】

洛社耆英：洛阳耆英会。宋文彦博与富弼、司马光等聚集洛阳高年者共十三人（一说十一人）置酒相乐，称“洛阳耆英会”。《宋史·文彦博传》：“（文彦博）与富弼、司马光等十三人，用白居易九老会故事，置酒赋诗相乐，序齿不序官。为堂，绘像其中，谓之‘洛阳耆英会’，好事者莫不慕之。”

堂留绿野：指绿野堂，唐代裴度的别墅名。故址在今河南省洛阳市南。《新唐书·卷一百七十三·裴度列传》："时阉竖擅威，天子拥虚器，搢绅道丧，度不复有经济意，乃治第东都集贤里，沼石林丛，岑缭幽胜。午桥作别墅，具燠馆凉台，号'绿野堂'，激波其下。度野服萧散，与白居易、刘禹锡为文章、把酒，穷昼夜相欢，不问人间事。"刘克庄《汉宫春·陈尚书生日》词："未可卷怀袖手，续平泉庄记，绿野堂诗。"马致远《夜行船·秋思》套曲："裴公绿野堂，陶令白莲社。"

天家：帝王家。《后汉书·宦者传·曹节》："盗取御水以作鱼钓，车马服玩拟于天家。"《晋书·胡奋传》："历观前代，与天家婚，未有不灭门者，但早晚事耳。"

黄门：疑为黄封之误，《湘绮楼日记》中亦为黄封。黄封，酒名。宋代官酿，因用黄罗帕或黄纸封口，故名。后泛指酒。苏轼《岐亭》诗之三："为我取黄封，亲拆官泥赤。"王文诰辑注："京师官法酒以黄纸或黄罗绢幂瓶口，名黄封酒。"张四维《双烈记·策勋》："荣紫诰，醉黄封。希帝宠，重军功。"

【解析】

杨斗垣，湖南衡阳人，与王闿运有交游，生平不详。

光绪二十年（1894年）八月二十日，王闿运做此贺联，并言此联可值百金，可见此联虽为应酬之作，亦见巧思。

上联贺其耆年，并说相聚为乐之事。下联说其婿从京寄寿酒来，此切以实事，故不能移作他用也。

【考辩】

《湘绮楼日记》光绪二十年八月二十日有记载，文字为"洛社耆英，堂留绿野；天家寿酒，婿寄黄封。"

吴清卿

眉寿铭功，有吉金瑞玉；

衡山刻石，纪海宴河清。

【注释】

眉寿：参前第054页“眉寿”注释。

吉金：指鼎彝等古器物。古以祭祀为吉礼，故称铜铸之祭器为“吉金”。欧阳修《集古录跋尾·韩城鼎铭》：“坚久吉金，用作宝尊鼎。”龚自珍《己亥杂诗》之二八：“吉金打本千行在，敬拓思文冠所遗。”

瑞玉：古代诸侯或藩国朝聘时所执的玉制信物。《仪礼·觐礼》：“乘墨车，载龙旗弧韣，乃朝，以瑞玉有缫。”郑玄注：“瑞玉，谓公桓圭、侯信圭、伯躬圭、子穀璧、男蒲璧。”苏轼《坤成节功德疏文》：“上帝储休，遗宝龟而降圣；群方仰德，执瑞玉以来宾。”

海宴河清：宴同晏，平静。黄河水清，大海平静，比喻天下太平。五代欧阳熙《龙寿院光化大师碑铭》：“旋闻海宴河清，远播民舒物泰。”薛逢《九日曲池游眺》：“陌上秋风动酒旗，江头丝竹竞相追。正当海晏河清日，便是修文偃武时。”

【解析】

吴清卿即吴大澂，初名大淳，字止敬，又字清卿，号恒轩，晚号愙斋，江苏吴县（今江苏苏州）人。清代官员、学者、金石学家、书画家，民族英雄。清同治七年（1868年）进士，曾任广东巡抚、河道总督、湖南巡抚。善画山水、花卉，精于篆书。皆得力于金石鉴赏修养。光绪十二年（1886年），吴大澂与沙俄谈判。他据理力争迫使沙俄重立土字碑并对中国的出海权进行妥协，更迫使沙俄归还了黑顶子山地区（今吉林珲春敬信镇）。后因甲午战败，被降旨革职，永不叙用。

吴两度任湖南巡抚，分别是光绪十八年（1892年）闰六月至光绪二十年（1894年）九月间、光绪二十一年（1895年）三月至闰五月间。光绪二十年正月三日，王闿运为此联，此时吴应是六十寿辰。

上联先是并贺其寿其功，然后述吴之金石著述成就，吴曾作《古玉图考》《恒轩所见所藏吉金录》《十六金符斋印存》等著作。下联切以湖南地理，并颂天下太平之期，此时甲午战争尚未开始，故有海晏河清之说。

【考辩】

《湘绮楼日记》光绪二十年正月三日有记载，文字为“眉寿铭功，有吉金瑞玉；衡山刻石，纪海晏河清”。

《古今联语汇选》亦收录，文字为“眉寿铭功，有吉金瑞玉；衡山刻石，纪海晏河清”。

端午桥

强仕十年名位极；

平泉三月管弦清。

【注释】

强仕：亦作“彊仕”，四十岁的代称。《礼记·曲礼上》：“四十曰强，而仕。”《后汉书·胡广传》：“甘、奇显用，年乖强仕，终、贾扬声，亦在弱冠。”《梁书·张纲传》：“且年甫强仕，方申才力，摧苗落颖，弥可伤惋。”

名位：官职与品位；名誉与地位。《左传·庄公十八年》：“王命诸侯，名位不同，礼亦异数。”三国魏曹植《释愁文》：“沉溺流俗，眩惑名位。”

平泉：平泉庄，李德裕游息的别庄，现遗址位于洛阳市南伊川县。康骈《剧谈录·李相国宅》：“（平泉庄）去洛阳三十里，卉木台榭，若造仙府。”刘克庄《汉宫春·陈尚书生日》：“未可卷怀袖手，续平泉庄记，绿野堂诗。”

【解析】

端午桥即托忒克·端方，字午桥，号陶斋，满洲正白旗人，光绪八年（1882年）中举人，捐员外郎，后迁候补郎中。光绪二十四年（1898年），任直隶霸昌道。不久还京主持农工商局局务，后又出任陕西按察使、布政使，并代理陕西巡抚。光绪二十六年（1900年）因接驾有功，调任河南布政使，次年升任湖北巡抚，后代理湖广总督。光绪三十年（1904年），代任两江总督创建暨南大学。光绪三十一年（1905年）调任湖南巡抚，随即被召回北京，升任闽浙总督，未及上任，便被派遣出使西方考察宪政，预备制定宪法。光绪三十四年（1908年），调任直隶总督，因受慈禧奉安大典偷拍案之牵连，被罢官。宣统三年（1911年），端方被委任为川汉粤汉铁路督办大臣，因强行将四川当地民办铁路收归国有，激起川湘鄂保路运动。同年九月，端方署理四川总督，率湖北新军经宜昌入川，至资州，十一月二十七日新军哗变，端方和其弟端锦为军官刘怡凤所杀。清廷赠端方太子太保，谥忠敏。著有《陶斋吉金录》《端忠敏公奏稿》等。

宣统二年（1910年）六月十九日，端方请王闿运为其五十生辰作联，王闿运作此联寄端方。此时端方已受慈禧奉安大典偷拍案之牵连，从直隶总督任上被革职。

上联以“强仕十年”切其五十生辰，并言其名位早已尊崇。下联将其比作唐相李德裕，盖李德裕从宰相而五贬为崖州司户，故聊祝管弦之乐耳。

【考辩】

《湘绮楼日记》宣统二年六月十九日有记载，文字一致。

《古今联语汇选》亦收录此联，文字一致。

陈澍甘

五马一骢，兄弟衣绣；

师鲸靖鳄，民物同春。

【注释】

五马：太守的代称，汉时太守乘坐的车用五匹马驾辕。白居易《西湖留别》诗：“翠黛不须留五马，皇恩只许住三年。”赵翼《送邑侯高松亭调任宿迁》诗：“相期迁五马，重布晋陵春。”

一骢：御史骢，意思是指御史。《后汉书·卷三十七·桓荣传》附《桓典传》：“（桓典）常乘骢马，京师畏惮，为之语曰：‘行行且止，避骢马御史。’”杜甫《陪章留后侍御宴南楼》诗：“屡食将军第，仍骑御史骢。”仇兆鳌注：“曰屡曰仍，见宴非一次。将军第，切留后。御史骢，切侍御。”

师鲸：出师、诛杀大奸首恶。师，出兵征伐，进军。《周礼·地官·州长》："若国作民而师田行役之事。"《左传·宣公十二年》："古者明王伐不敬，取其鲸鲵而封之，以为大戮，于是乎有京观以惩淫慝。"

靖鳄：平定鳄鱼之患，犹指平定盗寇。亦用韩愈之典。唐元和十四年（819年），韩愈因谏迎佛骨，被贬为潮州刺史。韩愈到潮州，听说境内的恶溪中有鳄鱼为害，于是在元和十四年四月二十四日写下《祭鳄鱼文》，劝戒鳄鱼搬迁。不久，恶溪之水西迁六十里，潮州境内永远消除了鳄鱼之患。

民物：泛指人民、万物。蔡邕《陈太丘碑》："神化著于民物，形表图于丹青。"张孝祥《与明守赵敷文书》："执事以慈惠之师，有来作牧，布宣德意，使田野按堵，民物康阜。"

【解析】

陈澍甘即陈兆棠，字澍甘，湖南桂阳人，其父陈士杰是曾国藩重要幕僚。陈氏几个兄弟均受王闿运教导，其中陈兆葵、陈兆文均入翰林院编修，人称"一家兄弟两翰林"。陈兆棠捐五品同知衔进入杂途，以知县选拔四川兴文县。光绪二十六年（1900年），陈兆棠自崇庆州调署简州，按清制应援例回避而为闲官。光绪二十八年（1902年），岑春煊晋为四川总督，即奏请将陈兆棠召回四川署邛州直隶州事。次年，岑调任两广总督，亦差遣陈兆棠随行入粤，统领武匡军。光绪三十一年（1905年），广西肃清，陈兆棠马上前往广东，奉岑春煊之命稽查广东全省各军，继而破格提拔为惠州知府，专门负责清乡行动。陈兆棠在惠州多严刑峻法甚至滥杀，时人谓为"屠伯"。光绪三十四年（1908年）八月，陈兆棠应两广总督张人骏之命调任潮州知府，不改严刑滥杀之行，"一日报诛三百人，郡中震怖"。宣统三年（1911年），武昌起义后潮州光复，陈兆棠也随之被革命军所擒，押至署前的照壁下枪决。《清史稿》记"中十三枪乃绝"。临刑前，陈兆棠拟好遗言致其家属："不死于君，不死于国，不死罪，死于因果。"

光绪三十四年（1908年）九月二十九日，王闿运作陈澍甘五十生日联，日记中上结为"弟兄衣绣"，当更符合平仄，联语中应有误。又评价陈澍甘云："澍甘好杀，而不能杀洋人，故令其师鲸以靖鳄，不可杀也。"此联正写于陈调任潮州知府之后月余。

上联说陈氏兄弟为官之荣耀，下联说以潮州府韩昌黎驱鳄事，一则切以潮州知府之职，二则为规劝之意，谓其对首盗巨寇当征伐，而对一般的盗贼应效仿韩愈祭鳄鱼的做法，震慑即可，无需滥杀也。而陈兆棠最终因杀戮过甚亦死于革命军之手，岂非一语成谶乎？

【考辩】

《湘绮楼日记》光绪三十四年九月二十九日有记载，文字为“五马一骢，弟兄衣绣；师鲸靖鳄，民物同春”。

《古今联语汇选》亦收录此联，文字一致。

庄心庵

丝竹管调延寿乐；

红薇香似过庭时。

【注释】

丝竹：弦乐器与竹管乐器之总称，亦泛指音乐。《礼记·乐记》：“德者，性之端也；乐者，德之华也，金石丝竹，乐之器也。”韦应物《金谷园歌》：“洛阳陌上人回首，丝竹飘飖入青天。”

红薇：红薇花，夏日所开之花。韩维《红薇花》：“杏梅成实夏阴浓，波面繁花刺眼红。莫为春归减欢兴，共将弦管乐薰风。”

过庭：指承受父训或长辈训诫。《论语注疏·季氏》：“陈亢问于伯鱼曰：‘子亦有异闻乎？’对曰：‘未也。’尝独立，鲤趋而过庭。曰：‘学诗乎？’对曰：‘未也。’‘不学诗，无以言。’鲤退而学诗。他日又独立，鲤趋而过庭。曰：‘学礼乎？’对曰：‘未也。’‘不学礼，无以立。’鲤退而学礼。闻斯二者。”陈亢退而喜曰：“问一得三，闻诗，闻礼，又闻君子之远其子也。”

【解析】

庄心庵即庄赓良，原名恺生，字心安，一字醒庵，晚号栩园老人，江苏常州人。庄赓良少时随父庄受祺（清代道光进士）寄居湖南益阳，从小受其父督教指导。光绪三十二年（1906年）擢任湖南按察使，不久又升为湖南布政使。宣统二年（1910年）春，湖南一带因受水灾，粮食歉收，米商囤积居奇，酿成抢米风潮，经庄安抚，始得平息，然因此罢官后回到家乡，以读书写字自娱。

光绪三十四年（1908年）五月十一日，王闿运为庄心庵作此联，贺庄赓良七十寿。

上联说有孙竹之管能祝延寿之乐，下联切以夏之时辰，并说子承父训之事。

【考辩】

《湘绮楼日记》光绪三十四年五月十一日有记载，文字为“孙竹管调延寿乐；红薇香似过庭时”。

《古今联语汇选》亦收录，文字为“绿竹管调延寿乐；红薇香似过庭时”。

062

程岏樵妻赵氏

齐眉百岁屠苏酒；

四德贤声宰相门。

【注释】

齐眉：夫妻白首偕老。陈康祺《燕下乡脞录》卷二：“凡六十以上齐眉命妇，均得邀彩缎珍品之赐。”《俚言解》卷一：“夫妇偕老曰齐眉。扬雄《方言》：眉、黎，老人之称。东齐谓老曰眉。《诗·七月》篇：‘以介眉寿。’‘齐眉’犹言‘同寿’，非指梁鸿、孟光举案齐眉事也。”

屠苏酒：酒名。旧俗在农历正月初一喝屠苏酒以避邪。宗懔《荆楚岁时记》：“（正月一日）长幼悉正衣冠，以次拜贺，进椒柏酒，饮桃汤，进屠苏酒……次第从小起。”卢照邻《长安古意》诗：“汉代金吾千骑来，翡翠屠苏鹦鹉杯。”苏辙《除日》诗：“年年最后饮屠酥，不觉年来七十余。”

四德：封建礼数认定妇女应有的四种德行。《周礼·天官·九嫔》："掌妇学之法，以教九御妇德、妇言、妇容、妇功。"郑玄注："妇德谓贞顺，妇言谓辞令，妇容谓婉娩，妇功谓丝枲。"《后汉书·皇后纪序》："九嫔掌教四德。"李贤注："四德谓妇德、妇言、妇容、妇功也。"高仲武《中兴间气集·李季兰》："士有百行，女唯四德。"

贤声：贤明的名声。杜甫《章梓州橘亭饯成都窦少尹》诗："衰老应为难离别，贤声此去有辉光。"吴锡麒《消夏第四集分得咏史乐府·夫人城》："刺吏著威名，阿母有贤声。"

【解析】

程屺樵即程书祥，字屺樵，程学伊之子，程商霖（程龢祥，字商霖）之弟，做过通判加四品衔，后奉母隐居，此时年五十三岁。元妻唐氏先卒，赵氏为其续妻，武陵人。

光绪二十八年（1902年）十二月二十日，程屺樵妻赵氏五十生辰，王闿运为此联。

上联切以年齿、时间，颂其夫妻白首偕老，合计百岁有余，且寿辰恰逢正月前后。下联说赵氏德行名声，并述程家官宦门第之事，于应酬中犹见不凡也。

【考辩】

《湘绮楼日记》光绪二十八年十二月二十日有记载，文字为"齐眉百岁屠苏酒；四德三从宰相门"。

龙书村

南极一星躔寿岳；

北来双鹤饮荣泉。

【注释】

南极一星：南极老人星。司马贞《史记索隐》："寿星，盖南极老人星也，见则天下理安，故祠之以祈福寿。"杜甫《送李八秘书赴杜相公幕》："南极一星朝北斗，五云多处是三台。"

躔：运行。《方言》十二："日运为躔，月运为逡。"《广雅》："躔，行也。"《汉书·律历志上》："日月初躔。"

寿岳：指南岳衡山。五代齐己《回雁峰》诗："壮堪扶寿岳，灵合置仙坛。"

双鹤：湖南省长沙市麓山寺后有白鹤泉，相传曾有一对仙鹤常飞至此。张轼《和石通判酌白鹤泉》："满座松声间金石，微澜鹤影漾瑶琨。"

荣泉：清泉，美泉。《汉书·礼乐志》："食甘露，饮荣泉。"颜师古注："荣泉，言泉有光华。"刘基《芳树》："景风昼拂，荣泉夜滋。"

【解析】

龙书村其人生平不详。

上联说寿星来衡岳，为贺寿之意。下联说双鹤北来，其人应与长沙有关。

常霖生

岳静湘清，桃源自乐；

花黄酒绿，桂父延龄。

【注释】

桃源：桃花源。徐陵《山斋诗》："桃源惊往客，鹤峤断来宾。"杜甫《北征》诗："缅思桃源内，益叹身世拙。"

桂父：古代传说中的仙人。刘向《列仙传·桂父》："桂父者，象林人也，色黑而时白、时黄、时赤。南海人见而尊事之。常服桂及葵。"晋左思《吴都赋》："桂父练形而易色，赤须蝉蜕而附丽。"

【解析】

常霖生，湖南衡阳人，排行第九，为常大淳之子、常豫之弟。

上联贺其居于衡山湘水清静之地，故能享桃源之乐。下联所言其生辰应为秋季，效仙人取桂酒饮之可延寿。

许钧

自言其家五世同堂，六十年中门内无哭声，求书一联颂之。

五世繁昌承鞠跽；

一家安乐住桃源。

【注释】

五世繁昌：五世繁衍，子孙昌盛。先秦左丘明《左传·庄公二十二年》："为妫之后，将育于姜。五世其昌，并于正卿；八世之后，莫之与京。"

鞠跽：第二字原字为左月右卺，同"跽"。鞠，弯曲，弯身。跽，长跪。鞠跽即对长辈行礼。《史记·滑稽列传》："若亲有严客，髡帣韝鞠跽，侍酒于前，时赐余沥，奉觞上寿，数起，饮不过二斗径醉矣。"

【解析】

许钧，湖南人，曾任团总，其余生平不详。

光绪三十四年（1908年）正月十六日，许钧来拜访王闿运，求王闿运作一联以颂，王故为此联。

上联说其家五世繁衍，犹重礼仪孝道。下联说其住所，应为湖南某地，足享安乐也。

【考辩】

《湘绮楼日记》光绪三十四年正月十六日有记载，文字一致。

《古今联语汇选》亦收录此联，文字一致。

张翁百岁，号云台，就名号颂之

系出文侯，鹿赐弥永；

号同阮傅，麋寿逾高。

【注释】

文侯：指张良，谥文成，人称文成侯。《史记·留侯世家》："后八年卒，谥为文成侯。子不疑代侯。"

鹿赐：赐鹿鸣宴，科举制度中的一种宴会。起于唐代，明清沿此，于乡试放榜次日，宴请新科举人和内外帘官等，歌《诗经》中《鹿鸣》篇，司称"鹿鸣宴"。《新唐书·选举志上》："每岁仲冬，州、县、馆、监举其成者送之尚书省；而举选取不繇馆、学者，谓之'乡贡'，皆怀牒自列于州、县。试已，长吏以乡饮酒礼，会属僚，设宾主，陈俎豆，备管弦，牲用少牢，歌《鹿鸣》之诗，因与耆艾叙长少焉。"

弥永：久长。傅専《山寺》诗："钟磬静弥永，莓苔古愈微。"严复《原强》："知吾生之所以生则知群之所以立矣；知寿命之所以弥永，则知国脉之所以灵长矣。"

阮傅：阮元，字伯元，号芸台，又号云台、节性斋老人、颐性老人、雷塘庵主、揅经老人，江苏扬州仪征人。乾隆五十四年（1789年）进士，先后在礼部、兵部、户部、工部供职，并出任山东、浙江学政，浙江、江西、河南巡抚及漕运总督、湖广总督、两广总督、云贵总督等职。晚年官拜体仁阁大学士，致仕后加官至太傅。曾主编《经籍籑诂》，校刻《十三经注疏》，汇刻《皇清经解》等，撰有《揅经室集》《十三经注疏校勘记》等三十余种著述传世。

麋寿：眉寿。长寿之意。《隶释·汉北海相景君铭》："不永麋寿异臣子兮。"洪适释："以麋为眉。"欧阳修《六一题跋·后汉北海相景君铭》："碑铭有云：'不永麋寿。'余家集录三代古器铭有云眉寿者皆为麋。盖古字简少通用，至汉犹然也。"

【解析】

张翁，号云台，生平不详。

光绪三十二年（1906年）二月五日，王闿运为此联，贺其百岁寿，并言就其名号颂之。

上联以张良切其姓，述其参与鹿鸣宴之事。下联以阮元切其号云台，并祝长寿。张姓易得，云台难寻，以阮元来切则浑然天成也。

【考辩】

《湘绮楼日记》光绪三十二年二月五日有记载，文字一致。

《古今联语汇选》亦收录此联，文字一致。

徐菊人相国

多士师为百僚长；

廿年相及杖朝时。

【注释】

多士：众多的贤士，也指百官。《尚书·多方》："猷告尔有方多士，暨殷多士。"《诗·大雅·文王》："济济多士，文王以宁。"晋卢谌《答魏子悌》诗："多士成大业，群贤济弘绩。"

百僚：亦作"百寮"，百官。《尚书·皋陶谟》："百僚师师，百工惟时。"孔传："僚、工，皆官也。"苏轼《代张方平谏用兵书》："群臣百寮，窥见此指，多言用兵。"百僚长即丞相。岑参《左仆射相国冀公东斋幽居（同黎拾遗赋献）》："丞相百僚长，两朝居此官。"

杖朝：指八十岁。《礼记·王制》："八十杖于朝。"谓八十岁可拄杖出入朝廷。韩偓《乙丑岁九月在萧滩镇驻泊两月忽得商马杨迢员外书贺余复除戎曹依旧承旨还缄后因书四十字》诗："若为将朽质，犹拟杖于朝。"赵翼《初用拐杖》诗："我年届杖朝，卅载林下叟。"

【解析】

徐菊人即徐世昌，字卜五，号菊人，又号弢斋、东海、涛斋，晚号水竹村人、石门山人、东海居士。直隶（今河北）天津人。徐世昌早年中举人，后中进士。自袁世凯小站练兵时就为袁世凯的谋士，并为盟友，互为同道；光绪三十一年（1905年）曾任军机大臣。徐世昌颇得袁世凯的器重，在袁世凯称帝时以沉默远离之。直到民国三年（1914年）袁世凯再次请徐世昌出山，任国务卿之职，徐一开始并不受，后于民国四年（1915年）五月，任北洋政府国务卿，北洋人呼之"徐相国"。

民国三年九月十日，王闿运时任国史馆馆长，兼任参议院参政，作此联以贺徐世昌六十寿，自认为是不可移一字的奇作，但徐世昌不受此联，王闿运说这是和袁世凯骂张凤翙，引起徐世昌的不满有关。

上联说徐世昌为众多官员之师，此时将任国务卿。下联说其年龄，二十年后恰是八十岁。故王说不可移一字也。

【考辩】

《湘绮楼日记》民国三年九月十日有记载，文字一致。

黎总统宋卿

与观音同日生，来救大千尘劫；

应光黄异人出，能开五百昌期。

【注释】

与观音同日生：民间所传观世音菩萨有三个生日，分别是农历的二月十九、六月十九和九月十九。其中九月十九是菩萨的出家日子。黎元洪生日亦为九月十九日。

大千尘劫：大千世界的种种劫难。大千即大千世界。道恒《释驳论》："故神晖一震，则感动大千。"苏轼《端午遍游诸寺得禅字》诗："忽登最高塔，眼界穷大千。"尘劫指尘世的劫难，佛教称一世为一劫，无量无边劫为尘劫。《楞严经》卷一："纵经尘劫，终不能得。"

光黄异人：光州、黄州之间的特异的人才。光黄指光州、黄州，黎元洪为黄陂人，黄陂原属黄州。异人指不寻常、有异才的人。《史记·平津侯主父列传》："上方欲用文武，求之如弗及。始以蒲轮迎枚生，见主父而叹息。群臣慕向，异人并出。"典出苏轼《方山子传》："余闻光、黄间多异人，往往阳狂垢污，不可得而见。"

昌期：兴隆昌盛的时期。《乐府诗集·郊庙歌辞七·周郊祀乐章》："高明祚德，永致昌期。"陆游《天申节贺表》："敢即昌期，虔申寿祝。"

【解析】

黎宋卿即黎元洪，原名秉经，字宋卿，湖北黄陂（今武汉）人，中华民国第一任副总统、第二任大总统。武昌起义后被推举为湖北都督。民国元年（1912年）被选为中华民国临时政府副总统兼领鄂督。民国二年（1913年）袁世凯、黎元洪分别当上正副大总统。黎元洪又支持袁世凯解散国会，破坏《中华民国临时约法》，兼任御用的参政院院长。后袁世凯迫使黎元洪赴京，被安置在瀛台，与之结为儿女姻亲以控制之。民国四年（1915年），袁世凯复辟帝制，册封黎元洪为"武义亲王"，黎元洪坚辞不就。民国五年（1916年）袁世凯死后，黎元洪继任大总统，"府院之争"后段祺瑞利用张勋将黎驱走，由副总统冯国璋代行大总统。民国十一年（1922年）直系军阀曹锟、吴佩孚赶走皖系总统徐世昌，请黎元洪复职。黎元洪复任总统后，无实权。民国十二年（1923年）黎元洪再度辞职，退出政坛，民国十七年（1928年）去世。

民国四年（1915年）九月十二日王闿运写黎元洪寿联，并注明黎元洪生日为九月十九日。此时袁世凯尚未称帝，黎元洪仍为副总统。

上联以观音生日切以黎之生日日期，抬高其人，并说其能救世间尘劫。下联说黎是光州、黄州之间的异才，能使国家重见昌盛。联虽多巧思，亦觉颂扬过头也。

【考辩】

《湘绮楼日记》民国四年九月十二日记载“写黎宋卿寿对”，但未录文字。

《对联话》《瘗存斋联语》亦收录，文字为“与观音同日生，普被大千甘露；是光黄异人出，允符五百昌期”。

《古今联语汇选》亦收录，文字为“与观音同日生，普被大千雨露；是光黄异人出，聿新一代乾坤”。

冯母百岁

孙又生孙，共向蘐闱瞻壸范；

寿而益寿，重周花甲正笄年。

【注释】

蘐闱：蘐同萱，即萱闱，亦作“萱帏”，犹萱堂，指母亲。刘三吾《野庄赋》：“上奉萱闱兮，下以友于。”陈维崧《沁园春·题袁重其负母看花图》词：“衣着斑斓，躬为病偻，负得萱闱出北堂。”

壸范：壸同阃，即阃范，妇女的道德规范。程登吉《幼学琼林·卷二·女子类》：“曰阃范，曰懿德，并美佳人。”明末清初弹词《天雨花》第十九回：“想我王门多阃范，世传诗礼旧名门。”

重周花甲：重逢花甲，指一百二十岁。乾隆、纪晓岚贺某一百四十一岁老叟联：“花甲重逢，增加三七岁月；古稀双庆，更多一度春秋。”

笄年：女子成年，一般指十五岁。《礼记·内则》：“女子……十有五年而笄。”王韫秀《夫入相寄姨妹》：“笄年解笑鸣机妇，耻见苏秦富贵时。”

【解析】

冯母其人生平不详。

光绪三十四年（1908年）六月十八日，王闿运作冯氏百岁寿联。

上联说其孙亦已有孙，并颂冯母之德。下联贺寿，并切以年龄，谓到一百二十岁时还有二十年，故而为百岁。上联典雅，下联巧妙，虽应酬而不凡。

【考辩】

《湘绮楼日记》光绪三十四年六月十八日有记载，文字一致。

罗惺士子婚曾佑卿女

彩绣承欢引雏凤；

玉堂留砚有传人。

【注释】

彩绣：彩色刺绣的衣物。《红楼梦》第三回："彩绣辉煌，恍若神妃仙子。"

雏凤：幼凤，喻有才华的子弟。李商隐《韩冬郎即席为诗相送，一座尽惊。他日余方追吟"连宵侍坐徘徊久"之句，有老成之风，因成二绝寄酬，兼呈畏之员外》之一："桐花万里丹山路，雏凤清于老凤声。"冯浩笺注："《晋书》：陆云幼时，闵鸿奇之，曰：'此儿若非龙驹，当是凤雏。'"

玉堂：宋以后称翰林院为玉堂。《宋史·苏易简传》："帝尝以轻绡飞白大书'玉堂之署'四字，令易简榜于厅额。"李东阳《院中即事》："遥羡玉堂诸院长，酒杯能绿火能红。"王闿运《郭新楷传》："君逸才也，玉堂群彦为愧多矣。"

留砚：指过世的长辈留下的给子孙的学习用品。《晋书·范乔列传》："范乔字伯孙。年二岁时，祖馨临终，抚乔首曰：'恨不见汝成人！'因以所用砚与之。至五岁，祖母以告乔，乔便执砚涕泣。"刘克庄《哭赵紫芝》："尽出香分妓，惟留砚付儿。"

【解析】

罗惺士即罗亨奎，字惺四、惺士，江西武宁人，为王闿运好友，官至四川雅州府知府。光绪六年（1880年）九月二十一日，王闿运过访罗惺士，罗请王及松翁为媒，主其子婚曾佑卿之女。王闿运和曾佑卿在二十二年前就认识了，当时其女尚未出生。曾佑卿即曾省三，字佑卿，号习之，四川荣县人，咸丰二年（1852年）壬子进士，任翰林院庶吉士，咸丰八年（1858年）任吉安府知府，工书画。从联意看，此时曾省三应已去世。

上联贺罗家纳此新妇，下联说曾省三留下的学习用品可传于其婿，赞其婿文采也。

【考辩】

《湘绮楼日记》光绪六年九月二十一日有记载，文字一致。

沈子粹嫁女

眉弯翠黛梅梢月；

箧有鸳鸯蜀锦云。

【注释】

翠黛：指画眉用的青黑色螺黛，亦指梅。杜甫《陪诸公子丈八沟携妓纳凉晚际遇雨》："越女红裙湿，燕姬翠黛愁。"秦观《南乡子·妙手写徽真》："往事已酸辛，谁记当年翠黛颦。"

梅梢：梅树梢头。范成大《坐啸斋书怀》："月侵灯影吏方去，春遍梅梢官未知。"韩淲《朝中措·梅月圆》："香动梅梢圆月，年年先得东风。"

蜀锦：原指四川生产的彩锦，后亦为织法似蜀的各地所产之锦的通称，多用染色熟丝织成，色彩鲜艳，质地坚韧。曹丕《与群臣论蜀锦书》："前后每得蜀锦，殊不相比，适可讶，而鲜卑尚复不爱也。"杜甫《白丝行》："缫丝须长不须白，越罗蜀锦金粟尺。"

【解析】

沈子粹即沈璠，字子粹，湖南湘潭人，曾从宦于鄂，后归隐。著有《一角园诗存》。光绪十三年（1887年）十一月二日，王闿运为其嫁女作贺联。

上联说眉弯似月，并以梅切嫁女之时期。下联说有秀美的鸳鸯蜀锦为随嫁之物。

【考辩】

《湘绮楼日记》光绪十三年十一月二日有记载，文字一致。

刘景韩子婚

绣藻新晖，吴歈送喜；

玉梅初月，朝镜修容。

【注释】

绣藻：指官员礼服上绣的水藻纹。《晋书·卷二十五·志第十五·舆服志》：“佩白玉，垂珠黄大旒，绶黄赤缥绀四采。衣皂上，绛下，前三幅，后四幅，衣画而裳绣，为日、月、星辰、山、龙、华虫、藻、火、粉米、黼、黻之象，凡十二章。……王公衣山龙以下九章，卿衣华虫以下七章。”

吴歈：春秋吴国的歌，后泛指吴地的歌，亦可指昆曲。《楚辞·招魂》：“吴歈蔡讴，奏大吕些。”王逸注：“吴蔡，国名也。歈、讴，皆歌也。”孔尚任《桃花扇·余韵》：“蛾眉越女才承选，《燕子》吴歈早擅场。”王季思等注：“吴歈，指昆曲，《燕子笺》是用昆曲演唱的。”

玉梅：白梅花。苏轼《六年正月二十日复出东门仍用前韵》诗：“长与东风约今日，暗香先返玉梅魂。”范成大《樱桃花》诗：“借暖冲寒不用媒，匀朱匀粉最先来。玉梅一见怜痴小，教向傍边自在开。”

初月：新月。《乐府诗集·清商曲辞一·子夜四时歌春歌五》：“碧楼冥初月，罗绮垂新风。”杨万里《癸未上元后永州夜饮赵敦礼竹亭闻蛙醉吟》：“茅亭夜集俯万竹，初月未光让高烛。”

修容：修饰仪表。《商君书·靳令》：“修容而以言，耻食以上交，以避农战，外交以备，国之危也。”柳宗元《送班孝廉擢第归东川觐省序》：“为我谢子之舅氏，珠玉将至，得无修容乎！”

【解析】

刘景韩即刘树堂，字景韩，号仲良，出生于云南永昌府保山县，监生。以军功保荐，历任署直隶清河道、署天津道、江苏分巡盐法江宁道、江苏按察使、福建布政使、浙江布政使、河南布政使、河南巡抚、署河东河道总督、浙江巡抚。

光绪十五年（1889年）十月二十五日，王闿运作此联贺刘景韩子婚。光绪十五年四月，刘树堂升任江苏按察使，此联即写于刘任江苏按察使期间。

上联说刘家为官之事，且以吴歈切其官江苏。下联以梅花初月切其时辰，并述其姿仪。文辞典雅，惜无新意。

【考辩】

《湘绮楼日记》光绪十五年十月二十五日有记载，文字一致。

周绍颐新婚

清泉香熟重阳酒；

十月春催并蒂梅。

【注释】

重阳酒：重阳节所饮的菊花酒。郑谷《漂泊》：“黄花催促重阳近，何处登高望二京。”何景明《樊秀才园内菊》：“明日重阳酒，殷勤为尔携。”

十月春催：十月又叫小阳春。谢肇淛《五杂俎·天部二》：“十月有阳月之称，即天地之气四月多寒而十月多暖，有桃李生华者，俗谓之小阳春。”刘清之《青玉案（子寿父）》：“江南十月春风早。见枝上、梅英小。”

【解析】

周绍颐，湖南清泉县人，生平不详。

上联切以地理和时辰，并以香熟之酒为贺。下联切以时辰，并祝并蒂之喜。

卷三 哀挽

世事漸多饒悵望
清時有味是無能

王春波

名与余同，宰清泉。

生同姓，籍同名，又鄂渚同游，官阁谈心移月影；
病相缠，火相惊，更兵符相迫，清泉余响咽琴声。

【注释】

鄂渚：地名，隋置鄂州，即因渚得名，世称鄂州为鄂渚，在今湖北武昌黄鹤山上游三百步长江中。《楚辞·九章·涉江》："乘鄂渚而反顾兮，欸秋冬之绪风。"王逸注："鄂渚，地名。"洪兴祖补注："楚子熊渠，封中子红于鄂。鄂州，武昌县地是也。隋以鄂渚为名。"杜甫《过南岳入洞庭湖》："鄂渚分云树，衡山引舳舻。"

官阁：供人游憩的楼阁。储光羲《洛阳道五首献吕四郎中》诗之四："春风二月时，道傍柳堪把。上枝覆官阁，下枝覆车马。"杜甫《涪城县香积寺官阁》诗："寺下春江深不流，山腰官阁迥添愁。"

兵符：指古代传达命令或调兵遣将所用的凭证，亦指兵权。《史记·魏公子列传》："嬴闻晋鄙之兵符常在王卧内，而如姬最幸，出入王卧内，力能窃之。"《南史·刘峻传》："敬通当更始世，手握兵符，跃马肉食。"

【解析】

王春波，即王开运，字春波，江西人，为清泉县令。清泉县即今之湖南省衡阳市衡南县。王闿运原名也叫王开运，三十四岁归隐衡州西乡石门那年，因为清泉县令也叫王开运，便改"开运"为闿运。

同治九年（1870年）十月二十七日，王闿运作挽王春波联，并注明与其同名，宰清泉事。

上联说同名之事，并忆同游、夜谈之谊。下联说其命运多舛，逢病厄、火厄、兵厄之事，清泉县留呜咽琴声为祭。全联述其事，不用寻常应酬之语，足见哀思。

【考辩】

《湘绮楼日记》同治九年十月二十七日有记载，文字一致。

常仪安

仪安以咳疾属余求药，未送而闻其丧。今岁团练院司求衡州总办之人，余举仪安。保安，仪安所筑堡也。

灵药乞来迟，遑知鹤咳秋寒，洒血未倾家国恨；
保安团练在，当此蝟毛盗起，上游真觉桂零空。

【注释】

鹤咳秋寒：犹言多年难逢之天寒。刘敬叔《异苑》卷三："晋太康二年冬大寒。南洲人见二白鹤语于桥下，曰：'今兹寒，不减尧崩年也。'于是飞去。"

保安：指常仪安所筑之堡。

团练：于正规军之外就地选取丁壮，加以训练的武装组织，称团练。《续资治通鉴·宋高宗建炎元年》："诸军团练，以五人为伍，伍有长；五伍为甲，甲有正；四甲为队，五队为部，皆有二将；五部为军，有正副统帅。"

蝟毛：蝟同猬。刺猬的毛，形容众多。《资治通鉴·唐宪宗元和十二年》："城上矢如蝟毛。"胡三省注："言其多也。"孙觉《次韵秦少游》："灵崖泺水堪行乐，时事纷纷剧蝟毛。"

桂零：桂阳、零陵，犹指湘江上游湘南一带，亦作零桂。《晋书·杜预传》："内泻长江之险，外通零桂之漕。"钱大昕《十驾斋养新录·官名地名从省》："六朝人称……零陵、桂阳为零桂。"

【解析】

常仪安即常豫，字仪安，又字仪庵，湖南衡阳人，为常大淳次子，曾向曾国藩举荐彭玉麟，创建湘军水师。常大淳官至浙江巡抚、湖北巡抚、山西巡抚，在太平军攻破武昌时举家自杀殉国，唯常豫身护巡抚官印，只身逃出，保全官印。此后常豫为父收敛尸骸，力荐彭玉麟，以报父仇，并寻已散之家眷，保全少小之弟侄，得归故里。同治九年（1870年）九月二十六日病死，死因与咳血有关，年五十六岁。常豫亦为王闿运之亲家，王闿运三女王珰嫁于常豫之子常国笃。

同治九年闰十月十八日，王闿运作此联，并述常之相关事迹。

上联说乞药未至而其人已死，并说死于秋季和死于咳症，并追思其家事国事。下联说常所筑之堡尚在，当此多盗之时，湘江上游之地已无良将。常氏父子两代忠烈，其悲壮事读之令人怆然，王之挽联亦如此也。

【考辩】

《湘绮楼日记》同治九年闰十月十八日有记载，文字为“灵药乞来迟，遥知鹤咳秋寒，洒血未倾家国恨；保安团练在，当此猬毛盗起，上游真觉桂零空”。

黄上达

黄名上达，初至江南，有太子少保提督公负弩郊迎，盛具供账，黄于众中拊其背曰：“阿利，（阿读若“阿哥”。湘人平等相呼曰“阿利”，盖“儿那”声转也）好便宜黄马褂邪！好便宜宫保邪！”提督公惭愠谢去。余游江淮，黄摄宝应，访之不遇，自此遂不相闻，故下联云云。

万骑肃军门，拊背嗎然，想见裼裘公子；

斜阳依宝应，伤心行处，不逢飞舄王乔。

【注释】

军门：指军营外的大门，明代用于对总督和巡抚的尊称。《三国志·孙破虏讨逆传》：“便牵（张）咨于军门斩之。郡中震栗，无求不获。”代朝鲜李民宬《敬亭先生续集·朝天录》：“军门即巡抚登莱地方赞理征东军务兼都察院右佥都御史袁可立，河南睢阳人。”

拊背：轻拍肩背，表示抚慰。葛洪《抱朴子·交际》：“为可临觞拊背，执手须臾，欲多其数而必其全，吾所惧也。”李百药《妾薄命》：“羞闻拊背入，恨说舞腰轻。”

嗎然：笑的样子。《楚辞·大招》：“靥辅奇牙，宜笑嗎只。”洪兴祖《楚辞补注》：“言美女颊有靥辅，口有奇牙，嗎然而笑，尤媚好也。”

裼裘：袒露里衣，形容不拘礼仪。前蜀杜光庭《虬髯客传》：“使回而至，不衫不履，裼裘而来，神气扬扬，貌与常异。”昭梿《啸亭杂录·张凤阳》：“纳兰太傅、高江村等款待宾客，凤阳裼裘露顶，忝踞上位，其结交也如此。”

宝应：江苏省扬州市宝应县。

飞舄王乔：本指能乘飞舄来去的东汉叶县县令王乔，后用为对地方官的美称。又作“王乔凫舄”。胡仲弓《冷风阁》：“乘风列子留行馆，飞舄王乔有别衙。”李渔《玉搔头·微行》：“一任那驰骏周王，乘牛老子，怎似这飞舄王乔。”

【解析】

黄上达，又称黄五，湖南长沙人，同治三年（1864年）任宝应县令，同治五年（1866年）离任，为黄冕之子，左宗棠的学生，王闿运亲家黄瑜之兄弟。黄冕，字服周，号南坡，长沙县人，任常州、镇江、吉安知府，后授云南迤西道，辞病不赴，卒于家。

同治九年（1870年）十月二十七日，王闿运作挽黄五联，并述其事若干。

上联说黄初至江南，即得曾国藩盛礼相迎，而黄却不拘礼仪之事。下联说斯人已去，斜阳宝应空自伤心。此联以曾国藩抬高黄上达，并述其事其地，而“裼裘公子”与“飞舄王乔”之对尤为巧妙，即切且工，见才人手笔。

【考辩】

《湘绮楼日记》同治九年十月二十七日有记载，文字一致。

《古今联语汇选》亦收录，文字为“万骑肃军门，拊背嫣然，想见裼裘公子；斜阳依宝应，伤心行处，不逢飞舄王乔”。

章凤渠

城南旧友散如烟，惟与君廿载数相逢，最难忘夏口藏船，湘东酿酒；

新岁遨头裁满月，惊此日重来成永诀，忍独看园中柚折，池上荷生。

【注释】

夏口藏船：鹦鹉洲即在夏口，此处用庾信典。南北朝庾信《哀江南赋》："落帆黄鹤之浦，藏船鹦鹉之洲。"

遨头：宋代成都自正月至四月浣花，太守出游，士女纵观，称太守为"遨头"，此处指正月。陆游《老学庵笔记》卷八："四月十九日，成都谓之浣花。遨头宴于杜子美草堂沧浪亭。倾城皆出，锦绣夹道，自开岁宴游，至是而止。"赵翼《四月廿二日镇江看都天会因雨阻改期梦楼招饮出家伎奏乐即席二首》诗之一："软脚敢烦开近局，遨头不枉泛轻舠。"

柚折：柚树摧折之意，楚地产柚。刘潜《刘孝仪谢东宫赐城旁橘启》："俛匹穰橙，俯连楚柚。"可频瑜《洞庭献新橘赋》："襄橙不得而杂，楚柚不得而和，所献者皆叹其美，所贵者不以其多。"

【解析】

章凤渠，《湘绮楼日记》中作章凤衢，湖南人，为王闿运在城南书院的同学，生平不详。

同治九年（1870年）二月五日，王闿运作挽章凤衢联。

上联追思城南书院时旧友多逸散，唯章与他在二十年中数度重逢，同游夏口、共饮湘东之事。下联切以新岁之时，遽闻噩耗，此后再不忍独看柚树摧折、荷花生长之事。联语平实，皆述以旧事，亦无颂赞，乃知其悲怆也。

【考辩】

《湘绮楼日记》同治九年二月五日有记载，文字为"城南旧友散如烟，惟与君廿载数相逢，最难忘夏口藏船，湘东酿酒；新岁遨头裁满月，惊此日重来成永诀，忍独看园中柚折，池上荷枯"。

《古今联语汇选》亦收录，文字为"城南旧友散如烟，惟与君廿载数相逢，最难忘夏口藏船、湘东酿酒；新岁遨头裁满月，惊此日重来成永诀，忍独看园中柚折、地上荷生"。

曾文正涤生

平生以霍子孟、张叔大自期，异地不同功，戡定仅传方面略；

经学在纪河间、阮仪征之上，致身何太早，龙蛇遗憾礼堂书。

【注释】

霍子孟：霍光，字子孟，骠骑将军霍去病弟，河东平阳人。受汉武帝遗诏，辅助幼主汉昭帝；昭帝死后因无后，故而由昌邑王刘贺继位，刘贺荒嬉无道，霍光又废刘贺，更立宣帝刘病已，是安定西汉王朝的重臣。

汉宣帝地节二年（公元前68年）三月去世，谥号宣成，陪葬于汉武帝茂陵，葬礼如萧何故事。两年后，霍家发动谋反，全族诛杀。

张叔大：张居正，字叔大，号太岳，幼名张白圭，湖广江陵（今湖北荆州市荆州区）人。明嘉靖二十六年（1547年）进士，明隆庆元年（1567年）任吏部左侍郎兼东阁大学士，后迁任内阁次辅，为吏部尚书、建极殿大学士。隆庆六年（1572年）代高拱为内阁首辅，晋中极殿大学士，一切军政大事均由张居正主持裁决，任内阁首辅十年，实行一系列改革措施。明万历十年（1582年）六月病逝，享年五十八岁，赠上柱国，谥文忠（后均被褫夺）。死后被明神宗抄家，至明熹宗天启二年（1622年）恢复名誉。

戡定：平定。《隋书·虞世基传》："戡定艰难，平壹区宇。"韩愈《贺册尊号表》："经纬天地之谓文，戡定祸乱之谓武。"

方面：指一个地方的军政要职或其长官。《后汉书·冯异传》："（异）受任方面，以立微功。"李贤注："谓西方一面专以委之。"范仲淹《依韵答韩侍御》："我居方面荣为惧，君向台端直且温。"

纪河间：纪昀，字晓岚，别字春帆，号石云，道号观弈道人、孤石老人，直隶河间府献县（今属河北）人，清代文学家、官员。乾隆十九年（1754年）进士，官至礼部尚书、协办大学士、太子少保。其文采出众，曾任《四库全书》总纂官。嘉庆十年（1805年），病逝，时年八十二岁，因其"敏而好学可为文，授之以政无不达"（嘉庆帝御赐碑文），谥号文达。

阮仪征：阮元，字伯元，号芸台、又号云台、节性斋老人、颐性老人、雷塘庵主、揅经老人，江苏扬州仪征人。乾隆五十四年（1789年）进士，先后在礼部、兵部、户部、工部供职，并出任山东、浙江学政，浙江、江西、河南巡抚及漕运总督、湖广总督、两广总督、云贵总督等职。晚年官拜体仁阁大学士，致仕后加官至太傅。道光二十九年（1849年），阮元在康山私宅逝世，享寿八十六岁，获赐谥号文达。阮元曾主编《经籍籑诂》，校刻《十三经注疏》，汇刻《皇清经解》等，撰有《揅经室集》《十三经注疏校勘记》等三十余种著述传世。

龙蛇遗憾礼堂书：此处用郑玄典，谓其命终而不及著述传与后人。《后汉书·郑玄传》："五年春，梦孔子告之曰：'起，起，今年岁在辰，来年岁在巳。'既寤，以谶合之，知命当终。"《后汉书·郑玄传》："末所愤愤者，徒以亡亲坟垄未成，所好群书率皆腐敝，不得于礼堂写定，传与其人。"

【解析】

曾文正涤生即曾国藩，初名子城，字伯涵，号涤生，宗圣曾子七十世孙。晚清时期政治家、战略家、理学家、文学家、书法家，湘军的创立者和统帅。道光十八年（1838年）进士，入翰林院，为军机大臣穆彰阿门生。累迁内阁学士、礼部侍郎，署兵、工、刑、吏部侍郎。与大学士倭仁、徽宁道何桂珍等为密友，以"实学"相砥砺。太平天国时，曾国藩组建湘军，力挽狂澜，经过多年鏖战后攻灭太平天国。曾国藩官至两江总督、直隶总督、武英殿大学士，封一等毅勇侯。同治十一年（1872年）二月初四逝于南京，终年六十二岁。朝廷闻讯，辍朝三日，追赠太傅，谥号文正，祀京师昭忠、贤良祠，各省建立专祠。

《湘绮楼日记》同治十一年三月初一日，王闿运作写信给曾纪泽吊唁曾国藩，并作此挽联。

上联说曾自比霍光、张居正，然功业却有所不如，虽勘定叛乱，但只有做地方长官之才略，当不如霍、张位居朝廷统领中枢之才。下联说其学术在纪昀、阮元之上，但是其寿却不如纪、阮，因此著述也较少。和他人挽曾国藩之联不同，此联既无颂扬，亦不见悲怆，唯指其才能之不足，并惋惜其寿而已，且上联所说之霍、张均在死后被抄家，因此此联不为曾家人所喜，当然也不会被挂出了。先生之狂，可见一斑也。

【考辩】

《湘绮楼日记》同治十一年三月初一日有记载，文字为“平生以霍子孟、张叔大自期，异地不同功，戡定仅传方面略；经术在纪河间、阮仪征之上，致身何太早，龙蛇遗憾礼堂书”。又有注曰：“‘地’，或传作‘代’。”

《古今联语汇选》亦收录此联，文字一致。

胡文忠咏之

死地能生，王师始变风云色；

名臣不寿，江汉仍无砥柱人。

【注释】

死地能生：指胡林翼在与太平军作战中，多次失败，而又能重整军队重来。《清史稿·列传一百九十三·胡林翼传》：“未几，援贼由汉川至，焚汉口。崇、通匪勾结武昌城贼，扑金口大营。诏念林翼素善用兵，勉以重整散卒。寻退奓山，饷绝兵溃，下部议处。林翼移营大军山，收集溃兵，驻新堤、嘉鱼。水陆合万人，半出新募，贼至常数万，军中夺气。林翼镇静相持，以忠义激励将士，始渐定。奏调罗泽南由江西来援，连克通城、崇阳，林翼自往迎之于蒲圻。合破援贼韦俊、石达开于咸宁，复其城。乘胜进攻武昌，自率所部普承尧、唐训方军由中路，罗泽南当西路，杨岳斌以水师会金口，总督官文亦令都兴阿率骑兵驻北岸。林翼和辑诸将，军势遂日振，屡战皆捷。”

王师始变风云色：指依靠胡林翼，清军全面转入反击。李慈铭：“老谋深识，烛照不遗，固中兴第一流人。”王闿运：“中兴之业，实基自胡。”

江汉：长江、汉水交汇地区，此处指湖北。杜甫《江汉》：“江汉思归客，乾坤一腐儒。”

砥柱：亦作“砥砫”，山名，以山在激流中矗立如柱，故名。比喻能负重任、支危局的人或力量。陈亮《〈三国纪年〉序》：“《春秋》，事几之衡石、世变之砥柱也。”徐渭《季先生入祠祭文》：“当其仕也，为砥柱于风波之中，有举世所难言者而独言之，举世所难行者而独行之。”

【解析】

胡文忠即胡林翼，字贶生，又字咏芝，号润芝，湖南益阳人。父达源，嘉庆二十四年（1819年）一甲三名进士，官至少詹事，学宗宋儒。林翼少时，即授以性理诸书，而林翼负才不羁，娶总督陶澍女，习闻绪论，有经世志。道光十六年（1836年）进士，选庶吉士，授编修。道光二十年（1840年），充江南副考官，历任安顺、镇远、黎平知府及贵东道。咸丰四年（1854年）迁四川按察使，次年调湖北按察使，升湖北布政使、署巡抚。抚鄂期间，注意整饬吏治，引荐人才，协调各方关系，曾多次推荐左宗棠、李鸿章、阎敬铭等，为时人所称道，与曾国藩、李鸿章、彭玉麟并称为“中兴四大名臣”。咸丰十一年（1861年）八月在武昌咯血而死，时年四十九岁，谥号文忠。有《胡文忠公遗书》等。

胡林翼死于咸丰十一年，而《湘绮楼日记》是从同治八年（1869年）开始的，因此日记中未见此联。

上联说胡林翼于武昌、江西之战中，虽败而犹能重振之事，清军遂逐渐转入反击。下联说胡林翼英年早逝，而其死后湖北尚无能继其功业之人。联语虽简，但是写出了胡林翼的主要功业及关键作用，足见王对胡林翼的推崇。

【考辩】

《古今联语汇选》亦收录此联，文字一致。

胡蓟门

湘水古伤心，恨十载人来，拍岸惟奔千叠浪；

遗书终不负，便万金家散，凿楹犹有十三经。

【注释】

湘水古伤心：在得知胡落水而死后，王闿运言“吾县英才，多沉湘波，可怪也”。

凿楹：用“凿楹纳书”之典，指藏守书籍以传久远。《晏子春秋·杂下三十》：“晏子病，将死，凿楹纳书焉。谓其妻曰：‘楹语也，子壮而示之。’”

十三经：儒家的十三部经书，即《易》《书》《诗》《周礼》《仪礼》《礼记》《春秋左传》《春秋公羊传》《春秋榖梁传》《论语》《孝经》《尔雅》《孟子》。

【解析】

胡蓟门即胡锡燕，字蓟门，又字伯蓟，湖南湘潭人。廉洁笃学，终身布衣，不试不仕。其父胡湘曾任广州南海知县，与陈澧、徐灏相友善，后挟遗书数千卷度岭还家。著有《日知斋遗文》《历代地理图说》《诗古音绎》等书。胡亦为王闿运的亲家，王之二女王桂窳和胡之三子胡元玉结婚。

同治十一年（1872年）四月十一日，王闿运去长沙，得知胡因落水而死。同年九月十三日，为此挽联，并作褒忠传。

上联说湘水为伤心地，切其死因，并说十载交游之事。下联说胡有遗书传世，当效晏子旧事，传书于其子也。胡锡燕有四子，均研习经文，各有著述，乃知胡氏宗风所传也。

【考辩】

《湘绮楼日记》同治十一年九月十三日有记载，文字一致。

《古今联语汇选》亦收录此联，文字一致。

步洲公

公，叔父也。代聂莲仙夫人作。

玉堂雅步继家声，恨无缘祝草，有分栽花，度岭驰驱五千里，待得宦成名立，日望归来，又谁知寓馆空存，蒐裘未卜；

柳絮联吟原乐事，奈野藿长饥，蜀茶频寄，累兄营护十余年，自怜镜破珠沉，天生薄命，到此时梧桐半死，荆树仍摧。

【注释】

玉堂：参前第075页“玉堂”注释。

祝草：疑为“视草”之误。大臣奉旨修正诏谕一类公文，称“视草”。此处指任京官。《汉书·淮南王刘安传》：“每为报书及赐，常召司马相如等视草乃遣。”辛弃疾《木兰花慢·滁州送范倅》词：“想夜半承明，留教视草，却遣筹边。”

栽花：此处指任县令。晋潘岳任河阳县令时，在县中满栽桃李，传为美谈。后因以“栽花”称扬县令。陈维崧《秋霁·送江辰六之任益阳》词：“江山未老，又逢仙令栽花到。”

菟裘：原为地名，在今山东泰安市东南楼德镇，后用作告老退隐的居处。《左传·隐公十一年》：“羽父请杀桓公，将以求大宰。公曰：‘为其少故也，吾将授之矣。’使营菟裘，吾将老焉。”陆游《暮秋遣兴》诗：“买屋数间聊作戏，岂知真用作菟裘。”耶律楚材《过燕京和陈秀玉韵》之四：“自料荒疏成弃物，菟裘归计乞封留。”

柳絮联吟：此处用谢道韫咏絮之典，兄妹间唱和事也。刘义庆《世说新语·言语》：“俄而雪骤，公欣然曰：‘白雪纷纷何所似？’兄子胡儿曰：‘撒盐空中差可拟。’兄女曰：‘未若柳絮因风起。’公大笑乐。”刘筠《前槛十二韵》：“咏絮才无对，闻琴意始真。”

野藿：藿即豆叶，指粗劣的食物，此处指生活贫困。《广雅·释草》：“豆角谓之荚，其叶谓之藿。”元稹《遣悲怀三首·其一》：“野蔬充膳甘长藿，落叶添薪仰古槐。”

蜀茶：指蜀地所产的茶，此处亦指生活贫困。白居易《杨六尚书新授东川节度使代妻喜贺兄嫂二绝》之二：“觅得黔娄为妹婿，可能空寄蜀茶来。”

镜破：比喻夫妻或恋人分离。赵令畤《蝶恋花》：“镜破人离何处问，路隔银河，岁会知犹近。”

珠沉：指女子的死亡。文康《儿女英雄传》第十八回：“便要提起那把刀来，就想往项下一横，拼这副月貌花容，作一团珠沉玉碎。”

梧桐半死：丧偶之典。枚乘《七发》：“龙门之桐，高百尺而无枝；中郁结之轮菌，根扶疏以分离……其根半死半生。”贺铸《鹧鸪天》词：“梧桐半死清霜后，头白鸳鸯失伴飞。”

荆树：此处指兄弟。周景式《孝子传》：“古有兄弟，忽欲分异，出门见三荆同株，接叶连阴。叹曰：‘木犹欣然聚，况我而殊哉’，遂还，为雍和。”

【解析】

关于此联所挽者，历有争议，这里基于《湘绮楼日记》略作分析。步洲公即王麟，字步洲，为王闿运的叔父，亦是王闿运少时的老师。同治十一年（1872年）十二月二十六日，王闿运得到三弟的信，说叔父病重，请他速速前往。次日王闿运准备出行事宜，晚间得信说叔父已卒，将于二十八日大殓。王闿运自云：“余少受教育，情若父子，中因小缪，终至参差，虽礼未敢失，情已疏矣。感怆久之。假寐俟旦。”次年正月二日，王闿运到达湘潭，吊叔父之丧，至此都未提此挽联事。正月三日，王闿运见到了聂莲仙夫人，并说其为李三丈之妻、亦峰之妹、梦媞之舅母。聂莲仙夫人请王闿运代作挽兄联语，王以其孤贫，不敢固辞。当日半夜王闿运作亦峰挽联，即为此联。据此，此联并非挽王步洲之联，而是代聂莲仙夫人挽其兄亦峰联。

聂亦峰，字尔康，衡永郴桂道衡州府衡山县人，咸丰二年（1852年）中第四十名进士，并钦点翰林。三年后散馆，在广东石城、新会、南海、冈州、濂江、高凉、梅关等地任知县，官至高州府知府、候补道员。每到一个地方必捐养廉俸银办地方公益，如办牛痘局，设育婴堂，疏浚城河，修桥筑路，积谷备荒，奖励节孝，严禁土娼，捐购义地埋葬无主棺骸，访拏讼棍，在地方官任上判决了不少疑难案件，被誉为“法官之模范，县令之准绳”。同治十一年（1872年）病逝于广东。聂亦峰次子聂缉槼娶了曾国藩季女曾纪芬。

此联代聂莲仙夫人作挽，上联先说其人生平，翰林出身但未能做京官，而是到岭南做了县令，最终却没有等到告老还乡即死于广东。下联先说自己和兄长之情谊，继说自己贫寒，得到兄长资助，而自己已经是老病之身，却又遇上丧偶和兄长去世，足见其哀。全联几乎一句一典，却又皆能落在实处，在炫技中能见哀思，足见王闿运作此联时之用心也。

【考辩】

《湘绮楼日记》同治十二年正月三日有记载，文字为“玉堂雅步继家声，恨无缘视草，有分栽花，度岭驰驱五千里，待得宦成名立，日望归来，又谁知寓馆空存，菟裘未卜；柳絮联吟原乐事，奈野藿长饥，蜀茶频寄，累兄营护十余年，自怜镜破珠沉，天生薄命，到此日梧桐半死，荆树仍摧”。

《古今联语汇选》亦收录，文字为“玉堂雅步继家声，恨无缘视草、有分裁花。度岭驰驱五千里，待得宦成名立，日望归来；又谁知寓馆空存、菟裘未卜；柳絮联吟原乐事，奈野藿长饥、蜀荼频寄。累兄营护十余年，自怜镜破珠沉，天生薄命；到此时梧桐半死、荆树仍摧”。

袁幼安

旌旗满眼更相逢，促别匆匆，方期同看琼花，官阁开尊重赠簋；

湘皖讴思争述颂，横流浩浩，纵有一床牙笏，版舆还第怆居庐。

【注释】

琼花：花名，叶柔而莹泽，花色微黄而有香，于扬州为盛。李白《秦女休行》：“西门秦氏女，秀色如琼花。”宋敏求《春明退朝录》卷下：“扬州后土庙有琼花一株，或云自唐所植，即李卫公所谓玉蕊花也。”

开尊：开樽，举杯饮酒。杜甫《独酌》诗：“步屧深林晚，开樽独酌迟。”秦观《长相思·铁瓮城高》词：“开尊待月，掩箔披风，依然灯火扬州。”

簋：古代祭祀和宴飨时盛放黍、稷、粱、稻等饭食的器具。《周礼·舍人》：“凡祭祀共簠簋。”《仪礼·公食大夫礼》：“左拥簠粱。”

讴思：讴歌以表达思念之情。陆以湉《冷庐杂识·何文安公挽联》：“省台故事，都邑讴思，门墙述训，令名传荆国先贤。”

一床牙笏：牙笏，即象牙手板，指朝笏。王锜《寓圃杂记》卷上：“孟端诸子连中进士，为京官，同处一邸，书春题于壁曰：‘四壁金花春晏罢，满床牙笏早朝回。’”此处用“满床笏”之典，言子嗣多为官者。《旧唐书·崔义玄传》：“开元中，神庆子琳等皆至大官，群从数十人，趋奏省闼。每岁时家宴，组佩辉映，以一榻置笏，重叠于其上。”后传为郭子仪事。刘克庄《乳燕飞·寿干官》：“子既生孙，孙还又子，堆几床牙笏。”

版舆：亦作“版轝”，一种木制的轻便坐车。《文选·潘岳〈闲居赋〉》：“太夫人乃御版舆，升轻轩。”李善注：“版舆，车名……一名步舆。周迁《舆服杂事记》曰：‘步舆，方四尺，素木为之，以皮为襻，搁之。自天子至庶人通得乘之。’”元结《让容州表》：“臣欲扶持版舆南之合浦，则老母气力艰于远行。”

居庐：住在守丧的房子中，指守孝。《孟子·滕文公上》：“五月居庐，未有命戒。”焦循正义：“居倚庐于中门之内也。”《荀子·礼论》：“齐衰、苴杖、居庐、食粥、席薪、枕块，所以为至痛饰也。”《晋书·元帝纪》：“愍帝崩问至，帝斩缞居庐。”

【解析】

袁幼安即袁学昌，字幼安，顺天宛平（今北京）人，原籍江苏阳湖，其父为袁绩懋，其母为才女左锡璇。光绪五年（1879年）举人，历任皖、赣所属数县知县。袁妻为清末名医曾懿，同时曾懿也是他的表妹，是才女左锡嘉之女。日记中所提及之曾彦，为曾懿之五妹。袁幼安与曾懿有六子，其中次子袁励准，字珏生，号中州，别署恐高寒斋主，光绪二十四年（1898年）进士，授翰林院编修，会试同考官，民国后任清史馆编纂，辅仁大学教授，工书画。袁励准是光绪和宣统两位皇帝的老师，清华大学教授，也是北京中南海新华门匾额的题写者。四子袁励衡，曾任灵璧知县，民国后到开封银行任经理，参与创建民国交通银行，并出任交通银行第一任行长，成为民国期间有名的金融家，其外孙女为台湾作家琼瑶。

民国三年（1914年）九月二日，王闿运一日而作三挽联，其中第三副就是挽袁幼安联。

上联回忆当时与袁相逢之事，并遗憾未能同看琼花、同游同饮之事。下联先说民颂其德，并述其子嗣多为官，此日皆来守孝之事。用典亦切，唯语多追思而略少哀伤。

【考辩】

《湘绮楼日记》民国三年九月二日有记载，文字为“旌旗满眼更相逢，取别匆匆，方期同看琼花，官阁开尊重赠篚；湘皖讴思争述德，横流浩浩，纵有一床牙笏，版舆还第怆居庐”。又有注曰：“‘取’，疑应为‘聚’”。

杨子春

释褐领儒官，五马相催，虎口生还仍富贵；
单衫最豪饮，六旬非老，鹤腰仙去太匆忙。

【注释】

释褐：脱去平民衣服。喻始任官职。扬雄《解嘲》："夫上世之士，或解缚而相，或释褐而傅。"晋袁宏《三国名臣序赞》："（孔明）释褐中林，郁为时栋。"

五马：参前第062页"五马"注释。

鹤腰：犹缠腰骑鹤之意，言去世也。释惟一《偈颂一百三十六首其四十四》："老卢仙腰缠骑鹤，朝度黄茅八凸。"郑觉齐的《扬州慢·琼花》："我欲缠腰骑鹤，烟霄远、旧事悠悠。"

【解析】

杨子春，湖南衡阳人，原为当地富户，是彭玉麟之好友，对湘军亦多有资助，亦为彭玉麟姻亲，曾与彭玉麟一起捐资重修石鼓书院。

上联说其平民出身而后任官，亦随巡抚经历湖湘战事，而犹能生还，得享富贵。下联说其饮酒豪迈，六旬犹健，惜其骤死也。联语平常，唯"虎口""鹤腰"之对甚工。

罗芸师

请业事犹新，至今牛磨声中，仿佛青衿闻洛社；
高才命不偶，从此羊湖川口，凄凉秋笛似山阳。

【注释】

请业：请教学业。《礼记·曲礼上》："请业则起，请益则起。"郑玄注："业，谓篇卷也。"刘舟《送萧颖士赴东府得适字》诗："请业非远期，圆光再生魄。”

牛磨：牛拉的石磨。释师范《偈颂一百四十一首》：“执法修竹，如牛拽磨。”许景衡《再次江左司韵四绝句其三》：“岂惟廪赐皆民力，牛磨团团转几千。”

青衿：青色交领的长衫，古代学子和明清秀才的常服，指学子。《诗·郑风·子衿》：“青青子衿，悠悠我心。”毛传：“青衿，青领也。学子之所服。”庾信《谢赵王赉息丝布启》：“青衿宜袭，书生无废学之诗；春服既成，童子得雩沂之舞。”

洛社：此处应为洛诵之误。洛诵，反复诵读，“洛”通“络”。《庄子·大宗师》：“副墨之子，闻诸洛诵之孙。”成玄英疏：“临本谓之副墨，背文谓之洛诵。初既依文生解，所以执持披读；次则渐悟其理，是故罗洛诵之。”楼钥《久不作诗喜仲兄迁邻居因成长句》：“儿曹亦可乐，洛诵声洋洋。”

不偶：不遇，不合，引申为命运不好。王充《论衡·命义》：“行与主乖，退而远，不偶也。”苏轼《京师哭任遵圣》诗：“哀哉命不偶，每以才得谤。”

羊湖：地名，为罗芝居处。湘潭有羊牯塘，附近有碧泉书院旧址。

凄凉秋笛似山阳：晋向秀经山阳旧居，听到邻人吹笛，不禁追念亡友嵇康、吕安，因作《思旧赋》。后因以“山阳笛”为怀念故友的典实。庾信《伤王司徒褒》诗：“唯有山阳笛，凄余《思旧》篇。”刘基《五月三日会王氏南楼》诗：“无然学儿女，怆恨山阳笛。”

【解析】

联题为罗芸师，而《湘绮楼日记》中作罗芝师。罗芝，字季紫，清湖南湘潭人，罗蕃弟。罗芝是王闿运的姻舅、湘潭大儒罗汝怀的侄子。著有《季紫诗存》《馀仙文集》。王闿运少时与罗汝怀子罗萱，侄罗芝、罗藩等交往甚密，向罗芝请教过学业。

光绪元年（1875年）八月二十三日，王闿运作挽罗芝师联，即为此联。

上联追忆少时请教学业之事，至今每听磨声，如闻当时学子诵读之声。下联说其人才高，可惜命运不济而早逝，从此每经过此地，都会怀思故友。联语凄怆，情真意切，显然是用心为之，而非应酬之联也。

【考辩】

《湘绮楼日记》光绪元年八月二十三日有记载，文字为“请业事犹新，至今牛磨声中，仿佛青衿闻洛诵；高才命不偶，从此羊湖川口，凄凉秋笛似山阳”。

熊羽师

同学公卿久寂寥，始知南岳传经，不羡浮云富贵；
弟子渊骞散风雪，犹有西华作志，与闻夫子文章。

【注释】

渊骞：渊指颜回，曹姓，颜氏，名回，字子渊，居陋巷，尊称复圣颜子，春秋末期鲁国思想家，儒客大家，孔门七十二贤之首。十三岁拜孔子为师，终生师事之，是孔子最得意的门生。孔子对颜回称赞最多，赞其好学仁人。不幸早死。骞指闵子骞，名损，字子骞。春秋时期鲁国范（今河南范县）人，孔子弟子，孔门七十二贤之一，孔门十哲之一。以孝闻名，为二十四孝之一。闵出身贫寒，终生不愿出任，直到五十岁时去世。赵抃《青州劝学》：“学欲精勤志欲专，鲁门高第美渊骞。”

西华作志：西华，指公西华，即公西赤，字子华，今河南省濮阳市濮阳县人，东周时期鲁国学者，孔子弟子，孔门七十二贤之一。公西华自述其志，出自《论语·先进》：“（公西华）对曰：‘非曰能之，愿学焉。宗庙之事，如会同，端章甫，愿为小相焉。’”

【解析】

熊羽师即熊少牧，字书年，号雨农，一号雨胪，湖南长沙县人，少以诗闻，兼工古文辞。道光十一年（1831年），在京充优贡生，于太学历次考试中均名列榜首，得祭酒文庆激赏，一时高官文士争相交游。道光十五年（1835年），参加顺天乡试中举人第二名。道光二十年（1840年），文庆主考江南，因病私请其协助阅卷，结果文庆以违禁被劾，少牧亦被除名放归。太平军兴起后，少牧应湖南巡抚骆秉章邀，赴江西筹饷，得饷金归，开复原官。长沙求忠书院创建后，应聘主讲席。不久，授蓝山训导。值太平军来攻，他协助守城二十余日。围解，诏加五品衔，以内阁中书选用。翌年辞归。晚年居长沙洞泉草堂，后病卒。遗著有《读书延年堂集》《读书延年堂续集》以及《小影珠馆诗余》等。王闿运曾请业于熊，故称其为熊师。

光绪三年（1877年）十二月二十八日，王闿运作熊师挽联，即为此联。

上联说同学多为公卿，而熊师犹在书院教授经书，不为富贵所动，以彰其志。下联说其弟子多分散甚至夭亡，但是仍有立志者，来听熊师的文章。其中用孔门弟子来作衬托，以抬高熊师，而公西华之比犹言王闿运自身也。

【考辩】

《湘绮楼日记》光绪三年十二月二十八日有记载，文字一致。

《古今联语汇选》亦收录此联，文字一致。

杨鲁师

卅八年践历清华，荐左定东南，从容自享承平福；

九十人半悲宿草，寻师到吴会，飘泊难供翣练仪。

【注释】

卅八年：杨泗孙于咸丰二年（1852年）殿试以一甲二名榜眼及第，授翰林院编修，到其死时光绪十五年（1889年），恰三十八年。

践历：任职。白居易《故工部尚书致仕杜羔赠右仆射制》：“（杜羔）自立朝右，蔼然素风，司谏平刑，驳议廉问，凡所践历，不懈于位。”田汝成《西湖游览志馀·才情雅致》：“夫践历华要，宅高旷而处深靓，以适其身，固所宜也。”

清华：清高显贵的门第或官职。《南史·到㧑传》：“（王）晏先为国常侍，转员外散骑郎，此二职清华所不为。”

荐左：“左”通“佐”，即荐佐，推荐佐助的人才。汤显祖《南柯记》第十九出为荐佐。咸丰十年（1860年），苏州为太平军占据，杨上疏推荐庞钟璐督同常熟知县周沐润进剿失地。

承平：治平相承，犹言太平。《汉书·食货志上》：“今累世承平，豪富吏民訾数钜万，而贫弱俞困。”鲍防《杂感》：“汉家海内承平久，万国戎王皆稽首。”

宿草：坟墓上隔年的草，借指人已死多时。《礼记·檀弓上》：“朋友之墓，有宿草而不哭焉。”孔颖达疏：“宿草，陈根也，草经一年则根陈也，朋友相为哭一期，草根陈乃不哭也。”宋荦《吴汉槎归自塞外作歌以赠》：“归来两公已宿草，惟君怀抱犹豪雄。”

吴会：唐以后，俗称平江府（今江苏苏州）为吴会。陆友仁《吴中旧事》：“府署之南名吴会坊。”纳兰性德《渌水亭杂识》卷一：“世多称平江为吴会，意谓吴为东南一都会也。自唐以来如此，今郡中有吴会亭，府治前有吴会坊。”

翣练仪：指葬礼和祭礼。翣，古代垂于棺的两旁的装饰。《说文》：“翣，棺羽饰也。天子八，诸侯六，大夫四，士二。下垂。从羽，妾声。”《周礼·御仆》：“大丧持翣。”练，古代亲丧一周年祭礼，所戴之帽为练冠。《荀子·子道》：“鲁大夫练而床，礼邪？”《左传·昭公三十一年》：“季孙练冠麻衣跣行。”孔颖达疏：“练冠盖如丧服斩衰，既练之后布冠也。”

【解析】

杨鲁师，日记中作杨仲鲁师，即杨泗孙，字钟鲁，号滨石。江苏常熟人。咸丰二年（1852年）壬子科殿试一甲二名榜眼及第，授翰林院编修。历任资政大夫，入值南书房。咸丰七年（1857年），出任湖南乡试主考官。咸丰八年（1858年），在南书房行走。咸丰九年（1859年），任福建乡试副考官。咸丰十年（1860年），咸丰帝驾临承德避暑山庄，杨泗孙扈跸热河，擢升侍讲，出任会试同考官。咸丰十二年（1862年），署日讲起居随带注官加三级，仍在南书房行走，历中允，侍讲。同治元年（1862年），杨泗孙出任山东乡试副考官。翌年，又出任会试同考官。同治三年（1864年），杨泗孙出任顺天乡试同考官。同治七年（1868年），杨泗孙疏浚白茆港，兴修水利，加四级升太常寺少卿。丁父忧，继丁母忧。服阕，补原官，仍入值南书房。不久，以眩晕头疾乞休回乡。光绪九年（1883年），他为修浚福山塘、竺塘泾，提出修水利的方法。光绪十四年（1888年），又为开拓奚浦提出建议。光绪十五年（1889年）卒。

咸丰七年（1857年），湖南补行壬子［咸丰二年（1852年）］乙卯［咸丰五年（1855年）］两科乡试，王闿运中第五名举人，而杨泗孙为其主考官，故称之为师。

光绪十五年（1889年）九月十日，王闿运为八月逝去的杨仲鲁师作挽联吊唁，即为此联。

上联说杨自授翰林到此时已历三十八年，曾有向朝廷推荐人才最终平定江南之功，当可享太平之福。下联说当时与王闿运同科中举之人已经死去近半，剩下的人就算到杨的家乡苏州，也难以进行完整的祭礼。联语切合杨之籍贯生平，“九十人半悲宿草”之句犹见其哀，堪为弟子挽师联之范。

【考辩】

《湘绮楼日记》光绪十五年九月十日有记载，文字为“卅八年践历清华，荐左定东南，从容自享承平福；九十人半悲宿草，寻师别吴会，飘泊难供翣练仪”。

《古今联语汇选》亦收录此联，文字一致。

唐艺渠

中山甫捷谤书闻，一笑解兵符，转赢得十年林下乐，想从前鸡鸣夜炬，陈德晨炊，更洺沙画角春旗，都闲作分甘余话；

湘上论兵楚材萃，群公避狂客，独我生三见手书来，忆与君销夏头陀，敲冰清苑，又游宴双蹲石鼓，尽他时泉路相期。

【注释】

中山甫捷谤书闻：乐羊灭中山国，反而受谤之典。《说苑·卷五·贵德》：“乐羊为魏将以攻中山。其子在中山，中山悬其子示乐羊，乐羊不为衰志，攻之愈急。中山因烹其子而遗之羹，乐羊食之尽一杯。中山见其诚也，不忍与其战，果下之。遂为文侯开地。文侯赏其功而疑其心。”

鸡鸣：指鸡鸣山，在江西省九江市修水县。咸丰五年（1855年）唐训方在鸡鸣山夜战，率先登山并拔义宁城。

陈德：陈德即陈德园，在湖北省黄冈市英山县。三河之战后，唐训方部驻陈德园，时太平军进攻潜山，潜山知县叶兆兰上任甫三日，为乡绅护送至英山陈德园，唐训方“备军火，拣亲兵八十人助之”，叶兆兰遂于陈德园建立团练。

洺沙：洺指洺河，亦称洺水，古称寖水、千步水、南易水。洺河发源于河北武安市西北部的太行山区，流经武安市、永年区进入鸡泽县境内，又经鸡泽镇沙阳村进入邢台市南和区。沙指沙河，又名大沙河、澧河，古称湡水、野河，发源于内丘、邢台和沙河三县西部山区的六条大川，流经内丘、邢台、沙河、南和、任县、隆尧、宁晋七县。

画角：古管乐器，传自西羌，形如竹筒，以竹木或皮革等制成，因表面有彩绘，故称。发声哀厉高亢，古时军中多用以警昏晓，振士气，肃军容。简文帝《和湘东王横吹曲折杨柳》诗：“城高短箫发，林空画角悲。”陈子昂《和陆明府赠将军重出塞》：“晚风吹画角，春色耀飞旌。”

春旗：青旗。庾信《三月三日华林园马射赋》：“落花与芝盖同飞，杨柳共春旗一色。”倪璠注：“春旗，青旗也。”杜甫《晚出左掖》诗：“昼刻传呼浅，春旗簇仗齐。”

分甘：分享甘美之味，指对晚辈慈爱。《后汉书·杨震传》“虽有推燥居湿之勤”。李贤注引《孝经·援神契》：“母之于子也，鞠养殷勤，推燥居湿，绝少分甘。”

头陀：头陀寺，在今湖北武汉市武昌蛇山上。《舆地纪胜》卷66《鄂州·景物》下：“头陀寺‘在清远门外，黄鹄山上。宋大明五年（451年）建。自南齐王中作寺碑，遂为古今名刹。’黄太史诗有：‘头陀全盛时，宫殿梯空级’之句。”

敲冰：敲冰煮茗，冬月邀客之典。五代王仁裕《开元天宝遗事》卷上《敲冰煮茗》：“逸人王休，居太白山下，日与僧道异人往还。每至冬时，取溪冰敲其精莹者煮建茗，共宾客饮之。”《幼学琼林》卷三《饮食》：“家贫待客，但知抹月披风；冬月邀宾，乃日敲冰煮茗。”

清苑：河北省保定市清苑区。清朝康熙八年（1669年），直隶巡抚由正定移治清苑城。唐曾任直隶布政使。

双蹲：双蹲书院，在湖南省衡阳市常宁市。咸丰四年（1854年），唐训方主讲常宁双蹲书院。同治九年（1870年），“复应聘为双蹲书院院长，县中后进受业千人，凡行束脩一无所取，院长薪水之费悉以充奖给膏火，兼拓堂宇、增公费。”

石鼓：石鼓书院，在湖南省衡阳市石鼓区。唐于光绪元年（1875年）主讲石鼓书院。

泉路：泉下，地下，指阴间。张说《冯府君神道碑》：“朱轓象服，宠及泉路，荣其亲兮。”司马光《故翰林彭学士挽歌》：“泉路幽无底，鱼灯暖不明。如何赍美志，郁郁向佳城。”

【解析】

唐艺渠即唐训方，字义渠，衡永郴桂道衡州府常宁县湖塘乡（今衡阳常宁市兰江乡）人，清朝政治家、军事家、湘军名将。咸丰四年（1854年），随曾国藩、彭玉麟出征。咸丰五年（1855年），随罗泽南镇压太平军，因功得知府衔。咸丰十年（1860年），赴粮道任，随后升按察使，再擢湖北布政使。同治元年（1862年），授安徽巡抚，后被僧格林沁亲王弹劾，降调署湖北按察使，不久改署寻署湖北巡抚，后改授直隶布政使，兼统练军出省防剿。同治五年（1866年）二月，唐训芳以时局事上书，御史都以“督、藩有事不相谋”，又劾，诏京另候简用，三月遂被罢官。直隶总督疏请唐训芳总理营务，兼统练军，守定州。同治七年（1868年），乞假省墓，遂不复出。

光绪二年（1876年）二月二十五日，王闿运得到唐艺渠的死讯，言“此公与我交不薄，愧无以报之”。闰五月十一日，王闿运日记记载“作曹艺渠挽联”，即为此联。曹艺渠应为唐艺渠之误。光绪二十年（1894年）九月二十四日，王闿运为唐写艺渠祠联，日记未录内容。

上联说唐大捷后反而受谤，被解除兵权，于是得享林泉之乐，而其所经历过的鸡鸣山、陈德园及河北战事，都已成为儿孙辈闲聊之话语。下联说他人避王闿运之狂，唯唐训方三次手书请他去当幕僚，此后二人交好往来，并游宴书院，相期未来还会在泉下相逢。联语虽长，但脉络清晰，述唐之事并二人之交游虽然略见琐碎，却足见感怀之深。

【考辩】

《湘绮楼日记》光绪二年闰五月十一日有记载，文字为“中山甫捷谤书闻，一笑解兵符，转赢得十年林下乐，想从□鸡鸣夜炬，陈德晨炊，更洺沙雪角春旗，都闲作分甘余话；湘上论兵楚材□，群公避狂客，独□出三□手书来，忆与君销夏头陀，敲冰清觉，又游宴双蹲不□，尽他时泉路交期。”

《古今联语汇选》亦收录，文字为一致。

黄翰卿

笏堂之父。

德文高世不知名，正仁里结邻，处士星潜南极曜；
宦学传家欣有子，恨春晖同暮，东风草没旧茔青。

【注释】

高世：高超卓绝，超越世俗。《战国策·赵策二》：“夫有高世之功者，必负遗俗之累。”王安石《答吴子经书》：“子经诚欲以文辞高世，则无为见问矣。”

仁里：仁者居住的地方，指风俗淳美的乡里。语本《论语·里仁》：“里仁为美。”何晏集解引郑玄曰：“里者，民之所居，居于仁者之里，是为美。”汉张衡《思玄赋》：“匪仁里其焉宅兮，匪义迹其焉追？”

处士星：少微星。《晋书·隐逸传·谢敷》：“初，月犯少微，少微一名处士星，占者以隐士当之。”范仲淹《与人约访林处士阻雨因寄》诗：“方怜春满王孙草，可忍云遮处士星。”

南极：南极老人星。《史记·天官书》：“狼比地有大星，曰南极老人。”张守节正义：“老人一星，在弧南，一曰南极，为人主占寿命延长之应。”

春晖：指慈母。孟郊《游子吟》：“谁言寸草心，报得三春晖？”方文《述哀》：“春晖不肯待，风木嗟何及。”

【解析】

黄翰卿，为学政方面的官员，其余生平不详。

光绪三年（1877年）二月十四日，王闿运出吊黄笏堂，并作其父翰卿挽联，即为此联。

上联说其道德文章高超脱俗，却不为世人所知，而王闿运与其结邻，乃知其隐于此且享高寿。下联先说欣慰之事，有子继承学问，再说恨事，即黄笏堂之母早已去世，此时旧茔早已为草所没。

【考辩】

《湘绮楼日记》光绪三年二月十四日有记载，文字为一致。

何郎

何妻死于寇，其归葬即其父子敬所终之宅。余过嘉兴，彼方少而未见。敬翁留余一饭，故有此感。

斜雪酒旗风，忆丁年旅汎鸳湖，官阁清吟曾一听；
故乡寒食雨，又丙舍春飞燕子，江南旧恨莫重提。

【注释】

酒旗风：使酒旗摆动之风。杜牧《江南春》：“千里莺啼绿映红，水村山郭酒旗风。”谢逸《江神子·杏花村馆酒旗风》：“杏花村馆酒旗风。水溶溶，飏残红。野渡舟横，杨柳绿阴浓。”

丁年：男子成丁之年。汉以男子二十岁为丁，明清以十六岁为丁，亦泛指壮年。《文选·李陵〈答苏武书〉》：“（足下）丁年奉使，皓首而归。”李善注：“丁年，谓丁壮之年也。”元好问《灯下梅影》诗：“丁年夜坐眼如鱼，老矣而今不读书。”

旅汎：为旅泛之误，旅泛犹漂荡，飘零。杜甫《桥陵三十韵因呈县内诸官》：“诸生旧短褐，旅泛一浮萍。”崔涂《江上怀翠微寺空上人》诗：“旅泛本无定，相逢那可期。”

鸳湖：嘉兴南湖，与西南湖两湖相连形似鸳鸯交颈，湖中常有鸳鸯栖息，因此又名鸳鸯湖。冯梦龙《情史·罗爱爱》：“（罗爱爱）尝以季夏望日，与郡中诸名士会于鸳湖之凌虚阁。”郁达夫《西归杂咏·过嘉兴昔年余曾居此吴梅村朱垞各有鸳湖櫂歌朱秀水人也》："昔年曾向鸳湖住，今日重来感慨多。"

寒食雨：寒食节之雨。寒食节在夏历冬至后一百零五日，清明节前一二日，此处切挽联的时间。苏轼有《寒食雨》二首。毛滂《蝶恋花·红杏梢头寒食雨》："红杏梢头寒食雨。燕子泥新，不住飞来去。"

丙舍：指在墓地的房屋。迺贤《秋夜有怀侄元童》诗："墓田丙舍知何所？一夜令人白发长。"钱谦益《重修素心堂记》："余方营先墓于拂水，筑丙舍墓之西偏。"

江南旧恨：指何妻死于寇之事，因何家在道县宜水之南，故说江南旧恨。

【解析】

何郎为何绍祺之子。何绍祺，字子敬，号勖潜居士，湖南道县人，何凌汉三子，清道光十四年（1834年）举人，任广通知县、台州知府、浙江粮道，为书法名家何绍基之三弟。咸丰二年（1852年），太平军攻占道县，何郎之妻自尽。

光绪三年（1877年）三月三日，王闿运作挽何郎联，即为此联。

上联忆旧日与何子敬于嘉兴南湖相遇，并宴游清吟之事。下联以寒食切以时辰，并说其故乡道县的墓庐已逢春日，当无需再提何妻惨死之恨。此联挽何郎而于何郎事所述并不多，唯从其父、其妻之事着笔，符合王的身份，而用词、章法犹见笔力。

【考辩】

《湘绮楼日记》光绪三年三月三日有记载，文字为"斜雪酒旗风，忆丁年旅泛鸳湖，官阁清吟曾一听；故乡寒食雨，又丙舍春飞燕子，江南旧恨莫重提"。

《古今联语汇选》亦收录，文字为"斜雪酒旗风，忆丁年旅泛鸳湖，官阁清吟曾一听；故乡寒食雨，又丙舍春飞燕子，江南旧恨莫重提"。

杨丽生

蓬海之兄。

孝养慰椿庭，方期两守夹河，同庆期颐还洗斝；
能名传桂郡，独憾清湘载旐，更无廉石压归船。

【注释】

椿庭：为父亲的代称。《庄子·逍遥游》："上古有大椿者，以八千岁为春，八千岁为秋。"《论语·季氏》："鲤趋而过庭。"沈鲸《双珠记·弃官寻父》："挟孤囊踽踽远征，敢辞他冷月酸风，知何时得拜椿庭。"

两守夹河：又作"两杜夹河"，为颂扬兄弟并为郡守之典。《汉书·杜周传》："始周为廷史，有一马，及久任事，列三公，而两子夹河为郡守，家资累巨万矣。"萧纲《饯临海太守刘孝仪蜀郡太守刘孝胜》："两杜昔夹河，二龙今出守。"

期颐：指百岁。语本《礼记·曲礼上》："百年曰期、颐。"郑玄注："期，犹要也；颐，养也。不知衣服食味，孝子要尽养道而已。"陆游《初夏幽居》诗之五："余生已过足，不必到期颐。"

洗斝：敬酒前洗一下酒杯，犹置酒庆贺之意。斝为古代青铜制的酒器，圆口或方口，无流，三足。李曾伯《水调歌头（再和）》："洗斝要更酌，为我问佳肴。"高士奇《满江红五首其四》："洗斝急倾燕市酒，挑灯细诉湖头月。"

桂郡：桂林郡，在今之广西。《旧唐书·地理志》："江源多桂，不生杂木。"故名。《史记·秦始皇本纪》载："三十三年，发诸尝逋亡人、赘婿、贾人略取陆梁地，为桂林郡、象郡、南海，以适遣戍。"

载旐：指丧礼。旐为出丧时为棺柩引路的旗子，也称魂幡。《礼记·檀弓上》："孔子之丧……绸练设旐，夏也。"《世说新语·排调》："白布缠棺竖旒旐。"

廉石压归船：官员清廉之典。相传汉末吴郡陆绩为郁林太守，罢归少行装，舟轻难以渡海，因取巨石镇之。至吴，弃石于娄门之野。人称其廉，号"郁林石"。《新唐书·陆龟蒙传》："陆氏在姑苏，其门有巨石，远祖绩尝事吴为郁林太守，罢归无装，舟轻不可越海，取石为重，人称其廉，号‘郁林石’，世保其居云。”

【解析】

杨丽生即杨彤寿，字麓生，湖南长沙人，以军功官广西，曾任桂林阳朔知县、北流知县，以政绩擢南宁府，补授泗城府，光绪三年（1877年）因积劳成疾殁于广西太平府任上。其时杨彤寿、杨恩寿之父杨白元未死，杨父死于光绪四年（1878年）。杨丽生为杨蓬海之六兄。杨蓬海即杨恩寿，字鹤俦，名坦园，号蓬海、朋海、颉父，别署蓬道人，湖南长沙人。曾任湖北盐运使，湖北候补知府，以候补知府充湖北护贡使。与郭嵩焘、王先谦、王闿运及曾国荃、李元度等人交往密切。杨恩寿一生著述颇富，有《坦园丛书》等作品。

光绪三年（1877年）五月十三日，王闿运作杨麓生挽联，即为此联。

上联说杨氏兄弟孝养其父，其时即将双双入仕，并为其父杨白元庆百岁寿辰。下联说杨彤寿在广西已得能吏之名，于此时死于任上，虽为清廉之官员，却无法取廉石压船还乡。联语以赞颂为主，并说其父其弟事，用典考究，亦见含蓄温雅。

【考辩】

《湘绮楼日记》光绪三年五月十三日有记载，文字一致。

郭寿南

乌衣游处最相亲，自壮年漂泊江湖，各有无穷家世感；

素业凋零伤族从，况身后孤茕儿女，九泉难慰母兄心。

【注释】

乌衣：黑色衣。古代贫贱者之服。《三国志·魏志·邓艾传》：“值岁凶旱，艾为区种，身被乌衣，手执耒耜，以率将士。”《隋书·五行志上》：“后主于苑内作贫儿村……多令人服乌衣，以相执缚。”

无穷家世感：思念父母之意。蔡琰《悲愤诗》：“感时念父母，哀叹无穷已。”

素业：先世所遗之业，旧时多指儒业。任昉《为范尚书让吏部封侯第一表》："臣本自诸生，家承素业，门无富贵，易农而仕。"《隋书·张煚传》："周代公卿，类多武将，唯煚以素业自通，甚为当时所重。"

族从：同族及从兄弟。《梁书·夏侯亶传》："高祖谓亶曰：'夏侯溢于卿疏近？'亶答曰：'是臣从弟。'高祖知溢于亶已疏，乃曰：'卿伧人，好不辨族从。'亶对曰：'臣闻服属易疏，所以不忍言族。'"

孤茕：孤独，无依无靠。曹丕《短歌行》："我独孤茕，怀此百离。"白居易《蜀路石妇》诗："夫行二十载，妇独守孤茕。"

【解析】

郭寿南其人生平不详。

光绪三年（1877年）六月四日，王闿运出临郭寿南之丧，丧礼只有六七个客人，却无人主持，导致久久不能入殓，更缺少资助，王闿运遂资助丧事费用四千钱。六月十日作郭寿南挽联，即为此联。

上联说郭和自己类似，都是贫穷而壮年漂泊在外，皆有思念父母之心。下联说郭家旧业凋零，人丁又少，郭死后只剩下孤独的儿女，纵到九泉亦难以慰藉母亲、兄长之心。联语凄怆，所写亦王闿运亲见之事，亦有自伤之意，非寻常应酬之联也。

【考辩】

《湘绮楼日记》光绪三年六月十日有记载，文字一致。

《古今联语汇选》亦收录此联，文字一致。

丁果臣

夜雨忆书灯，人生少壮几何，须发似君惊早白；

薰风吹宿草，世事匆忙休笑，光阴磨我为刊青。

【注释】

书灯：夜间读书之灯。苏轼《食槟榔》："书灯看膏尽，钲漏历历数。”刘克庄有《书灯》诗。

薰风：和暖的风，指东南风。《吕氏春秋·有始》：“东南曰薰风。”白居易《首夏南池独酌》：“薰风自南至，吹我池上林。”

宿草：参前第099页“宿草”注释。

刊青：消除黑发。刊，砍削、消除之意。《广雅》：“刊，削也。”《礼记·杂记》：“刊其柄与末。”晁公武《郡斋读书志》：“诚不刊之典。”

【解析】

丁果臣即丁取忠，字肃存，号果臣，又号云梧，湖南长沙县高塘岭白芙塘（今属长沙市望城区）人。道光十七年（1837年）入长沙城南书院，先后与同窗好友邹汉勋、表弟李锡蕃研讨中国的传统数学，并积极从事数学著述。咸丰元年（1851年），他的第一部数学专著《数学拾遗》刊刻问世。咸丰十年（1860年），丁取忠应湖北巡抚胡林翼的邀请，到武昌校改各类图书。同治四年（1865年），丁取忠又至上海曾国藩开设的江南制造局，参与翻译西文科学著作，并代为李善兰校勘“则右昔斋算学”丛书中的《天算或问》一书。此后返回湖南长沙，居住在城北的古荷花池精舍。光绪三年（1877年）病卒。丁果臣亦是王闿运与其夫人蔡梦缇的媒人。

光绪三年十二月二十八日王闿运作挽丁果臣联，联云：“城南结友推老苍，卅年道路风尘，谁知共向湘城老；□□□草倍哀痛，今日行踪□□，无复高吟除夕篇。”此联未收入《湘绮楼联语》。光绪四年（1878年）四月三十日，王闿运改作丁果臣挽联，即为此联。

上联先追忆少年读书之事，复叹少壮不再，光阴催老。下联说旧友多死散，只剩王本人逐渐磨为白发。丁取忠与王闿运是从青少年时候就在城南书院结交的好友，因此此联以感叹光阴流逝、物是人非为主旨，殊不类寻常挽联也。

【考辩】

《湘绮楼日记》光绪四年四月三十日有记载，文字一致。

《古今联语汇选》亦收录此联，文字一致。

易畇陔

青阳誓守，祁门独留，不伐不衿，临大节而弗可夺；
重以婚姻，约以兄弟，同心同德，微斯人吾谁与归。

【注释】

青阳：青阳县，隶属于安徽省池州市。

祁门：祁门县，隶属于安徽省黄山市。

不伐不衿：衿同矜，不自夸，谦虚之意。《尚书·大禹谟》："汝惟不矜，天下莫与汝争能；汝惟不伐，天下莫与汝争功。"

临大节而弗可夺：面临生死考验而不动摇屈服。《论语·泰伯第六》：曾子曰："可以托六尺之孤，可以寄百里之命，临大节而不可夺也——君子人与？君子人也。"

微斯人吾谁与归：意思是如果没有这种人，那我与谁同道呢？范仲淹《岳阳楼记》："微斯人，吾谁与归？"

【解析】

易畇陔即易润坛，字畇荄，号荷生，晚号跱山石叟，湖南长沙人。早年受业于学使车顺轨，补生员。太平天国起义爆发后，奉巡抚骆秉章之命办理团防、厘务，奏保以训导候选。后募勇五千人于江西，参与镇压太平军。旋入曾国藩幕佐理营务。同治二年（1863年）被太平军围困于安徽青阳县城一月余，解围后以道员留江南。后返湘，任督销淮盐局务五年，致力筹措军饷，加按察使衔。同治八年（1869年）受左宗棠委派办理湖南甘捐兼筹黔饷。不久调陕西巡抚，赴任途中因目疾复发而还，光绪四年（1878年）卒。有《听竹草堂诗文集》等。

光绪四年正月八日，子寿来王闿运处，盛赞易畇陔之德，王闿运表示闻所未闻，很可能是附会，但又没法指出其中的错误。此后所录一联，即为此联。从联意看，或为王闿运代他人挽易畇陔联。

上联说其参与青阳、祁门之战事，二处战事均是湘军处于极危之境地，并赞其谦虚谨慎，临危不苟。下联说两家子侄辈有婚姻之约，且和自己约为兄弟，是同心同德的一路人。联语包含叙事和赞赏，引经据典，犹显古朴。

【考辩】

《湘绮楼日记》光绪四年正月八日有记载，文字为“青阳誓守，祁门独留，不伐不矜，临大节而不可夺；重以昏姻，约为兄弟，同心同德，微斯人吾谁与归。”

《古今联语汇选》亦收录，题为挽易昀陔联，文字一致。

杨翁

朋海之父。

才名七十年，岂徒艳福鸳鸯，喜见双星再花甲；

佳儿二千石，一自分飞鸿雁，难慰三州寸草心。

【注释】

再花甲：两个花甲，指一百二十岁。乾隆、纪晓岚贺某一百四十一岁老叟联：“花甲重逢，增加三七岁月；古稀双庆，更多一度春秋。”

二千石：汉郡守俸禄为两千石，即月俸百二十斛。《史记·孝文本纪》：“臣谨请（与）阴安侯列侯顷王后与琅玡王、宗室、大臣、列侯、吏二千石议。”《汉书·循吏传序》：“庶民所以安其田里而亡叹息愁恨之心者，政平讼理也。与我共此者，其唯良二千石乎！”颜师古注：“谓郡守、诸侯相。”

三州：湖南三地合称，指株洲（湘东）、郴州（湘东南）、永州（湘西南）。

寸草心：子女报答父母恩情之心。孟郊《游子吟》：“谁言寸草心，报得三春晖？”

【解析】

杨翁即杨恩寿之父杨白元。杨白元，字听秋，湖南长沙人。贡生，官永州教授，有《亦啸山房诗存》。杨白元儿女八人，分别为杨由易、杨仁寿、杨兆、杨筠、杨恭寿、杨彤寿、杨恩寿和女儿杨玉林。朋海即杨恩寿，字鹤俦，名坦园，号蓬海、朋海、颉父，别署蓬道人，湖南长沙人。曾任湖北盐运使、湖北候补知府，以候补知府充湖北护贡使。与郭嵩焘、王先谦、王闿运及曾国荃、李元度等人交往密切。杨恩寿一生著述颇富，有《坦园丛书》等作品。此外杨彤寿亦为其子，前文有挽杨丽生联，于光绪三年（1877年）去世。

光绪四年（1878年）二月十六日，王闿运拟往赴杨父之葬，作挽联即为此联。

上联说杨翁死时七十岁，并与其妻琴瑟和谐，两人合计一百二十岁。下联说虽有子为知府，但此时已分离较远，无从慰藉思亲之心。联语寻常，却以至交之语气写来，倍感亲切。

【考辩】

《湘绮楼日记》光绪四年二月十六日有记载，文字为“才名七十年，岂徒艳福鸳鸯，喜见双星再花甲；佳儿二千石，一自分飞鸿雁，难慰三洲寸草心。”

《古今联语汇选》亦收录此联，文字一致。

姚兄

姚姊不嫁，于去年三月中死。今其兄又死，年五十三也。姜白石诗云“五十三年老弟兄”，故借用之。

埋玉感慈萱，四百九旬双泣泪；

飞鸿怨秋草，五十三年好弟兄。

【注释】

埋玉：埋葬有才华的人或女子。语本刘义庆《世说新语·伤逝》：“庾文康亡，何扬州临葬云：‘埋玉树箸土中，使人情何能已已？’”《梁书·陆云公传》：“不谓华龄，方春掩质，埋玉之恨，抚事多情。”

慈萱：母亲。虞名《指南公·举义》：“长别慈萱，遥诀寒楸，则咱要寻起国恨，捐却家忧。”

飞鸿：飞行着的鸿雁。马融《长笛赋》：“尔乃听声类形，状似流水，又象飞鸿。”鲍照《数名诗》：“四牡曜长路，轻盖若飞鸿。”

秋草：秋天里的草。《文选·王正长·杂诗》：“朔风动秋草，边马有归心。”刘长卿《长沙过贾谊宅》：“秋草独寻人去后，寒林空见日斜时。”

五十三年好弟兄：哭兄弟之诗，原诗为“五十三年老弟兄”。林景熙《哭德和伯氏六首》：“草枯霜白泣原鸰，五十三年老弟兄。”

【解析】

其人生平不详。

光绪四年（1878年）八月二十六日，王闿运作挽姚兄之联，即为此联，并于次日往吊。

上联先写姚母，姚母年近九旬，却于四百日中先埋其女，又埋其子，人间至悲莫过于此。下联先说姚兄死于秋时，再说其于五十三岁死，兄弟情深，当为一哭。联语仅说其家事而不涉生平，应无重要事迹，亦非要员，然悲痛之情油然，足见哀思。

【考辩】

《湘绮楼日记》光绪四年八月二十六日有记载，文字为“埋玉感慈萱，四百九旬双涕泪；飞鸿怨秋草，五十三年好弟兄”。

《古今联语汇选》亦收录，文字为“埋玉感慈萱，四百九旬双涕泪；飞鸿怨秋草，五十三年好弟兄”。

黄晓岱

翰仙之兄。

选举得英材，方期东阁招贤，竟蹉跎痼疾重忧，壮怀摧减；

亲情联棣萼，依旧西窗剪烛，只枨触湘南蓟北，年少欢娱。

【注释】

东阁招贤：开东门接待贤人。班固《汉书·公孙弘传》："弘自见为举首，起徒步，数年至宰相封侯，于是起客馆，开东阁以延贤人，与参谋议。"颜师古注："阁者，小门也，东向开之，避当庭门而引宾客，以别于掾史官属也。"

蹉跎：此处是无奈时光虚度之意。阮籍《咏怀诗》："白日忽蹉跎，驱马复来归。"谢朓《和王长史卧病》："日与岁眇邈，归恨积蹉跎。"

痼疾：久难治愈的病。《后汉书·安帝纪》："平原王素被痼疾。"方苞《狱中杂记》："其伤于缚者，即幸留，病数月乃瘳，或竟成痼疾。"

棣萼："棣华"之意，比喻兄弟。《诗经·小雅·鹿鸣之什》："棠棣之华，鄂不韡韡。凡今之人，莫如兄弟。"杜甫《至后》诗："梅花欲开不自觉，棣萼一别永相望。"仇兆鳌注："棣萼，以比兄弟也。"

西窗剪烛：原指思念远方妻子，盼望相聚夜语，后泛指亲友聚谈。李商隐《夜雨寄北》："何当共剪西窗烛，却话巴山夜雨时。"

枨触：触动，感触。《新唐书·儒学传下·褚无量》："庐墓左，鹿犯所植松柏，无量号诉曰：'山林不乏，忍犯吾茔树邪？'自是群鹿驯扰，不复枨触。"李商隐《戏题枢言草阁三十二韵》："君时卧枨触，劝客白玉杯。"

【解析】

黄晓岱即黄锡彤，初名兆白，字子受，号晓岱，湖南善化（今长沙）人。咸丰己未（1859年）进士，改庶吉士，授编修，典广西乡试，后任监察御史。有《芝霞庄诗存》传世。

黄翰仙即黄锡焘，翰仙是其字号，湖南善化（今长沙）人，曾经和王闿运一起做过肃顺的幕僚，后以丁巳补壬子乙卯科举人，馆兵部主事，改四川候补道，官四川建昌道，有《峨山图说》等著作。

王闿运与二人均为好友。同治八年（1869年）九月二十五日，王闿运为黄晓岱御史作疏稿，请立博士，以救趋文畏学之时弊。同治十年（1871年）三月三日王闿运至北京，宿黄晓岱御史宅。光绪五年（1879年）正月十五日，王闿运为挽黄晓岱联，即为此联。

上联说其为考官事，正欲广纳贤才，却因病而无法继续，无奈虚度光阴，直至故去。下联说其兄弟情深，虽西窗之烛犹在，却已无法聚谈，只能感怀二人在湘在京时的少年欢娱之事。联语凄怆哀挽，东阁西窗之对极工，足见王闿运与黄氏兄弟感情之深。

【考辩】

《湘绮楼日记》光绪五年正月十五日有记载，文字一致。

徐虞臣

家庭盛事九重知，七十年俯仰无忧，灵寿优游尊大老；

翰苑门生十三辈，二顷田清贫依旧，名贤哀诔足千秋。

【注释】

九重：指朝廷或帝王。卢纶《长安疾后秋夜即事》："九重深锁禁城秋，月过南宫渐映楼。"李邕《贺章仇兼琼克捷表》："遵奉九重，决胜千里。"

俯仰：指低头与抬头，比喻时间短暂。《左传·定公十五年》："夫礼……将左右周旋，进退俯仰，於是乎取之。"王羲之《〈兰亭集〉序》："夫人之相与，俯仰一世，或取诸怀抱，悟言一室之内；或因寄所託，放浪形骸之外。"

灵寿：椐，一种木，可为手杖及马鞭。《山海经·海内经》："灵寿实华。"郭璞注："灵寿，木名也，似竹，有枝节。"陆玑《毛诗草木鸟兽虫鱼疏·其柽其椐》："椐，樻。节中肿，似扶老。今灵寿是也。今人以为马鞭及杖。弘农共北山有之。"刘克庄《朝中措·元质侍郎生日》词："虽老不扶灵寿，有时更上蒲轮。"

优游：悠闲地游玩。《诗·大雅·卷阿》："伴奂尔游矣，优游尔休矣。"元稹《春馀遣兴》："恭扶瑞藤杖，步屧恣优游。"司马光《和子骏洛中书事》："西都自古繁华地，冠盖优游萃五方。"

大老：德高望重的老人。《孟子·离娄上》："二老者，天下之大老也。”

翰苑：翰林院的别称。《宋史·萧服传》：“文辞劲丽，宜居翰苑。”钮琇《觚賸续编·得树》：“二甲第二入翰苑，非其志也。”

哀诔：叙述死者事迹或表示哀悼。《晋书·潘岳传》：“岳美姿仪，辞藻绝丽，尤善为哀诔之文。”颜之推《颜氏家训·文章》：“祭祀哀诔，生于《礼》者也。”

【解析】

徐虞臣，即徐夔，字俞臣，一号渔城，湖南长沙人，平生多蓄古彝器及钟鼎原拓，书法取法米芾兼赵孟頫，作擘窠大字势若飞动。徐夔处家雍睦，教子侄多掇科目，岁饥发藏粟赈流人，自己乡居恂恂，不入城市，于光绪五年（1879年）卒。其子为徐树铭，字伯澄，号寿蘅，又号澄园，道光二十七年（1847年）进士，选庶吉士，授编修。咸丰二年（1852年）迁中允，简山东学政。累迁内阁学士，授兵部右侍郎。督学福建，按试兴、泉。秩满，乞归养。同治五年（1866年），起署礼部左侍郎。明年督学浙江，以荐举人才中列已罢编修俞樾，严旨付吏议，谪迁太常寺少卿。光绪初，除鸿胪寺卿，遭父忧，终丧，起授通政司副使。光绪十年（1884年），晋太常寺卿。光绪十二年（1886年），补左副都御史。光绪十五年（1889年），授工部右侍郎。历充顺天、浙江乡试正副考官，会试总裁。光绪二十年（1894年），迁左都御史，充经筵讲官。光绪二十五年（1899年），拜工部尚书。旋病卒，予优恤。

光绪五年五月十二日，王闿运作联挽徐虞翁，即为此联。

上联说徐家盛事已上达朝廷，徐虞翁寿七十且一生无忧，拄杖而游，时人更尊其德高望重。下联说徐之祖上曾出过翰林，但徐本人依然清贫，死后有名贤来作诔文已足千秋。联语以赞为主而不甚哀，却充满了对逝者的尊敬之情。

【考辩】

《湘绮楼日记》光绪五年五月十二日有记载，文字一致。

《古今联语汇选》亦收录此联，文字一致。

沈鹤樵

萍居百口，匏系一官，便边州深奉养余年，琴酒寄情聊复尔；

息叟先亡，梦园归去，更少日连枝悲逝水，笛邻访旧为凄然。

【注释】

萍居：如萍一般漂流而住，指在异乡居住。黄滔《送李山人往湘中》："露坐应通晓，萍居恐隔年。"杜甫《将别巫峡，赠南卿兄瀼西果园四十亩》："苔竹素所好，萍蓬无定居。"

匏系：羁滞，依附。《论语·阳货》："吾岂匏瓜也哉！焉能系而不食？"刘宝楠《论语正义》："匏瓜以不食，得系滞一处。"李商隐《为大夫安平公华州进贺皇躬痊复物状》："心但葵倾，迹犹匏系，伏蒲之觐谒未果，献芹之诚恳空深。"

边州：靠近边境的州邑。泛指边境地区。《宋书·索虏传》："仆以不德，荷国荣宠，受任边州，经理民物。"马戴《雪中送青州薛评事》诗："怜君急王事，走马赴边州。"

琴酒：琴和酒，犹指闲逸的生活。李商隐《春宵自遣》："陶然恃琴酒，忘却在山家。"苏轼《行香子·述怀》："几时归去，作个闲人。对一张琴，一壶酒，一溪云。"

息叟：指杨翰，字伯飞，一字海琴，号樗盦，别号息柯居士，直隶河间（今河北河间）人，一作宛平（今属北京）人。道光二十五年（1845年）进士，官湖南辰沅永靖道。清代书法家，有《扬州画苑录》《清画家诗史》《儒林琐记》等作品。光绪五年（1879年）卒。

梦园：指方浚颐，字饮苕，号子箴，又号梦园，安徽定远人。清道光二十四年（1844年）进士，同治八年（1869年）授两淮盐运使，后历任浙江、江西、河南、山东各道御史，两广盐运使兼署广东布政使、四川按察史等职。后退出政界，到扬州开设淮南书局。著有《二知轩诗文集》《忍斋诗文集》《古香凹词》等著作，流传后世。

连枝：两树的枝条连生一起，喻同胞兄弟姐妹。周兴嗣《千字文》："孔怀兄弟，同气连枝。"孙枝蔚《寄五兄大宗》诗："南游不为爱江光，欲省连枝道路长。”

笛邻访旧：山阳笛之典，怀念故友之意。晋向秀经山阳旧居，听到邻人吹笛，不禁追念亡友嵇康、吕安，因作《思旧赋》。向秀《思旧赋序》：“邻人有吹笛者，发声寥亮。追思曩昔游宴之好，感音而叹，故作赋云。”

【解析】

沈鹤樵即沈宝昌，号鹤樵，道光甲辰（1844年）举人，历任国子监学正，石柱、广安、涪州、打箭炉（今四川康定）知州、同知，成都防剿局、厘金局提调。其仲兄为沈宝锟，号吟樵，道光癸卯（1843年）举人，为骆秉璋、吴棠幕僚。二人均卒于光绪六年（1880年）。因长兄沈宝林（沈松樵）代理隆昌知县，故于道光二十七年（1847年）将家眷移来成都。沈氏三兄弟合称“沈氏三樵”，三人共生子二十九人，称为二十九房，故曰繁衍百口。

光绪六年四月二十一日，王闿运作沈鹤樵挽联，并说其事：鹤樵，海琴至好也。兄弟旅寓蜀中，招权结客，补美缺，繁百口，身死曾无余财，兄吟樵亦继卒，四川风雅之宗相继亡矣。

上联说沈家之事，沈家在成都繁衍近百口，沈鹤樵得一官为打箭炉同知，在边境地区琴酒寄情。下联说杨海琴先死，方浚颐又离开四川归去江南，然后鹤樵、吟樵亦死，王闿运只能闻笛而感凄凉了。联语不长，却细述沈家事，并作哀悼，犹见悲怆。

【考辩】

《湘绮楼日记》光绪六年四月二十一日有记载，文字一致。

汪式甫

感其求官客死。

潇湘随处有闲田，若言姑布通神，命里无官当学隐；

中外十年看宦海，毕竟空棺长闭，世间热客早宜休。

【注释】

姑布：姑布子卿，传为相术之祖。《史记·赵世家》："异日，姑布子卿见简子，简子遍召诸子相之。子卿曰：'无为将军者。'简子曰：'赵氏其灭乎？'子卿曰：'吾尝见一子于路，殆君之子也。'简子召子毋恤。毋恤至，则子卿起曰：'此真将军矣！'简子曰：'此其母贱，翟婢也，奚道贵哉？'子卿曰：'天所授，虽贱必贵。'"

热客：指趋炎附势的人。陈师道《送张秀才兼简德麟》诗："长安千门憎热客，我独怜君来解热。"姜南《风月堂杂识·戒烧丹诗》："世之痴者，为热客所误，汝等切宜戒之。"

【解析】

汪式甫其人生平不详，但知其求官客死。

光绪五年（1879年）六月十四日，王闿运吊汪式甫之丧，作此挽联。

上联先说为农亦可，若能有相术知其命中无官，那早就应该归隐。下联说中外为官不易，多有备空棺而上任者，趋炎附势之人当可休矣。联语与其说是哀挽，更多的是叹息，其人若非一心求官也不至于客死异乡，而语中似有自嘲之意。

【考辩】

《湘绮楼日记》光绪五年六月十四日有记载，文字一致。

《古今联语汇选》亦收录此联，文字一致。

徐培元

累重未归田，犹使后生疑晓漏；

里仁曾卜宅，久闻僚属颂清风。

【注释】

累重：劳累深重。朱翌《晓出》："累重苦无饭，时危甘转蓬。"

晓漏：拂晓时铜壶滴漏之声。《陈书·徐陵传》："铛铛晓漏，的的宵烽，隔溆浦而相闻，临高台而可望。"杜审言《秋夜宴临津郑明府宅》诗："露白宵钟彻，风清晓漏闻。"

里仁：住在有仁者的地方。《论语·里仁篇》："子曰：'里仁为美。择不处仁，焉得知？'"

卜宅：选择住地。杜甫《为农》："卜宅从兹老，为农去国赊。"潘飞声《移居横浜桥》诗之四："陶潜爱卜宅，沉约赋郊居。"

【解析】

徐培元，字心畬，花翎二品顶戴，曾历任长沙、永顺（今属湖南）、宝庆（今湖南邵阳）、辰州（今湖南沅陵）、岳州（今湖南岳阳）等府知府。

上联说其劳累而未得归田，夙夜工作，而使童仆疑为晓漏之声。下联说王闿运曾卜宅欲与之为邻，听到僚属说其清廉风范。联意简明，但颂其勤其廉之外更无赘语，见襟怀。

刘筠生

入洛当年好弟兄，谁知各宦天涯，薄祚不传棠棣谱；
寓蜀相依唯母子，犹得从亲地下，春寒莫恨杜鹃声。

【注释】

入洛：入京为仕之意。《晋书》卷五十四《陆机传》："至太康末，与弟云俱入洛，造太常张华。"李端《送杨少府赴阳翟（即舍人之弟）》："陆云还入洛，潘岳更张筵。"

薄祚：福祚浅薄。魏李密《陈情表》："既无伯叔，终鲜兄弟，门衰祚薄，晚有儿息。"陆游《长信宫词》："地寒祚薄兮自贻不祥，谗言乘之兮罪衅日彰。"

棠棣：指兄弟。《诗经·小雅·鹿鸣之什》："棠棣之华，鄂不韡韡。凡今之人，莫如兄弟。"苏轼《生日王郎以诗见庆次其韵并寄茶二十一片》："棠棣并为天下士，芙蓉曾到海边郛。"

杜鹃：杜鹃啼于暮春，声如"不如归去"，用以喻游子的心声。无名氏《杂诗》："等是有家归未得，杜鹃休向耳边啼。"左纬《送别》："客情惟有夜难过，宿处先寻无杜鹃。"

【解析】

刘筠生，为王闿运好友，曾一起游于京城，后入蜀为官，其余生平不详。

光绪七年（1881年）二月十四日，王闿运作挽刘筠生联即为此联，二月十七日往吊之。二月十九日，见刘筠生之子来辞行，复作诗以记："孤儿易成人，有父横骄痴。送尔忽自念，戚然临路歧。伊昔游京华，二刘数追随。温温未昏容，晬穆珠玉怀。志远来日长，奄忽遘暌离。岁月未永久，昏宦再不谐。何况双飞鸿，比翼复中乖。契阔二十载，始闻挈婴孩。卧疾华阳城，迎客不下阶。见尔几榻旁，出入未盛衣。严霜盛夏零，一月被两衰。羸瘠感行路，矧余在交私。丘也亦少孤，随母共餔糜。茕茕不料生，岂曰耀当时。譬彼木有由，抽擢十丈枝。皇天无私荣，春露有由施。易成良易倾，尔其慎威仪。秦蜀非汝乡，燕吴不可期。茫茫四海途，孑孑一孤儿。期望非过情，舜颜在所为。"

上联追忆当年在京城之事，此后分别至各地为官，却福祚浅薄，难再为兄弟。下联说刘在蜀与母相依为命，唯死后能从母于地下，或可聊慰客思乡心。联语悲凉，追忆中亦有自伤之意，足见哀挽。

【考辩】

—《湘绮楼日记》光绪七年二月十四日有记载，文字一致。

许银槎

薄宦更无儿，八千里丹旐空还，不如休折当年桂；

名场兼仕路，六十载浮云饱看，剩欲归依净土莲。

【注释】

薄宦：卑微的官职。陶潜《尚长禽庆赞》："尚子昔薄宦，妻孥共早晚。”逯钦立注：“薄宦，作下吏。”高适《钜鹿赠李少府》：“李侯虽薄宦，时誉何籍籍。”

丹旐：犹丹旌，旧时出丧所用的红色铭旌。旐为出丧时为棺柩引路的旗子，也称魂幡。韩愈《祭郑夫人文》：“水浮陆走，丹旐翩然。”黄庭坚《东寿县君吕氏挽词二首》其一：“哀歌行欲绝，丹旐雨斑斑。”

休折当年桂：“折桂”为科举及第之典。《晋书·郤诜传》：“武帝于东堂会送，问诜曰：‘卿自以为何如？’诜对曰：‘臣举贤良对策，为天下第一，犹桂林之一枝，崑山之片玉。’”杜甫《同豆卢峰知字韵》：“梦兰他日应，折桂早年知。”

名场：指追逐声名的场所。李咸用《临川逢陈百年》：“教我无为礼乐拘，利路名场多忌讳。”元好问《伦镇道中见槐花》：“名场奔走竞官荣，一纸除书误半生。”

剩欲：颇想；犹欲。高适《赠杜二拾遗》：“佛香时入院，僧饭屡过门；听法还应难，寻经剩欲翻。”辛弃疾《西江月·春晚》：“剩欲读书已懒，只因多病长闲。”

净土莲：佛教有净土宗，亦称“莲宗”，唐代善导创立。祖庭有江西庐山东林寺和陕西西安香积寺。此处指佛门。

【解析】

许银槎即许庆恩，生平不详，从联语看应是及第后为知县一类的小官。

光绪七年（1881年）五月二十七日，王闿运往吊许银槎。许生前曾请他吃过饭，有一定的交情，王得知许无儿女家产，只存一妻，在轿中作此挽联。

上联说其官职卑微，且无儿女，故有远道出丧时冷清之状，还不如当时没有及第。下联说其经历官场，六十年恍如浮云，犹欲皈依佛门。联语多惋惜哀叹，为其人生仕途而不值。

【考辩】

《湘绮楼日记》光绪七年五月二十七日有记载，文字为“薄宦更无儿，八千里丹旐空归，不如休折当年桂；名场兼仕路，六十年浮云饱看，剩欲归依净土莲”。

李仲云

湘西船局佐中兴，岂徒绂冕云从，富贵豪贤推第一；
天上屏风记名字，谁料东南宝尽，林亭弦管咽三秋。

【注释】

绂冕：古时系官印的丝带及大夫以上的礼冠，比喻高官。骆宾王《早秋出塞寄东台详正学士》诗："影缨陪绂冕，载笔偶玙璠。"杜甫《赠王二十四侍御契四十韵》："不关轻绂冕，俱是避风尘。"

云从：喻随从之盛。语出《诗·齐风·敝笱》："齐子归止，其从如云。"刘过《沁园春·御阅还上郭殿帅》："拥貂蝉争出，千官鳞集，貔貅不断，万骑云从。"

天上屏风记名字：其名可记入天家之屏风。《史记·孟尝君列传》："孟尝君待客坐语，而屏风后常有侍史，主记君所与客语。"

东南宝尽：东南之地人才凋零。刘义庆《世说新语·赏誉》："张华见褚陶，语陆平原曰：'君兄弟龙跃云津，顾彦先凤鸣朝阳，谓东南之宝已尽，不意复见褚生！'"

【解析】

李仲云即李概，字仲云，湖南湘阴人，李星沅次子。咸丰六年（1856年）叙员外郎，以道员即选，加盐运使衔。为何绍基媳兄，亦为汤鹏之婿。性慈祥，乐施与，彭刚直公曾疏荐之，屡征不起，中年卒。其父李星沅，字子湘，号石梧，道光进士，曾任兵部尚书、陕西巡抚、陕甘总督、江苏巡抚、云贵总督、云南巡抚、两江总督等职。

光绪七年（1881年）闰七月二十七日，王闿运闻李仲云暴死，说"湖南少此一人，殊不便于官士"，八月五日作李仲云挽联即为此联。

上联说其人参与湘西船务事，以佐中兴，当时从者云集，推为富贵豪贤第一。下联说其名可载入史册，不料东南人才凋零，唯听林亭之管弦呜咽于三秋而已，亦切其人死于秋时。上联豪迈而下联哀挽，见被挽者之风骨，亦见挽者之哀思，切而不移。

【考辩】

《湘绮楼日记》光绪七年八月五日有记载，文字为“湘西船局佐中兴，岂徒绂冕云从，富贵豪贤推第一；天上屏风记名字，谁料东南宝尽，林亭丝管咽三秋”。

《古今联语汇选》亦收录此联，文字一致。

杨小侯

世禄不骄人，只当年典卫钩陈，曾被贤王温语接；

蜀材嗟又弱，正此日怆怀勋旧，复传开县赴书来。

【注释】

世禄：世代享有爵禄。《书·毕命》：“世禄之家，鲜克由礼。”孟浩然《从张丞相游南纪城猎，戏赠裴迪张参军》：“世禄金张贵，官曹幕府贤。”

典卫：官名，隋始置。唐沿置于诸亲王国。掌王府守卫之事，视正七品。清代，于亲王、亲王世子、郡王、郡王长子、贝勒、贝子诸府，掌礼仪导引，秩四至八品不等。

钩陈：后宫。《文选·班固〈西都赋〉》：“周以钩陈之位，卫以严更之署。”李善注引《乐叶图》：“钩陈，后宫也。”《隋书·高祖纪上》：“任掌钩陈，职司邦政。”

温语：温和的话语。《明史·秦金传》：“比内阁拟旨辄中改，至疏请，徒答温语，此任贤不能如初也。”

又弱：哀人去世之语。《左传·昭公三年》：“二惠竞爽，犹可，又弱一个焉，姜其危哉！”

怆怀：悲伤。李益《城西竹园送裴佶王达》：“怆怀非外至，沉郁自中肠。”徐渭《涉江赋》：“予斯之忧，他奚怆怀？”

勋旧：有功勋的旧臣。《晋书·陈骞传》：“帝以其勋旧耆老，礼之甚重。”《新五代史·楚世家·马殷》：“殷拊膺大哭曰：‘吾荒耄如此，而杀吾勋旧。’”

开县赴书来：王闿运吊杨小侯的同日，王闿运得知雨亭亦递遗折，蜀中亡两个一品官，此处即说此事。

【解析】

杨小侯即杨光坦，四川崇庆（今崇州市）人，其曾祖为一等昭勇侯杨遇春，杨光坦于同治八年（1869年）袭爵。杨遇春，四川崇庆武举，嘉庆十八年（1813年），平滑县教匪，封二等男；道光五年（1825年），晋一等昭勇侯；道光十七年（1837年）二月卒，谥忠武。

光绪十年（1884年）六月五日，王闿运往吊杨小侯，丧仪冷清，只有一些武官来吊祭，杨为袭侯而不为人所重，王闿运感叹并作此挽联。同日，王闿运得知雨亭亦递遗折，蜀中亡两个一品官，故于挽联中提到此事。

上联说其虽袭爵但人品谦逊，曾为后宫典卫并受王族温语之事。下联哀叹蜀地一日而殒二官，乃知蜀材又弱。上联语亦寻常，下联所述为恰逢其事，足见作者之机变也。

【考辩】

《湘绮楼日记》光绪十年六月五日有记载，文字为“世禄不骄人，只当年典卫钩陈，曾被贤王温语接；蜀材嗟又弱，正此日怆怀勋旧，后传开县赴书来”。

《古今联语汇选》亦收录此联，文字一致。

芮少海

幕府乐清吟，达者萧然，庭馆梧桐待佳客；

琴歌老跌宕，仙乎逝矣，形骸土木慕王孙。

【注释】

幕府：幕僚；幕宾。韩愈《河南少尹李公墓志铭》：“崇文命幕府唯公命从。”

达者：达观的人。张耒《感秋呈宏父兼呈周楚望三首》：“达者知其然，委己任去留。”

萧然：萧洒；悠闲。葛洪《抱朴子·刺骄》：“高蹈独往，萧然自得。”杜甫《刘九法曹郑瑕邱石门宴集》：“秋水清无底，萧然净客心。”

跌宕：也作“跌荡”，谓音调抑扬顿挫。陆游《自喜》：“狂歌声跌宕，醉草笔横斜。”钱泳《履园丛话·艺能·度曲》：“听其悠扬跌荡，直可步武元人，当为昆曲第一。”

形骸土木：也作土木形骸，比喻不加修饰的本来面目。刘义庆《世说新语·容止》：“刘伶身长六尺，貌甚丑悴，而悠悠忽忽，土木形骸。”《新唐书·郝处俊传》：“处俊姿约素，土木形骸，然临事敢言。”

【解析】

芮少海，江苏溧阳人，寄籍成都。咸丰八年（1858年）举人，历就督幕，工书法。王闿运与其交好，在成都任成都尊经书院山长期间常入芮所居之芮园游玩。

光绪十年（1884年）七月二十二日王闿运为芮少海挽联，即为此联。

上联说其为幕僚而清吟洒脱之姿，并其庭有梧桐可待佳客。下联说其善琴歌，风仪令王孙亦羡慕。联语清雅，盛赞其风仪，唯少哀挽之意。

【考辩】

《湘绮楼日记》光绪十年七月二十二日有记载，文字为“幕府地清闲，达者萧然，庭馆梧桐待佳客；琴歌老跌宕，仙乎逝矣，形骸土木慕王孙”。

《古今联语汇选》亦收录此联，文字一致。

蒋少尉

薄宦幸归休，羞涩越装难送老；

重阳空有约，寻常酒债不须偿。

【注释】

归休：回家休息。《庄子·逍遥游》："归休乎君，予无所用天下为！"《汉书·孔光传》："沐日归休，兄弟妻子燕语，终不及朝省政事。"

越装：越地的服装。洪适《番禺调笑》："深浦。停舟处。只恐越装相染污。奇香一见如泥土。"

寻常酒债：因喝酒所欠的债务。杜甫《曲江二首》："酒债寻常行处有，人生七十古来稀。"

【解析】

此联并非挽蒋少尉，而是挽丁子俊。据《湘绮楼日记》光绪二十一年（1895年）九月二十五日记载，"步访马、秦、刘及道士，皆去矣，丁子俊、蒋捕厅则死，一月之间，便如隔世，戏挽丁一联"，便为此联。

此联为戏挽，上联说其官小薪微，难以养老，早死亦是幸事。下联说其死于重阳之前，而酒债无须再偿。因是戏挽，故不见哀，而似有自嘲薪薄债多之意。

【考辩】

《湘绮楼日记》光绪二十一年九月二十五日有记载，文字一致。

《古今联语汇选》亦收录此联，文字一致。

裴樾岑

噩耗五年惊，喜闻单舸三山，更飞雁传书，如共丁令归鹤语；

密云秋雪冷，正值重昏八表，便拂衣大去，怕听澎岛水龙吟。

【注释】

单舸：乘驾一船。《宋书·谢晦传》："超其夜舍军单舸诣到彦之降。"《南史·宋纪上·武帝》："（武帝）攻其栅，循单舸走，众皆降。"

三山：传说中的海上三神山。王嘉《拾遗记·高辛》："三壶，则海中三山也。一曰方壶，则方丈也；二曰蓬壶，则蓬莱也；三曰瀛壶，则瀛洲也。"

丁令归鹤：喻人去世之典。《搜神记》："辽东城门有华表柱，忽有一白鹤集柱头，时有少年，举弓欲射之，鹤乃飞，徘徊空中而言曰：'有鸟有鸟丁令威，去家千岁今来归。城郭如故人民非，何不学仙冢垒垒。'遂高上冲天。今辽东诸丁，云其先世有升仙者，不知名字。"

重昏八表：犹言四面八方都异常昏暗，因其时在甲午海战中败于日本。陶渊明《停云》："八表同昏，平陆成江。"吴泳《和李雁湖晚春即事八首》："蔼蔼停云八表昏，终风吹雨泊天门。"

大去：一去不返，犹言死去。《左传·庄公四年》："纪侯大去其国。"杜预注："大去者，不反之辞。"王勃《彭州九陇县龙怀寺碑》："俄而帝隋大去，皇家小往。"

怕听澎岛水龙吟：甲午战败后，《马关条约》割让台湾岛及其附属岛屿、澎湖列岛、辽东半岛给日本。裴樾岑辞官后，偶闻甲午黄海一役，北洋水师毁败殆尽，则又抚几扼腕累叹。此处言裴不愿听此事。

【解析】

裴樾岑即裴荫森，字樾岑，清道光三年（1823年）出生于江苏阜宁洲门，同治二年（1863年）殿试钦赐进士出身，分任工部主事。同治十年（1871年），裴荫森读书焦山，徜徉林壑之间，寻求治世之道，或至金山旧友处纵谈古今。光绪九年（1883年）二月，裴荫森升任福建按察使。光绪十二年（1886年）春，裴荫森亲赴金陵与南洋大臣曾国荃定议，协造双机钢甲兵轮两艘，疏稿已具。值慈禧太后命拨海防经费二百万两修颐和园，遂止。光绪十六年（1890年），因操劳过度，二月告病假，四月续假归淮养疴，寓河下白酒巷宅内。光绪二十一年（1895年）十月十二日病逝于淮安河下，终年七十三岁。

光绪二十一年十二月九日，王闿运作挽裴樾岑联，即为此联。

上联说收到信件，得知其噩耗是在其辞官五年后，其人如成仙而去，当为之喜。下联先说其死于寒冬之时，又说其时朝野晦暗，裴之死料是不愿听甲午战事和割台之事。虽为挽联，上联不哀反喜，知其人神仙风骨。下联转说为国家战败之哀，亦知其人之忠也，见技法。

【考辩】

《湘绮楼日记》光绪二十一年十二月九日有记载，文字一致。

《古今联语汇选》亦收录此联，文字一致。

徐又新

八坐继家声，正看觞举颜和，寂静承欢留晚福；

三年容泛爱，岂料车回腹痛，款曲论交未浃旬。

【注释】

八坐：八坐即“八座”，高级官员合称。东汉用以称尚书令、仆射、六曹尚书。魏晋至隋用以称尚书令、左右仆射、诸曹尚书，无论共有几人，皆沿其称。唐朝尚书令、左右仆射为宰相，故以左、右丞及六部尚书为八座。明、清用作对六部尚书的俗称；清亦作为对总督、巡抚等高级官员的俗称。

觞举颜和：举杯祝寿，面色和悦之意。魏晋潘岳《闲居赋》：“寿觞举，慈颜和，浮杯乐饮，绿竹骈罗，顿足起舞，抗音高歌，人生安乐，孰知其他。”

泛爱：朋友的代称。殷仲文《南州桓公九井作》诗：“广筵散泛爱，逸爵纡胜引。”杜甫《奉赠李八丈曛判官》诗：“所亲问淹泊，泛爱惜衰朽。”

车回腹痛：车过腹痛，指对亡友的悼念。魏曹操《祀故太尉乔玄文》：“又承从容约誓之言：‘殂逝之后，路有经由，不以斗酒只鸡相沃酹，车过三步，腹痛勿怨。’虽临时戏笑之言，非至亲之笃好，胡肯为此辞乎？”

款曲：诚挚殷勤的酬应。秦嘉《留郡赠妇》诗："念当远别离，思念叙款曲。"《后汉书·光武帝纪下》："文叔少时谨信，与人不款曲，唯直柔耳。"

浃旬：一旬，十天。《宋书·武帝纪论》："（高祖）曾不浃旬，夷凶翦暴。"《资治通鉴·后汉隐帝乾祐三年》："比皇帝到阙，动涉浃旬，请太后临朝听政。"胡三省注："十日为浃旬。"

【解析】

徐又新其人不详，疑即为徐又惺，称王闿运为年伯，则其父应为王闿运好友。

光绪七年（1881年）闰七月十八日，徐又新来拜访王闿运。八月七日，王闿运作挽徐又新联，即为此联。

上联说其家世代为官，举觞祝寿而颜色和悦，静侍父母以成晚福。下联说交友三年，不料此际其人已逝，而据二人上次见面不过旬日。联语重其家事及交游，而于本人生平事迹少提及，应知无甚可述之事也。

【考辩】

《湘绮楼日记》光绪七年八月七日有记载，文字一致。

杨云桥

代商农作。

京华读寄书，最关心叔子科名，频望燕台愁白路；

乡校尊耆老，方准拟九旬秩养，遽悲荚水送赪铭。

【注释】

寄书：传递书信。庾信《竹杖赋》："亲友离绝，妻孥流转；玉关寄书，章台留钏。"韩愈《赠别元十八协律》诗之六："寄书龙城守，君骥何时秣？"

叔子：羊祜，字叔子，泰山郡南城县（今山东平邑南）人。西晋时期战略家、政治家、文学家，曹魏上党太守羊衜之子，汉末才女蔡文姬的外甥。奉事叔父羊耽十分恭谨。此处有以商农比羊祜，而以杨云桥比作羊耽之意。

科名：科举功名。韩愈《答陈生书》："子之汲汲于科名，以不得进为亲之羞者，惑也。"《二刻拍案惊奇》卷十一："书生得了科名，难道不该归来会一会宗族邻里？"

燕台：指冀北一带。祖咏《望蓟门》："燕台一望客心惊，箫鼓喧喧汉将营。"何景明《送马公顺视学湖南》："同是燕台旧游客，可堪相见又相违。"

白路：大道。白居易《步东坡》诗："欲识往来频，青芜成白路。"

耆老：指年老而有地位的士绅。《水浒传》第九十四回："两县耆老率领百姓，牵羊担酒，献纳城池。"

秩养：按常规奉养。《尔雅》："秩，常也。"《礼记》："九十日有秩。"《周礼·天官·酒正》："凡有秩酒者，以书契授之。"贾公彦疏："秩，常也。谓若老臣年九十已上，常与之酒。"

萸水：湖南资江又名"茱萸江"。《水经·资水》："东北过邵陵县之北。"郦道元注："县治郡下，南临大溪，水径其北，谓之邵陵水……自下东北出益阳县，其间径流山峡，名之为茱萸江，盖水变名也。"《太平御览》引《湘州记》："资水，一名茱萸江。"

赪铭：红色旗幡，指丧仪。赪指红色。陆游《过大孤山小孤山》："岸土赤而壁立，东坡先生所谓'舟人指点岸如赪'者也。"铭指铭旌，即明旌，旧时竖在灵柩前标有死者官衔和姓名的旗幡。《礼记·檀弓》："铭，明旌也。"

【解析】

杨云桥，其人不详。从联意看，应为杨商农之叔父。杨商农即杨书霖，字商农，长沙人，举人，光绪元年（1875年）任兴化县（今兴化市）教谕，曾请王闿运为其父八十寿作贺联。

光绪八年（1882年）正月十九日，王闿运途遇商农索杨云桥挽联，即为此联。

上联说杨商农在京读信，知杨云桥最关心的是他的功名学业，更是频望燕冀，愁于大道。下联说杨云桥在乡校被尊为耆老，已近九旬，方拟回家按常规奉养，却突闻噩耗，悲痛莫名也。联语以杨商农口吻，切合其人其事，而结句对仗犹工，难易一字也。

【考辩】

《湘绮楼日记》光绪八年正月十九日有记载，文字一致。

陈池生

生从虎口来，竟支持忠孝名门，有子承欢依节母；

幸不鲸波去，正料理琴书小住，阿兄扶病送残阳。

【注释】

虎口：危险之地。《东周列国志》第九十九回："秦昭襄王见了异人，不胜之喜，曰：'太子日夜想汝，今天遣吾孙脱于虎口也。便可先回咸阳，以慰父母之念。'"

节母：节妇。陈康祺《燕下乡脞录》卷二："婺源之大畈汪氏有节母楼，节母，程克家女，幼字汪鸿阶。鸿阶卒，节母年十五，未嫁也，欲身殉，父母泣戒之，则请诣夫家守贞。"

鲸波：巨浪。杜甫《舟出江陵南浦奉寄郑少尹》诗："溟涨鲸波动，衡阳雁影徂。"文天祥《指南录后序》："以小舟涉鲸波出。"

阿兄：叔父。《北齐书·安德王延宗传》："（后主）及至并州，又闻周军已入雀鼠谷，乃以延宗为相国、并州刺史，总山西兵事。谓曰：'并州，阿兄自取，儿今去也。'"梁章钜《称谓录·父之弟》："《北齐书》文襄子延宗，后主叔父也，而后主呼为阿兄。"

【解析】

陈池生，湖南茶陵人，为曾国藩同年进士及好友陈源兖（陈岱云）之子。陈源兖曾任江西吉安知府，陈家与曾家交好，陈源兖之子陈远济（陈松生）为曾国藩的二女婿，陈池生为曾国潢长子曾纪梁的儿女亲家。

光绪八年（1882年）正月二十四日，王闿运闻陈池生死于开封，故作此挽联。

上联述其历危境归来，而其家得以忠孝两全，有子亦有节母。下联说有幸未蹈鲸波，正要寄情琴书之时，阿兄扶病送其后事。联语述其生平略简，而多言其家事，文字寻常，亦足能见哀挽。

【考辩】

《湘绮楼日记》光绪八年正月二十四日有记载，文字为“生从虎口来，竟支持忠孝名门，有子承欢依节母；幸不鲸波去，正理料琴书小住，阿兄扶病送残阳”。

彭辛叟

闻喜忆悬弧，廿三龄江介归来，果看脱颖声名，诗礼无惭贤父子；

踊金嗟在冶，一二分才思未展，空说居陶货殖，揶揄疑有路旁人。

【注释】

闻喜：闻喜宴，唐制，进士放榜，醵钱宴乐于曲江亭子，称曲江宴，亦称闻喜宴。司马光《训俭示康》：“吾性不喜华靡，自为乳儿，长者加以金银华美之服，辄羞赧弃去之。二十忝科名，闻喜宴独不戴花。”

悬弧：古时家中生男，则于门左挂弓一张，故称生男为悬弧。《礼记·内则》：“子生，男子设弧于门左，女子设帨于门右。”汉贾谊《新书·胎教》：“太子生而泣……然后为王太子悬弧之礼义。”

江介：江左，指长江以东之地。《文选·左思〈魏都赋〉》：“况河冀之爽垲，与江介之湫湄。”吕向注：“介，左也。”柳宗元《游朝阳岩遂登西亭二十韵》：“羁贯去江介，世仕尚函崤。”

踊金嗟在冶：言其为奇材而不顺从自然造化。《庄子·大宗师》：“今大冶铸金，金踊跃曰：‘我且必为镆铘。’大冶必以为不祥之金。今一犯人之形而曰：‘人耳！人耳！’夫造化者必以为不祥之人。”王先谦集解：“偶成为人，遂欣爱郑重，以为异于众物，则造化亦必以为不祥。”曾国藩《送郭筠仙离营晋京》：“大冶最憎金踊跃，那容世界有奇材！”

居陶：范蠡，居陶地。《史记·货殖列传》：“朱公以为陶天下之中，诸侯四通，货物所交易也。乃治产积居。与时逐而不责于人。”

货殖：交易货物以求利。《论语·先进》：“赐不受命，而货殖焉，亿则屡中。”晋葛洪《抱朴子·安贫》：“范生出则灭吴霸越，为命世之佐；入则货殖营生，累万金之赀。”

揶揄疑有路旁人：疑被鬼所戏弄。《世说新语·任诞》：“襄阳罗友有大韵。”刘孝标注引《晋阳秋》：“乃是首旦出门，于中途逢一鬼，大见揶揄，云：‘我只见汝送人作郡，何以不见人送汝作郡？’”白居易《东南行一百韵》：“时遭人指点，数被鬼揶揄。”刘克庄《赠罗摄官》：“无家来去如潮水，有鬼揶揄向路傍。”

【解析】

《湘绮楼日记》记载此联为挽彭郎联，应是挽彭嘉玉之子。彭嘉玉，字笛仙，湖南善化人，亦为曾国藩幕僚，很早就和王闿运等人交往。

光绪八年（1882年）三月十三日，王闿运闻笛仙子丧，三月十三日，王闿运往彭家吊唁，与笛仙小谈，并作彭郎挽联，即为此联。

上联说于彭郎中举时忆起此子出生之事，二十三岁从江左归来，声名传扬，父子皆知诗礼而有贤名。下联说其虽为奇材而无造化，空说范蠡之商事而不得施展才华，疑是为鬼所戏弄。写英年早逝之人，下联用典切而不虚，犹见惋惜之意。

【考辩】

《湘绮楼日记》光绪八年三月十三日有记载，文字为“闻喜忆悬弧，廿三龄江介归来，果看脱颖声名，诗礼无惭贤父子；踊金嗟在治，一二分才思未展，空说朱陶货殖，挪揄疑有路旁人”。又有注“疑‘挪’为‘揶’之讹”。

黄海华

日记称瓮叟。

人伦冠冕一灵光，八十年望重儒林，遗爱岂徒留永邵；

海内君公半虚礼，卅二载官犹郡守，国风长是怨榛苓。

【注释】

人伦：人类，伦，辈，类。《荀子·富国》："人伦并处，同求而异道，同欲而异知。"杨倞注："伦，类也。并处，群居也。其在人之法数则以类群居也。"《后汉书·陈蕃传论》："愍夫世士以离俗为高，而人伦莫相恤也。"

冠冕：比喻居于首位。《三国志·蜀志·庞统传》："徽甚异之，称统当为南州士之冠冕。"梁章钜《退庵随笔·读史》："欧公文章，冠冕有宋。"

灵光：原为汉代鲁灵光殿的简称，此处比喻硕果仅存的人或事物。庾信《哀江南赋》："死生契阔，不可问天。况复零落将尽，灵光岿然。"倪璠注："喻知交将尽，惟己独存，若鲁灵光矣。"楼钥《灵光》："鲁邦宫殿久芜荒，惟有灵光最久长。身似灵光终变灭，岿然别有一灵光。"

遗爱：指留于后世之德泽。《国语·晋语二》："死必遗爱，死民之思，不亦可乎？"《后汉书·西南夷传·邛都》："天子以张翕有遗爱，乃拜其子湍为太守。"

永邵：地名，永指永州，邵指邵阳。

虚礼：谦虚而礼遇之。应劭《风俗通·怪神·世间人家多有见赤白光为变怪者》："公祖虚礼盛馔，下席行觞。"《文选·颜延之〈陶徵士诔〉》："世霸虚礼，州壤推风。"李善注引蔡邕《郭有道碑》："州郡闻德，虚己备礼。"

榛苓：榛木与苓草，喻指贤者各得其所的盛世。《诗·邶风·简兮》："山有榛，隰有苓，云谁之思？西方美人。"孔颖达疏："山之有榛木，隰之有苓草，各得其所。"朱熹集传："贤者不得志于衰世之下国，而思盛际之显王，故其言如此。"方文《题阎牛叟眷西堂》诗："榛苓长入梦，禾黍最伤情。"

【解析】

黄海华即黄文琛，字鲁来，号海华，晚号瓮叟，湖北汉阳人。道光五年（1825年）乙酉科举人，历官京师国子监助教、湖南候补知府、常德府同知、宝庆府同知、永州府同知、永顺府知府、衡州府知府、永州府知府，官终湖南衡永道。著有《思贻堂诗集》《思贻堂续存》《思贻堂诗第三集》《思贻堂书简》《永州集》《后永州集》《玩云室诗集》。

光绪八年（1882年）七月十二日，王闿运作瓮叟挽联，即为此联。七月二十七日王闿运至其宅吊之。

上联说其为一代英才中仅存之人，八十年为儒而望重，遗爱又岂止在永、邵。下联“君公”即“群公”，说海内群公大多礼遇之，而黄三十二年官职始终是知府，唯有再颂《诗经》的《简兮》篇而叹未逢盛世。联语既雅且切，用典高古，用来挽此大儒而不可移也，足见作者之用心。

【考辩】

《湘绮楼日记》光绪八年七月十二日有记载，文字为“人伦冠冕一灵光，八十年望重儒林，遗爱岂徒留永邵；海内群公半虚礼，卅二载官犹郡守，国风长是怨榛苓”。

郭狷父

名家磊磊不群才，最难折节覃思，少年曾弗夸仙桂；

宾坐匆匆今岁见，方讶神清气好，严霜一夕败丛兰。

【注释】

磊磊：襟怀坦白，志节分明。韩愈《答刘秀才论史书》：“夫圣唐巨迹，及贤士大夫事，皆磊磊轩天地，决不沉没。”曾巩《上欧阳学士第一书》：“其仁与义，磊磊然横天地，冠古今。”

不群：不平凡，高出于同辈。《楚辞·九章·惜诵》：“行不群以颠越兮，又众兆之所咍也。”杜甫《春日忆李白》：“白也诗无敌，飘然思不群。”

折节：屈己下人。《管子·霸言》：“折节事强以避罪，小国之形也。”王安石《给事中孔公墓志铭》：“而宰相使人说公稍折节以待迁，公乃告以不能。”

覃思：深思。《书序》：“于是遂研精覃思，博考经籍，采摭群言，以立训传。”钱泳《履园丛话·耆旧·大绅先生》：“好为古文，覃思奥赜，游刃百家，积满而流，沛然无阻。”

仙桂：指科举功名。袁说友《鹿鸣宴》：“剩数连珠夸瑞应，会看仙桂满枝芳。”

败丛兰：丛生兰草之枯败，喻品德高尚的人之死。《文子·上德》：“丛兰欲修，秋风败之；人性欲平，嗜欲害之。”刘孝标《辩命论》：“颜回败其丛兰，冉耕歌其芣苢。”

【解析】

郭狷父，其人生平不详。

光绪八年（1882年）十月十六日，王闿运往吊郭狷父，并作一挽联，即为此联。

上联说其高才，又能屈己下人并作深思，而少时尚无意功名。下联说王与他当年还见过面，觉得他精神还很好，没想到到了冬日就已辞世。上联论才而下联论交，“仙桂”与“丛兰”之对犹见工巧。

【考辩】

《湘绮楼日记》光绪八年十月十六日有记载，文字为“名家磊磊不群才，最难折节覃思，少年曾不夸仙桂；宾坐匆匆今岁见，方讶神清气弱，严霜一夕败丛兰”。

黄次云

将死，揖其妻，属以固穷，其志可哀。

固穷终自有穷时，三千里巫峡归舟，伤心更被秋闱误；

亲情曾未乐情话，十一月严霜摧木，敛手空看破被寒。

【注释】

固穷：信守道义，安于贫贱穷困。《论语·卫灵公》：“子曰：‘君子固穷，小人穷斯滥矣。’”朱熹集注：“程子曰：‘固穷者，固守其穷。’”杜甫《前出塞》诗之九：“丈夫四方志，安可辞固穷！”

秋闱：秋试。元黄溍《试院同诸公为主试官作》：“右辖升庸日，秋闱献艺初。”陈康祺《郎潜纪闻》卷六：“乾隆间，粤东诸生谢啟祚年九十八，犹入秋闱。”此处指光绪八年（1882年）壬午科考。

乐情话：愉快地谈话。释文珦《田家》：“儿女长成毕婚嫁，只在东邻与西舍。翁头时复有新篘，亲戚团栾乐情话。”

敛手：拱手。《世说新语·贤媛》：“桓宣武平蜀，以李势妹为妾。”刘孝标注引《妒记》：“（郡主）见李在窗梳头，姿貌端丽，徐徐结发，敛手向主，神色闲正，辞甚凄惋。”五代和凝《江城子》：“含笑整衣开绣户，斜敛手，下阶迎。”

【解析】

黄次云为王闿运的亲家，王闿运长子王代功娶其女黄氏为妻。

光绪八年（1882年）十一月十八日，王闿运夜临亲家黄次云之丧，并作此挽联。

上联说黄次云固穷而将死，王闿运远从蜀地归来，为此而伤心，亦因王代功秋闱不中而伤心。下联说其虽为亲戚却少欢谈，逢十一月而身死，王只能拱手相吊，看其穷困。联语除了写其固穷以外，亦写自身之伤感，可见其情。

【考辩】

《湘绮楼日记》光绪八年十一月十八日有记载，文字一致，但题注中“固穷”作“困穷”。

左锡九

名节厉孤贞，知风裁晚更嵚崎，每谈时局惊眉宇；

屠苏谁共饮，念弱子早承矜赏，相从泉路话心期。

【注释】

孤贞：孤直忠贞。鲍照《学刘公干体》诗之二："岁物尽沦伤，孤贞为谁立？赖树自能贞，不计迹幽涩。"谢翱《琼花引》："孤贞抱一不再识，夜归阆风晓无迹。"

风裁：风度神采。黄滔《祭宋员外文》："德木千寻，人材八尺。敻云鹤于风裁，濊陂湖于胸臆。"叶适《李仲举墓志铭》："始，仲举使余与深之游，余甚幼，而能记仲举言行，象其风裁，至今想见之。"

嵚崎：品格卓异。秦观《南都新亭行寄王子发》诗："亭下嵚崎淮海客，末路逢公诗酒共。"姚鼐《论书绝句》之五："本是嵚崎可笑人，衰羸今况发如银。"

矜赏：夸赞和欣赏。顾起纶《国雅品·士品三》："（严惟中《登岳》诗）真境与秀句竞胜，杂之《极玄》，亦足矜赏。"

心期：期望，心愿。《南齐书·豫章王嶷传》："居今之地，非心期所及。"陆淞《瑞鹤仙》词："待归来，先指花梢教看，却把心期细问。"

【解析】

左锡九，湘潭人，为王闿运同学，曾校刊《海防要览》。

光绪八年（1882年）十二月十八日，刘崐告知王闿运左锡九丧，王闿运往左家视殓。十二月十九日，王闿运作挽左锡九联。十二月二十日，又往左锡九家吊唁。次年正月二十日，更送左锡九出殡。

上联说其孤直忠贞之风采，到老犹甚，常为时局所惊怒叹息。下联以屠苏切其死之时节，并说自己有子已成人，愿从于泉下共话心中所期。左锡九与王闿运交游多年，此时故去，王闿运之哀痛莫可名状，故此联亦无炫技，唯以寻常语诉心声。

【考辩】

《湘绮楼日记》光绪八年十二月十九日有记载，文字一致。

《古今联语汇选》亦收录此联，文字一致。

潘绂翁

伯寅之父。

紫薇仙吏最高年，早倏然富贵丛中，闲话蓬莱水深浅；
黄阁同班传盛事，更怅望升平门下，春风桃李梦低回。

【注释】

紫薇：紫微。唐开元元年（713年）改中书省为紫微省，中书舍人为紫微舍人。李嘉祐《和张舍人中书宿直》："汉主留才子，春城直紫微。"王稚登《赠袁七秘书志乘起居相国夫人》："黄阁夫人称孟母，紫薇仙吏识田郎。"

倏然：迅疾貌。干宝《搜神记》卷十八："（青衣小儿）乃发声而泣，倏然不见。"梅尧臣《师厚明日归南阳夜坐有怀》："半夜出户望，参毕已正中；倏然变阴黑，烈烈鸣窗风。"

黄阁同班：黄阁指宰相，汉代丞相、太尉和汉以后的三公官署避用朱门，厅门涂黄色，以区别于天子。卫宏《汉旧仪》卷上："（丞相）听事阁曰黄阁。"韩翃《奉送王相公赴幽州巡边》："黄阁开帷幄，丹墀侍冕旒。"黄阁同班指的是潘曾绶之父潘世恩之事，道光二十四年（1844年），内阁大学士穆彰阿、宝兴、卓秉恬三人都是他的门生，潘世恩极为自豪，赋诗曰："翰苑由来重馆师，卅年往事试寻思。即今黄阁三元老，可忆槐厅执卷时。"

升平：太平。袁宏《后汉纪·灵帝纪上》："今宜改葬蕃、武，还其家属，诸被禁锢，一宜蠲除，则灾变可消，升平可致也。"王昌龄《放歌行》："升平贵论道，文墨将何求？"

门下：官名。《南齐书·百官志》："侍中呼为门下。亦置令史。领官如左：给事黄门侍郎。亦管知诏令，世呼为小门下。"《资治通鉴·晋安帝隆安二年》："（王宪）领选曹事，兼掌门下。"胡三省注："门下，侍中、常侍、给事黄门之职。"

【解析】

潘绂翁即潘曾绶，初名曾鉴，字绂庭，吴县（今苏州）人，潘世恩子，曾沂、曾莹弟，潘祖荫父。道光二十年（1840年）举人，曾官内阁中书、内阁侍读、国史馆总校、文渊阁检阅等职。以父年高致仕，引疾归养。父丧终，不复出。后以祖荫贵，就养京师，优游文史，宏奖后进，布衣萧然，无异寒素。著有《陔兰书屋诗集》《文集》《潘绂庭日记》《绂庭先生自订年谱》等。伯寅即潘祖荫，字在钟，小字凤笙，号伯寅，亦号少棠、郑盦。吴县人，咸丰二年（1852年）一甲三名进士，探花，授编修。数掌文衡殿试，在南书房近四十年。光绪间官至工部尚书。通经史，精楷法，藏金石甚富。著有《攀古楼彝器图释》。辑有《滂喜斋丛书》《功顺堂丛书》。

光绪九年（1883年）二月十七日，王闿运作挽潘绂翁联，即为此联。

上联说其曾为内阁中书，亦是最高年者，却忽然远离人间富贵，去探取仙家之事。下联切其死之季节，并说其父黄阁之盛事，叹升平不再，正春风桃李之际，其人已去而空有梦萦回。联语雅正，更兼对仗精工，唯其颂扬多而哀挽略少。

【考辩】

《湘绮楼日记》光绪九年二月十七日有记载，文字一致。

《古今联语汇选》亦收录此联，文字一致。

黄太翁

三世亲情犹有君，八十年裕后光前，先辈典型师厚德；
孤子飘零今遂老，一万里云愁海思，归来桑柘感离群。

【注释】

裕后光前：为后人造福，给前辈增光。裕为富饶之意。陈抟《心相编》："敬老慈幼，必然裕后光前。"朱鼎《玉镜台记·完聚》："荷明主褒功尚贤，更裕后光前。"

云愁海思：犹愁思如云似海。李白《飞龙引》之一："骑龙飞上太清家，云愁海思令人嗟。"

桑柘：桑木与柘木。《礼记·月令》："（季春之月）命野虞毋伐桑柘，鸣鸠拂其羽，戴胜降于桑。"朱彧《萍洲可谈》卷二："而先植桑柘已成，蚕丝之利，甲于东南，迄今尤盛。”

离群：离开众人。《易·乾》：“上下无常，非为邪也；进退无恒，非离群也。”孔颖达疏：“何氏云：所以进退无恒者，时使之然，非苟欲离群也。”皇甫曾《送元侍御充使湖南》诗：“离群复多病，岁晚忆沧州。”

【解析】

黄太翁，其人不详，但考其联意，比较接近的是黄冕。黄冕，字服周，湖南长沙人，年二十官两淮盐大使，后又授江都知县。历元和、上海、署太仓州（归各镇洋州）擢苏州府同知，晋秩知府、署常州、镇江。海疆兵事起（鸦片战争英军攻镇海宁波）从总督裕谦赴浙江。裕谦之难，冕牵连遣戍伊犁，既而林则徐亦至戍，议兴屯田，冕佐治水利有功，赦还。江苏巡抚陆建瀛，复调冕治海运，革漕费、岁省银数十万，为忌者所中，劾罢归。咸丰初，太平军围长沙，冕建守御策。及曾国藩治兵，冕创厘税，兴茶盐之利，军饷取给焉。又开东征局，专饷曾国藩一年。起授江西吉安知府，复以事劾免归，仍以饷事自任湘军赖以成功。寻授云南迤西道，辞病不赴，同治九年（1870年）卒于长沙，卒年七十六。王闿运六女王滋嫁于黄冕之孙黄希濂。

上联说其与王家有三世亲情，并以八十年切其终岁，有功业为子孙造福，是厚德之师长。下联说有子亦老，因愁思而万里归来，睹桑柘而感离群之萧索。从联语看，此人当与王家有亲戚关系，并曾为教育之事，所挽犹见哀思。

黄子寿

才志冠同侪，年来尊酒深谈，始识胸蟠千古事；

吉安从一出，海内藜床独坐，谁知恨满五更心。

【注释】

同侪：同伴，伙伴。何薳《春渚纪闻·陷蛇出虱身轻》：“寨卒有萧愁者，为人性率，同侪多狎侮之。”周亮工《书影》卷二：“鹿伯顺有使者来宽，同侪三人，拟一时婚娶。”

胸蟠：蟠胸，满胸满腹之意。李洪《赠史康时二首》其一：“胸蟠九云梦，笔倒三峡泉。”杨慎《邓川杨少参两依庄》：“空余蟠胸济世策，日对邻叟谈桑麻。”

一出：谓出生或出现一次。《商君书·农战》：“今夫螟、螣、蚼、蠋春生秋死，一出而民数年不食。”晋葛洪《抱朴子·金丹》：“老子授之于元君，元君曰：‘此道至重，百世一出，藏之石室。’”

藜床：藜茎编的床榻，指简陋的坐榻。庾信《小园赋》：“管宁藜床，虽穿而可坐；嵇康锻灶，既暖而堪眠。”杜甫《寒雨朝行视园树》诗：“衰颜动觅藜床坐，缓步仍须竹杖扶。”

【解析】

黄子寿即黄瑜，湖南长沙人，黄冕之子，左宗棠的学生，王闿运的亲家，王闿运六女王滋嫁于黄瑜之子黄希濂。著有《裒碧斋箧中书》《抚松山馆诗集》。其父黄冕曾任江西吉安知府。

光绪十三年（1887年）十一月二十六日，王闿运为黄子寿之丧作一联一文，又读黄历年来书而为怆然。

上联说其才志皆高，二人曾饮酒深谈，始知其胸纳千古之事。下联说吉安见面之后再无相见，从此只能独坐藜床，于深夜之时遗恨于心。黄子寿与王亦是多年好友，故此联倍见哀愁。

【考辩】

《湘绮楼日记》光绪十三年十一月二十六日有记载，文字一致。

《六碑龛贵山联语》《古今联语汇选》亦收录此联，文字一致。

郭筠仙

悲悯圣人心，孟子见迂阔，而公见乖厓，若论名实当时笑；

才华翰林伯，同年居要津，而退居田里，毕竟文章误我多。

【注释】

悲悯圣人心：哀伤而同情为圣人之心。王永彬《围炉夜话》：“圣人以悲悯为心，不敢沮溺之忘世。”

迂阔：不切合实际。《汉书·王吉传》：“上以其言迂阔，不甚宠异也。”晋葛洪《抱朴子·安贫》：“张鱼网于峻极之巅，施钓缗于修木之末，虽自以为得所，犹未免乎迂阔也。”孟子见迂阔出自司马迁《史记·孟子荀卿列传》：“游事齐宣王，宣王不能用。适梁，梁惠王不果所言，则见以为迂远而阔于事情。”

乖厓：性格执拗古怪，不合群。郑岳《挽王存敬郡公》：“山谷留诗句，乖厓足治声。”沈炼《赠傅应台中丞自江右移镇关中二首》：“人望乖厓长守蜀，帝知充国锐凌羌。”

名实：名誉与事功。《孟子·告子下》：“先名实者，为人也；后名实者，自为也。”朱熹集注：“名，声誉也；实，事功也。”韩愈《贺册尊号表》：“众美备具，名实相当，赫赫巍巍，超今冠古。”

要津：要路。常指显要的职位、地位。杜甫《丽人行》：“箫鼓哀吟感鬼神，宾从杂遝实要津。”曾巩《王君俞哀词》：“众人翦翦兮趋慕要津；我躬处方兮不夸以从。”

【解析】

郭筠仙即郭嵩焘，字筠仙，号云仙、筠轩，别号玉池山农、玉池老人，湖南湘阴城西人。道光二十七年（1847年）进士，咸丰四年（1854年）至咸丰六年（1856年）佐曾国藩幕。同治元年（1862年），被授为苏松粮储道，旋迁两淮盐运使。同治二年（1863年）任广东巡抚，同治五年（1866年）罢官回籍，在长沙城南书院及思贤讲舍讲学。光绪元年（1875年），经军机大臣文祥举荐进入总理衙门，不久出任驻英公使，光绪四年（1878年）兼任驻法使臣，次年迫于压力称病辞归。光绪十七年（1891年）病逝，终年七十三岁。

光绪十七年六月二十一日，王闿运日记中记载：“程生晚来，报筠仙丧，竟不人相，妖言无凭也。其品第在余存吾、罗慎斋间。”六月二十三日做挽联三幅，但未记载文字。

上联以悲悯开篇，言孟子之迂阔和郭之执拗类似，而以名实论之，竟为人笑。下联说其曾为翰林院编修事，而其同年已官居高位，郭却无奈归田，想来总是为文章所误。此处的文章应指郭所著的《使西纪程》，该书盛赞西方的民主政治制度，主张中国应研究、学习，该书寄到总理衙门，遭到顽固派的攻击、漫骂，郭一时谤满天下。联语不似寻常挽联，虽见悲悯，却少哀挽，可见王闿运亦难理解郭嵩焘之学说心期。

【考辩】

《对联话》亦收录，文字为“悲悯圣人心，孟子见迂阔而公见乖崖，若论名实当时笑；才华翰林伯，同年居要津乃屏居田里，毕竟文章误我多”。

蔡桐生

文葆送亲来，旋看授室成名，卅年情敬欢无间；

连枝惊雪折，正有孤男弱女，高堂慈愿痛如何。

【注释】

文葆：绣花的襁褓。刘向《新序·节士》：“二人谋取他婴儿，负以文褓匿山中。”《史记·赵世家》：“取他人婴儿负之，衣以文葆，匿山中。”

授室：本谓把家事交给新妇，后指娶妻。《礼记·郊特牲》：“舅姑降自西阶，妇降自阼阶，授之室也。”孔颖达疏：“舅姑从宾阶而下，妇从主阶而降，是示授室与妇之义也。”朱熹《答吕伯恭书》：“此儿长大，鄙意欲早为授室。”

连枝：两树的枝条连生一起，喻同胞兄弟姐妹。周兴嗣《千字文》：“孔怀兄弟，同气连枝。”孙枝蔚《寄五兄大宗》诗：“南游不为爱江光，欲省连枝道路长。”

【解析】

蔡桐生其人生平不详，从联意看应为王闿运之妻蔡菊生（梦缇）之弟。

光绪十四年（1888年）正月八日，家人向王闿运报桐生丧。正月十日，王闿运作挽桐生联，即为此联。

上联说当日送亲之时，桐生还在襁褓之中，然后看他娶妻和成名，三十年来和自己相处得很好。下联说兄弟突然在冬之时故去，剩下一双儿女和高堂慈母悲痛异常。因是挽自己亲戚，故不作炫技，联语平实而足见哀挽。

【考辩】

《湘绮楼日记》光绪十四年正月十日有记载，文字为“文葆送亲来，旋看授室成名，卅年情敬欢无间；连枝惊雪折，正有孤男弱女，高堂慈顾恸如何”。

刘韫斋

一士定东南，更轺车重采榛兰，中兴盛事留嘉话；

八旬娱富贵，看兵气销成弦管，三湘福地葬神仙。

【注释】

轺车：奉使者和朝廷急命宣召者所乘的车，指代使者。王昌龄《送郑判官》：“东楚吴山驿树微，轺车衔命奉恩辉。”朱鼎《玉镜台记·南北凯旋》：“轺车日夜纷来往，驲使奔忙赖脚跟。”

采榛兰：披榛采兰，比喻选拔人才。选拔人才之意。《晋书·皇甫谧传》：“陛下披榛采兰，并收蒿艾，是以皋陶振褐，不仁者远。”

三湘：指湖南。秦灭楚时，湖南境域内基本就是楚之三郡洞庭郡（湘中）、黔中郡（湘西）和苍梧郡（湘南）。秦灭楚后将洞庭郡和苍梧郡合而为一，成为长沙郡，合楚之黔中郡和巫郡为秦黔中郡。后世以湖南境域基本为楚之三郡而称为三湘。孟浩然《自浔阳泛舟经明海》：“因之泛五湖，流浪经三湘。”

【解析】

刘韫斋即刘崐，字玉昆，号韫斋，云南普洱景东县人。清嘉庆十三年（1808年）三月十七日生，光绪十三年（1887年）十二月二十日卒于湖南省长沙市，卒年八十。道光八年（1828年）二十岁优贡生，道光十二年（1832年）乡试中第二名举人（亚元），道光二十一年（1841年）中进士，选翰林院庶吉士，历任翰林院编修、侍讲、侍读学士、内阁学士兼礼部侍郎、鸿胪寺少卿、太常寺少卿、顺天府尹、太仆寺卿、江南正考官、文渊阁执事、湖南学政、湖南巡抚等职。刘崐一生两度出任顺天乡试考官、会试副考官、读卷官、翰詹大考阅卷官。同治三年（1864年），恢复江南乡试，刘崐为大主考。在任湖南巡抚期间，曾督修《湖南通志》以及重修天心阁和城墙、大修岳麓书院。刘崐晚年归隐后侨寓长沙，光绪十三年十二月二十日卒，年八十，葬于岳麓区含浦镇玉江村。

光绪十四年（1888年）正月十二日夜，王闿运作挽刘韫斋联，并为其新丧而比邻戏宴而表示不满。

上联说刘崐安定东南之功业，更受命出任同治三年江南乡试大主考，为国选拔人才，于中兴时成为嘉话。下联说刘崐八旬而死，亦得享富贵，得看战事平息而重听管弦之声，其人若神仙，而能葬于湖南，足见三湘为福地也。联语多颂扬，又因为刘崐算是高寿而终，得享太平富贵，所以联语不为之哀反为之喜，亦是挽联常情。

【考辩】

《湘绮楼日记》光绪十四年正月十二日有记载，文字一致。

陈翁

芸敏之父。

高志绝尘踪，暂别海云旋跨鹤；

缁帷促星驾，独令洛士阻登龙。

【注释】

海云：指海云山，即今福建漳浦县东岩山。《读史方舆纪要》卷九十九漳州府漳浦县：海云山“在县东二十里，壁立端重，上有沃田、清泉”。《清一统志·漳州府》：海云山“在漳浦县东二十里，上有清泉不涸，山半有海云岩，一名岩山”。

跨鹤：乘鹤，骑鹤，传说以跨鹤而升天为成仙，后亦比喻人死为跨鹤。秦观《艇斋》："不然如尔祖，跨鹤出云寰。"林景熙《饯盛景则教授》："空明仙人朝帝所，跨鹤凌虚堕霜羽。"

缁帷：喻林木繁茂之处，后以为高人贤士讲学之典。《庄子·渔父》："孔子游乎缁帷之林。"成玄英疏："缁，黑也。尼父游行天下，读讲《诗》《书》，时于江滨，休息林籁，其林郁茂，蔽日阴沉，布叶垂条，又如帷幕，故谓之缁帷之林也。"吴筠《高士咏·通元真人》："已陈缁帷说，复表沧浪谣。"

星驾：星夜驾车而行，谓早发。《诗·鄘风·定之方中》："星言夙驾，说于桑田。"《后汉书·袁绍传》："会公孙瓒师旅南驰，陆掠北境，臣即星驾席卷，与瓒交锋。"

洛士：犹言入洛之士，指陆机、陆云。《晋书》卷五十四《陆机传》："至太康末，与弟云俱入洛，造太常张华。"李端《送杨少府赴阳翟（即舍人之弟）》："陆云还入洛，潘岳更张筵。"

登龙：典出李膺，此处指升官。《后汉书》卷六十七《党锢列传·李膺》："士有被其容接者，名为登龙门。"王季友《酬李十六岐》诗："于何车马日憧憧，李膺门馆争登龙。"

【解析】

陈翁为陈芸敏之父，其人生平不详。陈芸敏即陈琇莹，字芸敏，侯官（今福建闽侯）人。光绪二年（1876年）进士，改庶吉士，散馆授编修。迁江南道监察御史，擢兵科给事中。光绪十一年（1885年）典试湖南，官河南学政，不久致仕归家。光绪二十年（1894年）卒，年仅三十九岁。

光绪十五年（1889年）十月二十六日，王闿运唁陈芸敏并作挽联，托叶损轩寄去，即为此联。

上联说其志向高绝，离开福建后不久即亡故。下联说陈芸敏为湖南学政，闻讯星夜往奔，虽有大才却因此不得不离开仕途，回家服丧。联语未述其人生平，唯写其死前行踪和其子服丧事，亦是应酬挽联之笔法。

【考辩】

《湘绮楼日记》光绪十五年十月二十六日有记载，文字一致。

谭心可

瑶岛百年觞，兰膳共传归养乐；

玉关游子线，绣衣长话倚闾忧。

【注释】

瑶岛：传说中的仙岛。《群音类选·蟠桃记·王母玩桃》："须知道天台路官通瑶岛。"孙枝蔚《赋得春水船如天上坐》："拟登瑶岛寻仙侣，迟服金丹变老翁。"

百年觞：百岁寿酒之酒杯。苏颂《次韵蔡资政答朱寺丞惠千叶桃花菊》："殷勤送东阁，聊荐百年觞。"

兰膳：采兰为膳，指供养父母之食物。《文选·束晳〈补亡诗〉》："循彼南陔，言采其兰，眷恋庭闱，心不遑安。"李善注："循陔以采香草者，将以供养父母。"陆游《寄题赵宽之主簿慈顺堂》："牙签插架书无恙，兰膳循垓养莫违。"

玉关：指宫门。许玫《题雁塔》："宝轮金地压人寰，独坐苍冥启玉关。"

游子线：喻母爱。孟郊《游子吟》："慈母手中线，游子身上衣。"何景明《过先墓》诗："一寸未忘游子线，万年难觅老莱衣。"

倚闾：倚庐，古人为父母守丧时居住的简陋棚屋。《左传·襄公十七年》："齐晏桓子卒，晏婴粗缞斩，苴绖、带、杖，菅屦，食鬻，居倚庐，寝苫，枕草。"胡继宗《书言故事·死丧》："亲丧，居倚闾。"

【解析】

谭心可为湖南人，亦与王闿运、郭嵩焘等交游，但在《湘绮楼日记》中载此联为谭心可母而非挽谭心可。

光绪十六年（1890年）正月二十八日，王闿运"写对四副，谭心可母尚少一联，须补送"，即为此联。

上联说其母百年而若仙，得兰膳以养。下联说其子为官而犹思慈母，逢母丧，故有归倚闾守孝之忧。联语寻常，应是应酬之作。

【考辩】

《湘绮楼日记》光绪十六年正月二十八日有记载，文字一致。

龚镇

力战定溪蛮，至今甲马灵风，应共席荣同祷祝；

中山悲谤箧，那更郧猿暮雨，顿令江汉失干城。

【注释】

溪蛮：五溪蛮。东汉至宋对分布在今湘西及黔、川、鄂三省交界地区沅水上游若干少数民族的总称，因其地有五溪（雄溪、樠溪、酉溪、无溪、辰溪），故称。《宋史·蛮夷传一·西南溪峒诸蛮上》："夔州路转运使丁谓言：'溪蛮入粟实缘边砦栅，顿息施、万诸州馈饷之弊。'"钱谦益《湖广常德府桃源县知县张醇儒授文林郎制》："今之桃源，介在沅湘溪蛮，接迹亦稍勤征缮矣。"

甲马：铠甲和战马。泛指军备或战事。杜甫《严氏溪放歌行》："天下甲马未尽销，岂免沟壑常漂漂。"《宋史·兵志四》："臣窃谓陕西、河东弓箭手，官给良田，以备甲马。"

灵风：阴灵的节概。唐顺之《吴江三忠祠》诗："灵风鼠雀避，落日鹿麋过。"

席荣：席指席宝田，字研芗、研香，湖南省东安县人。清廪贡生，曾被清廷诰授光禄大夫、头品顶戴，赏戴花翎，赏穿黄马褂，世袭骑都尉兼一云骑尉，追赠太子少保，紫光阁画像，誉为"中兴功臣"，死后原籍及江西、贵州建专祠。荣指荣维善，字楚珩，东安狮子铺人，投军"精毅营"，跟随席宝田作战，由"亲兵"升至"千总""游击"。同治四年（1865年），因俘获太平天国幼主，擢升为游击，赏载花翎。同治五年（1866年），荣维善领兵围追太平军的残部，晋升沅州提督。同治八年（1869年）五月，在黄飘之役中，遭贵州苗军伏击，战死沙场，时年二十六岁。朝廷下旨荣封太子少保衔振威将军，并建专祠。

中山悲谤箧：参前第101页"中山甫捷谤书闻"注释。

郧猿：郧地之猿，郧地在今湖北十堰。曾巩《郧口》："我行去此二十年，郧水不改流潺湲。风光满眼宛如昨，故人乘鸾独腾骞。今人随我不知昔，我记昔游何处言。泪向幽襟落如泻，况闻江汉断肠猿。”

江汉：长江和汉水，指湖北。《诗·小雅·四月》：“滔滔江汉，南国之纪。”《后汉书·荀彧传》：“绍既新败，众惧人扰，今不因而定之，而欲远兵江汉，若绍收离纠散，乘虚以出，则公之事去矣。”

干城：盾牌和城墙，指捍卫者。《诗·周南·兔罝》：“赳赳武夫，公侯干城。”《韩非子·八说》：“干城距冲，不若堙穴伏橐。”

【解析】

龚镇即龚继昌，本名昌遇，号荣甫，城步四都（今湖南省邵阳市城步苗族自治县西岩镇白水村）龚家冲人。咸丰二年（1852年），投奔刘长佑，转战于湖北、江西、安徽等省。后随湘军席保田部转战江西、湖南、云南、贵州数省，因功升游击加参将衔。同治三年（1864年），在贵州生擒洪秀全之子洪天贵福，被赏换花翎加提督衔，全家受诰封。同治六年（1867年），贵州苗军攻打会同，龚继昌领兵迎击，苗军败走。同治十年（1871年），在贞丰杀苗军首领岩大五。次年，在乌鸦坡之战擒获张秀眉、杨大六，咸同起义的苗军尽被其剿灭，被加授贵州镇远府总镇，赏云骑蔚世袭。后授湖北郧阳总兵，统带西路防营兼长胜水师，驻守辰沅。同治十三年（1874年），赴郧阳任助修堤工。光绪元年（1875年），龚继昌委吕赞臣督修了城步县城南端的巫水河石墩风雨桥，并将其取名“荣昌桥”。光绪十五年（1889年），又捐资修建城步文庙（即孔圣庙）。同年，城步大饥，他从辰沅运米到县内赈灾，生人给棉衣，死者给棺材。但在同一年，龚继昌因与一官僚争夺妻妾而埋下祸根，后被对方告为贪官，于光绪十五年冬被清廷处斩，终年五十八岁。

光绪十六年（1890年）闰二月二十三日，龚镇家人向王闿运索挽联甚急，于是作此联，并说末句提到祝金莲殉死事，又想到龚氏或讳其事，于是又改了一句。

上联说其平苗之事，论其功劳，应与席宝田、荣维善取得相同的褒扬和专祠。下联说其受谤被冤杀之事，江汉顿失干城，听猿啼声如哭。联语对仗工巧，用典契合，以席荣之专祠事而衬龚之冤杀，犹能感其哀也。

【考辩】

《湘绮楼日记》光绪十六年闰二月二十三日有记载，文字为“力战定溪蛮，至今甲马灵风，应共席荣同祷祀；中山悲谤箧，那更郧猿暮雨，顿令江汉失干城”。

彭刚直雪琴

诗酒自名家，更勋业烂然，长增画苑梅花价；

楼船欲横海，恨英雄老矣，忍说江南血战功。

【注释】

勋业：功业。《三国志·魏志·傅嘏传》：“子志大其量，而勋业难为也，可不慎哉！”李颀《赠别张兵曹》诗：“勋业河山重，丹青锡命优。”

烂然：光明。先秦佚名《卿云歌》：“明明上天，烂然星陈。”宋濂《示吕生》：“流光逮幽隐，烂然天下晓。”

长增画苑梅花价：彭玉麟诗书画俱佳，他一生画了上万幅梅花图，在每幅梅花图都题上以梅花寄情的咏梅诗，以寄托对梅姑之思。彭笔下的梅花“老干繁枝，鳞鳞万玉，其劲挺处似童钰”，与文人墨客的梅花相去甚远，被称为“兵家梅花”。

楼船：战船，指水军。《史记·平准书》：“是时越欲与汉用船战逐，乃大修昆明池，列观环之。治楼船，高十余丈，旗帜加其上，甚壮。”刘禹锡《西塞山怀古》：“王濬楼船下益州，金陵王气黯然收。”

横海：横行海上。木华《海赋》：“鱼则横海之鲸，突扤孤游。”朱敦儒《水龙吟》词：“玉凤凌霄，素虯横海。”

江南血战：彭玉麟率湘军水师攻占湖口、九江、安庆。在攻占天京的战役中，亲率水师策应曾国荃陆师沿长江东下，堵截天京护城河口。第二年他攻下江浦、九洑洲、浦口，断绝了天京粮道，是攻陷天京的功臣。

【解析】

彭刚直雪琴即彭玉麟，字雪琴，号退省庵主人、吟香外史，祖籍衡永郴桂道衡州府衡阳县（今衡阳市衡阳县渣江），生于安徽省安庆府（今安徽安庆）。道光末年参与镇压李沅发，后至耒阳为人经理典当，以典当资募勇虚张声势阻退逼近县境之太平军。复投曾国藩，分统湘军水师。半壁山之役，以知府记名。佐陆军下九江、安庆，改授提督、兵部右侍郎。同治三年（1864年），督水师攻克九洑洲，进而截断天京粮道。太平天国平定后，定长江水师营制，每年巡阅长江。光绪十年（1884年），中法战争爆发，彭玉麟奉旨赴广东办理防务。光绪十一年（1885

年），法军进犯谅山，窥伺广西，率老将冯子材抗击法军。在镇南关、谅山一战，大获全胜，多次上疏主战，反对和议，疏中有“五可战，五不可和”之语。不久后，中法和议达成，遂停战撤兵。晚年累官至两江总督兼南洋通商大臣、兵部尚书，封一等轻车都尉。光绪十四年（1888年），扶病再阅长江水师，以衰病开缺回籍。光绪十六年（1890年），彭玉麟病逝于衡州湘江东岸退省庵。获赠太子太保，谥号刚直。彭于军事之暇，作画吟诗，一生绘梅花图上万幅，只为纪念梅姑。其诗文作品由友人俞樾整理，分为《彭刚直公奏稿》《彭刚直诗集》，后辑为《彭玉麟集》。

光绪十六年五月十四日，王闿运一日而作四挽联，此为其一。

上联说其诗酒豪情，又功勋卓著，当为其画之梅花增色添价。下联说其尚有平定海寇之志，惜英雄已老，不忍说当年江南血战之事。联语简洁含蓄，颂其功勋，敬其志趣，更哀其老病而逝，亦工稳。

【考辩】

《湘绮楼日记》光绪十六年五月十四日有记载，文字一致。

《对联话》《古今联语汇选》《古今楹联名作选萃》亦收录此联，文字一致。

曾惠敏劼刚

海外十年官，军国多艰，归朝未遂还乡愿；

相门三世业，文章继起，史馆新除作传人。

【注释】

相门三世：曾国藩之父曾麟书卒后诰封武英殿大学士，曾国藩曾任两江总督协办大学士，曾国葆死后亦赠内阁学士，故云曾家是相门三世。

史馆新除作传人：此处指曾广钧，曾国藩第三子曾纪鸿长子，光绪十五年（1889年）二月入京会试，中进士，入翰林，为国史馆协修加三级。

【解析】

曾惠敏劼刚即曾纪泽，字劼刚，号梦瞻，曾国藩次子，同治九年（1870年），由二品荫生补户部员外郎。光绪三年（1877年），袭侯爵。光绪四年（1878年），出任驻英、法大臣。光绪六年（1880年），兼驻俄大使，与俄谈判收回伊犁事宜，于光绪七年（1881年）签订《中俄改订条约》，收回伊犁特克斯河流域土地及部分利权。光绪九年（1883年），中法战争爆发，主张“与法人辩，始终不挠”。又疏陈“备御六策”。光绪十二年（1886年）归国，于总理海军事务衙门（海署）帮办海军事务，旋为兵部侍郎入总理各国事务衙门（译署）。光绪十三年（1887年），调户部右侍郎。光绪十四年（1888年），调刑部右侍郎。光绪十五年（1889年），受命管理同文馆事务，兼署吏部左侍郎。光绪十六年（1890年），在北京台基厂寓邸中病逝。追赠太子少保，谥号惠敏。曾纪泽学贯中西，工诗文，书法篆刻，善山水，尤精绘狮子。著有《佩文韵来古编》《说文重文本部考》《群经说》等，后人辑为《曾惠敏公全集》。

光绪十六年（1890年）五月十四日，王闿运一日而作四挽联，此为其二。

上联说其在海外为使十年，又因国事艰难，虽回国而不得返回梓乡。下联说曾家已是相门三世，此时又有后人承继其文章，即说曾广钧任国史馆之事。联语惋惜其寿，并颂扬曾家，亦少哀思。

【考辩】

《湘绮楼日记》光绪十六年五月十四日有记载，文字一致。

资柏琴

著述擅长材，能史能文，班马以来推作者；

功名真外物，不降不辱，夷齐而后有逸民。

【注释】

长材：高大的优质材木，比喻出众的才能。上官逊《松柏有心赋》："至若大厦方构，长材是求。"《晋书·卷六二·刘琨传》："时称越府有三才：潘滔大才，刘舆长才，裴邈清才。"

班马：汉班固与司马迁。《晋书·陈寿徐广等传论》："丘明既没，班马迭兴。"洪迈《班马字类序》："今之为文者必祖班马。马史无善注，仅殆至于不能读。故班书显行。"

外物：身外之物。《庄子·外物》："外物不可必，故龙逢诛，比干戮，箕子狂，恶来死，桀纣亡。"高适《同群公宿开善寺赠陈十六所居》："谈空忘外物，持诫破诸邪。"

不降不辱：不降低自己的志向，不辱没自己的身份。《论语·微子》："子曰：'不降其志，不辱其身，伯夷、叔齐与？'"

夷齐：伯夷和叔齐的并称。《孔丛子·陈士义》："夷齐无欲，虽文武不能制。"李白《梁园吟》："持盐把酒但饮之，莫学夷齐事高洁。"

逸民：节行超逸、避世隐居的人。《论语·微子》："逸民：伯夷、叔齐、虞仲、夷逸、朱张、柳下惠、少连。"何晏集解："逸民者，节行超逸也。"《论语·尧曰》："兴灭国，继绝世，举逸民，天下之民归心焉。"

【解析】

资柏丞，学名钦亮，字伯成，号达卫，湖南耒阳县南阳（今耒阳市南阳镇南阳村）人。早年就学于岳麓书院，与新宁刘武慎、茶陵谭立勤（谭延闿之父）、武冈邓弥之等同学。曾为曾国藩、王闿运、谭立勤等改过文章，被誉为"一字之师"。任曾国藩幕僚时，为曾奏疏改"屡战屡败"为"屡败屡战"一词，士林争相传诵。然其人虽满腹经纶，却仕途坎坷，只做过湘潭训导和教谕候选。五十岁回到家乡淝江口，兴建了淝江书院。光绪十三年（1887年），资柏丞在家乡淝江口孤独老死。王闿运感怀他的才气和兴教事迹，写有《资柏丞先生家传》。传清光绪年间，耒阳议修县志，有主请王壬秋先生主其事。王坚辞不就，并复信曰"汝县欲修县志，何必远来找我，汝县自有人"，意即指资先生也。

上联写其文才，亦擅长著史，能追班马。下联写其淡泊功名，过着类似夷齐的逸民生活。联语略有夸张，但亦见其才德，说明此人是王闿运所服膺之人。

佚姓氏

材识冠同侪，方期直上青云，遽辍谏官襄幕府；

渊源承宋学，正值分争朱陆，独开生面是通儒。

【注释】

谏官：掌谏诤的官员。《汉书·萧望之传》："陛下哀愍百姓，恐德化之不究，悉出谏官以补郡吏，所谓忧其末而忘其本者也。"杜甫《敬赠郑谏议十韵》："谏官非不达，诗义早知名。"

宋学：又称道学、新儒学。是以中晚唐的儒学复兴为前导，由韩愈、李翱开启的将儒学思想由外转而向内，援佛道以证儒理，通过两宋理学家多方共同努力而创建的中国后期封建社会最为精致、最为完备的理论体系。代表人物是张载和二程、朱熹等。

分争朱陆：指朱熹和陆九渊的理学、心学之争。南宋淳熙二年（1175年），吕祖谦邀集朱熹和陆九渊在信州鹅湖寺举行辩论，史称"鹅湖之会"。

独开生面：指独创新的风格或形式。杜甫《丹青引赠曹将军霸》："凌烟功臣少颜色，将军下笔开生面。"王夫之自题画像中堂联："六经责我开生面，七尺从天乞活埋。"

通儒：通晓古今、学识渊博的儒者。《后汉书·贾逵传》："逵所著经传义诂及论难百余万言，又作诗、颂、书、连珠、酒令凡九篇，学者宗之，后世称为通儒。"苏轼《答试馆职人启》："职在翰苑，当发策而莫辞，识匪通儒，惧品藻之不称。"

【解析】

在《湘绮楼联语》中联题为佚姓氏，《湘绮楼日记》中记载为挽冯锡仁联。冯锡仁，字伯育，号莘垞，湖南沅陵一都（今柳林汊乡）人。同治八年（1869年）入县学，后就读于岳麓书院。光绪二年（1876年）中举人，次年进士及第，授兵部给事中，加三品官衔。光绪十三年（1887年），冯锡仁回县治母丧。光绪二十年（1894年），清军在甲午战争中溃败，新督军刘坤一保荐冯锡仁掌管前敌军总营务处。不久，引退返乡。光绪三十二年（1906年），冯锡仁总理湖南矿务三路公司，兼办西路矿务。宣统元年（1909年），湖南筹办谘议局，冯锡仁选为议员，旋任副议长，次年，选为中央咨政院议员。晚年兴办湖南西路师范学堂，亲任监督。或云宣统三年（1911年）去世，时年六十六岁，但据《湘绮楼日记》记载写冯锡仁挽联时间为宣统二年（1910年）。其著作有《听彝堂续稿》六卷、《听彝堂电稿》二卷、《听彝堂折稿》七卷、《絜庵杂著》二卷。

宣统二年（1910年）十月二十三日，王闿运写冯锡仁挽联，但日记中所记载和联语出入颇异，尤其是下联几乎完全重写了。

上联说其当年才识出众，正要得到朝廷重用之时，却不得不回家治丧，后又入刘坤一幕。下联说其学识上承宋学，在朱熹理学和陆九渊心学之外，别有自己的理论见解，可称通儒。联以叙事为主，虽然述其儒学更显其崇，但是不如日记中的那一稿灵动，读来令人动容。

【考辩】

《湘绮楼日记》宣统二年十月二十三日有记载，文字为“才识冠同侪，方期直上青云，遽辍谏官随幕府；欢游续京国，正拟重开白社，忽惊西路失耆英。”

席研香

书生大将同时夥，独与君论战识兵机，精紧恨先衰，史传功臣输第一；

少伯千金当世豪，更筑室藏经聘名士，公多不为累，曾家百顷太寒伧。

【注释】

兵机：用兵的机谋、机要。《吴子·图国》：“吴起儒服以兵机见魏文侯。”《北齐书·唐邕传》：“显祖频年出塞，邕必陪从，专掌兵机。”

精紧：精神坚决。黄庭坚《咏李伯时摹韩干三马次子由韵简伯时兼寄李德》：“绝尘超日精爽紧，若失其一望路驰。”卫宗武《和野渡家园杂兴》：“丈夫意气豪，少年精爽紧。”

少伯：范蠡，字少伯，华夏族，楚国宛地三户（今南阳淅川县滔河乡）人。越国相国、上将军，扶助越王勾践复国，兴越灭吴，后隐去。此后经商成巨富，号“陶朱公”。

曾家百顷：百顷犹万亩，此处说曾家有百顷田而犹显寒伧，有讥讽之意。

【解析】

席研香即席宝田，字研芗、研香，湖南省东安县伍家桥人。清廪贡生，曾被清廷诰授光禄大夫、头品顶戴，赏戴花翎，赏穿黄马褂，世袭骑都尉兼一云骑尉，追赠太子少保，紫光阁画像，誉为“中兴功臣”。咸丰二年（1852年），席宝田在家乡举办团练。咸丰九年（1859年），在湖南与石达开部作战，获胜后升知府。咸丰十年（1860年），奉湖南巡抚骆秉章命，募千人，号精毅营，赴郴州、桂阳等地阻击广东天地会起义军。同治三年（1864年），湘军攻陷天京后，在江西石城杨家牌击败太平军八部，俘获幼天王洪天贵福和干王洪仁玕等，清政府以记名布政使遇缺题奏。同治六年（1867年），招募湘军万人，赴贵州镇压苗民起义军。后因患疾，离黔回湘，居省城长沙小瀛洲，并在家乡东安重建孔庙，修县志，置学田，办书院。光绪十五年（1889年）五月病卒，赠太子少保，优恤。原籍及江西、贵州建专祠。

光绪十六年（1890年）五月十四日，王闿运一日而作四挽联，此为其四。

上联说席宝田以书生而为大将，王闿运曾与他谈论战事，乃知其识兵机，惜其先衰，在功臣中未得排第一。下联说其殷富，然后筑室藏经，礼聘名士而不嫌多，曾家的百顷和他比起来犹见寒伧。此联虽为挽联而无哀思，且在挽联中夸其财富，有嘲讽之意。尤其是说功臣排第一的曾国藩和他比起来还很寒伧，可知湘军从战事中掠财之事。

【考辩】

《湘绮楼日记》光绪十六年五月十四日有记载，文字为“书生大将同时夥，独与君论战识兵机，精紧恨先衰，史传功臣输第一；少伯千金当世豪，更筑室藏经聘名士，资多不为累，曾家百顷太寒伧”。

《古今联语汇选》亦收录此联，文字一致。

蔡外舅

善门积庆更恢闳，文雄一世，子掇高科，纵蕲黄赞画不论功，共识奇材甘坐老；

孤女终身劳闵育，满望六旬，归娱八帙，奈霜露惨凄遭命至，独扶残喘溯寒风。

【注释】

善门积庆：积善的人家不断有喜庆之事。《周易·文言传·坤文言》："积善之家必有余庆，积不善之家必有余殃。"善门指行善之家。陶宗仪《辍耕录·丘真人》："大宗师长春真人，姓丘氏，名处机……祖父业农，世称善门。"积庆指不断有喜庆之事。鲍照《皇孙诞育上表》："东储积庆，皇孙诞育；国启昌期，民迎福运。"

恢闳：发扬，扩大。《书序》："所以恢弘至道，示人主以轨范也。"柳宗元《太白山祠堂碑》："邑令裴均，临事有恪，革去狭陋，恢闳栋宇。"

高科：科举高第。贾岛《送令狐绹相公》诗："下第能无恧，高科恐有神。"欧阳修《相州昼锦堂记》："自公少时，已擢高科，登显仕。"

蕲黄：蕲州、黄州，今湖北省黄冈市蕲春区和黄州区。

闵育：怜悯、抚育。《诗·周颂·闵予小子》："闵予小子，遭家不造。"《诗·大雅·生民》："载生载育，时维后稷。"

八帙：亦作"八袟"，意思是八十岁。《礼记·王制》："七十不俟朝，八十月告存，九十日有秩。"白居易《喜老自嘲》："行开第八秩，可谓尽天年。"

【解析】

外舅即岳父，此处指王闿运的妻子蔡菊生（梦缇）之父蔡荣森，初名晓原，字惺吾，湖南湘潭人。蔡荣森元配夫人李氏，育有菊生、枚功（即蔡毓春，字与循）姐弟。李氏早死，蔡荣森续娶吴县曾氏。前文有挽蔡桐生联，应是蔡荣森与曾氏之子。蔡枚功为光绪六年（1880年）进士及第，殿试二甲。

光绪十六年（1890年）九月二十二日，王闿运之妻蔡菊生（梦缇）病逝，终年五十七岁。十月六日，闻岳父蔡荣森逝，七日，闻蔡家治丧并迁殡，王闿运作此挽联，并于十日往吊。

上联说蔡家积善而多喜事，家人多有文采而其子亦中进士，纵然参与湘军与太平军在湖北战事的谋划而无功，但是世人已经知其才能，又甘归隐。下联说其女蔡梦缇得其怜养，即将满六旬，正欲回家探望八旬老父，却于此寒秋之时一齐亡故。联语先说蔡家之事，再说亡妻之事，并切以终年和季节，下联尤哀，王闿运与蔡梦缇共同生活了三十八年，生四子四女，此时遽然故去，语中亦可见其丧妻之痛。

【考辩】

《湘绮楼日记》光绪十六年十月七日有记载，文字一致。

曹镜初

自挽联唯记首二句，故仍用之，说此已卅年矣。

得意在甫刑、离骚，晚更覃思，尽阐微言契神解；

立身兼仲尼、墨翟，世无知己，空传余论侮时人。

【注释】

甫刑：指《尚书·吕刑》，周穆王时有关刑罚的文告，由吕侯请命而颁，后因吕侯后代改封甫侯，故《吕刑》又称《甫刑》。《礼记·缁衣》：“《甫刑》曰：‘苗民匪用命，制以刑。’”孔颖达疏：“甫侯为穆王说刑，故称《甫刑》。”

覃思：亦作“潭思”，深思。参前第138页“覃思”注释。

微言：精深微妙的言辞。《逸周书·大戒解》：“微言入心，夙喻动众。”朱右曾校释：“微言，微眇之言。”

神解：谓不赖言传而能意会。《晋书·刘伶传》：“（伶）与阮籍、嵇康相遇，欣然神解，携手入林。”

【解析】

曹镜初即曹耀湘，字镜初，湖南长沙人，清朝末年学者、诗人，在先秦诸子、诗歌、楚辞、经学等方面皆有建树。咸丰七年（1857年），曹镜初曾由欧阳兆熊推荐给曾国藩治病，曹以黄老之道讽曾国藩，曾国藩自此改变了行事作风，复出后以柔道行事。曹耀湘亦为佛学研究者和爱好者。著有《曾文正公年谱》《墨子笺》《墨子尚书古义》《阴符经注》《悬谈》《读骚论世》《公羊笺注》《道德经注》《离骚注》《陶诗注》《冰渊诗集》《冰渊杂记》《春秋说》《墨子注》《学庸注释》。

光绪十七年（1891年）八月七日，王闿运闻曹镜初丧，八月九日作挽联，即为此联，并云此挽联前二句为曹镜初三十年前自挽联中的二句，此处仍用之。

上联说其研究《尚书》《离骚》之事，晚年犹多思，以阐述精微的言辞，使人意会开悟。下联说其人亦儒亦墨，却无人可为知己，唯传其论说轻慢时人而已。联语从其自挽之句出发，上联赞赏而下联略有叹息之意，亦非寻常挽联之手法。

【考辩】

《湘绮楼日记》光绪十七年八月九日有记载，文字一致。

李筱泉

分陕兼一相之权，今古帅臣无与比；

专阃制四夷以外，夙宵忧畏有谁知。

【注释】

分陕：相传周初周公旦、召公奭分陕而治，周公治陕以东，召公治陕以西，后称中央官僚出任地方官为“分陕”。《三国志·魏志·高堂隆传》：“今既无卫侯、康叔之监，分陕所任，又非旦、奭。”晋陶潜《晋故征西大将军长史孟府君传》：“太尉颍川庾亮，以帝舅民望，受分陕之重，镇武昌。”

专阃：专主京城以外的权事。《史记·张释之冯唐列传》：“臣闻上古王者之遣将也，跪而推毂曰：‘阃以内者，寡人制之；阃以外者，将军制之。’”裴骃集解引韦昭曰：“此郭门之阃也。门中橛曰阃。”吴伟业《赠冯子渊总戎》诗：“令公专阃拥旌旄，雕鹗秋风赐锦袍。”

四夷：原为古代华夏族对四方少数民族的统称，后泛指外族、外国。《书·毕命》：“四夷左衽，罔不咸赖。”孔传：“言东夷、西戎、南蛮、北狄，被发左衽之人，无不皆恃赖三君之德。”魏源《叙》：“不忧不逞志于四夷，而忧不逞志于四境。”

夙宵：日夜；朝夕。《三国志·魏志·管宁传》：“夙宵战怖，无地自厝。”《宋书·孝武帝纪》：“夙宵寅想，永怀待旦。”

【解析】

此联所挽之人有争议。《湘绮楼联语》作挽李筱泉联，李筱泉即李瀚章，但李瀚章死于光绪二十五年（1899年），而此联在《湘绮楼日记》中作于光绪十七年（1891年）十一月，因此并非李瀚章。然而在《湘绮楼日记》中记载为李少荃挽联，李少荃即李鸿章，死于光绪二十七年（1901年），此时亦未死。而从联意看，显然更切合李鸿章之官职而非李瀚章，且联语并无哀挽之意，从这个角度来看应该是赠李鸿章联而非挽李鸿章联。

李鸿章，本名章铜，字渐甫、子黻，号少荃（一作少泉），晚年自号仪叟，别号省心，安徽合肥人，道光二十七年（1847年）进士，早年随业师曾国藩与太平天国及捻军作战，并受命组建淮军，因战功擢升至直隶总督，兼北洋通商大臣，累加至文华殿大学士，封一等肃毅伯。其间着手办理洋务，创办了北洋水师。甲午战争失败后，作为特使与日本签订《马关条约》。后被启用为两广总督。光绪二十六年（1900年）八国联军侵华战争爆发后，参与“东南互保”，并北上谈判，次年与庆亲王奕劻代表清政府签订《辛丑条约》。不久即病逝于北京，享年七十九岁。死后获赠太傅，晋一等肃毅侯，谥号文忠。其著作收于《李文忠公全集》。

上联说李鸿章虽为总督，其权却相当于宰相，古今无人能比。下联说李受命主与外国交涉之事，从此日夜担忧畏惧，世人难知。联语并无哀挽，仅以事实论李之权事，亦有相知之意，应是寻常赠联。

【考辩】

《湘绮楼日记》光绪十七年十一月十八日记载为李少荃挽联，文字一致。

莫搢卿

忠王论将抑湘军，看卷旗八日前驱，长沙子弟先天下；
昔岁偏师平蜀寇，更专阃三年遗爱，武担祠宇对灵关。

【注释】

忠王：指僧格林沁，博尔济吉特氏，科尔沁左翼后旗（今属内蒙古）人，蒙古族。道光五年（1825年）袭封扎萨克多罗郡王，入为御前行走。道光十四年（1834年）授御前大臣，迁领侍卫内大臣、正蓝旗蒙古都统、镶白旗满洲都统等职，颇得道光帝宠信。咸丰五年（1855年），击溃太平天国北伐军，俘虏林凤祥、李开芳，晋封扎萨克博多勒噶台亲王，被称为"国之柱石"。咸丰九年（1859年），督办大沽口和京东防务，击败英法联军，重伤英军海军司令何伯。同治四年（1865年），僧格林沁在出击捻军时中伏遇害，时年五十五岁。同治帝与两宫太后亲临祭奠，赐谥号"忠"，配享太庙，图形于紫光阁。

卷旗：卷起旗帜，避免惊动敌人，一般指夜袭或偷袭。马戴《出塞词》："卷旗夜劫单于帐，乱斫胡儿缺宝刀。"

偏师：指在主力军翼侧协助作战的部队。《左传·宣公十二年》："韩献子谓桓子曰：'彘子以偏师陷，子罪大矣。'"陆游《代乞分兵取山东札子》："吊伐之兵，本不在众，偏师出境，百城自下。"

武担：山名，在四川省成都市城内西北隅。扬雄《蜀王本纪》："蜀王留之，无几物故。蜀王发卒之武都担土，于成都郭中葬，盖地数亩，高十丈，号曰武担。"《三国志·蜀志·先主传》："（刘备）即皇帝位于成都武担之南。"

灵关：山名，在今四川宝兴南。《文选·左思〈蜀都赋〉》："廓灵关以为门，包玉垒而为宇。"刘逵注："灵关，山名，在成都西南汉寿界。"晋常璩《华阳国志·蜀志》："杜宇称帝……乃以褒斜为前门，熊耳、灵关为后户。"

【解析】

莫搢卿即莫祖绅，字搢卿，长沙人，署山东抚标中军参将记名提督，后至丁宝桢麾下任四川记名提督。

光绪九年（1883年）七月二十四日，王闿运时在成都，出吊莫搢卿，但未录挽联文字。

上联说僧格林沁曾轻视湘军，而莫当时曾率先夜袭敌营，可知其勇。下联说莫曾经率偏师而平蜀地寇患，亦得专阃之权而遗爱一方，莫死后在成都有祠宇祭祀遥对灵关山。联语别出心裁，驳僧格林沁抑湘军之语，更论其功业，并见哀思。

【考辩】

《古今联语汇选》亦收录此联，文字一致。

唐葆吾

门祚赖丕承，不愧州闾旌孝行；

京华昔从宦，至今台阁尚嗟称。

【注释】

门祚：家世。《新唐书·柳玭》："丧乱以来，门祚衰落。"汤之旭《袁任墓志铭》："夫以两公（袁可立及其子袁枢）积累，门祚益昌，外祖兄弟继起文学仕宦，胥擅盛名。"

丕承：很好地继承。《书·君奭》："惟文王德丕承，无疆之恤。"张煌言《答延平世子经书》："幸而老世台丕承前业，壁垒增新。"

州闾：古代地方基层行政单位州和闾的连称，亦指乡里。《礼记·曲礼上》："夫为人子者，三赐不及车马，故州闾乡党称其孝也。"郑玄注："《周礼》二十五家为闾，四闾为族，五族为党，五党为州。"《史记·滑稽列传》："若乃州闾之会，男女杂坐，行酒稽留。"

台阁：指尚书省。东汉以尚书直接辅佐皇帝以处理政务，三公之权渐轻。因汉尚书台在宫禁内，乃有此称。《后汉书·仲长统传》："光武皇帝……政不任下，虽置三公，事归台阁。"李贤注："台阁谓尚书也。"

【解析】

唐葆吾其人生平不详，从联语看应为唐氏家族中较小一辈的人。

光绪十八年（1892年）七月二十七日，王闿运得唐葆吾讣告，作此联，次日寄去唐家，又云“唐氏交情恐自此止矣，为之怆然”。

上联说唐氏家世全赖此子继承，不愧是处乡里皆表旌其孝行。下联说昔日在京华曾为官，到如今部中官吏尚对他称赞有加。联语略显虚浮，应是寻常应酬之作。

【考辩】

《湘绮楼日记》光绪十八年七月二十七日有记载，文字一致。

常寄鸿

世爵不干荣，老作诸生，克家何必曾勤惠；

趋冈重访旧，秋清邻笛，叹逝增怀阮竹林。

【注释】

诸生：古代经考试录取而进入中央、府、州、县各级学校，包括太学学习的生员等，统称诸生。《后汉书·桓荣传》：“荣大会诸生，陈其车马、印绶。”宋濂《送东阳马生序》：“今诸生学于太学。”

克家：指能继承家业。《易·蒙》：“纳妇吉，子克家。”孔颖达疏：“子孙能克荷家事，故云子克家也。”杜甫《奉送苏州李二十五长史丈之任》：“食德见从事，克家何妙年。”

克家何必曾勤惠：此处指曾纪泽，曾国藩曾有给曾纪泽的家书，其中有：“余生平有三耻……尔若为克家之子，当思雪此三耻。”

邻笛：山阳笛之典。晋向秀经山阳旧居，听到邻人吹笛，不禁追念亡友嵇康、吕安，因作《思旧赋》。后因以“山阳笛”为怀念故友的典实。庾信《伤王司徒褒》诗：“唯有山阳笛，凄余思旧篇。”刘基《五月三日会王氏南楼得激字》诗：“无然学儿女，怆恨山阳笛。”

阮竹林：阮籍，字嗣宗，陈留尉氏（今河南省开封市）人，三国时期魏国诗人、竹林七贤之一。

【解析】

常寄鸿，湖南衡阳人，常大淳之子、常豫之弟，世袭诰授昭武都尉兼文林郎。

光绪十八年（1892年）七月二十八日王闿运作挽常寄鸿联，即为此联。当年十一月，王闿运作《祭常都尉文》。

上联说其虽袭爵却未得荣华，到老依然是生员，能继承家业的并非只有曾纪泽。下联以秋清切其时节，并说过山冈访旧而闻秋笛，忆及一干故去好友，如今又添了一位阮籍。王闿运和常家关系很好，前亦有挽其亲家常豫之联，故此联联语足见惋惜和哀伤。

【考辩】

《湘绮楼日记》光绪十八年七月二十八日有记载，文字一致。

陈隽丞

危苦建功名，休云爵未酬劳，看满门簪笏綦缨，当世公卿无此福；

精明归浑厚，自许鉴无虚照，想同辈雌黄月旦，不言桃李自成蹊。

【注释】

簪笏：冠簪和手板，比喻官员或官职。简文帝《马宝颂》序："簪笏成行，貂缨在席。"王勃《秋日登洪州府滕王阁饯别序》："舍簪笏于百龄，奉晨昏于万里。"此处亦用"满床笏"之典，言子嗣多为官者。《旧唐书·崔义玄传》："开元中，神庆子琳等皆至大官，群从数十人，趋奏省闼。每岁时家宴，组佩辉映，以一榻置笏，重叠于其上。"后传为郭子仪事。

綦缨：此处指祭礼。綦指系鞋的带子，缨指系在脖子上的帽带。一般在祭祀等场合使用，以示庄重。《礼记·内则》："履着綦。"

《说文》："缨，冠系也。"方回《送罗架阁弘道》："冠冕垂缨绂，履屦饰纯綦。"

浑厚：敦厚善良。曾巩《馆中祭丁元珍文》："子之为人，浑厚平夷，不阻为崖，不巧为机。"周辉《清波别志》卷下："一时风俗浑厚。"

雌黄：一种矿石，古代常用来修改错字，因此有篡改文章之意。《梦溪笔谈·卷一·故事一》："馆阁新书净本有误书处，以雌黄涂之。"黄庭坚《林为之送笔戏赠》："闲无用心处，雌黄到笔墨。"

月旦：月旦评，品评人物或诗文等。《后汉书·许劭传》："初，劭与靖俱有高名，好共核论乡党人物，每月辄更其品题，故汝南俗有'月旦评'焉。"

不言桃李自成蹊：同"桃李不言，下自成蹊"。原义是桃树、李树不会说话，但因其花朵美艳，果实可口，人们纷纷去摘取，于是便在树下踩出一条路来，比喻为人真诚笃实，自然能感召人心。司马迁《史记·李将军列传》："谚曰：'桃李不言，下自成蹊。'此言虽小，可以谕大也。"元好问《送杜招抚归西山》："父老樵渔知有社，将军桃李自成蹊。"

【解析】

陈隽丞即陈士杰，字隽丞，号俊臣，湖南桂阳人。咸丰三年（1853年）初入曾国藩衡州军幕，咸丰九年（1859年）擢知府，同治元年（1862年）擢为江苏按察使，以家乡不靖，上书辞却。同治四年（1865年），加布政使衔。后以镇压鲍超部哗变霆军及收编原太平军士兵，赐号刚勇巴图鲁。同治十年（1871年），陈士杰出任山东按察使，在任辨析疑狱，平反错案。后因山东巡抚文格被劾，牵连罢官。光绪五年（1879年）起复，署福建按察使，光绪六年（1880年）升山西布政使。光绪七年（1881年）擢浙江巡抚，在任增修镇海、笠山港、定海、乍浦炮台。光绪八年（1882年）转任山东巡抚，缘海设防。有人妒忌他，中以蜚语，至劾其海防草率，事下尚书延煦、左都御史祁世长，得白。海防军罢，而士杰亦病矣，数请乞休，始允。光绪十八年（1892年），卒于家，予省城及本籍建祠。陈士杰数子均为官，其中最出名的是陈兆葵、陈兆文、陈兆棠。王闿运十女王真嫁于陈士杰之子陈兆璇，故而陈士杰亦是王之亲家。

光绪十八年十二月二十日，王闿运闻陈士杰前一日丧，当即乘船往吊。二十三日王再次往吊，并写铭旌。二十五日，受托改陈隽丞行状，此后修改并讨论多次。光绪十九年（1893年）二月十六日，作陈隽丞行挽联，即为此联。

上联说陈于危难中建功名，虽然爵位不足以酬其劳，但他家数子俱为官，此时前来作祭，当世少有公卿有此福分。下联说陈性敦厚，虽自云善鉴人，却受人蜚语弹劾，而陈之真诚笃实终能感召人心。联语先说其家族之盛，并为其受劾而不平，亦足见王闿运之真诚，非寻常应酬挽联也。

【考辩】

《湘绮楼日记》光绪十九年二月十六日有记载，文字一致。

蔡心泉

棋酒正新欢，谁知饮罢屠苏，三日春风余阁冷；

申韩推旧学，应有惠留零桂，仁人恺泽利民多。

或作部民思。

【注释】

申韩：指战国时法家申不害和韩非的并称，后世以“申韩”代表法家及其学说。

零桂：桂阳、零陵，犹指湘江上游湘南一带，亦作零桂。《晋书·杜预传》：“内泻长江之险，外通零桂之漕。”钱大昕《十驾斋养新录·官名地名从省》：“六朝人称……零陵、桂阳为零桂。”

仁人：指有德行的人。《书·泰誓中》：“虽有周亲，不如仁人。”汉贾谊《惜誓》：“悲仁人之尽节兮，反为小人之所贼。”苏轼《司马温公神道碑》：“公，仁人也。天相之矣。”

恺泽：恩泽。宋庠《郊报纪事奏御》：“均休敷恺泽，冠朔让尊名。”

【解析】

蔡心泉其人生平不详，王闿运称其为蔡师爷，应是零陵、桂阳某官员的幕僚。

光绪十九年（1893年）一月二十六日，王闿运作蔡心泉挽联，即为此联。

上联说王与其棋酒相欢，却在春节刚过之时，闻其死讯而感春风冷意。下联说其人擅申韩之学，应多有惠政留于零陵、桂阳百姓。联语较为寻常，唯饮罢屠苏、三日春风切其死之时节，亦应酬之作也。

【考辩】

《湘绮楼日记》光绪十九年一月二十六日有记载，文字一致。

从子謨

麓盘。

荷囊烧尽独伤心，狂简未能裁，空望家驹日千里；

笔阵横飞曾得意，貂珠总无分，不如枯蠹守残书。

或作孤镫。

【注释】

荷囊烧尽：为叔教育侄子之典。《晋书·谢玄传》："玄少好佩紫罗香囊，安患之，而不欲伤其意，因戏赌取，即焚之，于此遂止。"《世说新语·谢安毁香囊》："谢遏年少时，好着紫罗香囊，垂覆手。太傅患之，而不欲伤其意，乃谲与赌，得即烧之。"

狂简未能裁：志向高远而处事疏阔，难以教育裁量。《论语·公冶长》："吾党之小子狂简，斐然成章，不知所以裁之。"朱熹集注："狂简，志大而略于事也。"

家驹日千里：千里驹，指少年才俊。《三国志·魏书·曹休传》："太祖谓左右曰：'此吾家千里驹也'。"《东周列国志》第一百回："时有齐人鲁仲连者，年十二岁时，曾屈辩士田巴，时人号为'千里驹'。田巴曰：'此飞兔也，岂止千里驹而已！'"

笔阵：比喻写文章谋篇布局擘画如军阵。萧统《正月启》："谈丛发流水之源，笔阵引崩云之势。"蔡绦《铁围山丛谈》卷二："以是学士大夫，自非性天明洽，笔阵豪异，则不能为之也。”

貂珠：指貂褂和朝珠，清代一定品级的官员可以穿戴。吴振棫《养吉斋丛录卷·二十二》载：“四品以上服貂褂，惟翰詹科道不论。其批本奏事，军机处章京及内廷行走之员，非四品亦准穿貂褂，自乾隆三十七年（1772年）始。”清《会典》：“品官文五品、武四品以上，命妇五品以上，及京堂翰詹、科道、侍卫均可用朝珠，以杂宝及诸香为之。”王闿运《邓太夫人钟氏墓志铭》：“爱其慈孙，文明炜煌。一道二府，貂珠有华。”

枯蠹：旧书。王守仁《别方叔贤四首其二》：“自是孤云天际浮，箧中枯蠹岂相谋。”蒲松龄《聊斋》：“枯蠹只应书卷老，空囊只合升斗余。”

【解析】

从子䜩即王䜩，字佶韵，又字麓槃，湖南湘潭人，王闿运之侄，光绪十一年（1885年）解元。著有《阙存斋诗词》。

光绪十九年（1893年）八月十七日，王闿运闻王䜩丧，八月二十日作挽联，即为此联。

上联说为当年教育王䜩之事而伤心，其人志大才疏，终有负千里驹之名。下联说虽然文采很好，亦得中解元，可惜总难为官，早知如此不如回来继续读书。联语足见长者为后辈惋惜之意，亦无炫技之语，足见王闿运当日之伤心。

【考辩】

《湘绮楼日记》光绪十九年八月二十日有记载，文字为“荷囊烧尽独伤心，狂简未能裁，空望家驹日千里；笔阵横飞曾得意，貂珠总无分，不如枯蠹对寒灯”。

邓弥之

绝笔犹承荐士书，忆当年风雨貂裘，败絮蓬头真倚玉；

清材自可薇垣老，悔无端辉煌豸绣，青丝蹶足望横门。

【注释】

风雨貂裘：指邓辅纶和王闿运于岁暮同走衡阳风雪中，宿废寺，酌酒谈诗以为乐之事。

蓬头：头发散乱貌。冯梦龙《东周列国志》第五十八回："话说晋景公被蓬头大鬼所击，口吐鲜血，闷倒在地。"《红楼梦》第一回："那僧则癞头跣脚，那道则跛足蓬头，疯疯癫癫，挥霍谈笑而至。"

倚玉：指高攀或亲附贤者。刘义庆《世说新语·容止》："魏明帝使后弟毛曾与夏侯玄共坐，时人谓'蒹葭倚玉树'。"

薇垣：微垣，指中书省或布政司。吴承恩《贺思翁受封障词》："昔年兰省，已颁锦轴之荣；今日薇垣，又捧纶音之盛。"赵翼《戏为迭字体寄邵耐亭》诗："忆昔与君初结交，儤值薇垣情最密。"

豸绣：绣有獬豸图案的官服，指御史。唐顺之《谢赐银币表》："袅号出御府之珍，永以为宝；豸绣炫天孙之锦，岂曰无衣？"沈德符《野获编·礼部一·朝班》："癸卯，忽有台臣与部属互争先后，时蔡虚台献臣为仪郎，当主议，稍以故事折之，为豸绣交詈聚唾。"小横香室主人《清朝野史大观》："（邓辅纶）尝饮次与友人论诗，意兴轩畅，不复酬酢，又举其《咏苹果诗》'南土移来香渐减，北船乱后见应稀'，谓不减杜甫。坐有某官心恶之。后数年，辅纶以道员将兵，某为御史，竟以风闻事劾罢辅纶。"此句即说此事。

蹶足：失足跌倒。张鷟《龙筋凤髓判》："蹶足之马，尚想造途；失晨之鸡，犹思改旦。"王缜《次祁大参修官舍墙诗韵并示足病》："病知蹶足经旬日，政喜扬眉立干墙。"

横门：栅栏门；营门。亦特指守门军吏。《尉缭子·分塞令》："吏属无节，士无伍者，横门诛之。"纳兰性德《送荪友》："留君不住我心苦，横门骊歌泪如雨。"

【解析】

邓弥之即邓辅纶，字弥之，湖南武冈州大甸湾（今湖南省武冈市大甸乡）人，为邓仁堃长子。邓五岁能诗，十三岁入泮，十五岁补州学禀生。后就读长沙城南书院，与王闿运同窗，尝于岁暮同走衡阳风雪中，宿废寺，酌酒谈诗以为乐，两人并与邓绎、李篁仙、龙汝霖结"兰陵词社"，时称"湘中五子"。道光二十九年（1849年）拔贡，咸丰元年（1851年）入京会试，列恩科副榜，叙用内阁中书。后告假还乡，募军筹饷，组成宝庆志同军百余人，助其父南昌知府邓仁堃守城。咸丰六年（1856年）三月，曾国藩令邓辅纶、林恩源率军收复抚州，与太平军石达开部激战，相持百余天，最后在崇宜战役中全军覆没，林战死，邓虎口逃生。御史廉兆纶以不与城亡奏禀弹劾，邓被革军籍。邓前往杭州谒左宗棠，授浙江道候补道员，留任督府幕僚，驻杭州。咸丰十一年（1861年），太平军攻克杭州，巡抚王有龄丧生，邓乔装出城，步行乞食回乡。还乡后，闭门读书。光绪元年（1875年），邓因作诗被人告发"反清"，传讯长沙，经权贵斡旋，友人保释，从宽赦罪。从此弃绝仕途，投身教育。先后执教于观澜、峡江、新宁、东洲、鹤山等书院，任山长于武冈希贤精舍、南京金陵书院。光绪十九年（1893年）病逝于江宁（南京）馆舍，是年十二月十九日归葬武冈大甸。有《白香亭诗文集》传世。邓辅纶亦为王闿运之亲家，王闿运长女王无非嫁邓绎之子、邓辅纶之嗣子邓国瓛。

光绪二十年（1894年）五月十九日，王闿运忆邓弥之挽联未送，补作一联即为此联，并言非前意也。

上联说邓曾有荐士之书，并忆起当年风雪同游衡阳，邓风雨貂裘而风流洒脱，王却败絮蓬头，自愧弗如邓也。下联说以邓之才，本可在中书省为官终老，却因诗而无端被御史以风闻事劾罢，年纪尚轻即离开官场，怅望营门而不得再入。联语以追忆为主，邓与王是少时好友，而此时追挽，哀痛之心无需多言，只略说几寻常事即足见深情。

【考辩】

《湘绮楼日记》光绪二十年五月十九日有记载，文字为"绝笔犹承荐士书，忆当年风雪貂裘，败絮蓬头真倚玉；清材自可薇垣老，悔无端辉煌豸绣，青丝蹶足望横门"。

《古今联语汇选》亦收录此联，文字一致。

邓保之生挽

童稚论交五十年，晚事尚书，始知吾辈非真友；

云山札记千百卷，言皆儒者，毕竟先公有鉴裁。

【注释】

尚书：官职，清代六部和理藩院等部门的主官称为尚书。这里指张之洞，曾为兵部尚书兼湖广总督。

始知吾辈非真友：光绪十七年（1891年）十二月，邓绎自粤返湘，对王闿运说："吾两人不得为朋友，以无劝善规过之益也。"此处用其原话而挽之。

云山札记：指邓绎所写的《云山读书记》。

鉴裁：审察识别人、物优劣。钟嵘《诗品》卷中："然托谕清远，良有鉴裁，亦未失高流矣。"韩愈《雪后寄崔二十六丞公》诗："称多量少鉴裁密，岂念幽桂遗榛菅。"

【解析】

邓保之即邓绎，又名辅绎，字葆之，又字辛眉、纬龙，小名洪生；清武冈州南乡大甸湾（今湖南省武冈市大甸乡大甸村）人，为邓仁堃次子、邓辅纶弟，与邓辅纶、王闿运、李徨仙、龙汝霖被誉为"湘中五子"。邓十四岁入州学，十七岁与兄就读于长沙城南书院，曾被取为廪生，但在科举中颇不称意，后遂弃绝此途。咸丰二年（1852年）省亲南昌，寓居府斋娱园，与王闿运、孙月泼辈始究倚声填词，其父见之，以有损丈夫壮志训诫，自此辍作。咸丰十年（1860年）冬，邓绎督乡勇抵御太平天国石达开的进攻；同治二年（1863年），与人赴江西信州办盐差，曾参左宗棠幕府，以功得员外郎衔，为浙江某地知府，并赏花翎，邓辞不赴任。同治五年（1866年）元月，其父逝世，邓返乡服丧，僻居云山，写成《云山读书记》二十八卷；光绪四年（1878年）又补续两卷，完成"宏简之学"。同治末年至光绪初年，主讲于武冈养贤精舍，光绪八年（1882年）应陈宝箴之邀主讲河北致用书院，作《警士铎言》。光绪十五年（1889年），邓绎在广州柯林、虞苑之间为张之洞训导官吏；张之洞调任湖广总督，在武昌创建两湖书院，光绪二十年（1894年）至光绪二十一年（1895年），邓讲学于两湖书院，任现学教习。光绪十九年（1893年）还居故里，光绪二十六年（1900年）卒于武冈大甸故里，享年六十七岁。邓绎尚儒学，但亦有背离道学之倾向；邓博通子史，而于经少所发明，思想上并非专宗《六经》；轻视八股，早年不赴试；兄长去世，而他在武昌，竟不奔丧，非儒者之行为，颇受人讥笑。从《时务撮要·序言》中看，邓绎已受到西方思想影响，他不仅论及天下大势，同时说到英吉利的政治："男女皆得为国主，惟长幼为序。"邓绎另著有《藻川堂文集》十二卷、《行军杂记》三卷、《约言》一卷，以及《恳言》《诵书分目》《读书说》《读书诸言》《藻川堂谭艺》等教育专著多种，时称“通儒”。

光绪二十年（1894年）五月十九日，王闿运先是作邓辅纶挽联，然后又作邓绎生挽联，即为此联。

上联说他们几个人从小交游，到此已经五十年，然到此时邓绎却在为张之洞办事，且邓曾说过和王闿运不得为朋友，此处有借此讽邓辅纶死时邓绎在武昌而不奔丧之事。下联说其作《云山读书记》，号称通儒，却正应其父邓仁堃当年所训诫之重杂艺而轻八股事。此联本是生挽，故不若寻常挽联，而言语皆以嘲讽、嗔怨为主，亦有望其回头之意。而王闿运后来在邓绎死后作《邓郎中墓志铭》，中有“曾、胡讲武，二邓昌文”，将二邓与曾国藩、胡林翼并论，可见评价之高。

【考辩】

《湘绮楼日记》光绪二十年五月十九日有记载，文字一致。

《古今联语汇选》亦收录此联，文字一致。

常笛渔

石门尊酒共论文，如今旧梦全非，蓬岛未游何所憾；

江海十年劳作吏，差幸家声不忝，归装无宝莫嫌贫。

【注释】

石门：指衡阳县洪市镇石门村，王闿运于同治四年（1865年）至光绪二年（1876年）隐居于此。

蓬岛：蓬莱山。李白《古风》之四八：“但求蓬岛药，岂思农扈春？”孙华《同年沉昭嗣明府谈杭州西溪之胜》诗：“桃源与蓬岛，仙界疑未遥。”

归装：亦作归橐，回乡的行装。张耒《酬同年徐正夫司户时欲卜筑嵩洛间》：“归装何日办，嵩少好林泉。”袁枚《赠沈南蘋画师》诗：“金压萧云行李迟，船因陆贾归装重。”此处亦借用陆贾归橐之典，

《史记·郦生陆贾列传》载："陆贾出使南越，尉佗赐贾橐，中装直千金，它送亦千金。贾卒拜佗为南越王，令称臣奉汉约。归报，高帝大悦，拜贾为太中大夫。"

【解析】

常笛渔其人生平不详，看联语应是到湘西一带为官。

光绪二十年（1894年）二月六日王闿运作常生挽联，即为此联。

上联说自己和常生当年在石门曾一起饮酒论文，如今已物人皆非，自己能活着就无遗憾了。下联说其人在湘西一带为官，秉持清廉家风，归来之行装简陋，莫嫌其贫。联语即挽常生，又近乎自挽，虽为寻常用语却见其人风襟。

【考辩】

《湘绮楼日记》光绪二十五年二月六日有记载，文字为"石门尊酒惜论文，如今旧梦全非，瀛岛未游何所憾；瘴海十年劳作吏，差幸家声不忝，归装无宝莫嫌贫"。

陈养源

梅冶记相逢，骇浪十年，咫尺无缘重把臂；

柏台疑有厄，白衣三会，孤茕失怙最怜君。

【注释】

梅冶：又作"梅根冶"，地名，在今安徽池州市贵池区东北。六朝以来在此炼铜铸钱，临梅根河，故称。庾信《枯树赋》："北陆以杨叶为关，南陵以梅根作冶。"孟浩然《夜泊宣城界》："火炽梅根冶，烟迷杨叶洲。"

柏台：御史台。宋之问《和姚给事寓直之作》："柏台迁乌茂，兰署得人芳。"陆游《贺蒋尚书出知婺州启》："未移桑荫之淹，入总柏台之峻。"

失怙：指死了父亲。《诗·小雅·蓼莪》："无父何怙？无母何恃？"代黄景仁《和容甫》诗："两小皆失怙，哀乐颇相当。"

【解析】

陈养源其人生平不详，从联语看，应为御史。清恽毓鼎《澄斋日记》曾记有陈养源观察（久颐），系张之洞制府保举出使人才。

光绪二十六年（1900年）正月二十一日，王闿运时在杭州，遣人买绫联，作挽陈养源联，即为此联。

上联说自己和他在梅冶相逢，此后十年都经历艰难，虽然两人相距不远，却无缘再晤。下联说近期御史台多灾厄，已经死了三个人了，而其中最可怜的是陈，其子女孤茕而失怙。联语并未述其人事，但说二人相逢事及御史台多厄之事，下结之语尤见哀。

【考辩】

《湘绮楼日记》光绪二十六年正月二十一日有记载，文字一致。

《古今联语汇选》亦收录此联，文字一致。

李少荃

契阔旧相随，记从龙树分襟，尊酒宾筵应忆我；

封疆才第一，正值鲸波沸海，角巾私第不言兵。

【注释】

契阔：久别。《义府·契阔》："今人谓久别曰契阔。"《后汉书·独行传·范冉》："（王）奂曰：'行路仓卒，非陈契阔之所，可共到前亭宿息，以叙分隔。'"杨万里《送赵民则少监提举》："座主门生四十年，江湖契阔几风烟。"

龙树：龙树寺，今北京市西城区陶然亭公园西北，为清末京官、士大夫雅集最喜处之一。同治十年（1871年），王闿运在京曾参与龙树寺雅集，并有诗作，后又作《圆明园词》，一时京师文人纷纷传写。

分襟：犹离别，分袂。王勃《春日桑泉别王少府序》："他乡握手，自伤关塞之春；异县分襟，竟切凄惶之路。"元萨都剌《途次吴江别高照庵》："分襟在今日，握手又何年？"

角巾私第：穿常服而居私宅。角巾为古代隐士常戴的一种有棱角的头巾。私第指私人住宅。《晋书·王濬传》："（范）通曰：'卿旋旆之日，角巾私第，口不言平吴之事。'"

【解析】

李少荃即李鸿章，然李鸿章死于光绪二十七年（1901年）九月二十七日，而《湘绮楼日记》中载此联写于光绪二十六年（1900年）二月三十日，因此并非挽李鸿章联。又依《湘绮楼日记》所记，此联为挽李小泉联，李小泉即李瀚章，死于光绪二十五年（1899年）。此外，日记中又说二人三十年不通问，而李鸿章和王闿运在光绪十一年（1885年）、光绪十三年（1887年）、光绪二十年（1894年）、光绪二十五年都有书信往来或见面，光绪二十五年更是同游杭州，因此可以判断，此联并非挽李鸿章联，而是挽李瀚章联。

李瀚章，字筱泉，一作小泉，晚年自号钝叟，谥勤恪，后人多尊称其李勤恪公，安徽省合肥县（今合肥市瑶海区磨店乡祠堂郢村）人。其父李文安，曾官刑部郎中。李文安有六子，李瀚章为长。道光二十九年（1849年），以拔贡朝考出曾国藩门下，签分湖南。先后署永定县知县、益阳县知县、善化县知县。后随曾国藩至江西南昌综理粮秣。咸丰四年（1854年），因功任补湖南直隶州知州。咸丰五年（1855年），总理湘军后路粮草，攻克义宁州，保知府，赏戴花翎。咸丰九年（1859年），因功补湖南道员。咸丰十年（1860年），任江西吉南赣宁道道员，襄办江西团练。同治元年（1862年），曾国藩派其襄办广东税务，调广东督粮道，后又擢广东按察使、广东布政使、湖南巡抚。同治六年（1867年），调江苏巡抚，署湖广总督。同年十二月，调浙江巡抚，赏一品顶戴。同治七年（1868年），任湖广总督，与长江水师提督黄翼升一起整顿长江水师。同治十三年（1874年），兼任湖北巡抚。光绪元年（1875年），调四川总督。光绪二年（1876年），调湖广总督。光绪十年（1884年），任漕运总督，加兵部尚书衔，赐西苑乘船。光绪十五年（1889年），调两广总督。光绪二十年（1894年），赏太子少保衔。光绪二十一年（1895年），告老还乡。光绪二十五年（1899年），卒。

光绪二十六年（1900年）二月三十日，王闿运闻李小泉丧，作挽联即为此联，并言三十年不通问也。

上联说久别之事，切三十年不通问，当年共同参加过龙树寺筵席，李瀚章应能记得自己。下联说李瀚章为封疆大吏，却于此外敌入侵、国事危难之时，回家隐居不再言兵事。此联虽为挽联，但却并非普通挽联，而是暗含嘲讽之意，上联炫耀自己当日在京之才名，下联讽李瀚章虽为封疆大吏却于国家危难之时告老还乡，可略见王闿运之狂气也。

【考辩】

《湘绮楼日记》光绪二十六年二月三十日记载为挽李小泉联，文字一致。

《古今联语汇选》亦收录，亦作“挽李文忠联”，文字为“阔契旧相随，记从龙树分襟，尊酒宾筵应忆我；封疆才第一，正值鲸波沸海，角巾私第不言兵”。

朱雨田

荷衣徒步记相从，喜卅年平揖公卿，豪情吐尽书生气；

花径玉缸频把酒，看诸子满床簪笏，里社仍祠积善翁。

【注释】

荷衣：荷叶般的衣裳，借指隐者。屈原《离骚》：“制芰荷以为衣兮，集芙蓉以为裳。”《红楼梦》：“荷衣欲动兮，听环佩之铿锵。”

玉缸：酒瓮的美称。岑参《韦员外家花树歌》：“朝回花底恒会客，花扑玉缸春酒香。”梅尧臣《送潘歙州》诗：“养亲将为寿，倾甘抱玉缸。”

满床簪笏：此处用“满床笏”之典，言子嗣多为官者。《旧唐书·崔义玄传》：“开元中，神庆子琳等皆至大官，群从数十人，趋奏省闼。每岁时家宴，组佩辉映，以一榻置笏，重叠于其上。”后传为郭子仪事。

里社：原为古代里中祭祀土地神的处所，此处借指乡里。《史记·封禅书》："民里社各自财以祠。"汉蔡邕《独断》卷上："大夫不得特立社，与民族居，百姓已上则共一社，今之里社是也。"

积善：积德，累积善行。《周易·文言传·坤文言》："积善之家必有余庆；积不善之家必有余殃。"《汉书·董仲舒传》："积善在身，犹长日加益，而人不知也。"

【解析】

朱雨田即朱昌琳，别名谘典，字雨田，又禹田、宇田，晚年自号养颐老人，湖南长沙县人，系明藩岷庄王朱楩后裔。朱昌琳出生于道光二年（1822年），少承儒业，考取秀才后，乡试屡不第，乃以教书为业。道光二十七年（1847年），湘中农业丰收，谷价骤降。时朱昌琳在省城富绅唐际盛家课读，乃借资购入千斛。次年，沅、湘大水，谷价骤涨，朱昌琳大获厚利，以此起富。随后在安化设立总茶庄，于汉口、泾阳、羊楼司、西安、兰州等地设分庄，盈利日增。同治十三年（1874年），左宗棠着手整顿西北茶务，起用朱昌琳为"南柜"总商，专门经营湘茶的贩运。光绪三年（1877年），应山西巡抚曾国荃、陕西巡抚谭钟麟的嘱托，捐献大批粮食、布匹赈济两省灾民，功授候补道员。宣统三年（1911年），当他年届九旬之际被举耆贤，特授内阁学士衔。民国元年（1912年），朱昌琳在长沙寿终正寝。然此联却写于光绪二十六年（1900年）十一月六日，当是有人讹传其死讯，故王闿运挽之。

光绪二十六年十一月六日，廖荪畡告诉王闿运朱雨恬、谭敬甫过世，此后即录此联，并未言明是挽谁之联，然从联语看是挽朱昌琳的。谭敬甫即谭继洵，为谭嗣同之父，原湖北巡抚。朱昌琳和谭继洵，一个死于宣统三年（1911年），一个死于光绪二十七年（1901年），此时均未死，故是廖荪畡讹传而王闿运信之，作此挽联。

上联说自己曾与其交游，而其人虽为隐者，却不谀官府，自有书生豪情。下联说其人饮酒亦豪爽，更有子孙为官，当地里社当祀此积德长者。联语普通，为应酬之作。

【考辩】

《湘绮楼日记》光绪二十六年十一月六日有记载，文字为"荷衣徒步记相从，喜卌年平揖公卿，豪情吐尽书生气；花径玉缸须把酒，看诸子满床簪笏，里社仍祠积善翁”。

《古今联语汇选》亦收录此联，文字一致。

陈郎

六翁子。

猿公橘叟共娱嬉，恨蹉跎一第，艾服从官，名字甫闻天，有路请缨难致命；

鹤子梅妻真解脱，记风月重湖，茶烟未歇，欢游俄隔世，登堂撰杖独伤神。

【注释】

猿公：指剑术高明的隐者。《吴越春秋》卷九《勾践阴谋外传·勾践十三年》：“处女将北见于王，道逢一翁，自称曰袁公。问于处女：‘吾闻子善剑，愿一见之。’女曰：‘妾不敢有所隐，惟公试之。’于是袁公即杖箖箊竹，竹枝上颉桥，未堕地，女即捷末。袁公则飞上树，变为白猿。遂别去。”李白《结客少年场行》：“少年学剑术，凌轹白猿公。”

橘叟：指下象棋的人。牛僧孺《幽怪录》“橘中之乐不减商山”：“巴邛橘园中，霜后见橘如缶，剖开，中有二老叟象戏。一叟曰：‘橘中之乐不减商山，但不得根深固蒂耳。’一叟取龙脯食之。食讫，余脯化为龙，众乘之而去。”

艾服：指五十之年。《礼记·曲礼上》：“四十曰强，而仕；五十曰艾，服官政。”陈澔集说：古者四十始命之仕，五十始命之服官政。后因称五十而做官从政，预闻邦国之大事为艾服。

请缨：请求给予长缨，比喻主动请求担当重任。《汉书·终军传》：“南越与汉和亲，乃遣军使南越，说其王，欲令入朝，比内诸侯。军自请：‘愿受长缨，必羁南越王而致之阙下。’”王勃《秋日登洪府滕王阁饯别序》：“无路请缨，等终军之弱冠；有怀投笔，慕宗悫之长风。”

致命：传达言辞、使命。《礼记·丧大记》："使者升堂致命。"《史记·项羽本纪》："项王使人致命怀王。"

鹤子梅妻：梅妻鹤子，指隐逸生活。沈括《梦溪笔谈·人事二》："林逋隐居杭州孤山，常畜两鹤，纵之则飞入云霄，盘旋久之，复入笼中。逋常泛小艇游西湖诸寺。有客至逋所居，则一童子出，应门延客坐，为开笼纵鹤。良久，逋必棹小船而归，盖尝以鹤飞为验也。"

重湖：洞庭湖的别称。张孝祥《念奴娇》："星沙初下，望重湖远水，长云漠漠。"文廷式《过洞庭湖》："借取重湖八百里，肄吾十万水犀军。"

撰杖：执教。杨炯《从弟去盈墓志铭》："自摄齐东序，撰杖西胶，唯宰我之能言，贵颜回之有德。"曾国藩《欧阳生文集序》："昔时姚先生撰杖都讲之所，今为犬羊窟宅，深固而不可拔。"

【解析】

陈郎其人生平不详，从联语看，应是王闿运的学生。

光绪二十六年（1900年）十一月六日，王闿运得陈六翁讣书，报其子丧，作挽联即为此联。

上联说其人好棋好剑，却屡试未中，到了五十岁方得为官，虽为请缨却无果。下联说其人辞官而隐，欢游之后遽然过世，使得自己再次登堂讲学时倍感伤神。联语所述较详，更见哀思，可知王闿运对这个陈郎应该印象很深。

【考辩】

《湘绮楼日记》光绪二十六年十一月六日有记载，文字为"猿公橘叟共娱嬉，恨蹉跎一第，艾服从官，名字甫闻天，有路请缨难致命；鹤子梅妻真解脱，记风月重湖，茶烟未惕，欢游俄隔世，登堂撰杖独伤神"。

麻幼愚

薄宦得归田，何惜腰缠化榆荚；

素瓶犹供几，不堪梦醒对梅花。

【注释】

腰缠：指随身携带的钱财。殷芸《小说·吴蜀人》："有客相从，各言所志，或愿为扬州刺史，或愿多资财，或愿骑鹤上升。其一人曰：'腰缠十万贯，骑鹤上扬州。'欲兼三者。"文天祥《至扬州》诗之十六："向晚归来号且哭，胡儿只为解腰缠。"

榆荚：李商隐《和人题真娘墓》："榆荚还飞买笑钱。"韩愈《晚春》："杨花榆荚无才思，惟解漫天作雪飞。"

【解析】

麻幼愚即麻瑶，字幼愚，曾为瑞金县令，亦工诗词。

光绪二十六年（1900年）十二月八日，王闿运闻二子说麻幼愚将葬，故作此挽联。

上联说其人先为官后归田，钱财渐尽而复为清贫。下联切其故世时节，并说其人亦风雅，却于梅花待开之时而仙去。联语虽应酬，但犹见清雅。

【考辩】

《湘绮楼日记》光绪二十六年十二月八日有记载，文字一致。

彭补勤

荆折弟三枝，犹胜王孙悲宝玦；

佛光初十夜，定依莲品证金身。

【注释】

荆折：指兄弟分离。周景式《孝子传》："古有兄弟，忽欲分异，出门见三荆同株，接叶连阴。叹曰：'木犹欣然聚，况我而殊哉'，遂还为雍和。"

王孙悲宝玦：伤心哭泣之意。杜甫《哀王孙》诗："腰下宝玦青珊瑚，可怜王孙泣路隅。"

莲品证金身：成佛之意。佛教净土宗认为，修行完满者死后可往西方极乐世界，身坐莲花台座，因各人生前修行深浅不同，而所坐莲台有九等之别，九品莲台是最高一等。可旻《渔家傲·彼土因何名极乐》："彼土因何名极乐，莲华九品无三恶。"

【解析】

彭补勤为彭玉麟第三孙，湖南衡阳县渣江人，湘影画社社员。及岁引见，赏主事，以助振加员外郎衔。始，颇有用世之志，以"运甓"名其斋；后知时事难为，乃归，而以诗词自娱。年二十七而卒。

光绪二十七年（1901年）六月二十一日，王闿运作彭公孙补勤挽联，即为此联。

上联说其兄弟摧折，悲伤犹胜乱世中王孙之涕泣。下联切以仙去时节，言其人已坐莲台并成佛。联语为挽信佛之人之常用手法，对仗亦工，而意略简。

【考辩】

《湘绮楼日记》光绪二十七年六月二十一日有记载，文字为"荆折第三枝，犹胜王孙悲宝玦；佛光初十夜，定依莲品证金身"。

常寿民

度岭逼炎蒸，新妇入门悲改服；

持躬等寒素，世家无禄共霑襟。

【注释】

度岭：度过五岭，指进入广东。宋之问《度大庾岭》："度岭方辞国，停轺一望家。"陈献章《度岭》："千寻松下看流水，十八年中度岭人。"

炎蒸：暑热熏蒸。庾信《奉和夏日应令》："五月炎烝气，三时刻漏长。"杜甫《热》诗之三："歘翕炎蒸景，飘飖征戍人。"

改服：更换衣服，此处指换丧服。《礼记·曾子问》："曾子问曰：'父母之丧既引，及涂，闻君薨，如之何？'孔子曰：'遂。既封，改服而往。'"《宋书·羊欣传》："欣尝诣领军将军谢混，混拂席改服，然后见之。"

持躬：对待自己。曾国藩《治兵语录》："敬以持躬，恕以待人。"《钱氏家训》："持躬不可不谨严。"

寒素：清苦俭朴，亦指家世寒素之人。叶适《宋故孟夫人墓志铭》："信安王以恭俭律家，夫人尤勤苦敬顺，事夫训子，率用寒素。"赵震元《为李公师祭袁石·宪副》："汝往钦哉，无俾群恶。公（袁可立子袁枢）主政浒墅，淡然寒素。"

世家：指世代相沿的大姓氏大家族。《孟子·滕文公下》："仲子，齐之世家也。"《汉书·食货志下》："世家子弟富人或斗鸡走狗马，弋猎博戏，乱齐民。"

霑襟：沾襟，指伤心落泪。阮籍《乐论》："昔季流子向风而鼓琴，听之者泣下沾襟。"白居易《慈乌夜啼》："夜夜夜半啼，闻者为沾襟。"

【解析】

常寿民其人生平不详，从联语看应为衡阳常氏族人。

光绪二十七年（1901年）六月二十七日，王闿运作挽常寿民联，即为此联。

上联说其人赴粤地，逢酷热而身亡，家有新妇入门即改丧服。下联说其人惯清苦，虽为大家子弟但依然清贫。联语对仗工巧，如"炎蒸"对"寒素"，"改服"对"霑襟"，见哀思亦见其人风骨。

【考辩】

《湘绮楼日记》光绪二十七年六月二十七日有记载，文字一致。

冯絜卿

靴帕不辞劳，招降虏，作名臣，记当年深入碉巢，晚论海防惊鼠胆；

锦貂曾召对，朝奏功，夕报罢，笑幕府枉工刀笔，归从野老免鸥疑。

【注释】

靴帕：指武将戎服。《后汉书·舆服志下》："秦雄诸侯，乃加其武将首饰为绛袙，以表贵贱。"《旧唐书·李光弼传》："苟事之不捷，继之以死。及是击贼，常纳短刀于靴中，有决死之志。"

碉巢：碉堡和巢穴。碉，军事上防守用的建筑物，多用砖、石、钢筋混凝土等建成。《篇海》："都聊切，音凋。石室。"

锦貂：貂褂，清代一定品级的官员可以穿戴。吴振棫《养吉斋丛录卷·二十二》载："四品以上服貂褂，惟翰詹科道不论。其批本奏事，军机处章京及内廷行走之员，非四品亦准穿貂褂，自乾隆三十七年始。"

召对：君主召见臣下令其回答有关政事、经义等方面的问题。白居易《新秋喜凉，因寄兵部杨侍郎》："昨日闻慕巢，召对延英殿。"苏辙《谢除中书舍人又表》："一封朝奏，夕闻召对之音；众口交攻，终致南迁之患。"

报罢：言事不准。《汉书·梅福传》："数因县道上言变事，求假轺传，诣行在所条对急政，辄报罢。"《新唐书·杨朝晟传》："前请报罢，张公已舍邠矣。"

刀笔：指奏议及制诰等公文。王安石《次韵和中甫兄春日有感》："至尊深拱罢《箫韶》，元老相看进刀笔。"苏轼《送表弟程六知楚州》诗："子方得郡古山阳，老手生风谢刀笔。"

鸥疑：指他人的猜疑。《列子·黄帝》："海上之人有好沤鸟者，每旦之海上，从沤鸟游，沤鸟之至者百住而不止。其父曰：'吾闻沤鸟皆从汝游，汝取来，吾玩之。'明日之海上，沤鸟舞而不下也。故曰：'至言去言，至为无为。'齐智之所知，则浅矣。"羊士谔《野望二首》："忘怀不使海鸥疑，水映桃花酒满卮。"

【解析】

冯絜卿其人生平不详，从联语看曾为清军将领，后归隐。

光绪二十八年（1902年）五月十四日，王闿运闻冯絜卿丧，次日往吊，十四日作挽联即为此联。

上联说其人在军中不辞辛劳，招降敌而为名臣，年轻时深入敌寇巢穴，到老更谈论海防而使敌人丧胆。下联说曾入宫召对，却言事不准，唯笑幕府之刀笔虽工而无用，于是归隐而去。联语除对仗较工以外，略显华而不实，应为寻常应酬之作。

【考辩】

《湘绮楼日记》光绪二十八年五月十四日有记载，文字为“靴帕不辞劳，招降虏，作名臣，记当年深入碉巢，晚论海防惊鼠胆；锦貂曾召对，朝奏功，夕报罢，笑幕府在工刀笔，归从野老免鸥疑”。

《古今联语汇选》亦收录此联，文字一致。

喻蒸梧

武达更文通，父子传经，三月春风吾与点；

相攸承作合，七弎待吉，百壶清酒未酬媒。

【注释】

武达更文通：文通武达，形容文武双全。《南史·檀珪传》：“（檀珪）与僧虔书曰：‘仆一门虽谢文通，乃忝武达。’”

三月春风吾与点：三月切其死之时节，亦为父子同事一师之典。《论语·先进》：“子曰：‘何伤乎？亦各言其志也！’曰：‘莫春者，春服既成，冠者五六人，童子六七人，浴乎沂，风乎舞雩，咏而归。’夫子喟然叹曰：‘吾与点也。’”

相攸：择婿。《诗·大雅·韩奕》：“为韩姞相攸，莫如韩乐。”朱熹集传：“相攸，择可嫁之所也。”张说《唐故广州都督甄公碑》：

"有鳏在下，洵复河滨，元女作合，相攸于陈。"

七弍待吉：七弍即七月三日，待吉指等待结婚吉日。

百壶清酒：清酒百壶。《诗经·大雅·韩奕》："显父饯之，清酒百壶。"

【解析】

喻蒸梧为王闿运的学生，曾为王闿运之女做媒。

上联说其人文武皆通，与其父均为王之弟子，若曾点、曾参事孔子之事。下联说其人曾做媒，却在婚礼未成时而丧，未及酬谢也。联语雅致，用典浑然，并切以时节，而言欲酬媒以百壶清酒，足见此人风仪。

【考辩】

《古今联语汇选》亦收录此联，文字一致。

陈渭春

公子早知名，不妨选色征歌，别有心情寄图史；

少年能作吏，所恨大材小用，莫将形役问医王。

【注释】

选色征歌：挑选美女，征召歌伎，指放荡的生活方式。余怀《板桥杂记·雅游》："结驷连骑，选色征歌。"

图史：图书和史籍。《新唐书·杨绾传》："（绾）性沈靖，独处一室，左右图史，凝尘满席，澹如也。"王安石《寄朱氏妹》："归来同食眠，左右皆图史。"

形役：谓为形骸所拘束、役使。陶潜《归去来辞》："既自以心为形役，奚惆怅而独悲？"刘敞《睡起》："有生滞形役，万物安静便。"

医王：指医术极精的人，亦用以比喻诸佛或高僧等。刘禹锡《病中一二禅客见问，因以谢之》："医王有妙药，能乞一丸无。"白居易《病中诗十五首·病中五绝句》："身作医王心是药，不劳和扁到门前。"

【解析】

陈渭春，又作陈六郎，其人生平不详。

光绪二十八年（1902年）九月六日，王闿运作陈六郎挽联，即为此联。

上联说其成名尚早，却无耽声色，而是用心于钻研史书。下联说其屈才而为吏，劳碌形骸之后而辞世。联语简而能切，选取其人之特点而写，亦见惋惜之情。

【考辩】

《湘绮楼日记》光绪二十八年九月六日有记载，文字为“公子早知名，不妨选色征歌，别有心情寄国史；少年能作吏，所恨大材小用，莫将形役问医王”。

郑湛侯

郢雪和皆难，饶将佳句夸蛮犵；

湘春游恨晚，待访循声向皖黔。

【注释】

郢雪：指高雅的乐曲或诗文。《昭明文选》卷四十五战国策·宋玉《对楚王问》：“其为《阳春》《白雪》，国中属而和者不过数十人。”李白《白纻辞》之二：“垂罗舞縠扬哀音，郢中《白雪》且莫吟。”

蛮犵：仡佬族，西南地区的少数民族。魏源《圣武记》卷七：“苗叛时，惟沿边土蛮不从乱。土蛮者，号犵狫，故土司遗民也。”孙元衡《裸人丛笑篇》：“桶裙本陋制，不异蛮犵狫。”

循声：指为官有循良之声。袁枚《随园诗话》卷十：“张名开士，字轶伦，杭州壬戌进士，历任有循声。”薛福成《庸盦笔记·江忠烈公殉难庐州》：“后江公知浙江秀水县事，卓著循声。”

【解析】

郑赞侯即郑襄，字赞侯，又字湛侯，江夏（今武汉）人，湘社成员，官太湖知县。有《久芬室诗集》。前卷有贺郑赞侯寿联。

光绪二十九年（1903年）四月三日，王闿运得郑湛侯赴书，王闿运未往吊，作一联报其赠墨及酒之惠，即为此联。

上联说其人诗文世少知音，虽有佳句亦如夸蛮夷之人，为其难解也。下联以湘春切其丧时，以皖黔切其生前宦踪。联语略带嘲讽，足见王闿运历来不喜此人，此联乃为报其惠而勉强为之。

【考辩】

《湘绮楼日记》光绪二十九年四月三日有记载，文字一致。

汤幼庵

少壮历艰危，晚得消摇，庭阶双桂传芳永；

经纶裕文武，才仍蕰蓄，乡国维桑被福多。

【注释】

消摇：逍遥。悠闲自得貌。《礼记·檀弓上》："孔子蚤作，负手曳杖，消摇于门。"《文选·司马相如》："消摇乎襄羊，降集乎北纮。"李善注引司马彪曰："消摇，消遥也。"

双桂：指有二子。王十朋《双桂》："先人植双桂，馨德满吾庐。"元施惠《幽闺记·衣锦还乡》："且喜双桂联芳，已遂凌云之志。"

蕰蓄：积聚。《左传·昭公二十五年》："众怒不可蓄也，蓄而弗治，将蕰。蕰蓄，民将生心。生心，同求将合。君必悔之！"

乡国：家乡。赵晔《吴越春秋·勾践入臣外传》："吾已绝望，永辞万民，岂料再还，重复乡国。"苏轼《游金山寺》："试登绝顶望乡国，江南江北青山多。"

维桑：指代故乡。《诗·小雅·小弁》："维桑与梓，必恭敬止。"晋陆云《岁暮赋》："处孝敬于神丘兮，结祇慕于惟桑。"

【解析】

汤幼庵，其人生平不详。

光绪二十九年（1903年）四月四日，王闿运作汤柚庵挽联，即为此联。

上联说其人先历磨难，到晚年始得逍遥，并有二子承继家风。下联说其人文武兼全，才华蕴蓄，为家乡造福良多。联语雅致而能切，多称颂，略少哀挽之意。

【考辩】

《湘绮楼日记》光绪二十九年四月四日有记载，其名为汤柚庵，文字为“少壮历艰危，晚得消摇，庭阶双桂传芳永；经纶裕文武，材仍蕴蓄，乡国维桑被福多”。

谭文勤文卿

湘中诸帅独文通，五十载旧学商量，依然晋馆联镳意；

洣上巍科承雅步，二百年天荒缺憾，亲见郎君夺锦回。

【注释】

旧学：中国固有的学术，如义理、考证、词章之学等。欧阳修《镇阳读书》诗：“却欲寻旧学，旧学已榛荒。”朱熹《鹅湖寺和陆子寿》：“旧学商量加邃密，新知培养转深沉。”

晋馆联镳意：晋馆，指晋地的官驿。联镳，指几匹马并辔而行。权德舆《酬崔千牛四郎早秋见寄》诗：“联镳长安道，接武承明宫。”文天祥《指南录·出真州》诗：“早约戎装去看城，联镳壕上叹风尘。”此处用子产坏晋馆垣之典。《左传·子产坏晋馆垣》：“公薨之月，子产相郑伯以如晋，晋侯以我丧故，未之见也。子产使尽坏其馆之垣，而纳车马焉。”此处有说其人因循守旧之意。

洣上：洣即洣水，又名“茶陵江”，也称“泥水”，源出湖南省桂东县北，西北流至衡东县洣水镇入湘江。《水经注》：“出江州安城郡广兴县太平山，西北流迳茶陵县南。”

巍科：犹高第，古代称科举考试名次在前者，包括会元、状元、榜眼、探花及二甲第一名的传胪。岳珂《桯史·刘蕴古》：“其二弟在北皆登巍科。”赵翼《钱茶山司寇以大集见示捧诵之馀敬题于后》诗：“已擅巍科最，兼期不朽垂。”

夺锦：指科举及第或竞赛优胜者。相传武则天游龙门，命群臣赋诗，先成者赏锦袍。《新唐书·宋之问传》："武后游洛南龙门，诏从臣赋诗，左史东方虬诗先成，后赐锦袍，之问俄顷献，后鉴之嗟赏，更夺袍以赐。"

【解析】

谭文勤文卿即谭钟麟，字文卿，谥文勤，湖南茶陵人。咸丰六年（1856年）进士，同治十年（1871年），由陕甘总督左宗棠奏准调入陕西，出任陕西布政使，不久便护理巡抚。在陕任内，体察民情，更易苛例、设书局、兴义学，教民种桑养蚕纺织，疏浚郑白渠，整顿关中书院，有政声。光绪元年（1875年）实授陕西巡抚，赏一品顶戴并赏顶戴花翎。光绪五年（1879年）秋调任浙江巡抚，加兵部尚书衔。两年后，调任陕甘总督，有政声。光绪十四年（1888年）以目疾开缺回籍养病。光绪十七年（1891年）春奉旨入京，以尚书衔补吏部左侍郎，后历任户部左侍郎、工部尚书、闽浙总督、四川总督等职。光绪二十年（1894年）加赏太子少保衔，光绪二十一年（1895年）春调任两广总督，镇压了乙未广州起义。光绪三十一年（1905年）卒，终年八十三岁，谥文勤。有《谭文勤公奏稿》。谭延闿为其庶出三子，清二百六十年来，湘省无会元，而谭延闿始中会元。

光绪三十一年四月二日，王闿运书谭文卿挽联，即为此联。

上联说其人文才高于湘中诸帅，然学识囿于旧学，亦因循守旧。下联说其子之事，清二百六十年，湘省无会元，而谭延闿始中会元。虽为挽联却不见哀挽之意，而更有羡其子中会元之意。

【考辩】

《湘绮楼日记》光绪三十一年四月二日有记载，文字一致。

岳尧仙

笃孝允家风，官薄未能偿一桂；

送君如昨日，客游犹及奠生刍。

【注释】

笃孝：十分孝顺。《韩诗外传》卷九："是以君子入则笃孝，出则友贤，何为其无孝子之名。"《后汉书·蔡邕传》："邕性笃孝，母常滞病三年，邕自非寒暑节变，未尝解襟带，不寝寐者七旬。"

一桂：指一子。王十朋《双桂》："先人植双桂，馨德满吾庐。不老儿孙长，联芳合似渠。"

生刍：吊祭的礼物。《后汉书·徐稺传》："及林宗有母忧，稺往吊之，置生刍一束于庐前而去。"杨炯《泸州都督王湛神道碑》："生刍一束，泣血三年，不逾圣人之礼，能行大夫之孝。"

【解析】

岳尧仙即岳嗣佺，字尧仙，四川成都人，光绪十九年（1893年）举人，曾参与公车上书。

光绪三十一年（1905年）九月十二日，王闿运时在湖北武汉，遣纯孙吊岳尧仙并作挽联，即为此联。

上联说其人至孝，却官职低微，且未得一子。下联忆当年相见之情景，自己恰好客游到此，犹能致祭。联语虽简，见哀且切，非寻常应酬语。

【考辩】

《湘绮楼日记》光绪三十一年九月十二日有记载，文字一致。

王灼棠

横海袭东溟，奇计未成雄略在；

余氛靖南泗，无勋更比蜀功多。

【注释】

东溟：犹东洋，指日本。陈三立《辛丑七月登焦山作》："二客东溟秀，谐戏俯急湍。"自注："谓日本结城琢、中村兼善。"

余氛：残存的寇贼。《旧唐书·韦云起传》："盩厔、司竹，余氛未殄；蓝田、谷口，群盗实多。"

南泗：指南泗河，即今广西来宾一带。

【解析】

王灼棠即王之春，字灼棠、爵棠，号椒生，湖南清泉县人，王夫之七世孙。弱冠从戎，先后作为曾国藩、李鸿章和彭玉麟的部属，参与平定太平天国，历任四川布政使、山西巡抚、安徽巡抚、广西巡抚。曾出访日本、俄罗斯、德国、法国，多次向朝廷上书自强新政。光绪二十四年（1898年），镇压四川余栋臣起义。光绪二十八年（1902年），镇压广西柳直起义，预借法兵，激起国内拒法运动而被解职，待罪京师，后迁寓上海。光绪二十九年（1903年）十月，遭爱国志士万福华谋刺未遂，被捕，黄兴、章士钊等牵连入狱，轰动一时。从此在政治舞台上湮没，回乡静居。光绪三十二年（1906年）卒于衡阳，葬于杨柳河黄屋山，诰授光禄大夫、建威将军。曾与彭玉麟同撰《国朝柔远记》，综述顺治元年（1664年）至同治十三年（1874年）中外关系。另有《东游日记》《东洋琐记》《使俄草》《瀛海卮言》等著作。

光绪三十二年（1906年）十月十八日，王闿运坐轿往吊王灼棠，作挽联即为此联。

上联说其人有渡海奇袭日本之策，计虽未成，亦见雄略。下联说广西之寇得平定，亦是平蜀寇之功勋余波。联语简述其事，亦有为其不平之意。

【考辩】

《湘绮楼日记》光绪三十二年十月十八日有记载，文字一致。

俞荫甫

文苑忝齐名，愧我不堪仙籍注；

荐章同报罢，输君自有祖灯传。

【注释】

文苑：文人聚集的地方，即文坛。刘勰《文心雕龙·才略》："观夫后汉才林，可参西京；晋世文苑，足俪邺都。"韦应物《寄洪州幕府卢二十一侍御》诗："文苑台中妙，冰壶幕下清。"

仙籍：古称科举及第为登仙，因称及第者的资格与名姓籍贯为仙籍。刘沧《及第后宴曲江》："紫毫粉壁题仙籍，柳色箫声拂御楼。"韦庄《寄薛先辈》："悬知回日彩衣荣，仙籍高标第一名。"

祖灯：本为禅宗用语，意为历代祖师的法灯。此处指俞樾之才传与其孙俞陛云，俞陛云于光绪二十四年（1898年）戊戌科中进士后参加殿试，以一甲三名赐探花及第，授编修。释智月《偈》："祝圣绍，续祖灯，只如祖灯作么生。"

【解析】

俞荫甫即俞樾，字荫甫，自号曲园居士，浙江省德清县城关乡南埭村人。清道光三十年（1850年）进士，曾任翰林院编修，后放任河南学政，被御史曹登庸劾奏"试题割裂经义"，因而罢官。遂移居苏州，潜心学术达四十余载。浙江学政徐树铭曾向朝廷举荐俞樾，不仅未准，而且自己也被降职多级。俞樾治学以经学为主，旁及诸子学、史学、训诂学，乃至戏曲、诗词、小说、书法等，海内及日本、朝鲜等国向他求学者甚众，尊之为朴学大师。所著凡五百余卷，称《春在堂全书》。著有《群经平议》五十卷、《诸子平议》五十卷、《茶香室经说》十六卷、《古书疑义举例》七卷外、《第一楼丛书》三十卷、《曲园俞楼杂纂》共百卷。

光绪三十三年（1907年）三月六日，王闿运至陈家写俞联，即为此联。

上联说自己和俞樾文名相齐，却无缘中进士并为官。下联说二人都得到举荐，朝廷却未批准，而俞樾有孙俞陛云得中探花，王闿运子孙均无此才，故自愧弗如。联语看似谦抑，实则是说除了承认自己在科举上和子孙成就上不如俞樾，其他的都和俞樾相齐，仍是狂士本色。

【考辩】

《湘绮楼日记》光绪三十三年三月六日有记载，文字一致。

《古今联语汇选》亦收录此联，文字一致。

杨少鹤

曾与匡卢作主人，忆官阁谈心，祖训勉为清白吏；
重到湘东访耆旧，看繐帷留影，世交三吊北平家。

【注释】

匡卢：指江西的庐山。相传殷周之际有匡俗兄弟七人结庐于此，故称。《后汉书·郡国志四·庐江郡》“（寻阳）南有九江，东合为大江。”刘昭注引慧远《庐山记略》：“有匡俗先生者，出殷周之际，隐遁潜居其下，受道于仙人而共岭，时谓所止为仙人之庐而命焉。”白居易《庐山草堂记》：“匡庐奇秀，甲天下山。”

耆旧：年高望重者。《汉书·萧育传》：“上以育耆旧名臣，乃以三公使车，载育入殿中受策。”杜甫《忆昔》诗之二：“伤心不忍问耆旧，复恐初从乱离说。”

繐帷：设于灵柩前的帷幕。杜甫《往在》：“解瓦飞十里，繐帷纷曾空。”王禹偁《有伤》：“繐帷一恸无由得，徒酒春风泪数行。”

世交：上代或数代彼此有交情者。刘长卿《和州留别穆郎中》：“世交黄叶散，乡路白云重。”《红楼梦》第十四回：“世交至谊，何出此言？”

北平家：指杨炫之，字不祥，北平人。生年不详，约卒于北齐文宣帝天保中。初仕魏，魏末为抚军府司马。历秘书监，出为期城太守。魏都洛阳之佛寺，甲于天下。永熙之乱，城郭为墟。炫之行役洛阳，感念舆废，因抚拾旧闻，追叙故绩，作洛阳伽蓝记。此处切杨姓。

【解析】

杨少鹤其人生平不详。

光绪三十三年（1907年）四月十三日，王闿运过杨少鹤家，尚未往吊，作挽联即为此联。

上联说其人曾于江西九江为官，王闿运曾与其畅谈，知其依祖训而清廉自守。下联说自己重到湘东拜访长者，见其灵柩，乃知已三次吊世交杨家之人。联语平实，亦无炫技之意，而末句之“三吊”犹见哀。

【考辩】

《湘绮楼日记》光绪三十三年四月十三日有记载，文字一致。

《古今联语汇选》亦收录此联，文字一致。

彭景云

公孙最小得偏怜，恩许充庭，一揽桂枝悲月缺；

乡誉无双期独步，人嗟又弱，那堪棠棣正春荣。

【注释】

公孙：原指诸侯的子孙，这里即孙子之意。《诗经·豳风·狼跋》："公孙硕肤，赤舄几几。"

充庭：充满朝廷，即为官之意。《后汉书·杨震传》："方今九德未事，嬖幸充庭。"《南齐书·乐志》："元正肇始，典章徽明。万方来贺，华夷充庭。"

一揽桂枝："折桂"之意，指科举及第。杜甫《同豆卢峰知字韵》："梦兰他日应，折桂早年知。"张抡《满庭芳·寿杨殿帅》："流庆远，芝兰秀发，折桂争先。"

乡誉：乡人的称誉。《列子·仲尼》："龙叔曰：'吾乡誉不以为荣，国毁不以为辱。'"

棠棣：比喻兄弟。《诗·小雅·常棣》："常棣之华，鄂不韡韡。"苏轼《生日王郎以诗见庆次其韵并寄茶二十一片》："棠棣并为天下士，芙蓉曾到海边郛。"

【解析】

彭景云为彭玉麟第四孙，钦赐举人，负美才。中年萎谢，三党惜之。

光绪三十二年（1906年）三月十二日，王闿运闻彭四孝廉病故，作挽联即为此联。

上联说其人为彭玉麟最喜之孙，亦得钦赐举人，却遽然故去。下联说其人在乡里多得称誉，可惜彭家又死一孙，并和其兄彭补勤一样都是英年早逝。联语雅正而得古意，对仗亦精，读之见彭家之哀，亦见作者之挽。

【考辩】

《湘绮楼日记》光绪三十二年三月十二日有记载，文字一致。

向晴峰

屡荐记贤能，六大三阳虚企望；

诸郎并英发，八龙五凤定骞腾。

【注释】

六大：亦称“六卿”，为商周时六种官职之总称。《礼记·曲礼下》：“天子建天官，先六大，曰大宰、大宗、大史、大祝、大士、大卜，典司六典。”

三阳：晋张载字孟阳，张协字景阳，张亢字季阳，合称“三阳”。张说《洛州张司马集序》：“魏则十龙儒雅，晋则三阳藻缀。”梅尧臣《送少卿知宣州》诗：“族本三阳重，诗从小谢清。”

企望：盼望。《后汉书·袁绍传》：“桥瑁乃诈作三公移书，传驿州郡，说董卓罪恶，天子危逼，企望义兵，以释国难。”苏轼《论叶温叟分擘度牒不公状》：“乞特赐度牒二百道召人入中米，外县吏民，日夜企望朝廷施行，虽大旱望雨，执热思濯，未喻其急。”

英发：超群出众。苏轼《念奴娇·赤壁怀古》：“遥想公瑾当年，小乔初嫁了，雄姿英发。”袁赋正《睢阳袁氏家谱·序言》：“至于克绍司马（袁可立）祖之书香，直传大参（袁枢）叔之衣钵，出其才为朝廷纂修国史以续家乘，是所望于吾族之英发而继起者，是为序。”

八龙：原称东汉荀淑八子，后以称扬他人子弟或弟兄。《后汉书·荀淑传》：“有子八人。八人：俭、绲、靖、焘、汪、爽、肃、专，并有盛名，时人谓之荀氏八龙。”

五凤：五种凤凰，指其子女。《禽经》：“青凤谓之鹖，赤凤谓之鹨，黄凤谓之焉，白凤谓之肃，紫凤谓之鷟。”李颀《王母歌》：“红霞白日俨不动，七龙五凤纷相迎。”

骞腾：犹飞腾。杜甫《赠特进汝阳王二十韵》：“笔飞鸾耸立，章罢凤骞腾。”揭傒斯《天华万寿宫碑》：“乍蜿蜒而回伏兮，忽骞腾而轩翥。”

【解析】

向晴峰即向熙，字晴峰，衡山白莲寺人，曾任广东万州知州。其子为向燊，为王闿运在东洲船山书院时的学生。

光绪三十二年（1906年）七月九日，王闿运作挽向生父联，即为此联。

上联说其人以贤能得荐，却于此时故去，宦途文名俱已成空。下联说其诸子皆才华出众，必能如龙凤飞腾。联语少哀思，当为寻常应酬之作。

【考辩】

《湘绮楼日记》光绪三十二年七月九日有记载，文字为“屡荐记廉能，六大三阳虚企望；诸郎并英发，八龙五凤定骞腾”。

王凤喈

代田生作。

每随杖履坐春风，乡人皆好之，公论选贤推祭酒；

莫更锱铢计生产，为仁不富矣，令名贻子胜籯金。

【注释】

杖履：原指老者所用的手杖和鞋子，亦作对老者、尊者的敬称。苏轼《夜坐与迈联句》：“乐哉今夕游，获此陪杖履。”张煌言《祭建国公郑羽长鸿逵文》：“千里片鸿，经年尺鲤，北顾旌旗，南询杖履。”

坐春风：比喻承良师的教诲，犹如沐于春风。朱熹《近思录》卷十四：“朱公掞见明道于汝，归谓人曰：‘光庭在春风中坐了一个月。’”

纳兰性德《上座主徐健庵先生书》："又如日坐春风，令人神愉。"

祭酒：此处指飨宴时酹酒祭神的长者。许浩《两湖尘谈录》："按古礼宾客得主人馔，则老者一人举酒以祭于地，示有先也，故谓祭酒，盖尊重之称也。"

锱铢：旧制锱为一两的四分之一，铢为一两的二十四分之一，比喻极其微小的数量。《庄子·达生》："累丸二而不坠，则失者锱铢。"《淮南子·兵略训》："能分人之兵，疑人之心，则锱铢有余。"

为仁不富：讲仁义道德，发慈悲之心，因而不能富有。《孟子·滕文公上》："阳虎曰：'为富不仁矣，为仁不富矣。'"

籯金：一籯之金，古人常用籯存放贵重金银财宝，故亦用以喻指财富。《汉书·韦贤传》："遗子黄金满籯，不如一经。"

【解析】

王凤喈，其人生平不详，从联语看应是当地乡绅。

光绪三十三年（1907年）十二月九日，有田生请王闿运作挽王凤喈联，王思索一夜，次日早晨即成此联。

上联说受其人教诲如沐春风，且乡人皆爱之，推其为飨宴祭酒长者。下联说其人不较小利，虽仁义而不能富，有声名传于子，犹胜传以财富。此联为代田生作，并无哀思之情，亦是寻常应酬之作。

【考辩】

《湘绮楼日记》光绪三十三年十二月十日有记载，文字一致。

王耕虞

五游羿彀不能伤，八十悬车，垂死尚余攀剑恨；

四纪甄陶无一面，相公厚我，他生愿作扫门人。

【注释】

羿彀：羿的弓矢所及，指世网或人间的危机。《庄子·德充符》："游于羿之彀中，中央者，中地也；然而不中者，命也。"王先谦集解："以羿彀喻刑网，言同居刑网之中，孰能自信无过，其不为刑网所加，亦命之偶值耳。"苏轼《哭王子立次儿子迨韵》之三："偶落藩墙上，同游羿彀中。"

悬车：致仕。班固《白虎通·致仕》："臣年七十，悬车致仕者，臣以执事趋走为职，七十阳道极，耳目不聪明，跂踦之属，是以退老去，避贤者路……悬车，示不用也。"《旧唐书·李百药传》："及悬车告老，怡然自得。"

攀剑：亦作"攀弓剑""攀髯"，哀悼皇帝去世之典。出自《史记·卷二十八·封禅书》："黄帝采首山铜，铸鼎于荆山下。鼎既成，有龙垂胡髯下迎黄帝。黄帝上骑，群臣后宫从上者七十余人，龙乃上去。余小臣不得上，乃悉持龙髯，龙髯拔，堕，堕黄帝之弓。百姓仰望黄帝既上天，乃抱其弓与胡髯号，故后世因名其处曰鼎湖，其弓曰乌号。"邓文原《奉题延祐宸翰》诗："曾听《箫韶》瞻晓日，仰攀弓剑泣秋云。"

四纪：一纪为十二年，四纪为四十八年。李商隐《马嵬》："如何四纪为天子，不及卢家有莫愁。"

甄陶：化育；培养造就。扬雄《法言·先知》："甄陶天下者，其在和乎！"《文选·何晏〈景福殿赋〉》："甄陶国风。"李周翰注："甄陶，谓烧土为器。言欲政化纯厚，亦如甄陶乃成。"

相公厚我：指官员对自己很好。宗臣《报刘一丈书》："适自相公家来，相公厚我，厚我！"

扫门人：指托身高官显贵以求发展的人。《史记·卷五十二·齐悼惠王世家》："及魏勃少时，欲求见齐相曹参，家贫无以自通，乃常独早夜扫齐相舍人门外。相舍人怪之，以为物，而伺之，得勃。勃曰：'愿见相君，无因，故为子扫，欲以求见。'"王维《重酬苑郎中》："仙郎有意怜同舍，丞相无私断扫门。"

【解析】

王耕虞即王文韶，字夔石，号耕娱、庚虞，又号退圃，祖籍浙江上虞梁湖，浙江仁和（今杭州）人。咸丰二年（1852年）进士，权户部主事，迁补陕西司郎中。同治三年（1864年）任湖北安襄荆郧道盐运司，后由左宗棠、李鸿章举荐于同治六年（1867年）擢湖北按察使，同年调署湖南布政使。同治十年（1871年），署湖南巡抚，翌年补授湖南巡抚。光绪四年（1878年），署兵部左侍郎，并在军机处上学习行走，后调任户部左侍郎。光绪八年（1882年）末，兼署户部尚书。光绪十三年（1887年），任兵部侍郎。光绪十五年（1889年），升云贵总督。光绪二十年（1894年），召王文韶入觐。翌年初，命充帮办北洋事务大臣。光绪二十一年（1895年），诏王文韶署理直隶总督、北洋大臣。光绪二十四年（1898年），以户部尚书协办大学士入直军机处，为军机总理衙门三大臣之一。光绪二十六年（1900年），充国史馆副总裁、正总裁，八国联军攻陷北京时，他携带军机处印信奔赴怀来，随慈禧太后逃至西安，深受慈禧赏识，亦主对外妥协，同年授体仁阁大学士，管理户部事务。还曾任政务处大臣、督办路矿大臣等。翌年授外务部会办大臣，转授文渊阁大学士、终武英殿大学士。光绪三十一年（1905年）值军机。光绪三十四（1908年）年，乡举重逢，赐太子太保，同年冬卒，年七十九，晋赠太保，谥文勤。著有《宣南奏议》《湘抚奏议》《奏为拟设立铁路学堂所需经费在火车脚价等项下酌加应用事》。《清史稿》称“文韶历官中外，详练吏职，究识大体，然更事久，明于趋避，亦往往被口语”。

宣统元年（1909年）四月八日，王闿运“念王耕虞交情，挽联颇难着笔，偶得两句，用藤黄写之”，即为此联。

上联说其人多历危机而犹能无伤，近八十岁方致仕，死前亦逢光绪、慈禧之丧而哀之。下联说从其治湘到此时已近四纪，自己却无缘一面，只能虚说官员对自己很好，唯期来世为扫门人而得其礼遇。上联有讽其明趋避之意，而下联更是说其并未真的礼遇自己，故云此挽联难写，因不愿写寻常哀挽之联也。

【考辩】

《湘绮楼日记》宣统元年四月八日有记载，文字一致。

《古今联语汇选》亦收录，文字为“五游彀够不能伤，八十悬车，垂死尚余攀剑恨；四纪甄陶无一面，相公厚我，他生愿作扫门人”。

陈伯屏

抗疏劾三公，晚伤鼷鼠千钧弩；

治生付诸弟，归剩鹅羊二顷田。

【注释】

抗疏：上奏章直言其事。《汉书·卷八七·扬雄传下》：“独可抗疏，时道是非。”杜甫《秋兴》诗八首之三：“匡衡抗疏功名薄，刘向传经心事违。”

鼷鼠千钧弩：比喻降伏弱小的对手，不需要大人物出面或动用强大兵力。典出《三国志·杜袭传》：“臣闻千钧之弩不为鼷鼠发机，万石之钟不以莛撞起音，今区区之许攸，何足以劳神武哉？”

治生：经营家业，谋生计。《管子·轻重戊》：“出入者长时，行者疾走，父老归而治生，丁壮者归而薄业。”《史记·淮阴侯列传》：“（韩信）始为布衣时，贫无行，不得推择为吏，又不能治生商贾，常从人寄食饮。”

鹅羊：鹅羊山，曾名东华山，亦谓之石宝山，位于长沙市开福区境内，倚湘江东岸，为陈启泰曾居之处。

【解析】

陈伯屏即陈启泰，字伯屏、鲁生，自号癯庵，湖南长沙县人。同治六年（1867年）中举人，次年中进士，选辑林院庶吉士，散馆授编修。任同治十三年（1874年）及光绪六年（1880年）会试同考官等，后改任监察御史。光绪十年（1884年）中法战争期间，建议水陆同时并举，抵抗法国侵略，后又力陈和议之非策，主张抵抗到底。曾奏劾浙江巡抚任道镕、副都御史王之翰庸鄙猥琐，难胜重任；湖广总督涂宗瀛、巡抚彭祖贤侵吞公帑，搜刮百姓。特别是在云贵总督刘长佑饷奏销失察大案中，奏劾粮道崔尊彝、永昌知府潘英章结托京官周瑞卿贪贿，事涉军机大臣、户部尚书王文韶等，因起大狱，被罢官八十余人。光绪二十三年（1897年），擢云南迤东道，摄布政使职。遭亲丧归。服满，再返任迤东道。光绪三十一年（1905年）调任安徽按察使，兼摄提学使。次年迁江苏布政使。光绪三十三年（1907年）升任江苏巡抚。后以奏劾苏松太道蔡乃煌贪渎虐民，两江总督端方使蔡行贿庆亲王奕劻，受到二人庇护，其所奏未得批准，由此积愤成疾。宣统元年

（1909年）五月卒。著有《意园诗词钞》。

宣统元年六月二十日，王闿运作挽陈伯屏挽联，即为此联。

上联说其人直言弹劾重臣，到晚年却伤于宵小。下联说其人清贫，家业唯倚仗诸弟，归去之时只剩下鹅羊山的二顷田。联语切其事，见其节，并述其清贫事，足见哀挽。

【考辩】

《湘绮楼日记》宣统元年六月二十日有记载，文字一致。

《对联话》亦收录，文字为“抗疏劾三公，晚伤鼷鼠千钧弩；治生付诸弟，归剩鹅湖五顷田”。并云：“出幅著其节，对幅著其清，死者千古矣。”

《疚存斋联语彙录》亦收录，文字为“抗疏劾三公，晚伤鼷鼠千钧弩。治生付诸弟，归剩鹅羊二顷田”。

彭佩芝

骢马继家声，犹有棠阴留邵武；

鹦洲非旅殡，得归船厂湖前勋。

【注释】

骢马：指御史。李白《赠韦侍御黄裳》诗之二：“见君乘骢马，知上太行道。”丘为《湖中寄王侍御》诗：“骢马真傲吏，翛然无所求。”

棠阴：棠树树荫，喻惠政或良吏的惠行。典出《诗经·甘棠》：“蔽芾甘棠，勿剪勿伐，召伯所茇。蔽芾甘棠，勿剪勿败，召公所憩。蔽芾甘棠，勿剪勿拜，召伯所说。”

鹦洲：鹦鹉洲，地处武汉市汉阳区，有鹦鹉街道和洲头街道。相传由东汉末年祢衡在黄祖的长子黄射大会宾客时，即席挥笔写就一篇被李白赞为“锵锵戛金玉，句句欲飞鸣”的《鹦鹉赋》而得名。李曾伯《沁园春·送乔宾王》：“鹦洲去，有故人相问，为语归音。”

旅殡：谓灵柩暂时安放于外地等待归葬。陈继儒《读书镜》卷八：“旅殡无人照管，或毁坏暴露，愿公愍其不幸……常戒主者保护之，以须其子之至。”吴定《王节母传》：“始璞之高祖殁于南谯，旅殡僧寺。”

船厂：福州的总理船政，简称船政。同治五年（1866年）左宗棠任闽浙总督时创建，位于福州马尾中岐乡一带，由沈葆桢担任首任总理船政大臣。

【解析】

彭佩芝，福建邵武人，生平不详。

光绪三十三年（1907年）八月二十二日作彭邵武挽联，即为此联。

上联说其人曾为御史而能继家声，亦曾官邵武并留有善政。下联说其人虽客死于湖北，终能归葬福建，追溯前功。联语工稳，但少哀思，见应酬。

【考辩】

《湘绮楼日记》光绪三十三年八月二十二日有记载，文字一致。

杨瑞生

支那人还，赴瑞生丧，念其父以康梁破家，与书讽之。瑞生家租三百石，以百石延师，姻友中所稀有也。

庭诰重儒修，破产延师终有报；

湘营无暮气，县车待饷最劳心。

【注释】

庭诰：指家训文字，亦泛指家教。颜延之《庭诰》：“庭诰者，施于闺庭之内，谓不远也。”《南史·颜延之传》：“（延之）闲居无事，为庭诰之文以训子弟。”

儒修：贤能的儒士。陈梦雷《赠臬宪于公》诗：“天意将澄浊，儒修欲返淳。”严有禧《漱华随笔·采访遗书》：“如元明诸贤，以及国朝儒修，研究六经，阐明性理，潜心正学，醇粹无疵者，尚不乏人。”

县车：辞官致仕，亦指致仕之年，一般为七十岁。《汉书·韦贤传》："我之退征，请于天子……悬车之义，以洎小臣。"颜师古注引应劭曰："古者七十县车致仕。"《三国志·魏志·徐宣传》："宣曰：'七十有县车之礼，今已六十八，可以去矣。'乃固辞疾逊位，帝终不许。"

【解析】

杨瑞生即杨麟家，官名玉书，字瑞生，一字俊德，行三，清道光二十三年（1843年）生。杨麟家为杨度的伯父，随其父杨礼堂参加李续宾部湘军。同治元年（1862年）投淮军，历任都司、游击，管带松字左营，后奉曾国藩令调至徐州，游击皖、豫、东等省捻军。同治五年（1866年）调至湖北，委带玉字营剿捻。同治六年（1867年）调山东剿捻，获寿光大捷，加总兵衔，赏给正二品封典。同治八年（1869年）十二月，借补用湖北提标左营游击员缺，赏给正一品封典，后奉调移屯山东德州。光绪初年（1875年），在湖北襄阳、樊城驻扎巡防。光绪六年（1880年），拔队前往直隶，发往山海关扼守。光绪十五年（1889年），护理直隶全省提督篆务。光绪十七年（1891年），受光绪皇帝两次召见，接印河南归德镇总兵，后调署南阳镇总兵。光绪二十七年（1901年）十月十五日奉朱批，赏给头品顶戴，御赐用宝、寿字白玉如意、袍挂料、帽缨。后又先后以剿平建南大股贼匪，拿获巨盗张凤翔，援剿奉天、武彰各股贼匪有功，从优议叙。光绪三十三年（1907年）七月二十日在朝阳防次病故，奉旨附祀李鸿章专祠。杨度之父杨懿生于其十岁时即丧，故杨度过继给伯父杨瑞生。杨瑞生曾花费重金为杨度兄妹几人等请了知名塾师，以求他们能够金榜题名。而杨庄嫁与王闿运四子王代懿，故王称其姻友。

光绪三十三年八月二十二日，王闿运作挽杨瑞生联，即为此联，并说其延师之事。而注中所说的支那人即指杨度，因其不顾王闿运的劝阻，瞒着老师去了日本，故王闿运甚不喜。以康梁破家，指的是光绪二十九年（1903年），杨度被保荐入京参加新开的经济特科进士考试，初取一等第二名。一等一名是未来的北洋政府的财长、杨度的共事和政敌梁士诒。由于梁士诒这个名字被说成是"梁头康尾"，而"康梁"因为戊戌变法，正为慈禧太后所恨，所以，梁士诒被除名。杨度受到牵连，又是"湖南师范生"，且在日期间有攻击朝廷，策论中有不满朝廷的言论，疑为唐才常同党和革命党，也被除名，并受到通缉。后杨度又赴日本，光绪三十三年八月回国，其伯父于此时过世。

上联说其人治家重儒教，花重金请名师，却培养出杨度这样的人作为报答。下联说此人出身湘军，此时并不见衰老，但致仕之后等待饷金却令其劳心。联语非寻常挽联，而上联却是嘲讽杨度，谓其伯父破产延师，而杨度却有负自己的期望，唯下联略见挽意。

【考辩】

《湘绮楼日记》光绪三十三年八月二十二日有记载，文字为“庭诰重儒修，破产延师终有报；湘营无暮气，县军待饷最劳心”。

席沅生

席丰承藉不骄奢，江楚共推能，京国骅骝开道路；

公献私酬多礼教，欢游未逾月，春风鶗鴂怆离忧。

【注释】

席丰：谓饮食丰盛，生活阔绰。叶绍翁《四朝闻见录·臣寮雷孝友上言》：“而席丰膏粱，不学无术，任重力小，轻躁自用。”

承藉：继承先人的仕籍。刘义庆《世说新语·雅量》：“王东亭为桓宣武主簿，既承藉，有美誉，公甚欲其人地为一府之望。”《隋书·长孙晟传》：“今若得尚公主，承藉威灵，玷厥、染干必又受其徵发。”

骅骝：周穆王八骏之一，喻才华出众的人。《荀子·性恶》：“骅骝、騹骥、纤离、绿耳，此皆古之良马也。”杜甫《奉赠鲜于京兆二十韵》：“骅骝开道路，雕鹗离风尘。”

公献私酬：因公和因私的饮宴，献酬指饮酒时主客互相敬酒。《诗·小雅·楚茨》：“献酬交错，礼仪卒度，笑语卒获。”郑玄笺：“始主人酌宾为献，宾既酌主人，主人又自饮酌宾曰酬。”《史记·孔子世家》：“献酬之礼毕，齐有司趋而进曰：‘请奏四方之乐。’”

鶗鴂：杜鹃鸟。《文选·张衡〈思玄赋〉》：“恃己知而华予兮，鶗鴂鸣而不芳。”李善注：“《临海异物志》曰：鶗鴂，一名杜鹃，至三月鸣，昼夜不止，夏末乃止。’”白居易《东南行一百韵寄通州元九侍御等》：“残芳悲鶗鴂，暮节感茱萸。”

【解析】

席沅生又名席汇湘，册名席启驷，湖南东安人，席宝田第四子，继室万夫人所生。二十岁补县学生，但二次乡试均未中举，乃纳捐入官为郎中，后改任安徽候补道员，以办奉直赈捐，叙劳加二品顶戴，授予资政大夫。光绪二十四年（1898年），任江苏省盱眙县食盐督销局任总办，成就斐然。时其父同僚刘坤一任两江总督，得知席沅生有才能，令其总办两江营务。不久，朝廷令其督办江南陆师学堂，鲁迅当时即为陆师学堂的学生。光绪二十七年（1901年）席沅生任湖南省督销盐局总办。后清廷准备修建粤汉铁路，借款与美国签订条约将此铁路的修建权与收益权出让给美国，席沅生与王先谦等联合湖南其他有识之士向湖广总督张之洞请愿，要求清廷收回条约赎路自筑，遂得张之洞倚重。粤汉铁路总公司成立，乃以长沙人余肇康为总理，席沅生为粤汉铁路公司协理，主司筑路各事项。席沅生为国家争取粤汉铁路主权，独自承担往来应酬以及其他费用共计黄金两万余两。宣统元年（1909年）三月卒，享年四十岁。

宣统元年三月十八日，王闿运闻席沅生丧，作挽联即为此联。

上联说其出身为高官子弟，却并不骄奢，在江苏和湖南任职时都公推其能，乃知其前途远大。下联说自己和席沅生因公因私交游而不失礼数，可惜上次同游后未及一月，正逢春日却已有杜鹃悲啼其人之离去。联语以颂扬和忆旧为主，对仗工且切，见哀思，非寻常应酬之联。

【考辩】

《湘绮楼日记》宣统元年三月十八日有记载，文字为“席丰承藉不骄奢，江楚共推能，京国骅骝开道路；公献私酬多礼数，欢游未逾月，春风鶗鴂怆离忧”。

朱倬夫

称心科第早登瀛，依然卅载田园，共惜大才无小用；

满眼儿孙俱是幻，喜见两房嗣续，霎时脱屣便褰裳。

【注释】

登瀛：登上瀛台，清代新进士及第授官仪式之一。陈宝琛《博沅叔招集同馆四十二人会饮藏园即席赋呈》："残梦能忘认启单，登瀛大拜盛衣冠。"

嗣续：指后嗣，子孙。《梁书·儒林传·范缜》："家家弃其亲爱，人人绝其嗣续。"前蜀杜光庭《中元众修金箓斋词》："或幽阴尚滞，涣泽未霑，或嗣续已无，奠羞多阙。"

脱屣：比喻看得很轻，无所顾恋，犹如脱掉鞋子。《汉书·郊祀志上》："嗟乎！诚得如黄帝，吾视去妻子如脱屣耳！"颜师古注："屣，小履。脱屣者，言其便易，无所顾也。"李颀《缓歌行》："一沉一浮会有时，弃我翻然如脱屣。"

搴裳：揭衣；用手提起衣裳。"搴"通"褰"。《庄子·山木》："搴裳躩步，执弹而留之。"《楚辞·九章·思美人》："因芙蓉而为媒兮，惮搴裳而濡足。"洪兴祖补注："搴，盖读若褰，谓抠衣也。"

【解析】

朱倬夫即朱卓英，字倬夫，湖南省湘潭县杨嘉桥镇雁坪银湖村人氏。光绪二年（1876年）丙子恩科会试贡士第七名，殿试登进士二甲第十七名。同年五月改庶吉士。光绪三年（1877年）四月，散馆，授翰林院编修，朝考一等，敕授文林郎，诰封奉直大夫。光绪十二年（1886年），上刚健中正疏，未蒙上纳，数载后辞职挂冠而归，绝仕宦之心。晚年隐居潭城之西隅芙蓉园，读书讲学，优游乐道，并多为善举。宣统元年（1909年），殁于斯，葬于白鹿冲奇湾，享寿六十有八。

宣统元年四月六日，王闿运闻朱倬夫丧，即于相见次日永诀，故作挽联，即为此联。

上联说其人虽早中进士，但还是归隐田园近三十年，人共惜其大材小用。下联说其子孙不孝，其人刚死，两房子孙即毫无留恋地脱孝服。联语暗含嫉妒其中举之意，而下联更是嘲讽其子孙不孝，可知二人不睦也。

【考辩】

《湘绮楼日记》宣统元年四月六日有记载，文字为"称心科第早登瀛，依然卅载田园，共惜大才无小用；满眼儿孙俱是幻，喜见两房嗣续，霎时脱屣便搴裳"。

刘定夫

二品服，卌年官，一第只虚荣，甘让赖唐先受禄；

骈散文，古今体，遗篇重披读，正逢风雨更悲秋。

【注释】

赖唐：其人不详，从联语看应是与刘定夫同时中举之人，而比刘更早授官。

受禄：接受俸禄。《礼记·表记》："是故君有责于其臣，臣有死于其言，故其受禄不诬，其受罪益寡。"《史记·循吏列传》："臣居官为长，不与吏让位；受禄为多，不与下分利。"

骈散文：骈文和散文。郑孝胥《又题雨山所藏黄石斋文治论卷子》："《孝经序论》杂骈散，蔡夫人书犹可喜。"

【解析】

刘定夫，湖南人，曾任长沙城团总办，时人称之贤能，其余生平不详。

宣统元年（1909年）九月二日，王闿运晨起作挽刘定夫联，即为此联。

上联说其人居二品官四十年，却视利禄为虚，甘让赖、唐二人先受俸禄。下联说其人精骈散文和古今体诗，如今重读其文，却正逢风雨催人，而更有悲秋之感。联语述其事并切其丧时，更见相惜之意，读之能感王闿运之哀。

【考辩】

《湘绮楼日记》宣统元年九月二日有记载，文字为"二品服，卌年官，一第只虚荣，甘让赖唐先受禄；骈散文，古今体，遗编重披读，正逢风雨更悲秋。"

程岏樵

家事待子而行，五十年宾至如归，恨君不住三千岁；

令名为时所重，廿二省门通置驿，继美无惭鹿太公。

【注释】

宾至如归：好客之典。左丘明《左传·襄公三十一年》："宾至如归，无宁灾患，不畏寇盗，而亦不患燥湿。"

令名：指美好的声誉。《左传·襄公二十四年》："侨闻君子长国家者，非无贿之患，而无令名之难。"

置驿：置邮，用车马传递文书讯息。《孟子·公孙丑上》："德之流行，速于置邮而传命。"

鹿太公：指明鹿善继之父鹿正。《明史·鹿善继传》："父正，苦节自砺。县令某欲见之，方粪田，投锸而往。急人之难，倾其家不惜，远近称鹿太公。"

【解析】

程屼樵即程书祥，字屼樵，湖南衡阳人，程学伊之子，程商霖（程龢祥，字商霖）之弟，做过通判加四品衔，此后奉母隐居，光绪三十四（1908年）年正月甲子卒，年五十九岁。

光绪三十四年正月二十二日，王闿运作程挽联，但日记中未见原文。

上联说其家皆依其操持，维持好客的家风已有五十余年，但恨其人不能活到三千岁。下联说其人有令名，亦能急人之难。联语述其行，用典亦切，因王闿运在衡阳常住其家，故见感恩之心，惟略少哀思。

黄叔容

癸科琐院忆同门，相见何迟，沦落黀官非得意；

甲族玉堂推盛事，流光易驶，耆英高会恨无缘。

【注释】

癸科：指癸丑年的科考。

琐院：锁院，科举考试时考生入试场后即封锁院门，以防舞弊，此处指科考。《文献通考·选举五》："诏祖宗旧法，诸路州军科场并限八月五日锁院。缘福建去京师地远，遂先期用七月；川、广尤远，又用六月。今福建、二广趍行朝不远，可并限八月五日锁院。”《续资治通鉴·宋太宗端拱元年》：“旧制，锁院，给左藏库十万以资费用。”

麤官：亦作“麄官”“粗官”，古代重文轻武，呼武官为“麤官”。薛能《谢刘相寄天柱茶》诗：“粗官寄与真抛却，赖有诗情合得尝。”赵升《朝野类要·称谓》：“麄官：武臣及军官之自谦，或以为讥。”

甲族：指世家大族。《三国志·魏志·裴潜传》：“秀，咸熙中为尚书仆射。”裴松之注：“冯翊甲族桓、田、吉、郭及故侍中郑文信等，颇以其各有器实，共纪识之。”《南齐书·王僧虔传》：“甲族向来多不居宪台，王氏以分枝居乌衣者，位官微减。”

耆英高会：洛阳耆英会。文彦博与富弼、司马光等聚集洛阳高年者共十三人（一说十一人）置酒相乐，称“洛阳耆英会”。《宋史·文彦博传》：“（文彦博）与富弼、司马光等十三人，用白居易九老会故事，置酒赋诗相乐，序齿不序官。为堂，绘像其中，谓之‘洛阳耆英会’，好事者莫不慕之。”卫宗武《前调·寿野渡》：“渐入唐人诸老画，可追洛社耆英集。”

【解析】

黄叔容，其人生平不详。

民国三年（1914年）八月二十二日，王闿运为黄叔容送对，但未往吊，即为此联。

上联说其人曾参加癸丑年的科考，与自己亦是同门，彼此相见恨晚，然而却沦为武官，自非得意。下联说黄家为大族，其人后来亦为翰林，可惜时光易逝，终无缘置酒交游为乐。联语从忆旧入，并说彼此平生交游之憾，亦有伤时之意。

【考辩】

《湘绮楼日记》民国三年八月二十二日有记载，文字为“癸科琐院忆同门，相见何迟，沦落粗官非得意；甲族玉堂推盛事，流光易驶，耆英高会恨无缘”。

《古今联语汇选》亦收录，文字为“癸科锁院忆同门，相见何迟，沦落粗官非得意；甲族玉堂推盛事，流光易驶，耆英高会恨无缘”。

唐稚云

材行曾褒列郡，先看治谱流传，江右尚歌贤父德；
服食无惭三世，长忆乌衣游宴，城中今鲜故家风。

【注释】

材行：才质行为。《韩诗外传》卷五："材行反时者，死之无赦，谓之天诛。是王者之政也。"曾巩《送丁琰序》："推考其材行，能堪其举者，卒亦未见焉。"

列郡：诸郡。邹阳《上书吴王》："何则？列郡不相亲，万室不相救也。"《后汉书·朱浮传》："今天下几里，列郡几城，奈何以区区渔阳而结怨天子？"

治谱：称颂父子兄弟居官有治绩之典。《南齐书·良政传·傅琰》："琰父子并着奇绩，江左鲜有。世云'诸傅有《治县谱》，子孙相传，不以示人'。"

江右：指长江以西地区，古人以西为右，故又称江右。因长江在自金陵以上至九江一段为南北走向，而以此段江为标准确定东西和左右，古有中原进入南方吴地的主要渡口，江之西地区称为"江西"。曹彦约《馀干史子固本知县趁朝便舟见访以四绝句叙旧》："日边未得春风力，江右惟高月旦评。"

服食：衣着食物。《书·旅獒》："毕献方物，惟服食器用。"

三世：三代，指夏商周时期民风淳朴之世，多见于古文，如"三世之时，民风淳朴"。《论语·卫灵公》："斯民也，三代之所以直道而行也。"邢昺疏："三代，夏、殷、周也。"

乌衣：黑色衣，贫者之服。《三国志·魏志·邓艾传》："值岁凶旱，艾为区种，身被乌衣，手执耒耜，以率将士。"《隋书·五行志上》："后主于苑内作贫儿村……多令人服乌衣，以相执缚。"

【解析】

其人生平不详。

光绪三十四年（1908年）五月十一日，王闿运作唐稚云挽联，即为此联。

上联说其才行在诸郡县都受褒扬，且其父子皆为贤官，江西之地仍传颂其父之德。下联说其人衣食简朴，无愧于民风淳朴的上古之世，当年曾着乌衣游宴，这样的家风如今城中已经难见。联语述其贤能、简朴，亦颂其父之德，可谓雅正。

【考辩】

《湘绮楼日记》光绪三十四年五月十一日有记载，文字一致。

《古今联语汇选》亦收录此联，文字一致。

继莲畦

公才毕竟拥高牙，回思禁近回翔，犹惜矗官废吟啸；

御史不须寻折料，且向皖山凭吊，定知清致在江湖。

【注释】

高牙：大而高的牙旗，指高官。《文选·潘岳〈关中诗〉》：“桓桓梁征，高牙乃建。”李善注：“牙，牙旗也。兵书曰：牙旗，将军之旗。”李周翰注：“牙，大旗也。”辛弃疾《水调歌头·送施枢密圣与帅江西》词：“高牙千里东下，笳鼓万貔貅。”

禁近：禁中帝王身边。多指翰林院或官署在宫中的文学近侍之臣。元稹《令狐楚衡州刺史制》：“早以文艺，得践班资；宪宗念才，擢居禁近。”《新唐书·张嘉贞传》：“臣草茅之人，未睹朝廷仪，陛下过听，引对禁近。”

回翔：指任职或施展才干。王谠《唐语林·政事上》：“西川是宰相回翔地。”归庄《左柱国光禄大夫路文贞公行状》：“已而里居，久之，复回翔清署。”

折料：写奏折的材料。清代官吏向皇帝奏事的文书，因用折本缮写，故名“奏摺”，也称“摺子”。奏折页数、行数、每行字数，皆有固定格式。

清致：清雅的风度。《南史·柳世隆传》：“长子悦，字文殊，少有清致。”张道洽《咏梅》之二：“才有梅花便不同，一年清致雪霜中。”

【解析】

继莲畦即继昌，李佳氏，字述之，号莲溪，一号莲畦，汉军正白旗人。光绪元年（1875年）举人，光绪三年（1877年）进士，以主事签分工部学习行走，后升营缮员外郎、屯田司郎中、军机章京、军机领班章京兼总理各国事务衙门行走。光绪二十七年（1901年）起历任湖南盐法长宝道、湖北盐法武昌道、湖南按察使、江宁布政使。光绪三十四年（1908年）因与端方不和，调补甘肃布政使，旋受命护理安徽巡抚，八月卒于任。有《行素斋杂记》《天地吾庐杂志》等。

光绪三十四年八月九日，王闿运闻继莲畦化去，“群疑众谤，自此消矣”，作挽联即为此联。

上联说其人才高，曾在皇帝身边为文臣，却做了盐法之类的官而耽误了吟诗作词。下联说御史无须再寻找参奏的材料了，其人已死于安徽巡抚任上，唯留清名在江湖。联语亦无炫技，但述其才情风度，颇多惋惜之意，更为御史参奏之事而不满，足见交情之深。

【考辩】

《湘绮楼日记》光绪三十四年八月九日有记载，文字为“公才毕竟拥高牙，回思禁近回翔，犹惜粗官废吟啸；御史不须寻折料，且向皖公凭吊，定知高致在江湖”。

《古今联语汇选》亦收录，文字为“公才毕竟拥高牙，回思禁近回翔，犹惜粗官废吟啸；御史不须寻折料，且向皖山凭吊，定知清致在江湖”。

张力臣

壮岁相逢意气欢，尔时才识无双，官职声名俱入手；

三致千金隐沦晚，独恨经纶未展，鼓角歌钟两寂寥。

【注释】

三致千金：发财致富之典。《史记·货殖列传》：“（范蠡）十九年之中三致千金，再分散与贫交疏昆弟。”梅尧臣《依韵和诚之淮上相遇》：“几年三致千金富，今日重追二谢风。”

隐沦：沉沦，埋没。《晋书·郭璞传》：“严平澄漠于尘肆，梅真隐沦乎市卒。”《文选·鲍照〈行药至城东桥〉诗》：“尊贤永昭灼，孤贱长隐沦。”李善注：“隐沦，谓幽隐沉沦也。”

经纶：指治理国家的抱负和才能。秦观《滕达道挽词》：“经纶未了埋黄土，精爽还应属斗牛。”沈鲸《双珠记·军门优恤》：“白面书生今就武，这经纶可惜埋尘块。”

鼓角：战鼓和号角，两种乐器，军队亦用以报时、警众或发出号令。《后汉书·公孙瓒传》：“袁氏之攻，状若鬼神，梯冲舞吾楼上，鼓角鸣于地中，日穷月急，不遑启处。”杜甫《阁夜》诗：“五更鼓角声悲壮，三峡星河影动摇。”

歌钟：编钟。《左传·襄公十一年》：“郑人赂晋侯……歌钟二肆。”杜预注：“肆，列也。县钟十六为一肆。二肆，三十二枚。”孔颖达疏：“言歌钟者，歌必先金奏，故钟以歌名之。《晋语》孔晁注云：‘歌钟，钟以节歌也。’”晋左思《魏都赋》：“元勋配管敬之绩，歌钟析邦君之肆。”

【解析】

张力臣即张自牧，字笠臣，湖南湘阴人。以生员筹贵州饷有功，授候选道，加布政使衔。张氏家族先世以行贾寄籍宛平（今北京），其父张学尹（字少衡）既举进士，奉父丧归葬，复为湘阴人。张自牧虽仅为诸生，而以才名震动长沙学界。湘军之兴，“自牧积劳至道员”，同治六年（1867年）更“以筹办黔捐，洊保藩司衔，并戴花翎”。其为官时备极奢侈，后寓居长沙，退隐林下，凭借家世、财势及才学，确立了在长沙上层社会的显赫地位。湖南政府设局编纂《湖南通志》，志局以郭嵩焘、曾国荃为总纂，张自牧、黄彭年列名提调，其中张自牧掌管资金而地位尤重。张自牧喜研讨外国史地，曾言欲采英、法等国史，用中国史书体例编成一书，未成。郭嵩焘出使英法，尝疏请他充参赞官，为人所劾罢。著有《瀛海论略》《蠡测卮言》等书。

上联说二人相逢于年轻气盛之时，当时其人才干见识无双，得授官职并有声名。下联说其人久为发财事累，未得展其抱负，终未建功而归于寂寥。联语为其人惋惜，结句更有余韵，非寻常应酬之作也。

【考辩】

《古今联语汇选》亦收录，文字为“壮岁相逢意气欢，尔时才识无双，官职声名俱人手；三致千金隐沦晚，犹恨经纶未展，鼓角歌钟两寂寥”。

刘幼丹

一见定深交，知专家钩考群书，七十金文通古籀；
再起绥南服，更散字包罗万有，五千编类胜奇觚。

【注释】

钩考：亦作“钩攷”，探求考核。《周礼·天官·司会》：“以逆邦国都鄙官府之治。”汉郑玄注：“逆受外钩考之。”孙诒让《周礼正义》：“《鬼谷子·权篇》陶弘景注云：‘求其深微曰钩。’《国语·晋语》韦注云：‘考，校也。钩考亦谓钩求考校之，察其是非也。’”

金文：指的是铸造在殷商与周朝青铜器上的铭文，也叫钟鼎文。在此基础上发展而来的金文书法，是以金文笔意创作的书法。包信《翻经台白莲池》：“金文翻古偈，汉字变胡书。”

古籀：古籀书。许慎《说文解字·敘》：“今敘篆文，合以古籀。”古籀文为书体名，相传为周宣王时史籀所作，笔画较小篆繁复，也称为“大篆”“籀书”，今存石鼓文即这种字体的代表。《法书要录》卷七载张怀瓘《书断上·籀文》：“案籀文者，周太史史籀之所作也。与古文大篆小异，后人以名称书，谓之籀文。”

南服：古代王畿以外地区分为五服，故称南方为“南服”。《文选·谢瞻〈王抚军庾西阳集别时为豫章太守庾被征还东〉诗》：“祗召旋北京，守官反南服。”李善注：“南服，南方五服也。”《晋书·刘弘传》：“弘专督江汉，威行南服。”岳飞《题骤马冈》诗：“南服只今歼小丑，北辕何日返神州。”

五千编类：指刘幼丹所作之五千字文。《湘绮楼日记》民国三年（1914年）十一月十八日，刘心源来拜访王闿运，会谈中言及“作五千字文，囊括世事无重字，甚得意也”。

奇觚：犹奇书。觚，古代用来书写的木简。《急就篇》卷一："急就奇觚与众异。"颜师古注："言学童急当就此奇好之觚，其中深博，与众书有异也。"刘幼丹之室号即为奇觚室。

【解析】

刘幼丹即刘心源，谱名文申，考名崧毓，字亚甫，号冰若，另号幼丹，自号夔叟，晚号龙江先生，清末民初著名金石学家、文字学家、书法家。道光戊申年（1848年）出生于今湖北洪湖市龙口镇（当时属嘉鱼县腾云洲）。同治癸酉年（1873年）由廪生中式第六十七名举人，光绪二年（1876年）恩科会试中七十名贡生。保和殿复试一等二十六名。殿试二甲第三十七名，赐进士出身。朝考一等第十六名，钦点翰林院庶吉士。一年后授翰林院编修、国史馆协修。此后历任顺天乡试同考官，会试同考官，江南道监察御史，江西道掌广东道御史，京畿道御史，河南副主考，四川夔州知府、成都知府，江西督粮道、按察使，广西按察使等官职。民国元年（1912年）领导了湖北保路运动，辛亥首义成功后被举为湖北议会议长、国会会员、湖北首任民政长、湖南巡按使，为官四十载，清正廉洁。民国四年（1915年）逝世。刘心源毕生以金石为基研究古代汉字，攀崖拓摩不畏其险，甚至"质裘被以购"青铜器及古币，亲采精拓，校录博研，从无间断。刊行著作有《古文审》八卷、《奇觚室乐石文述》四十卷、《奇觚室吉金文述》二十卷，《凡海书》十卷、《奇觚室石鼓文集联》一卷、《奇觚室瓻馀集》等。

《湘绮楼日记》民国四年十二月二十五日，王闿运作挽刘心源联，即为此联。

上联说二人如故，其人研考群书，年近七十而擅金文，已通古籀。下联说其人复起为官而能安定南方人心，并以散字作五千字文而能包罗万象，胜过古之奇书。联语堂皇，述其才德，虽无哀思，亦见二人交情也。

【考辩】

《湘绮楼日记》民国四年十二月二十五日有记载，文字一致。

谭伯勤

壮岁已持麾，南汝移官骢马瘦；

名门推主器，东风洒泪脊鸰寒。

【注释】

持麾：担任地方长官。杜甫《送高三十五书记》：“十年出幕府，自可持旌麾。”李曾伯《八声甘州·壬子饯帅机沈好问》：“曾记少陵留咏，出幕合持麾。”

南汝：河南汝州一带，隶属河南省平顶山市，位于河南省中西部，因北汝河贯穿全境而得名。

主器：指主管宗庙祭器的人，亦为长子的代称。《易经·序卦》：“主器者莫若长子。”都穆《听雨纪谈·父子之称》：“今人自称其父曰家严，称人之长子多曰主器，谓皆本之于，《易》也。”

脊鸰：鹡鸰，一种鸟类，常用于比喻兄弟。《诗·小雅·常棣》：“脊令在原，兄弟急难。”韩愈《答张彻》诗：“冋冋抱瑚琏，飞飞联鹡鸰。”

【解析】

谭伯勤其人生平不详。

上联说其人壮岁已为地方长官，后移官至河南，勤劳公事。下联说其人为名门之长子，如今于春时身亡，有兄弟感东风而悲寒。联语工雅，用典亦切，虽应酬亦佳也。

【考辩】

《古今联语汇选》亦收录，文字为“壮岁已持麾，南汝移官骢马瘦；名门推主器，东风洒泪鹡鸰寒”。

朱叔彝

久宦竟长贫，王赵赏音空削牍；
知人终有托，沅湘词客为招魂。

【注释】

王赵：王指王文韶，朱其懿曾居长沙候补十年，直到光绪十四年（1888年）王文韶抚湘，拔擢委任朱其懿署理沅州。赵指赵尔巽，光绪二十八年（1902年）朱其懿署常德府太守，开办西路师范讲习所并邀请妹夫熊希龄帮办，后改为师范学堂，次年赵尔巽调任湖南巡抚，到任后支持朱其懿、熊希龄，并上折请朝廷宽宥熊希龄。

赏音：知音。曹植《求自试表》之一："夫临博而企竦，闻乐而窃抃者，或有赏音而识道也。"赵翼《王梦楼挽诗》之二："黠痴各半无真癖，谤誉相兼有赏音。"

削牍：古时削薄竹木成片，用以书写，有误则刮去重写，谓之"削牍"。后用以泛称书写、撰述。《汉书·游侠传·原涉》："涉乃侧席而坐，削牍为疏，具记衣被棺木，下至饭含之物，分付诸客。"陆游《与成都张阁学启》："将携孥而就食，敢削牍以告行。"

沅湘词客为招魂：宣统二年（1910年）朱卒于沪，湘省学界感其有功于湘省教育，乃迎梓还湘，葬于长沙城东，并于沅州建堂，常州建亭以为纪念。

【解析】

朱叔彝即朱其懿，字叔彝，江苏宝山（今属上海）。幼即知名，与张百熙契厚。张督学粤东，时应诏奏保天下人才十四人，朱即在其中。尝佐兄朱其昂创办轮船招商局，光绪五年（1879年）以三品升用道衔改铨知府分发湖南候补，光绪十四年（1888年）始知沅州府，广学校，兴蚕桑，治行冠于湘西，调署永州府，历署衡州、常德二府。值光绪庚子（1900年）之后，益以兴学为先务，警察及工商局厂，同时并举，三湘新政，视为模范，以道员遇缺简放。旋以背疽、目病，引疾去官。性狷介，历官四郡，囊橐萧然。宣统初还乡，旋回南京，委充中西医院总办。宣统二年（1910年）卒。著有《守沅集》。

宣统三年二月二日，王闿运作朱叔彝挽联，但日记未录内容。

上联说其人虽为宦多年却依然贫穷，虽得王文韶、赵尔巽为知音而空为撰述。下联说其人亦知人，事业有所托，虽身死而沅湘文人并为招魂。联语简略而所含内容不少，上联略有抱怨王赵二人之意，下联所说的知人终有托，应是说有熊希龄能继朱之事业，亦见哀思。

族子诏

千金致小康，槐秀族中称巨富；

百年期上寿，竹林游处咽寒风。

【注释】

槐秀族：指三槐堂，指王姓家族。宋代兵部侍郎王祐，多阴德，手植三槐于庭，自言子孙必有为三公的。其子旦后果为相，世称为“三槐王氏”，子孙因建三槐堂。《宋史·卷二八二·王旦传》：“祐手植三槐于庭曰：‘吾之后世必有为三公者，此其所以志也。’”

竹林：叔侄的雅称。典出阮籍与侄阮咸等游于竹林，共为竹林七贤。东晋孙盛《魏氏春秋》：“（嵇）康寓居河内之山阳县，与之游者，未尝见其喜愠之色。与陈留阮籍、河内山涛、河内向秀、籍兄子咸、琅邪王戎、沛人刘伶相与友善，游于竹林，号为七贤。”

【解析】

王诏为王闿运族侄，生平不详。

民国元年（1912年）十一月十日，王闿运闻诏子年八十而寿终，作挽联即为此联。

上联说其人以千金起家，能致小康，在王氏家族中可称巨富。下联说其人寿高，正期祝百年之寿，却无奈于寒风时节而丧。联语虽简而能工切，亦见哀思。

【考辩】

《湘绮楼日记》民国元年十一月十日有记载，文字一致。

谭朴吾

京辇忆联镳，女贵儿佳输晚福；

夷门承执辔，破秦存赵愧奇谋。

【注释】

京辇：指国都。葛洪《抱朴子·讥惑》：“其好事者，朝夕放效，所谓京辇贵大眉，远方皆半额也。”刘敞《雨过前轩偶记》诗：“忽惊谢去尘中游，不知正自居京辇。”

联镳：指几匹马并辔而行。权德舆《酬崔千牛四郎早秋见寄》诗：“联镳长安道，接武承明宫。”文天祥《指南录·出真州》诗：“早约戎装去看城，联镳壕上叹风尘。”

夷门：战国魏都城的东门，故址在今河南开封城内东北隅。因在夷山之上，故名。《史记·魏公子列传》：“魏有隐士曰侯嬴，年七十，家贫，为大梁夷门监者。”

执辔：手持马缰驾车。《韩诗外传》卷一：“子贡执辔而问曰：‘……今陈之修门者众矣，夫子不为式，何也？’”《后汉书·北海靖王兴传》：“显宗之在东宫，尤见幸待，入侍讽诵，出则执辔。”

破秦存赵：此处用信陵君之典，信陵君礼遇夷门监侯嬴，得其计谋而窃符救赵。出自汉司马迁的《史记·魏公子列传》：“已却秦存赵，使将将其军归魏，而公子独与客留赵。”

【解析】

谭朴吾即谭宝箴，为谭钟麟之长子、谭延闿之兄，曾任江西候补知府，其子亦为官。

民国元年（1912年）十一月十八日，王闿运作挽谭朴吾联即为此联。

上联说二人当年在京交游，此时其人故去，而其子女均显贵，晚福犹胜于己。下联说其人曾礼遇自己，可惜自己缺乏侯嬴之破秦存赵计而有愧。联语平实，亦无炫技，王家与谭家交情深厚，忆旧事而动情，此联可见一斑也。

【考辩】

《湘绮楼日记》民国元年十一月十八日有记载，文字一致。

《古今联语汇选》亦收录此联，文字一致。

孔静皆

每持正论忤时贤，避俗山居，忍见侏儒登礼殿；

幸有佳儿继科举，传家圣教，肯持彝器拜陈王。

【注释】

正论：谓正直地议论事情。《汉书·夏侯胜传》："人臣之谊，宜直言正论，非苟阿意顺指。"晋葛洪《抱朴子·汉过》："进则切辞正论，攻过箴阙。"

时贤：当时有德才的人。《后汉书·韦义传》："（曹节）欲借宠时贤以为名，白帝就家拜著东海相。"沉德符《野获编·内阁·王文肃密揭之发》："其时为中丞者，既无胠箧始谋，即宜直辨其诬，乃冒居发奸首功，取悦时贤，以为拥戴入阁之地。"

侏儒：借指以迎合统治者而取宠的人。汪懋麟《送余中丞》诗之二："自媿侏儒共比肩，何当青眼向人偏。"刘国钧《并游侠行》："生世幸逢唐与虞，安用龌龊同侏儒。"

礼殿：指祭祀的大殿。楼钥《送王粹中教授入蜀》："周公礼殿岿然在，画像盘古继宓牺。"

圣教：此处指儒教。阮籍《乐论》："故圣教废毁，则聪慧之人并造奇音。"《新唐书·柳浑传》："（柳浑）早孤，方十余岁，有巫告曰：'儿相夭且贱，为浮屠道可缓死。'诸父欲从其言，浑曰：'去圣教，为异术，不若速死。'"

彝器：指古代宗庙常用的祭器。《左传·昭公十五年》："彝器之来，嘉功之由，非由丧也。"《国语·楚语下》："采服之仪，彝器之量。"韦昭注："彝，六彝；器，俎豆。"

陈王：指陈胜，秦二世元年（公元前209年），联合吴广率领戍卒发动大泽乡（今安徽宿州市）起义，占据陈郡称王，建立张楚政权。刘邦称帝后，陈胜被追封为“隐王”，史称“楚隐王”。

【解析】

孔静皆即孔宪教，字静皆，一字静垓，湖南长沙人。光绪十二年（1886年）丙戌科进士，选庶吉士，散馆改福建顺昌县知县，因与当地官吏不合，弃官还里。光绪二十四年（1898年）维新运动期间，以在籍绅士身份，与王先谦、叶德辉等联名向巡抚陈宝箴递送《湘绅公呈》，攻击维新派变法，要求整顿时务学堂，辞退梁启超、韩文举、叶觉迈等进步教习。戊戌政变后，南学会取消，会址复作孝廉书院，孔宪教被聘任院长。宣统元年（1909年）因水灾米荒严重，次年孔宪教与王先谦、叶德辉、杨巩等联合藩司庄赓良，要求巡抚岑春蓂禁运谷米出境。后爆发了震惊中外的长沙抢米风潮，有关官吏受革职处分，孔宪教与王先谦亦被清廷以“梗议义桀”，罚“降五级调用”。

民国二年（1913年）九月一日，王闿运作孔静皆挽联，即为此联。

上联说其人之议论与当时主流相违背，故归隐山居，不愿见小人主持祭礼。下联说其人有子能继科举，以家传儒教而向民国效忠。联语有嘲讽之意，非寻常哀挽之联。

【考辩】

《湘绮楼日记》民国二年九月一日有记载，文字为“每持正论忤时贤，避俗山居，忍见侏儒登礼殿；幸有佳儿继科举，传家圣教，肯持彝器见陈王”。

《古今联语汇选》亦收录此联，文字一致。

曾慕陶

世禄不骄奢，依然儒素还乡井；

高官历台省，遗恨衣冠毁昔时。

【注释】

儒素：儒雅质朴。《隋书·杜台卿传》："性儒素，每以雅道自居。"《晋书·王隐传》："以儒素自守，不交势援。"

台省：原指汉的尚书台，三国魏的中书省，后以指政府的中央机构。《旧唐书·刘祥道传》："汉魏以来，权归台省，九卿皆为常伯属官。"杜甫《醉时歌》："诸公衮衮登台省，广文先生官独冷。"

衣冠：文明礼教。《宋史·胡铨传》："秦桧，大国之相也，反驱衣冠之俗，而为左衽之乡。"俞正燮《癸巳类稿·诵佛经说下》："知大地之广，则能敬佛；知圣王之道，行于衣冠文物之邦，则不为怪谬之谬，谓三教同源。"

【解析】

曾慕陶即曾广汉，字纯一，号慕陶，又号琛远，湖南双峰县荷叶镇人，曾国荃孙，曾纪瑞长子。清邑庠生，特赏主事，承袭一等威毅伯，候补四五品京堂。历任太常寺少卿、通政司副使、宗人府府丞、太常寺卿、光禄寺卿、都察院左副都御史，礼部、户部侍郎兼管三库事务。光绪二十四年（1898年）因阻挠王照上书支持新政被革职。光绪二十六年（1900年）义和团运动期间八国联军侵占北京后，钦派留守京师大臣，诰授光禄大夫、建威将军。

民国二年（1913年）九月一日，王闿运作曾慕陶挽联，即为此联。

上联说其人虽享世禄却无骄奢，以儒生本色而还乡。下联说其人曾为清廷中枢之高官，此时应恨礼教之毁弃。联语工稳，虽挽曾广汉，实有挽清廷之意。

【考辩】

《湘绮楼日记》民国二年九月一日有记载，文字一致。

彭向青

平地起风波，共叹湘东文武尽；

停云昏海峤，回伤京邸酒棋欢。

【注释】

平地起风波：比喻突然间发生了意外的纠纷或出了意外的事故。刘禹锡《竹枝词》：“长恨人心不如水，等闲平地起波澜。”苏辙《三思归》诗：“儿言世情恶，平地风波起。”

停云：停止不动的云，多用作思亲友之意。陶潜《停云》诗：“霭霭停云，濛濛时雨。”自序“停云，思亲友也”。赵翼《李雨村观察挽诗》：“八表停云空目极，更从何处寄相思。”

海峤：海边山岭。张九龄《送使广州》：“家在湘源住，君今海峤行。”文天祥《战场》诗：“三年海峤拥貔貅，一日蹉跎白尽头。”

【解析】

彭向青即彭述，字向青，生于湖南清泉县城东郊彭家园（今衡阳市珠晖区酃湖乡解放村），后迁居黄茶岭彭家冲。曾就读石鼓书院。光绪十二年（1886年）中二甲第一名进士（传胪），获选庶吉士，任翰林院编修，并任光绪皇帝的书法侍讲，兼教皇族诸子弟，同年任御史。赞同义和团“扶清灭洋”口号，曾聘请义和团拳师教子习武，并上疏荐晚清名将董福祥赴京抗夷。八国联军兵临北京时，他以文人主动请缨，率数百壮士守卫西城。战后，因有人密告其是维新派，且与“拳案”有关，被慈禧下诏罢官。后应诏复出任京都御史。辛亥革命后，受上海商务印书馆之聘担任编辑。民国元年（1912年）卒。

民国元年三月十一日，王闿运作此联。

上联说自己意外闻此噩耗，叹息湘东人才凋零。下联切其人死地，回忆曾在京时酒棋共欢而哀伤不已。联语无炫技而多哀伤，足见二人交情之深。

【考辩】

《湘绮楼日记》民国元年三月十一日有记载，文字一致。

《古今联语汇选》亦收录此联，文字一致。

常霖生

垂暮泣桑田，应忆孩提离虎口；

弥留对瓜使，犹胜辍食荐灵筵。

【注释】

垂暮：天将晚的时候，比喻年老。张元干《庐川词·醉落魄》：“年华垂暮犹离索。”周亮工《送汪舟次游庐山序》：“岁行暮矣，尚携襆被访垂暮之人于江干。”

桑田：栽植桑树的田地，泛指田畴，比喻世事变迁。《诗·鄘风·定之方中》：“星言夙驾，说于桑田。”韦应物《听莺曲》诗：“伯劳飞过声局促，戴胜下时桑田绿。”吴伟业《海户曲》：“遂使相如夸陆海，肯教王母笑桑田。”

瓜使：送瓜来之使人。此句说瓜祭事，古人于瓜熟将食时，必先以祭祖。因食瓜荐新，以示不忘本。《礼记·玉藻》：“瓜祭上环。”孔颖达疏：“瓜祭上环者，食瓜亦祭先也。”《论语·乡党》：“虽蔬食菜羹，瓜祭，必齐如也。”

辍食：停止饭食，多形容哀伤或发愤之情。《史记·袁盎晁错列传》：“淮南王至雍，病死，闻，上辍食，哭甚哀。”晋陆机《思归赋》：“昼辍食而发愤，宵假寐而兴言。”

灵筵：供亡灵的几筵。《梁书·止足传·顾宪之》：“不须常施灵筵，可止设香灯，使致哀者有凭耳。”北齐颜之推《颜氏家训·终制》：“灵筵勿设枕几，朔望祥禫，唯下白粥清水干枣，不得有酒肉饼果之祭。”王利器集解：“灵筵，供亡灵之几筵，后人又谓之灵牀，或曰仪床。”

【解析】

常霖生，湖南衡阳人，为常大淳之子、常豫之弟。

民国元年（1912年）六月二十五日，王闿运闻常九弟丧，作挽联即为此联。

上联说其人年老而为世事变迁而泣，应忆起孩提时于武昌逃生之事。下联说其人弥留之时收到瓜，犹不食而荐于先人之灵筵。联语先述其孩提事，又说其辍食事，皆说其不忘本也。

【考辩】

《湘绮楼日记》民国元年六月二十五日有记载，文字一致。

朱宇恬

同保百年身，再阅沧桑厌尘世；

独成三徙业，谁知端木是耆儒。

【注释】

三徙业：范蠡三迁，指范蠡三聚财富之事。《史记·越王勾践世家》："故范蠡三徙，成名于天下，非苟去而已，所止必成名。"

端木：指孔子弟子端木赐，字子贡，春秋末年卫国黎（今河南省鹤壁市浚县）人，孔门十哲之一，善于雄辩，且有干济才，办事通达，曾任鲁国、卫国的丞相。还善于经商，是孔子弟子中的首富。

耆儒：德高的老年儒者。扬雄《剧秦美新》："是以耆儒硕老，抱其书而远逊；礼官博士，卷其舌而不谈。"《后汉书·张皓传》："汉安元年，选遣八使徇行风俗，皆耆儒知名，多历显位。"

【解析】

朱雨田即朱昌琳，别名谘典，字雨田，又禹田、宇田，晚年自号养颐老人，湖南长沙县人，系明藩岷庄王朱楩后裔。朱昌琳出生于道光二年（1822年），少承儒业，考取秀才后，乡试屡不第，乃以教书为业。道光二十七年（1847年），湘中农业丰收，谷价骤降。时朱昌琳在省城富绅唐际盛家课读，乃借资购入千斛。次年，沅、湘大水，谷价骤涨，朱昌琳大获厚利，以此起富。随后在安化设立总茶庄，于汉口、泾阳、羊楼司、西安、兰州等地设分庄，盈利日增。同治十三年（1874年），左宗棠着手整顿西北茶务，起用朱昌琳为"南柜"总商，专门经营湘茶的贩运。光绪三年（1877年），应山西巡抚曾国荃、陕西巡抚谭钟麟的嘱托，捐献大批粮食、布匹赈济两省灾民，功授候补道员。宣统三年（1911年），当他年届九旬之际被举耆贤，特授内阁学士衔。民国元年（1912年），朱昌琳在长沙寿终正寝，终年九十岁。

民国元年十月二十三日，王闿运闻朱雨田病终，作挽联吊之，即为此联。此年王闿运八十岁。

上联说自己和其人都算是长寿了，阅尽沧桑而有厌倦尘世之感。下联说其人经商有方而成巨富，人却未知其亦是耆儒。联语雅正，拉人用典亦切，虽简略而不失哀思。

【考辩】

《湘绮楼日记》民国元年十月二十三日有记载，文字一致。

《古今联语汇选》亦收录此联，文字一致。

胡得立

邂逅托知心，礼殿重开仍讲肄；

桂零歌按堵，使君三岁只清贫。

【注释】

讲肄：讲论肄习。《诗·小雅·甫田》："攸介攸止，烝我髦士。"汉郑玄笺："闲暇则于庐舍及所止息之处，以道艺相讲肄，以进其为俊士之行。"孔颖达疏："相讲论而肄习其业。"

按堵：安居，安定。《汉书·高帝纪上》："与父老约法三章耳：杀人者死，伤人及盗抵罪。余悉除去秦法。吏民皆按堵如故。"颜师古注："应劭曰：'按，按次第。堵，墙堵也。'言不迁动也。"《旧唐书·代宗纪》："既收京城，令行禁止，民庶按堵，秋毫不犯。"

使君：州郡长官的尊称。《三国志·蜀志·刘璋传》："（张）松还，疵毁曹公，劝璋自绝，因说璋曰：'刘豫州，使君之肺腑，可与交通。'"张籍《苏州江岸留别乐天》："莫忘使君吟咏处，女坟湖北武丘西。"

【解析】

胡得立，曾任湖南数地道台，生平不详。

民国二年（1913年）四月二日，王闿运作胡得立挽联，即为此联。

上联说二人邂逅即成为知心之友，当民国成立后仍为讲肄之行。下联说湖南桂阳、零陵等地能安居，而胡为地方官三载却仍然清贫。联语述其操行，虽少哀挽之意，却足见其人风襟。

【考辩】

《湘绮楼日记》民国二年四月二日有记载，文字一致。

僧柏永

东洲罗汉禅寺住持。

结芳邻廿四年，蔬筍同尝，每听钟声发深省；

后圭峰十八世，枇杷先折，空余石路济行人。

【注释】

蔬筍：蔬菜和竹笋，“筍”即“笋”。王明清《挥尘后录》卷二：“康节云：‘野人岂识堂食之味，但林下蔬笋，则尝吃耳。’”

圭峰：指圭峰宗密禅师，唐代名僧，佛教华严五祖，四川西充县人。因常住圭峰兰若，世称圭峰法师。俗名何炯，曾第进士，唐元和二年（807年）于遂州遇道圆禅师，受具足戒，出家为僧。去世后谥号定慧禅师。

【解析】

僧柏永为衡阳东洲罗汉禅寺住持，其寺位于东洲岛，毗邻王闿运所主持的东洲船山书院。

民国二年（1913年）五月六日，王闿运得邻僧报丧，作挽联即为此联。

上联说二人一主持禅寺，一主持书院，为邻二十四年，有蔬笋即同尝，而自己在书院每次听到钟声即为深省。下联说柏永禅师为唐代圭峰宗密禅师之传人，亦为华严宗，如今枇杷已经摧折，唯空余石路造福行人。联语对仗工雅，拉人作衬亦得体，读来足见追忆和哀思。

【考辩】

《湘绮楼日记》民国二年五月六日有记载，文字一致。

《古今联语汇选》亦收录此联，文字一致。

陈复心

节钺启词臣，武达文通光列戟；

坛山开世俗，弟劝兄酬胜八龙。

【注释】

节钺：符节与斧钺，古代授与官员或将帅，作为加重权力的标志。《孔丛子·问军礼》："天子当阶南面，命授之节钺，大将受，天子乃东面西向而揖之，示弗御也。"《三国志·魏志·武帝纪》："天子假太祖节钺，录尚书事。"

词臣：指文学侍从之臣，如中书舍人与翰林学士。出自刘禹锡《江令宅》："南朝词臣北朝客，归来唯见秦淮碧。"徐光启《疏辩》："以翰林而兼河南道，从来无此官衔；以词臣而出典兵，从来无此职掌。"

列戟：宫庙、官府及显贵之府第陈戟于门前，以为仪仗。《旧唐书·德宗纪下》："壬戌，诏以太尉、中书令，西平郡王李晟长子愿为银青光禄大夫、太子宾客，赐勋上柱国，与晟门并列戟。"曾巩《降龙》诗："文旛列戟照私第，青紫若若官其孥。"

武达文通：以文学通登显贵，以武略位居达官。《南史·檀珪传》："（檀珪）与僧虔书曰：'仆一门虽谢文通，乃忝武达。'"

坛山：地名，位于湖南省郴州市桂阳县流峰、板桥、塘市等乡镇交界处。

八龙：原称东汉荀淑八子，后以称扬他人子弟或弟兄。《后汉书·荀淑传》："有子八人：俭、绲、靖、焘、汪、爽、肃、专，并有名称，时人谓之'八龙'。"

弟劝兄酬：兄弟互相劝酒敬酒。杜甫《舍弟观赴蓝田取妻子到江陵，喜寄三首》："比年病酒开涓滴，弟劝兄酬何怨嗟。"陈克《减字木兰花》："弟劝兄酬阿母前。"

【解析】

陈复心即陈兆葵，字复心，湖南省桂阳县人，陈士杰之子，兄弟数人均受业于王闿运。光绪十二年（1886年），参加丙戌科殿试，登进士二甲一百三十名。同年五月，改翰林院庶吉士。光绪十五年（1889年）四月，散馆授翰林院编修。后改官湖北汉黄道和湖南高等学堂监督。其族兄弟陈兆文为翰林，历任浙江学政、甘肃主考、太常寺卿、奉天府丞兼学政、顺天府尹、都察院副都御，兄弟陈兆奎举人出身官至法部总检察厅检察官，陈兆棠为潮州知府，陈兆璇娶王闿运十女王真。

民国二年（1913年）九月二十四日，王闿运作陈复心挽联，即为此联。

上联说其人从翰林而至地方官员，文武皆通达，能光耀陈家之门庭。下联说坛山陈氏已然成为大族，陈氏兄弟共饮之盛况已超越了荀氏八龙。联语盛赞陈复心及其兄弟家族，用典亦切，堪合挽晚辈之意。

【考辩】

《湘绮楼日记》民国二年九月二十四日有记载，文字为"节钺启词臣，武达文通光列戟；坛山开世族，弟劝兄酬胜八龙"。

丁巡卿（其一）

此本拟俞荫甫而作，以其近戏，改书一联。

抱叶等寒蝉，愧我仍居参政院；

嘉禾拟文虎，输君曾上大观楼。

【注释】

抱叶等寒蝉：比喻人已垂老而此生将尽。贾岛《早蝉》："早蝉孤抱芳槐叶，噪向残阳意度秋。"《五灯会元》一四："佛及众生，并为增语，到这里回光返照，撒手承当。未免寒蝉抱枯木，泣尽不回头。"

参政院：参政院是依据民国三年《中华民国约法》设立的临时立法机构，自民国三年（1914年）至民国五年（1916年）间存在。王闿运和丁振铎皆于成立之初即任参政院参政。

嘉禾：指嘉禾勋章，设于民国元年（1912年），后定为共九等十级（后有变动），一等为大绶，二等为二等大绶和二等无绶，三等为领绶，四、五、六、七、八、九等为襟绶，各等均有表（授予证书）。

文虎：指文虎勋章，依据民国元年公布的《陆海军勋章令》，颁赠给"民国陆海军人于平时战时著有勋劳，或非陆海军人及外国人于陆海军特别任务中著有勋劳者"。文虎勋章分一至九等，其中一、二等授予上等官佐，三至六等授予中、初等官佐及准尉见习军官，七等以下授予士兵。民国二年（1913年）改为一至四等授予上等官佐，三至六等授予中等官佐，四至七等授予初等官佐和准尉，六至九等授予士兵。民国十六年（1927年）废止。

大观楼：位于云南省昆明市西山区，为三重檐琉璃戗角木结构建筑，因大观楼长联而闻名。康熙二十九年（1690年）由巡抚王继文兴建。道光八年（1828年）修葺大观楼，增建为三层。咸丰七年（1857年）长联与楼毁于兵燹。同治五年（1866年）重建，复遭大水，光绪九年（1883年）再修。

【解析】

丁巡卿即丁振铎，字声伯，号巡卿，河南罗山县周党镇黄湖人。同治十年（1871年）进士，授庶吉士，先后任翰林院编修、武英殿功臣馆纂修官、国史馆总纂官、监察御史、京畿道台。光绪二十二年（1896年）迁新疆布政使，饬属凿井开渠，兴修水利，发展边疆经济。光绪二十四年（1898年）擢云南巡抚，兼署云贵总督。光绪二十七年（1901年）调山西巡抚。次年任云贵总督，旋兼云南巡抚。光绪三十三年（1907年）任闽浙总督，未赴任。旋授协理开办资政院事宜、禁烟大臣。宣统元年（1909年）授弼德院顾问。民国三年（1914年），袁世凯起用他为参政院参政、审计院院长兼大总统高级顾问，同年八月病故于北京，终年七十二岁。

民国三年九月二日，丁巡卿开吊，王闿运本不欲去，但因同寅同章，还是去了，并作挽丁巡卿联，此为其一。此联和光绪三十三年挽俞樾联“文苑忝齐名，愧我不堪仙籍注；荐章同报罢，输君自有祖灯传”几乎完全一样，故云“此本拟俞荫甫而作，以其近戏，改书一联”。

上联切秋之时辰，说自己和丁巡卿都已是一样的风烛残年，丁先亡故而自己仍为参政院参政，故云有愧。下联说二人所获得的勋章类似，但是自己却不如丁振铎曾为云贵总督。联语少哀挽而更类戏言，故王闿运自己也不满意此联。

【考辩】

《湘绮楼日记》民国三年九月二日有记载，文字一致。

丁巡卿（其二）

回雁昔停船，共说方州恢远略；

弘羊非计利，要凭综覈挽颓纲。

【注释】

方州：指大地，古谓天圆地方，故称。《淮南子·览冥训》：“背方州，抱圆天。”高诱注：“方州，地也。”亦指域内。陈梦雷《华岩岭》：“五岳峙方州，台峰争鼎辟。”

远略：深远的谋略。《后汉书·西羌传论》：“贪其暂安之势，信其驯服之情，计日用之权宜，忘经世之远略。”晋陆机《辨亡论下》：“洪规远略，固不厌夫区区者也。”

弘羊：指桑弘羊，河南洛阳人，西汉时期政治家、理财专家、汉武帝的顾命大臣之一，官至御史大夫，精于心算。历任侍中、大农丞、治粟都尉、大司农等职，推行算缗、告缗、盐铁官营、均输、平准、币制改革、酒榷等经济政策，同时组织六十万人屯田戍边，防御匈奴。后元二年（公元前87年），桑弘羊迁任御史大夫，与霍光、金日磾等同为辅政大臣。始元六年（公元前81年），盐铁会议召开，因贤良文学指责盐铁官营和均输、平准等政策“与民争利”，桑弘羊与之展开辩论。会后，改酒类专卖为征税，其他政策仍沿袭不变。元凤元年（公元前80年）九月，桑弘羊因与霍光政见发生分歧，被卷入燕王刘旦和上官桀父子的谋反事件，牵连被杀。

综覈：综核，综聚而考核。《汉书·卷八·宣帝纪》赞曰：“孝宣之治，信赏必罚，综核名实。”

颓纲：衰败的纲纪。《文选·陆云〈大将军宴会被命作诗一首〉》：“颓纲既振，品物咸秩。”刘良注：“振，整也。言颓落纲纪既整，品物皆有次序。”李白《明堂赋》：“廓区宇以立极，缀苍颢之颓纲。”王琦注：“《穀梁传疏》：上下无序，纲纪颓坏，故曰颓纲。”

【解析】

民国三年（1914年）九月二日，王闿运作挽丁巡卿联，其一联本为拟挽俞樾联，因其近戏，改书一联即为此联。

上联说其人曾至衡阳与自己会面，一起商谈有关国家的远略。下联说其人若桑弘羊而善计算，且不与民争利，已制定了考核方案来挽回纲纪。和上一联相比，此联更切其人其事，回雁、弘羊之对亦为巧妙，只是略少哀思。

【考辩】

《湘绮楼日记》民国三年九月二日有记载，文字为“回雁昔停船，共说方州恢远略；弘羊非计利，要凭徐覈挽颓纲”。

《古今联语汇选》亦收录此联，文字一致。

陈程初

威镇湖湘五十年，时得幽闲，同邦共享和平福；

每陪禊饮重三节，而今寂寞，秋月空悬碧浪亭。

【注释】

幽闲：清静闲适。蔡邕《汉太尉杨公碑》："操清行朗，潜晦幽闲。"俞允文《刻〈云仙杂记〉序》："事类皆幽闲燕饰，述异之外，足以资博闻而欣然惬赏者，此书也。"

同邦：同国。袁康《越绝书·荆平王内传》："子胥不死，又不入荆，邦犹未得安，为之奈何？莫若求之而与之同邦乎。"

禊饮重三节：谓古时农历三月上巳日之宴聚，即上巳节。王融《三月三日曲水诗》序："惟暮之春，同律克和，树草自乐。禊饮之日在兹，风舞之情咸荡。"《旧唐书·中宗纪》："三月甲寅，幸临渭亭修禊饮，赐群官柳棬以辟恶。"

碧浪亭：祓禊亭，在长沙开福寺后碧浪湖畔，光绪十二年（1886年）王闿运、郭嵩焘和陈海鹏等人曾在此结社，名为碧浪诗社。

【解析】

陈海鹏，字程初，善化县河西望城坡（今属长沙市岳麓区）人。其祖为义宁陈氏，与陈宝箴同宗。光绪年间任湘军总兵、提督衔江南福山镇总镇，并在碧浪湖旁修筑三间小屋，喂养了大量水鸭，而且擅于烹调鸭肉，其所烹制的鸭羹味美无比。光绪十二年（1886年）王闿运、郭嵩焘和陈海鹏等人曾在此结社，名为碧浪诗社。

上联说其人威名已镇湖湘数十年，此后亦得幽闲，举国同享和平之福。下联说自己与陈海鹏等人当年每逢上巳节均饮宴，如今大多已经故去，只剩自己寂寞地看秋月空悬于碧浪亭之上。秋月应是切其人亡故之季节。联语追思旧友，当日之盛会和如今之寂寞成了鲜明对比，犹觉哀伤。

李光久

时事积艰危，申甫再生犹有恨；

越防坚壁垒，汀沽回首更伤心。

【注释】

艰危：艰难危急。曹丕《寡妇赋》："惟生民兮艰危，于孤寡兮常悲。”杜甫《秋日荆南述怀三十韵》：“迟暮宫臣忝，艰危衮职陪。”

申甫：周代名臣申伯和仲山甫的并称，借指贤能的辅佐之臣。《诗·大雅·崧高》：“维申及甫，维周之翰。”曾国藩《李忠武公神道碑铭》：“文宗震悼，手诏曰：‘惜我良将，不克令终，尚冀其忠灵不昧，他年生申甫以佐予也。’”

越防：李光久曾任浙江按察使，奉命统领浙江省马步三十六营驻防宁波，以防御意大利海军侵扰。

坚壁垒：坚守壁垒。钱应溥《海昌孙吴二砖歌》：“大桢苇席坚壁垒，疑城再筑张角犄。”近代陈三立《庸庵用游半淞园韵见怀次答》：“迭吟坚壁垒，老味殉林邱。”

汀沽：指丁字沽，在今天津市北红桥区北部，北运河西岸。《方舆纪要》卷十一武清县：丁字沽“以三水会流如丁字也。沽东南去天津六十里”。

【解析】

李光久，字恒亨，号健斋，湖南湘乡人，为湘军悍将李续宾之次子，承袭三等男爵。光绪二十年（1894年）秋天随帮办军务、湖南巡抚吴大澄北上援辽抗日。光绪二十五年（1899年）调补苏松太道，嗣调江海关道，不久晋升浙江按察使，奉命统领浙江省马步三十六营驻防宁波，以防御意大利海军侵扰。著有《誓师要言》，编《李忠武公（续宾）遗书》。

光绪二十六年（1900年）正月十六日，王闿运得李光久讣书，作挽联即为此联，自云“虽曾涤公不能过也”。

上联所说的“申甫再生”出自曾国藩《李忠武公神道碑铭》中的文宗手诏“他年生申甫以佐予也”，言时局艰危，虽有贤臣亦难以挽回。下联说其人在浙江布防坚守壁垒，过丁沽而回首唯有伤心不已。联语多哀伤之情，更与时局相应，故王对此联甚为自满。

【考辩】

《湘绮楼日记》光绪二十六年正月十六日有记载，文字为“时事积艰危，申甫再生犹有憾；越防坚壁垒，丁沽回首更伤心”。

魏午庄

十五年节钺归田，无地起楼台，清德竟同刘武慎；

八旬内沧桑屡变，一生逢丧乱，褰裳愿礼魏元君。

【注释】

无地起楼台：不治私产之典。王君玉《国老谈苑》："寇准出入宰相三十年，不营私第。处士魏野赠诗曰：'有官居鼎鼐，无地起楼台。'洎准南迁，时北使至，内宴，宰执预焉。使者历视诸相，语译导者曰：'孰是无地起楼台相公？'毕坐无答者。"

清德：高洁的品德。《后汉书·列女传·皇甫规妻》："妾之先人，清德奕世。"《新唐书·李石传》："毛玠以清德为魏尚书，而人不敢鲜衣美食，况天子独不可为法乎？"

刘武慎：刘长佑，字子默，号荫渠（一作印渠），湖南新宁人，清末湘军名将，曾任广西布政使、广西巡抚、两广总督、直隶总督、广东巡抚、云贵总督等职，后病逝于原籍，谥武慎。著有《刘武慎公遗书》。

丧乱：原指死亡祸乱，后多以形容时势或政局动乱。《诗·大雅·云汉》："天降丧乱，饥馑荐臻。"《诗·大雅·桑柔》："天降丧乱，灭我立王。"

褰裳：撩起下裳。《诗·郑风·褰裳》："子惠思我，褰裳涉溱。"晋葛洪《抱朴子·广譬》："褰裳以越沧海，企伫而跃九玄。"

魏元君：魏华存，晋代女道士，字贤安，任城（今山东济宁市境）人，司徒魏舒之女。博览百家，通儒学五经，尤耽好老、庄。持斋修道多年，广搜道教神书秘籍，曾为天师道祭酒，得清虚真人王褒等降授"神真之道"，景林真人曾授给她《黄庭经》。被尊奉为道教上清派第一代宗师，世称"南岳夫人"。《道藏辑要·氐集》收有《元始大洞玉经》三卷、《元始大洞玉经疏要十二义》一卷、《大洞玉经坛仪》一卷、《总论》一卷，均题为魏华存疏义。

【解析】

魏午庄即魏光焘，字午庄，别名石龙山人、湖山老人，湖南邵阳县金潭乡人。早年隶左宗棠部，光绪时初任道员，累擢按察使、布政使，光绪二十年（1894

年）中日甲午战争爆发后募兵北上，与湖南巡抚吴大澄援辽抗日，在海城等地与敌多次激战，在牛庄战役中指挥所部重创日军。战后历任江西布政使、陕西巡抚、陕甘总督、云贵总督、两江总督。曾任新疆布政使、新疆巡抚、云贵总督、陕甘总督，后任两江总督、南洋大臣、总理各国事务大臣。署理两江总督期间，继刘坤一、张之洞之后，实施筹建三江师范学堂，为开启近代新疆博达书院、南京大学的重要人物。光绪三十一年（1905年）被劾开缺回籍，民国五年（1916年）卒于家。

上联说其人以十五年封疆大吏身份而归田，却不治私产，其清德堪同刘长佑。下联说其人八旬而历沧桑之变，一生皆逢时局动荡，终撩衣而礼道家仙人魏元君。联语述其人之德，想见面对艰难时局之无奈，终无奈而归于道家，哀挽而能切。

陈完夫

经史词章得替人，方期光大名门，同寻陋巷箪瓢乐；

狱讼平反推老吏，所惜衰羸形役，遽舍京尘布辆归。

【注释】

替人：接替的人。王梵志《用钱索新妇》："替人既到来，条录相分付。"黄景仁《乌江吊项羽》："好寻鬼母挥余泪，自有狮儿作替人。"

陋巷箪瓢乐：论语中赞颂颜回之典。《论语·雍也》："子曰：'贤者回也。一箪食，一瓢饮，在陋巷，人不堪其忧，回也不改其乐。贤哉回也。'"

狱讼：讼事；讼案。《周礼·地官·大司徒》："凡万民之不服教而有狱讼者，与有地治者听而断之，其附于刑者，归于士。"郑玄注："争罪曰狱，争财曰讼。"贾公彦疏："狱讼相对，故狱为争罪，讼为争财。若狱讼不相对，则争财亦为狱。"《汉书·儿宽传》："宽既治民。劝农业，缓刑罚，理狱讼，卑体下士，务在于得人心。"

衰羸：衰病瘦弱。《东观汉记·张敏传》："今君所苦未瘳，有司奏君年体衰羸，郊庙礼仪仍有旷废。"苏轼《上吕仆射论浙西灾伤书》："譬如衰羸久病之人，平时仅自支持，更遭风寒暑湿之变，便自委顿。"

形役：谓为形骸所拘束、役使。陶潜《归去来辞》："既自以心为形役，奚惆怅而独悲？"刘敞《睡起》："有生滞形役，万物安静便。"

京尘：京洛尘，比喻功名利禄之事。陆机《为顾彦先赠妇》诗之一："京洛多风尘，素衣化为缁。"司空图《下方》："三十年来往，中间京洛尘。"

布輤：古代载柩车上用作装饰的盖布。《礼记·杂记》："遣车视牢具，疏布輤，四面有章，置于四隅。"

【解析】

陈完夫即陈兆奎，幼名达泉，字完夫，号隐庵，谱名贻倜，湖南省桂阳直隶州（今湖南桂阳县）人，陈士杰九子，王闿运称其十一郎（与陈兆文、兆蓉堂兄弟一并排行），据敦庸堂《泗洲陈氏族谱》载，出生于光绪五年（1879年），与其兄弟数人均为王闿运弟子，光绪年间中举人，官主事，后任部参议。曾为王闿运整理《王志》。民国四年（1915年），正值英年的陈兆奎遽然离世，年仅三十七岁。有《隐庐诗集》三卷、《文集》三卷，王闿运为之评。另著有《孝经古注》《沩宁孙驾航都转事略》。

上联说自己的才学终于有了传人，期待陈兆奎能够光大陈家，一起寻找像颜回那样陋巷箪食读书之乐。下联说其人善能平反冤狱，可惜身体病弱，突然就舍弃了功名利禄，灵车载柩而归。陈为王最为喜爱的学生，故王将其视为传人，此时英年早逝，王闿运大悲，故联语有孔子哭颜回之感。

张孝达

老臣白发，痛矣骑箕，整顿乾坤愿初了；

满目苍生，潸然出涕，凄凉山馆我何如。

【注释】

骑箕：是指大臣死亡。《庄子·大宗师》："傅说得之，以相武丁，奄有天下，乘东维，骑箕尾，而比于列星。"张居正《答翰学陈玉垒》："然相国久已骑箕，挂剑之义，附之冥漠而已。"赵翼《题黄陶庵手书诗册》："呜呼公已骑箕去，故纸残零亦何有。"

潸然出涕：流泪。《汉书·中山靖王刘胜传》："纷惊逢罗，潸然出涕。"

山馆：山中的宅舍。顾炎武《摄山》："徵君旧宅此山中，山馆孱颜往迹空。"吴敏树《宽乐庐记》："（老友郭建林）亦数数来余家山馆共朝夕，言笑不倦。"

【解析】

张孝达即张之洞，字孝达，号香涛，时为总督，称"帅"，故时人皆呼之为"张香帅"。祖籍直隶南皮（今河北沧州市南皮县），出生于贵州兴义府（今安龙县）。咸丰二年（1852年）十六岁中顺天府解元，同治二年（1863年）二十七岁中进士第三名探花，授翰林院编修，历任教习、侍读、侍讲、内阁学士、山西巡抚、两广总督、湖广总督、两江总督（多次署理，从未实授）、军机大臣等职，官至体仁阁大学士。张之洞早年是清流派首领，后成为洋务派的主要代表人物。教育方面，他创办了自强学堂（今武汉大学前身）、三江师范学堂（今南京大学前身）、湖北农务学堂（今华中农业大学前身）、湖北武昌蒙养院、湖北工艺学堂、慈恩学堂（南皮县第一中学）、广雅书院等。政治上主张"中学为体，西学为用"。工业上创办汉阳铁厂、大冶铁矿、湖北枪炮厂等。八国联军入侵时，大沽炮台失守，张之洞会同两江总督刘坤一与驻上海各国领事议订"东南互保"，并镇压维新派的唐才常、林圭、秦力山等自立军起义。光绪三十四年（1908年），以顾命重臣晋太子太保，次年病卒，谥文襄。有《张文襄公全集》。与曾国藩、李鸿章、左宗棠并称"晚清中兴四大名臣"。

上联说其人因操劳而白发，此时故去，当为一痛，而其人整顿乾坤之愿望才刚刚完成一点。下联说天下苍生同为之涕泣，回看凄凉的馆舍，自己亦无可奈何。联语恳切而又工切，在挽张之洞的挽联中此联尤为别致，吴恭亨谓之"款款摅情，语言妙天下"。

【考辩】

《对联话》亦收录，文字为"老臣白发，痛矣骑箕，整顿乾坤事粗了；满眼苍生，凄然流涕，徘徊门馆我何堪！"

《古今联语汇选》《古今楹联名作选萃》亦收录，文字为“老臣白发，痛矣骑箕，整顿乾坤事粗了；满眼苍生，凄然流涕，徘徊门馆我何如。”

自挽

春秋表仅传，正有佳儿学诗礼；

纵横志不就，空留高咏满江山。

【注释】

春秋表：王闿运次子王代丰著有《春秋例表》《乌石礼经注》。

纵横：合纵连横的节缩语，犹言帝王学。《淮南子·览冥训》：“纵横间之，举兵而相角。”高诱注：“苏秦约纵，张仪连横。南与北合为纵，西与东合为横，故曰纵成则楚王，横成则秦帝也。”《史记·平津侯主父列传》：“主父偃者，齐临菑人也。学长短纵横之术，晚乃学《易》、《春秋》、百家言。”

【解析】

此联为王闿运自挽，作于光绪八年（1882年），王闿运时年五十岁。上联说自己的学识唯王代丰传承了《春秋例表》等，而其他的儿子还在学习诗礼阶段。下联说自己的帝王学说无用武之地，只留下诗词文章尚能名满天下。联语有哀王代丰之意，而下联亦作不甘心之语，故吴恭亨曰“对幅不甘为文人，有烈士暮年、壮心未已之豪采”。

【考辩】

《湘绮楼日记》马积高序中有记载，文字为“春秋表仅成，剩有佳儿学诗礼；纵横计不就，空留余韵满江山”。

《对联话》亦收录，文字为“春秋表未成，幸有佳儿述诗礼；纵横计不就，空余高咏满江山”。

萧屺山母

长郎许入禁廷，名誉动公卿，谁知画荻丸熊苦；

新妇初谙食性，晨昏奠羞膳，犹是陔兰汩鲤心。

【注释】

长郎：旧时尊称他人长子。袁枚《随园诗话》卷十一：“老友何献葵之长郎名承燕。”

禁廷：亦作“禁庭”，犹宫廷。干宝《搜神记》卷七：“禁庭尊秘之处，今贱人竞入，而门卫不觉者，宫室将虚，下人逾上之妖也。”《旧唐书·韦温传》：“寻知制诰，召入翰林为学士，以父职禁廷，忧畏成病，遗诫不令居禁职，恳辞不拜。”

画荻：以荻画地，称颂母教之典。《宋史·欧阳修传》：“四岁而孤，母郑，守节自誓，亲诲之学，家贫，至以荻画地学书。”刘克庄《挽刘母王宜人》：“分灯照邻女，画荻训贤郎。”

丸熊：用熊胆和制丸子，称赞母亲教子有方。《新唐书·柳仲郢传》：“母韩，即皋女也，善训子，故仲郢幼嗜学，尝和熊胆丸，使夜咀咽以助勤。”章学诚《文史通义·古文十弊》：“抑思善相夫者，何必尽识鹿车鸿案；善教子者，岂皆熟记画荻熊！”

新妇初谙食性：新嫁之妇之典。出自王建《新嫁娘》：“三日入厨下，洗手作羹汤。未谙姑食性，先遣小姑尝。”

羞膳：又作“馐膳”，指膳食，美食。《仪礼·燕礼》：“请执幂者与羞膳者。”

陔兰：敬称他人的子孙，意谓能孝养长辈。《文选·束皙〈补亡诗〉》：“循彼南陔，言采其兰。”李善注：“采兰以自芬香也。循陔以采香草者，将以供养其父母。”元稹《祭礼部庚侍郎太夫人文》：“封燔茅社，抱弄荃荪。陔兰始茂，隙驷俄奔。”

汩鲤：意同涌鲤，二十四孝中姜诗及其妻庞氏涌泉跃鲤之典。出自《后汉书·列女传》：“姑嗜鱼鲙，又不能独食，夫妇常力作供鲙，呼邻母共之。舍侧忽有涌泉，味如江水，每旦辄出双鲤鱼，常以供二母之膳。”

【解析】

萧屺山，湖南人，曾任军机章京，生平不详。

同治九年（1870年）十一月二日，王闿运书萧屺山章京母挽联，即为此联，并注明“萧续娶未一年，故云然”。

上联说其子为官而名动公卿，应知此母辛教子之苦。下联说其新娶之妻亦是至孝。此联挽其母，述其子其媳之行，所谓荡开一笔，不落窠臼也。

【考辩】

《湘绮楼日记》同治九年十一月二日有记载，文字为“郎君许入禁廷，名誉动公卿，谁知画荻丸熊苦；新妇初谙食性，晨昏羮羞膳，犹是陔兰汨鲤心”。

《古今联语汇选》亦收录此联，文字一致。

罗正斋母

壶仪礼法自成家，忆当年总角娭游，两孤成立，讵料衰门莫盛，屯难偕臻，一失母，一亡儿，凄绝庚申悲往事；

姑氏凋零危若线，惟令子湘城流寓，三徙扬名，即今暮岁看孙，诗书有泽，传贤明，传贞顺，编题甲乙补刘书。

【注释】

壶仪：阃仪，指妇女的端庄仪表和美好德操。陈亮《祭薛象先内子黄氏恭人文》：“体地道之无成，致阃仪之靡失。”

总角：原指古人少小时头发梳成两个发髻的发型，后亦指童年时期。《诗·齐风·甫田》：“婉兮娈兮，总角丱兮。”郑玄笺：“总角，聚两髦也。”孔颖达疏：“总角聚两髦，言总聚其髦以为两角也。”晋陶潜《荣木》诗序：“总角闻道，白首无成。”

娭游：嬉游，嬉戏游乐。王守仁《传习录》卷中：“大抵童子之情，乐嬉游而惮拘检。”王国维《虞美人·弄梅骑竹嬉游日》：“弄梅骑竹嬉游日。门户初相识。未能羞涩但娇痴。却立风前散发衬凝脂。”

衰门：衰落的门户。《宋书·谢瞻传》：“弟年始三十，志用凡近，荣冠台府，位任显密，福过灾生，其应无远。特乞降黜，以保衰门。”李商隐《五言述德抒情一首四十韵献上杜七兄仆射相公》：“弱植叨华族，衰门倚外兄。”

屯难：艰难。《易·屯》：“彖曰：屯，刚柔始交而难生。”谢灵运《撰征赋》：“民志应而愿税，国屯难而思抚。”

庚申：指咸丰十年（1860年），此年王闿运之母蔡氏亡故，而郭新楷亦死于此年。

姑氏：王闿运的两个姑母王珮和王玙嫁入郭家，为郭汪璨的弟媳，因此称郭家为“姑氏”。

三徙：指孟母为教育孟子而三迁之事。曹操《善哉行》：“既无三徙教，不闻过庭语。”

甲乙：称誉，赞扬。叶适《奉议郎郑公墓志铭》：“君见弟益自力，乡论多甲乙。”

刘书：西汉刘向所编撰的《列女传》，从上古至汉代共记载了一百零四名妇女的故事。贤明传、贞顺传均为其中的一卷。

【解析】

《湘绮楼日记》称此联为挽正斋之母，未言罗正斋。根据联意，所挽应为郭新楷之母。郭新楷，字正斋，湖南湘潭人，王闿运的同学，郭汪璨之孙，郭如翰之从子。八岁能为科举文，号为奇童，通经史，诗词清丽，后客常德知府署中，一夕自起投枯井而死。

同治十一年（1872年）四月二十六日，王闿运追忆正斋，并作其母挽联，即为此联。

上联说其母以礼治家，自己和郭新楷少小交游，二人俱是丧父之孤，谁料门户衰落难以再盛，艰难纷至，咸丰十年（1860年）王闿运丧母，而郭新楷亦投井而死。下联说郭家已人丁凋零，只有郭新楷流寓长沙，因其母教育有方而扬名，如今看郭新楷之子诗书有成，可知郭母应补入《列女传》之贤明传、贞顺传。联语挽母而思子，更忆及自己丧母之往事，犹觉凄婉。

【考辩】

《湘绮楼日记》同治十一年四月二十六日有记载，文字为“壶仪礼法自成家，忆当年总角嬉游，两孤成立，岂料衰门难盛，屯难偕臻，一失母，一亡儿，凄绝庚申悲往事；姑氏凋零危若线，惟令子湘城流寓，三徙传名，即今暮岁看孙，诗书有泽，传贤明，传贞顺，编题甲乙补刘书”。

黄母

名门仰母仪，南陔长养三枝桂；
时贤尽哀诔，空谷殷勤一束刍。

【注释】

南陔：孝养父母长辈之典。《诗·小雅·南陔序》：“《南陔》，孝子相戒以养也……有其义而亡其辞。”晋束皙承此旨而作《补亡》诗：“循彼南陔，言采其兰；眷恋庭闱，心不遑安。”

空谷殷勤一束刍：赞美其母的品德。化用自《诗经·小雅·白驹》：“皎皎白驹，在彼空谷，生刍一束，其人如玉。”《孝经援神契》：“母之于子也，鞠养殷勤，推燥居湿，绝少分甘。”

【解析】

黄母即黄锡彤、黄锡焘之母。

同治十一年（1872年）九月十四日，王闿运作黄母挽联，并书唁翰舟，即为此联。

上联说黄家为名门而仰其母之风仪，家中三子均孝养其母。下联说当时贤人皆来哀诔其母，其母殷勤教子且品德如玉，当献一束生刍为礼。联语雅正大气，对仗工浑，然除三子以外无可切之处，略见应酬。

【考辩】

《湘绮楼日记》同治十一年九月十四日有记载，文字一致。

吴子登母（其一）

偕隐高介母之风，江海安行，鱼笋承欢同禄养；

示疾念观音之力，期颐知命，蕈蓍委化入漻天。

【注释】

介母：介子推之母，与介子推一起归隐，后一起被烧死于绵山。《左传·僖公二十四年》：“（介子推）对曰：‘言，身之文也，身将隐，焉用文之？是求显也。’其母曰：‘能如是乎？与女偕隐。’遂隐而死。”

江海：指隐士的居处。《庄子·刻意》：“就薮泽，处闲旷，钓鱼闲处，无为而已矣。此江海之士，避世之人。”《后汉书·逸民传序》：“然观其甘心畎亩之中，憔悴江海之上，岂必亲鱼鸟乐林草哉。”苏轼《临江仙》词：“小舟从此逝，江海寄余生。”

鱼笋承欢：鱼和竹笋，有以鱼和笋孝养父母之意。《二十四孝》有东汉姜诗与其妻“涌泉跃鲤”和三国孟宗“哭竹生笋”二则，皆为孝养母亲之典。

禄养：以官俸养亲。焦赣《易林·革之观》：“飞不远去，法为罔待，禄养未富。”司空图《卢公神道碑》：“禄养之荣，孝敬之美，一时罕及也。”

示疾：佛教称佛、菩萨、高僧等修行者生病，旨在故意显现，以教化众生。刘轲《大唐三藏大遍觉法师塔铭并序》：“自示疾至于升神，奇应不可殚纪。”

蕈蓍：亲人离别而先有的征兆。蕈指松蕈，古人认为梦到松蕈群生为亲人离别之兆。蓍指蓍草，古人用于占卜之草。西晋张华《博物志》：“蓍千岁而三百茎，其本已老，故知吉凶。”

委化：原指随任自然的变化，后引申为死的婉词。《魏书·阳尼传》：“既听天而委化兮，无形志之两疲。”苏辙《逍遥聪禅师塔碑》：“予自高安移宰绩溪，未几而全委化。”

漻天：清天。《仲秋二十八大墟道中念五节再期感吟二律》：“飞华几散漻天色，落叶空随瘴海波。”李锴《九日登东冈小女为予簪花烹菊留连竟日戏作》：“水色不敌漻天清，霜信欲逐凉飙生。”

【解析】

吴子登即吴嘉善，字子登，江西南丰人。咸丰十一年（1861年）进士，改翰林院庶吉士，散馆授编修。与徐有壬同治算学。同治改元，避太平军战乱游长沙，识丁取忠。逾年，客广州，因邹伯奇又识钱塘夏鸾翔。光绪二年（1876年），经驻美公使陈兰彬推荐，任留美学生监督，最终促成中途撤回留美学生。吴在担任监督期间还曾负责日斯巴尼亚（西班牙）、秘鲁两国事务参赞。光绪五年（1879年），奉命出使法兰西，驻巴黎。后因病辞职归国，旋卒。吴嘉善能演算术割圆八线缀术（即三角函数），并对化学、机械有所研究。继徐有壬死后，续完数学著作《测圆密率》三卷，又为算学家李善兰校刊数学著作《尖锥变法解》一卷。撰成数学专著《算学二十一种》，被收入清大型数学论集《白芙堂算学丛书》。另有《翻译小补》刊行。

同治十二年（1873年）三月四日，王闿运作子登母挽联，即为此联。

上联说其母与子一起归隐，有介母之风，在隐居之处安然度日，其子更是以鱼笋代替官俸来孝养其母。下联说其母生病，唯念观音之力而不作治疗，年近百岁而亡故，且死之前已经预知了征兆。联语对仗工，用典亦切，述母贤子孝，而亡故之过程亦如高僧大德，故不作悲语也。

【考辩】

《湘绮楼日记》同治十二年三月四日有记载，文字一致。

吴子登母（其二）

有子成名，介母后，几人偕隐；

百年知化，法轮前，十转超凡。

【注释】

知化：谓通晓事物变化之理。《易·系辞下》："穷神知化，德之盛也。"张载《正蒙·乾称》："知化则善述其事，穷神则善继其志。"

法轮：呈圆轮形，原是古印度的一种武器。在佛教中代表佛法，经中云："轮具二义，一旋转义，二摧辗义，以四谛轮转度与他，摧破结惑，如王轮宝，能坏能安。法轮亦尔，坏烦恼怨，安住谛理。"意指佛法如转轮王的轮，旋转不停，永无休止。

超凡：超然于尘世之外，指得道、成仙。《醒世恒言·李道人独步云门》："李清笑道：'似此疑惑，便是退悔道心，怎能够超凡脱浊？'"

【解析】

同治十二年（1873年）四月七日，王闿运作子登母挽联，即为此联，并云"前已作之，今复改也，然不及前作"。

上联说其子成名，其母效仿介母而与子偕隐，世少有也。下联说近百岁而知自身寿算，乃勤修佛法，终于得道而仙去。联语简略而能述其主旨，但文采则不如前一联也。

【考辩】

《湘绮楼日记》同治十二年四月七日有记载，文字为"有子成名，介母后，几人偕隐；百年知化，法轮前，一转超凡"。

徐寿衡母

偕老未终随，富贵白头犹有恨；

名贤争诔母，升平彤管定传徽。

【注释】

彤管：古代女史用以记事的杆身漆朱的笔，指女子文墨之事。《诗·邶风·静女》："静女其娈，贻我彤管。"毛传："古者后夫人必有女史彤管之法，史不记过，其罪杀之。"郑玄笺："彤管，笔赤管也。"陈康祺《郎潜纪闻》卷九："三闺秀时代相近，并有功是书。彤管清徽，一时鼎峙，韵矣哉！”

传徽：传扬美好的名声。沈约《为南郡王侍皇太子释奠宴诗》：“尊学尚矣。继列传徽。”苏辙《送韩宗弼》：“君家汉代平与韦，蔼然令德传余徽。”

【解析】

徐寿衡即徐树铭，字伯澄，号寿蘅，又号澄园，湖南长沙人，国搢孙，夔长子。道光二十七年（1847年）丁未进士，选庶吉士，授编修。尝从唐鉴、曾国藩学。历官兵部、吏部、工部左右侍郎，福建督学，浙江督学，都察院左都御史，工部尚书。皇清诰授光禄大夫，充经筵讲官，国史馆纂修，朝考阅卷大臣，乡试正考官等职。曾向朝廷举荐俞樾，不仅未准，而且自己也被降职多级。平生不事积蓄，唯嗜钟鼎书画金石之属，鉴赏考据甚为精赅。工书，善诗文，有《澄园诗集》十卷、《约园志》四卷、《浙江纪事诗》、《浙江校士录》、《澄园尚书遗墨诗册》、《诰封太恭人善化张母胡太恭人墓志铭》等。

同治十二年（1873年）四月二十七日，王闿运作徐母挽联，并作书吊唁，即为此联。

上联说其母虽与夫偕老却仍先去，使徐父富贵长寿而留有遗憾。下联说当时名贤都争着为其母作诔，国家太平而女子文墨之事当能流芳。此联唯对仗尚工，但整体而言亦是寻常应酬之作。

【考辩】

《湘绮楼日记》同治十二年四月二十七日有记载，文字一致。

吴福茨母

福茨闻丧即行，今罕见，宜特奖之。

单车就道怆星奔，此义几人知，素韠三年由母教；

两子夹河荣禄养，食贫当日事，金扃五鼎报亲恩。

【注释】

单车：单独一辆车。《史记·卷七七·魏公子传》："今吾拥十万之众，屯于境上，国之重任，今单车来代之，何如哉？"

星奔：形容疾走、奔驰。《三国志·卷五八·吴书·陆逊传》："星奔电迈，俄然行至。"《文选·刘琨·答卢谌诗》："裹粮携弱，匍匐星奔。"李善注："星奔，言疾也。"

素韠：白色的蔽膝。韠指蔽膝，古代官服装饰，革制，缝在腹下膝上。《诗经·桧风·素冠》："庶见素韠兮，我心蕴结兮。"

两子夹河：又作"两杜夹河"，为颂扬兄弟并为郡守之典。《汉书·杜周传》："始周为廷史，有一马，及久任事，列三公，而两子夹河为郡守，家资累巨万矣。"萧纲《饯临海太守刘孝仪蜀郡太守刘孝胜》诗："两杜昔夹河，二龙今出守。"

金扃：用金漆的鼎上贯穿两耳的横杠，指奢华的生活。张自烈《正字通》："扃，鼎扃。以木贯鼎，所以闭鼎者。"

五鼎：列五鼎而食，形容高官贵族的豪奢生活。《史记·平津侯主父列传》："且丈夫生不五鼎食，死即五鼎烹耳。"《晋书·束皙传》："夕宿七娥之房，朝享五鼎之食。"

【解析】

吴福茨即吴引孙，字福茨，一字茨甫，祖籍安徽歙县，自其高祖时迁入扬州，居郡城而属籍仪征。父名元植，以能文章充选贡，后候选直隶州州判，英年早逝。吴引孙十七岁补诸生，同治十二年（1873年）癸酉科拔贡，同治十三年（1874年）朝考一等三名，签分刑部。光绪五年（1879年），传补军机章京，并于顺天乡试中试七十七名举人。光绪九年（1883年）补湖广司主事，升贵州司员外郎。光绪十二年（1886年）以御史用充军机帮领班章京，历充方略馆协修、纂修、收掌提调等差，并派兼充总理各国事务衙门章京上行走差。光绪十四年（1888年）补授浙江宁绍台道，后补授广东按察使，甘肃、新疆布政使。光绪三十一年（1905年）奉旨署理甘肃、新疆巡抚。光绪三十三年（1907年）奉旨补授安徽布政使，调补福建布政使、湖南布政使。光绪三十四年（1908年）因亲母周氏病故，丁忧守制。宣统二年（1910年）奉旨补授浙江布政使。民国元年（1912年），接国民协会总协理函，推吴引孙为参事。民国十一年（1922年）卒。其弟吴筠孙，字竹楼，光绪三年（1877年）考取仪征县学，光绪十四年（1888年）中举，光绪二十年（1894年）中二甲第一名进士，被授职编修。后充国史馆协修、方略馆（清代编纂方略等官修书的机构，隶属军机处）纂修、总理各国事务衙门章京。甲午后授山东登州府知府，宣统二年（1910年）授湖南岳常澧道，旋改湖北荆宜道。民国二年（1913年）任赣北观察使，后改任浔阳道尹。民国六年（1917年）卒。

光绪三十四年（1908年）五月十六日，王闿运作吴福茨母挽联，即为此联，并云“（福茨）闻丧即行，近今罕见，宜特奖之”。

上联说吴福茨单车疾赴母丧，世所罕见，并守孝三年，皆是其母所教有方。下联说二子均为太守而禄养其母，当年其家贫寒，而此时能以奢华之器物报答亲恩。联语应其事而作，述母慈子孝之事，且用词工雅，出寻常应酬联之上也。

【考辩】

《湘绮楼日记》光绪三十四年五月十六日有记载，文字一致。

《古今联语汇选》亦收录此联，文字一致。

常晴生母

以不死济忠臣烈妇之艰，虎口夺诸孤，鞶帨衿缨今绕膝；

当中年见国家兴衰者再，鹫峰参六观，老生病苦不关心。

【注释】

鞶帨：腰带和佩巾，指华丽的文采。刘勰《文心雕龙·序志》：“饰羽尚画，文绣鞶帨，离本弥甚，将遂讹滥。”韩愈《吊武侍御所画佛文》：“御史武君当年丧其配，敛其遗服栉珥鞶帨于箧。月旦、十五日，则一出而陈之。”

衿缨：指衣冠楚楚的士大夫、读书人。康有为《闻菽园居士欲为政变说部诗以速之》：“闻君董狐说小说，以敌八股功最深；衿缨市井皆快睹，上达下达真妙音。”

鹫峰：灵鹫峰，代称佛寺。苏颂《次韵叶希虞秘校同游天竺寺五绝句》：“鹫峰何代落山隈，每到须清一世埃。”

六观：璎珞经所说六种性之异名——一住观，二行观，三向观，四地观，五无相观，六一切种智观。

【解析】

常晴生亦为常大淳之子，其母为常大淳之妾。

同治九年（1870年）二月五日，王闿运作常晴生母挽联，即为此联。

上联说其母当年虽未死，却和死去的常大淳夫妇及家人一样艰难，从危境救诸子而还，如今子孙均已读书有成。下联说其母已到中年而见到了家国兴衰多变，于是皈依佛寺，已然看穿世事。联语述当年之艰危，后来之皈依，对仗工整而见文采，《对联话》云为“作弁冕堂皇语者”。

【考辩】

《湘绮楼日记》同治九年二月五日有记载，文字为“以不死济忠臣烈妇之艰，虎口夺诸孤，鞶帨衿缨今绕膝；当中年见家国兴衰者再，鹫峰参六观，老生病苦不妨心”。

《对联话》亦收录，文字为“以不死济忠臣烈妇之艰，虎口夺诸孤，鞶帨衿缨齐绕膝；当中年见国家兴亡者再，鹫峰参六观，老生病苦不关心”。

《古今联语汇选》亦收录，文字为“以不死济忠臣烈妇之艰，虎口夺诸孤，擎悦衿缨今绕膝；当中年见国家兴衰者再，鹫峰参六观，老生病苦不关心”。

郭提督母

笃谊荷天题，圣母深褒贤母德；

中兴育名将，郭家堪并李家荣。

【注释】

笃谊：指忠实的友谊。虞淳熙《景泰洼》：“迎驾谊何笃，覆辙戒难忘。”

天题：皇帝的题字。李清照《夫人阁端午贴子》：“便面天题字，歌头御赐名。”

圣母：圣母皇太后，即慈禧太后。

郭家堪并李家荣：此处语义双关，既指郭子仪和李光弼，又指郭松林和李鸿章。

【解析】

郭提督即郭松林，字子美，湖南湘潭人（今株洲市雷打石镇脉湾村），郭人漳之父。晚清湘军名将，参与平定太平天国运动及捻军起义；平西捻，赐黄马褂，予轻车都尉世职。授湖北提督，调直隶。光绪六年（1880年），卒于官，优恤，建专祠，谥武壮。郭松林母罗氏，教子有方，四子均成名。

同治十二年（1873年）四月四日，王闿运招莲弟等入锁院，郭寿农询及郭提督何在，托寄挽联，于是王闿运亦作郭提督母挽联，即为此联。

上联说其母之贤，已得皇帝题字和太后褒扬。下联说其母教育而使郭松林成为中兴名将，如今郭家和李家当和唐代郭子仪、李光弼二家一样，并作显荣。联语唯郭李二家事浑然而切，其余则寻常应酬之语也。

【考辩】

《湘绮楼日记》同治十二年四月四日有记载，文字一致。

《古今联语汇选》亦收录此联，文字一致。

曾沅浦妻

富贵极中年，谁知夜织晨舂，依然德曜贫时事；

税揄随家妇，独恨荇枯蘋冷，无复河洲助祭人。

【注释】

德曜：亦作“德耀”。汉梁鸿妻孟光的字。刘向《列女传·梁鸿妻》："梁鸿妻者，右扶风梁伯淳之妻，同郡孟氏之女……字之曰德曜，名孟光。"苏轼《次秦少游韵赠姚安世》："问羊独怪初平在，牧豕应同德曜看。"

税揄：指穿黑色青色之服。税指有赤色边缘装饰的黑衣。揄指揄狄，亦作"揄翟"，采画雉形为饰之服，古代王后从王祭先公之服。《礼·杂记》："夫人税衣揄狄。"

冢妇：指嫡长子的正妻。《礼记·内则》："舅没则姑老，冢妇所祭祀宾客，每事必请于姑，介妇请于冢妇。舅姑使冢妇，毋怠、不友、无礼于介妇。舅姑若使介妇，毋敢敌耦于冢妇，不敢并行，不敢并命，不敢并坐。"韩愈《扶风郡夫人墓志铭》："（夫人）为司徒侍中庄武公之冢妇。"

河洲：原指河中可居的陆地，后为称美后妃之德的典实。《诗·周南·关雎》："关关雎鸠，在河之洲。窈窕淑女，君子好逑。"毛传："后妃说乐君子之德，无不和谐，又不淫其色，慎固幽深若关雎之有别焉，然后可以风化天下。"

助祭：助人祭祀。《诗·大雅·思齐》："雍雍在宫，肃肃在庙。"汉郑玄笺："群臣助文王养老则尚和，助祭于庙则尚敬，言得礼之宜。"《汉书·武帝纪》："列侯坐献黄金酎祭宗庙不如法夺爵者百六人。"颜师古注引汉服虔曰："因八月献酎祭宗庙时使诸侯各献金来助祭也。"

【解析】

曾沅浦即曾国荃，字沅甫，号叔纯，湖南湘乡白杨坪（今属湖南双峰）人，两江总督曾国藩的四弟，因在族中排行第九，故人称"曾九"或"曾九帅"。咸丰二年（1852年）取优贡生。后随曾国藩征讨太平天国起义，筹备湘军。咸丰六年（1856年）起独领一军，成为湘军的主要将领之一。咸丰十一年（1861年），因攻陷安庆有功被清廷赏"伟勇巴图鲁"名号，加一品顶戴。同治三年（1864年），领湘军攻破天京城，纵兵焚掠，并擒获洪仁达、李秀成等太平天国军政大员。因平定太平天国之功，加授为太子少保，封一等威毅伯。光绪元年（1875年）后历任山西巡抚、湖北巡抚、陕西巡抚等职，一度署理两广总督。光绪十年（1884年），署礼部尚书，旋即调任两江总督兼通商事务大臣。光绪十五年（1889年），加太子太保。翌年，曾国荃于两江任上逝世，享年六十七岁。清廷准其入祀昭忠祠、贤良祠；册赠太傅，谥号忠襄。有《曾忠襄公奏议》等著作存世。今人辑有《曾国荃全集》。

光绪元年八月二十三日，沅浦讣其妻丧，王闿运作挽联即为此联。

上联说其人中年而富贵已极，却仍日夜劳作，就像贫穷时期的孟光一样。下联说其人与曾国藩之妻一样穿素色服而行祭祀，今已亡故而祭草亦枯，不能再行助祭之事。联语挽曾国荃妻，亦颂扬曾国藩妻，语犹哀伤，用典亦工切，非寻常应酬联可比。

【考辩】

《湘绮楼日记》光绪元年八月二十三日有记载，文字为“富贵极中年，谁知夜织晨舂，依然德曜贫时事。税榆随冢妇，独恨荇枯蘋冷，无复河洲助祭人。”

《古今联语汇选》亦收录，文字为“富贵极中年，谁知夜织晨舂，依然德曜贫时事；虔恭随冢妇，独恨荇枯蘋冷，无复河洲助祭人”。

麻竹师母

翟茀旧荣华，湘上版舆如故里；

龙鸾毓文武，湟中阡表报慈晖。

【注释】

翟茀：古代贵族妇女所乘的一种车子，车帘两边或车厢两旁以翟羽为饰。《诗·卫风·硕人》：“翟茀以朝。”毛传注：“翟，翟车也，夫人以翟羽饰车。茀，蔽也。”陈奂传疏：“茀即车笭。”张说《郑国夫人神道碑铭》：“建号西郑，荣旧乡兮，鱼轩翟茀，盛龙光兮。”

版舆：亦作“版轝”，一种木制的轻便坐车。《文选·潘岳〈闲居赋〉》：“太夫人乃御版舆，升轻轩。”李善注：“版舆，车名……一名步舆。周迁《舆服杂事记》曰：‘步舆，方四尺，素木为之，以皮为襻，揭之。自天子至庶人通得乘之。’”元结《让容州表》：“臣欲扶持版舆南之合浦，则老母气力艰于远行。”

龙鸾：龙与凤，亦喻贤士。曹植《九愁赋》：“感龙鸾而匿迹，如吾身之不留。”苏轼《送千乘千能两侄还乡》：“鹿门上冢回，床下拜龙鸾。”

湟中：青海省西宁市下辖的一个区，明时属西宁卫，明以后，汉族、回族大量移居境内，逐步形成了以汉族为主，汉、回、藏等多民族共居的地区。清时地属西宁县。

阡表：墓表。曾敏行《独醒杂志》卷二：“后公罢政出守青社，自为阡表，刻碑以归。”罗大经《鹤林玉露》卷一：“厥后奉母郑夫人之丧归合葬，载青州石镌阡表。”

【解析】

麻竹师即麻维绪，咸丰六年（1856年）由乡举入官，权知宜章、平江、善化、桃源、湘潭诸县事，复任平江知县。著作有《留别平江士民》《养福亭记》传世。麻母为诰封一品夫人宋太夫人，光绪二年（1876年）正月，寿终于湖南平江县署之内寝，年八十有六。麻母为广西南宁府宣化县（今南宁市区及邕宁等地）人，上思营守备宋辅朝之女，适建威将军临桂县（今桂林市临桂区）麻国庆为继室。国庆莅官，夫人随从，治事井井有条，能使夫君于公事无内顾之忧。道光末，以母忧归，遂请老。岭西盗起，命子维纪、学谦、维纲操练乡兵拒贼。不久，学谦、维纲阵殁，维纪以劳卒于军。兄弟叠殇，举家大恸。其时，国庆五子仅存二，乃长子学敏（前夫人张氏出）、幼子维绪（宋夫人出）。

光绪二年（1876年）三月八日，王闿运作挽麻竹师母联，并云“彼回人也，湟中，回部旧地，麻氏，回中大姓第一也”。

上联说其母旧日即享荣华，后至湘中，亦如在故里一般荣华。下联说其子皆文武之才，于回地立有墓表以报答亲恩。联语虽简略，但亦工雅，能绾合所挽者身份。

【考辩】

《湘绮楼日记》光绪二年三月八日有记载，文字一致。

桂从九母

礼法数名家，再承鸾诰褒贤节；

艰贞抚孤子，终望鱼尘保令名。

【注释】

鸾诰：天子封赠之辞。邵璨《香囊记·庆寿》："那时节喜十年雪案萤囊，换五色金花鸾诰。"

鱼尘：鱼釜尘甑，指生活清苦。《后汉书·独行传·范冉》："（范冉）所止单陋，有时粮粒尽，穷居自若，言貌无改，闾里歌之曰：'甑中生尘范史云，釜中生鱼范莱芜。'"

【解析】

根据《湘绮楼日记》，应为程从九母挽联，其人生平不详。

光绪二年（1876年）三月二十日，王闿运作程从九母挽联，即为此联，并云："程与余通家，而人近可憎，不欲吊之，继念亲故之义，勉当一往。"

上联说其家亦为礼法名家，如今又受皇封褒扬其贤节。下联说其母艰辛抚育孤子，生活虽清苦，犹能保全美好的名声。联语唯"鸾诰""鱼尘"对仗亮眼，其余皆寻常应酬语也。

【考辩】

《湘绮楼日记》光绪二年三月二十日有记载，文字一致。

左逸仙母

问疾在中元，方期鸾鹤从容，晦月瑶池促仙御；

官箴承母训，正有笋鱼供养，秋风锦水怅归帆。

【注释】

中元：中元节，在农历七月十五日，这一天是祭祀亡故亲人、缅怀祖先的日子，也是重要的“八节”之一。

鸾鹤：相传为仙人所乘之禽鸟，借指神仙。汤惠休《楚明妃曲》：“骖驾鸾鹤，往来仙灵。”白居易《酬赵秀才赠新登科诸先辈》诗：“莫羡蓬莱鸾鹤侣，道成羽翼自生身。”

晦月：谓月尽，多指农历每月的最后一日。黄滔《入关旅次言怀》：“月晦时风雨，秋深日别离。”曾丰《公余野立》：“春雷温也厉，晦月暗而章。”

仙御：仙人所乘之车马。高瑾《三月三日宴王明府山亭（得哉字）》：“逸人谈发，仙御舟来。”晁迥《清风十韵》：“仙御来相慰，解颜良会稀。”

官箴：做官的戒规。沈鲸《双珠记·弃官寻父》：“制行难期画虎成，事亲肯被官箴缚，尽孝何愁世网婴。”梁启超《新民说·论公德》：“近世官箴，最脍炙人口者三字，曰清、慎、勤。”

锦水：锦江。杜甫《短歌行赠王郎司直》：“西得诸侯棹锦水，欲向何门趿珠履。”温庭筠《赠蜀将》诗：“十年分散剑关秋，万事皆随锦水流。”

【解析】

左逸仙即左斗才，字逸仙，四川万县（今重庆万州区）人，曾任益阳知县。工诗、善画，阁帖之功尤深。

光绪二年（1876年）八月三日，王闿运出唁左逸仙，至八月十九日左云次日将遣葬其母，王作挽联即为此联。

上联说自己方于中元节向其问疾，其正期待享受神仙一般的晚福，到了月末却已仙逝。下联说其子依母之教诲而清正为官，以笋鱼等孝养母亲，却无奈于秋时送其母之柩归蜀。联语切以时节、地理，并述孝养之事，足见其人之贤。

【考辩】

《湘绮楼日记》光绪二年八月十九日有记载，文字为“问疾在中元，方期笙鹤从容，晦日瑶池促仙御；官箴承母训，正有笋鱼供养，秋风锦水怅归帆”。

邓弥之妻

弥之夫人久留省城，实恋其资，扬善称美，故辞如此。

三十年事同兄嫂，转因姻嗣至差池，愧诫女无书，承欢难俟，空悲朝露寒泉，更何堪束缊人来，羹汤弃养；

七二洞望断云山，是岂神仙好离别，但成家有愿，在富如贫，长伴机声灯影，谁省识严冬病里，荆布余寒。

【注释】

姻嗣：姻亲的子女。姻指女婿之父。《尔雅》：“婿之父为姻。”嗣指后嗣。《国语·周语上》：“夫晋侯非嗣也，而得其位。”

束缊：捆扎乱麻为火把，比喻排难解纷。《汉书·蒯通传》：“故里母非谈说之士也，束缊乞火非还妇之道也，然物有相感，事有适可。”钱谦益《吕季臣诗》序：“国破家亡，年衰岁暮，束缊举火，轹釜待炊，季臣意殊安之。”

弃养：意思是谓父母死亡，子女不得奉养。苏颋《章怀太子良娣张氏神道碑》：“粤景龙二载孟夏之月，遘疾弃养于京延康第之寝。”吴定《答曹尚书书》：“念先人弃养八年，明公不忘旧好，施及于孤，古人之交，再见今日。”

七二洞：七十二洞天之意，衡山有七十二峰，此处指衡山。

荆布：“荆钗布裙”之省。《南史·范云传》：“昔与将军俱为黄鹄，今将军化为凤凰，荆布之室，理隔华盛。”

【解析】

邓弥之即邓辅纶，生平见挽邓弥之联。

光绪三年（1877年）正月二十四日，王闿运作邓八嫂挽联，即为此联，并云：“弥之夫人久留省城，其实恋其资也，扬善称美，故辞如此。然其死后，余人其庭，位置洁净，实亦不愧此言。”

上联说自己于此三十年中，对邓氏夫妇视若兄嫂，却因为长女无非嫁入邓家后与其人不睦，归家养病，致王邓二家产生嫌隙，王闿运自愧教女无方，使其女不能奉养公婆，亦难还夫家。下联说邓妻仙逝于湘地，虽其家有成，但邓妻依然安贫而夜织，于冬时病中荆钗布裙而去。联语先写二家之事，解释嫌隙，后又写其人简朴辛劳，亦有为长女辩解之意。

【考辩】

《湘绮楼日记》光绪三年（1877年）正月二十四日有记载，文字为“三十年事同兄嫂，转因姻嗣至差池，愧诫女无书，承欢难俟，空悲朝露寒泉，更何堪束组人来，羹汤弃养；七二洞望断云山，岂是神仙好离别，但成家有愿，在富如贫，长伴鸡声灯影，谁省识严冬病里，荆布余寒”。

《古今联语汇选》亦收录，文字为“三十年事同兄嫂，转因姻戚至差池，愧诫女无言，承欢难俟，空悲朝露寒泉，更何堪束组人来、羹汤弃养；七二洞望断云山，是岂神仙好离别，但成家有愿，在富如贫，长伴机声灯影，谁省识严冬病里、荆布余寒”。

孙芝房继妻

华灯桂树看初昏，至今雏凤成巢，始识廿年冰蘖苦；

人镜芙蓉传唱第，方幸双鸿得路，谁知归日荻灰寒。

【注释】

华灯桂树：华美的灯和桂树。《乐府诗集·相和歌辞九·相逢行》：“中庭生桂树，华灯何煌煌。”

初昏：初婚，“昏”同“婚”。《说文·女部》“婚”：“礼，娶妇以昏时。”又，“媾，重婚也。”《左传·隐公十一年》：“如旧昏媾，其能降以相从也。”

冰蘖：饮冰茹蘖，喻寒苦而有操守。刘言史《初下东周赠孟郊》：“素坚冰蘖心，洁持保贤贞。”苏轼《次韵王定国南迁回见寄》：“十年冰蘖战膏粱，万里烟波濯纨绮。”

人镜芙蓉：兆科举得中之典。段成式《酉阳杂俎续集·支诺皋中》："相国李公固言，元和六年（811年），下第游蜀，遇一老姥，言：'郎君明年芙蓉镜下及第，后二纪拜相'……明年，果然状头及第，诗赋题有'人镜芙蓉'之目。"

唱第：科举考试后宣唱及第进士的名次。元稹《酬翰林白学士代书一百韵》："唱第听鸡集，趋朝忘马疲。"何薳《春渚纪闻·毕渐赵谂》："毕渐为状元，赵谂第二，初唱第，而都人急于传报。"

荻灰：芦荻焚烧后的灰。刘沧《长洲怀古》："野烧原空尽荻灰，吴王此地有楼台。"此处亦有画荻之管焚尽成灰之意。

【解析】

孙芝房即孙鼎臣，字子余，号芝房，湖南善化（今长沙）人。出生于嘉庆二十四年（1819年），卒于咸丰九年（1859年），年四十一岁。少聪颖，年十一作《西王母赋》，惊其长老。后与梅曾亮游，乃变骈体为古文。道光二十五年（1845年）进士，改翰林院庶吉士。散馆，授编修。擢侍读，充日讲起居注官。以言事不用，乞假归。读书奉母，益肆力于学术。鼎臣工诗古文辞，著有《苍莨文集》六卷等，《清史列传》行于世。

光绪三年（1877年）八月五日，王闿运作孙芝房继妻挽联，即为此联。

上联说二人成婚于秋时，如今有子已成才，始知二十年清苦。下联说此时其子二高中，方幸有远大前程，归来却见荻管之灰已冷。联语述其人并其子事，对仗亦工，见哀思。

【考辩】

《湘绮楼日记》光绪三年（1877年）八月五日有记载，文字为"华灯桂树看初昏，至今雏凤成巢，始识廿年冰雪苦；人镜芙蓉传唱第，方幸双鸿得路，谁知归日荻灰寒"。

《古今联语汇选》亦收录此联，文字一致。

杨息柯母

就养历沅湘，便竹筍迎船，版舆过岭，总高年富贵欢娱，示疾不淹辰，八十七龄成佛果；

登堂尽英彦，看砻石题碑，倾城会葬，更四海名贤哀诔，临丧愿观礼，六旬孤子是婴儿。

【注释】

沅湘：沅水和湘水的并称。《楚辞·离骚》："济沅湘以南征兮，就重华而陈词。"汉刘向《九叹·远游》："见南郢之流风兮，殒余躬于沅湘。"

版舆：参前第262页"版舆"注释。

示疾：参前第253页"示疾"注释。

淹辰：拖延时辰。淹指拖延。《尔雅》："淹，久也。"《左传·成公二年》："无令舆师淹于君地。"

佛果：成佛，佛教认为成佛是持久修行所得之果，故名之为"佛果"。释正觉《偈颂二百零五首其一》："果满菩提圆，华开世界起。"

英彦：英俊之士。袁宏《后汉纪·光武帝纪二》："愿陛下更选英彦，以充廊庙。"《旧唐书·孔纬传》："国祚方泰，英彦盈庭。"

砻石：磨平石头，用以作碑。砻即磨之意。《汉书·枚乘传》："磨砻底厉。"《荀子·性恶》："钝金必将待砻厉然后利。"

观礼：观看礼乐，此处指参加祭礼。《左传·襄公十年》："诸侯，宋、鲁于是观礼。鲁有禘乐，宾祭用之。宋以《桑林》享君，不亦可乎？"杜预注："宋，王者后，鲁以周公故，皆用天子礼乐，故可观。"

孤子：年少丧父者。《礼记·深衣》："如孤子，衣纯以素。"郑玄注："三十以下无父称孤。"《管子·轻重己》："民生而无父母，谓之孤子。"

【解析】

杨息柯即杨翰，字伯飞，一字海琴，号樗盦，别号息柯居士，直隶新城（今河北新城）人，一作宛平（今北京）人。道光二十五年（1845年）进士，官湖南辰沅永靖道。清代书法家，有《扬州画苑录》《清画家诗史》《儒林琐记》等作品。光绪三年（1877年）三月七日，王闿运曾作杨翰母贺寿联。

光绪三年（1877年）十二月十八日，王闿运得杨息柯赴书，并云："昨闻香孙挽联甚佳：'享富贵寿考而兼令名，孟舌乍停机，看天下群儒缟素；有金石刻书以新其德，欧碑无浪墨，胜人间八座荣华。'"然后亦拟一联，即为此联，又云："联语甚滞，属思无兴，姑已之。"

上联说其母随杨翰历沅湘等地，均得孝养，于高年享尽富贵，生病后立即故去，以八十七岁成就佛果。下联说丧仪参加者皆为名士，并为题碑，全城人亦参与会葬，又有各地名贤作诔并前来观礼，而此时早年丧父的杨翰已六十岁，亦哭如婴儿。联语着重写杨母之福和杨翰之孝，并述丧仪隆重之事，虽为应酬联亦不凡也。

【考辩】

《湘绮楼日记》光绪三年（1877年）十二月十八日有记载，文字为"就养历沅湘，便竹笥迎船，版舆过岭，总高年富贵欢娱，示疾不淹辰，八十七龄成佛果；登堂尽英彦，看砻石题碑，倾城会葬，更四海名贤哀诔，临丧愿观礼，六旬孤子是婴儿"。

胡咏之妻

昔年姑女荷深慈，早闻贤比钟羊，当代名门推极盛；
往日鄂城曾授馆，不独功铭侃峤，显章灵表愿摛词。

【注释】

姑女荷深慈：指吏部主事夏恒之女（夏恒继妻施氏所生），夏恒死时有一子二女尚幼，其幼女为胡林翼夫妇收养，后改名胡端仪，并择贤婿而嫁之事。夏恒之妻为王瑞。

钟羊：钟指钟夫人，东晋颍川人，字琰，一作琰之，王浑妻，甚有礼法，与浑弟妻郝氏雅相亲重，时称钟夫人之礼，郝夫人之法。《世说新语·贤媛》："王司徒妇，钟氏女，太傅曾孙，亦有俊才女德。钟、郗为娣姒，雅相亲重。钟不以贵陵郝，郝亦不以贱下钟。东海家内，则郝夫人之法。京陵家内，范钟夫人之礼。”羊指乐羊子妻，劝夫向学，亦有贤名。

鄂城：指武昌县，今属湖北省鄂州市。

授馆：为宾客安排行馆。《周礼·秋官·环人》：“掌送逆邦国之通宾客……舍则授馆。”刘禹锡《机汲记》：“予谪居之明年，主人授馆于百雉之内。”

侃峤：侃指陶侃，字士行（一作士衡）。本为鄱阳郡枭阳县（今江西省都昌县）人，后徙居庐江郡寻阳县（今江西省九江市），东晋时期名将，平定陈敏、杜弢、张昌起义，又作为联军主帅平定了苏峻之乱，为东晋立下战功。峤指温峤，字泰（太）真，并州太原郡祁县（今山西省祁县）人。东晋名将，司徒温羡的侄子。出身太原温氏，博学孝悌，善于清谈，起家司隶校尉都官从事。举秀才出身，授司徒东阁祭酒、潞县县令。进入司空刘琨（姨夫）幕府，拜司空左长史。西晋灭亡后，拥戴晋元帝即位，拜散骑常侍。晋明帝即位，拜侍中、中书令，从平王敦之乱。晋明帝病重，随王导、郗览等同受顾命，拜平南将军、江州牧，从平苏峻之乱，拜骠骑将军，册封始安郡公。

显章：亦作“显彰”，显明彰著。《史记·太史公自序》：“不背柯盟，桓公以昌，九合诸侯，霸功显彰。”《后汉书·列女传·曹世叔妻》：“若淑媛谦顺之人，则能依义以笃好，崇恩以结援，使徽美显章，而瑕过隐塞。”

灵表：文体名。墓表的一种。徐师曾《文体明辨序说·墓表（墓表、阡表、殡表、灵表）》：“又取阡表、殡表、灵表，以附于篇，则遡流而穷源也。盖阡，墓道也；殡者，未葬之称；灵者，始死之称；自灵而殡，自殡而墓，自墓而阡也。近世用墓表，故以墓表括之。”

摛词：铺陈文词。李商隐《太尉卫公会昌一品集序》：“吮墨摛词，咏日月之光华。”

【解析】

胡咏之即胡林翼，生平见胡文忠咏之挽联。胡林翼妻为陶静娟，为两江总督陶澍之女，曾劝夫向学，为胡之贤内助。

光绪四年（1878年）四月十五日，王闿运作胡文忠妻挽联，即为此联。

上联说收养夏恒幼女之事，其贤若古时钟、羊，名盛一时。下联说自己往日在鄂得其安排馆舍，自己在以陶侃、温峤之功铭记胡林翼的同时，愿铺陈文词为作墓表，以彰其德。胡与王交好，故此联亦见用心，用典考究，足以旌扬其人。

【考辩】

《湘绮楼日记》光绪四年四月十五日有记载，文字一致。

又

代常霖生作。

先慈京辇昔相亲，最伤多桂园中，凭吊绣衣全节地；
名世中兴成内助，还听断机声里，得看蒲璧拜恩年。

【注释】

京辇：参前第226页“京辇”注释。

多桂园：园名，从联语看应为常母殉节之地。

断机：乐羊子妻断机劝夫向学之典。《后汉书·列女传》：“河南乐羊子之妻者，不知何氏之女也。羊子尝行路，得遗金一饼，还以与妻。妻曰：‘妾闻志士不饮“盗泉”之水，廉者不受嗟来之食，况拾遗求利以污其行乎！’羊子大惭，乃捐金于野，而远寻师学。一年归来，妻跪问其故，羊子曰：‘久行怀思，无它异也。’妻乃引刀趋机而言曰：‘此织生自蚕茧，成于机杼。一丝而累，以至于寸，累寸不已，遂成丈匹。今若断斯织也，则捐失成功，稽废时日。夫子积学，当“日知其所亡”，以就懿德；若中道而归，何异断斯织乎？’羊子感其言，复还终业，遂七年不返。”

蒲璧：古代一种上面刻有香蒲状花纹的璧，是表示爵位的一种信物。《周礼·春官·大宗伯》：“子执谷璧，男执蒲璧。”郑玄注：“谷，所以养人；蒲为席，所以安人，二玉盖或以谷为饰，或以蒲为瑑饰，璧皆径五寸。”韦应物《送令狐岫宰恩阳》：“行行安得辞，荷此蒲璧荣。”

拜恩：拜谢恩赐。《北史·王晞传》："晞言于王曰：'受爵天朝，拜恩私第，自古以为干纪。'"高攀龙《薛文清公传》："先生正色曰：'安有受官公朝，而拜恩私门邪？'"

【解析】

光绪四年（1878年）四月十五日，王闿运又代常霖生作胡文忠妻挽联，即为此联。

上联说常母在京时与胡妻相亲，此后常母殉节，故地凭吊而更感伤心。下联说胡妻为中兴名臣之贤内助，当时劝夫向学，终使其夫获爵而得拜皇恩。联语为代常霖生挽，故述事皆契合常的身份，并述常家之忠节和胡家之功业，见笔力。

【考辩】

《湘绮楼日记》光绪四年四月十五日有记载，文字为"先慈京辇昔相亲，最伤多桂园中，凭吊绣衣全节地；名世中兴成内助，还听断机声里，得看蒲璧拜恩年"。

刘馨室母朱氏

刘曾任吾县，母年近百岁，见五世。

百年爱日正长春，已看簪笏盈庭，锵凤真开五世庆；
九月西风寒一望，犹忆版舆度岭，馔鱼深感故民心。

【注释】

爱日：指儿子供养父母的时日。扬雄《法言·孝至》："事父母自知不足者，其舜乎！不可得而久者，事亲之谓也，孝子爱日。"李轨注："无须臾懈于心。"

簪笏：冠簪和手板，比喻官员或官职。简文帝《马宝颂》序："簪笏成行，貂缨在席。"王勃《秋日登洪州府滕王阁饯别序》："舍簪笏于百龄，奉晨昏于万里。"此处言子嗣多为官者。《旧唐书·崔义玄传》："开元中，神庆子琳等皆至大官，群从数十人，趋奏省闼。每岁时家宴，组佩辉映，以一榻置笏，重叠于其上。”后传为郭子仪事。

锵凤：祝子嗣繁衍之语。《左传·庄公二十二年》：“凤皇于飞，和鸣锵锵，有妫之后，将育于姜。五世其昌，并于正卿。八世之后，莫之与京。”

一望：指目力所及的距离，亦泛指较近的距离。王实甫《丽春堂》第一折：“则见贝阙蓬壶一望中。”《三国演义》第四十九回：“武昌一望之地，最为紧要。”

馔鱼：以鱼为馔，孝养母亲之典。王世贞《王太仆时厚省母郢中》：“馔鱼真待汝，回驭更何人。”

故民：旧日治下之民，此处为作者自谦。陆游《汪给事太夫人程氏挽辞太恭人谕氏挽辞》：“故民何以报，沾洒望秋原。”顾璘《过广平旧邑柬孙令》：“眼见故民多识面，手栽新树已成阴。”

【解析】

刘馨室即刘建德，字馨室，广东人，曾为曾国藩幕僚，后官至道员。

光绪六年（1880年）正月二十六日，王闿运作刘馨室母朱氏挽联，即为此联，并云“刘曾任吾县，母年近百岁，见五世”，次日出吊刘家。

上联说当此春时，其子奉养母亲已至百岁，其子嗣也多为官，朱氏已见五世之子孙。下联说九月之西风尚未寒，而其子以车送母度岭，并以鱼馔孝养母亲，使自己感动。联语切春时，述其母百岁及见五世之事，并赞其子之孝，对仗尤为精彩。

【考辩】

《湘绮楼日记》光绪六年正月二十六日有记载，文字一致。

龙皞臣母

慈顾忆垂髫，与诸郎骖靳时贤，独悲萱背无全福；

相庄成显业，又十载旨甘御食，莫恨枯鱼泣朔风。

【注释】

慈顾：慈者的眷顾，一般指母辈。弘历《恭奉皇太后御园观荷之作》："慈顾尚询三捷报，忧勤敢忘益兢兢。"

垂髫：指儿童或童年。《三国志·魏志·毛玠传》："臣垂齠执简，累勤取官。"晋陶潜《桃花源记》："黄发垂髫，并怡然自乐。"

骖靳：前后相随。《左传·定公九年》："吾从子如骖之有靳。"杜预注："靳，车中马也。"李慈铭《越缦堂读书记·大云山房集》："（恽子居）其文其学，殆与姚姬传并时骖靳。"

萱背：指母亲居处。《诗经·卫风·伯兮》："焉得谖草，言树之背。"罗洪先《龙母黄孺人六十》："愿言萱背永，常献菊花杯。"

全福：完全的福运。韩愈《祭左司李员外太夫人文》："胄于茂族，配此德门；克成厥家，享有全福。"曾巩《到亳州与南京张宣徽启》："仲山之明且哲，宜保令名；鲁名之寿而臧，永膺全福。"

相庄：相互敬重。多用于夫妇之间。沈德符《敝帚轩剩语·惧内》："近年吴中申王二相公，亦与夫人白首相庄，不敢有二色。"冯桂芬《吴氏节孝祠记》："太安人年十有六归儒林君，逮事舅姑，以孝闻。相庄十有三载，而儒林君病瘵卒。"

显业：显赫的事业。佚名《挽盛康联》："九秩作行仙，汾阳福寿，太傅风流，更看朱绂相承，商战一新扬显业；中兴资硕画，幕府文章，湖山政绩，正待琼林再赴，佛缘早了去来因。"

旨甘：美好的食物，常指养亲的食品。《礼记·内则》："昧爽而朝，慈以旨甘；日出而退，各从其事；日入而夕，慈以旨甘。"《汉书·张敞传》："口非恶旨甘，耳非憎丝竹也。"

枯鱼：困于涸辙之鱼。钱起《罢官后酬元校书见赠》："宦名随落叶，生事感枯鱼。"张维屏《三元里》："不解何由巨网开，枯鱼竟得攸然逝。"

【解析】

龙皞臣即龙汝霖，字皞臣，湖南攸县槚山人，道光丙午（1846年）举人。曾任山西曲沃、山西高平、江西铅山知县，有政声。与王闿运同为肃顺子师，时称"肃门五君子"之一。又与王闿运、邓辅纶、邓绎、李篁仙结"兰陵词社"，时称"湘中五子"。龙好文学，亦与郭嵩焘等友善，著有《坚白斋集》。

光绪六年（1880年）九月二十二日，王闿运作龙母挽联，即为此联，又题额“郡丧柔仪”，并云“非龙母不能当此”。

上联忆龙汝霖少时得母慈顾，此后诸子得以追随时贤，未能陪伴其母。下联说其母与夫相敬而能成事业，此后十年得美食奉养，当此秋时故去当可无憾。联语犹见哀挽之情，一则王与龙交情之深，二则王少年丧祖母、青年丧母，作此联应能想见其动容之处也。

【考辩】

《湘绮楼日记》光绪六年九月二十二日有记载，文字为“慈顾忆垂髫，与诸郎骖靳时贤，独悲萱背无全福；相庄成显业，又十载慈甘御食，莫恨枯鱼泣朔风”。

刘景韩母

禄养正遗荣，古佛寒灯成善果；

麻衣悲入蜀，故乡归鹤感沧桑。

【注释】

禄养：以官俸养亲。焦赣《易林·革之观》：“飞不远去，法为罔待，禄养未富。”司空图《卢公神道碑》：“禄养之荣，孝敬之美，一时罕及也。”

遗荣：谓抛弃荣华富贵，超脱尘世。张协《咏史》：“达人知止足，遗荣忽如无。”柳宗元《柳常侍行状》：“味道腴以代膏粱，含德辉而轻绂冕，遗荣养素，恬淡如也。”

善果：佛教用语，谓由过去的善行所得的好结果。《大般涅槃经四十卷·卷第二十梵行品第八之七》：“汝父先王若无辜罪，云何有报？频婆娑罗于现世中，亦得善果及以恶果。”刘壎《隐居通议·鬼神》：“既丰溢，即思善果，往往捐金佞佛，刱寺建像极侈。”

麻衣：粗麻布做成的衣服，一般用作孝衣。《诗·曹风·蜉蝣》：“蜉蝣掘阅，麻衣如雪。”郑玄笺：“麻衣，深衣。诸侯之朝，朝服；朝夕则深衣也。”《礼记·间传》：“又期而大祥，素缟麻衣。”郑玄注：

“谓之麻者，纯用布，无采饰也。”

归鹤：丁令归鹤，喻人去世之典。《搜神记》：“辽东城门有华表柱，忽有一白鹤集柱头，时有少年，举弓欲射之，鹤乃飞，徘徊空中而言曰：‘有鸟有鸟丁令威，去家千岁今来归。城郭如故人民非，何不学仙冢垒垒。’遂高上冲天。今辽东诸丁，云其先世有升仙者，不知名字。”

【解析】

刘景韩即刘树堂，字景韩，号仲良，出生于云南永昌府保山县（今保山市），监生。以军功保荐，历任署直隶清河道、署天津道、江苏分巡盐法江宁道、江苏按察使、福建布政使、浙江布政使、河南布政使、河南巡抚、署河东河道总督、浙江巡抚。

光绪六年（1880年）十一月二十五日，王闿运时在蜀，作景韩母挽联，即为此联。

上联说其母虽得禄养，却早已超脱尘世，勤修佛事而成善果。下联说其子戴孝而入蜀地，其母有灵重回故乡，应倍感人世沧桑。联语皆寻常应酬之语，唯下联略见哀思。

【考辩】

《湘绮楼日记》光绪六年十一月二十五日有记载，文字为“禄养久遗荣，古佛寒灯成善果；麻衣悲入蜀，故乡归鹤感沧桑”。

丁伊农母

稚公嫂也。

苦竹冰霜六十年，官舍传徽，百辟同尊魏舒嫂；

碣石风烟三万里，版舆无恙，八旬终证普陀禅。

【注释】

苦竹：竹的一种，秆矮小，节比别的竹子长。白居易《琵琶行》："住近湓江地低湿，黄芦苦竹绕宅生。"

百辟：百官。《宋书·孔琳之传》："羡之（徐羡之）内居朝右，外司辇毂，位任隆重，百辟所瞻。"白居易《醉后走笔酬刘五主簿长句之赠兼简张大贾二十四先辈昆季》诗："阊阖晨开朝百辟，冕旒不动香烟碧。"

魏舒：魏晋时期名臣，字阳元。任城樊县（今山东兖州西南）人。早年丧父母，依靠外祖家宁氏生活。四十多岁时自学经籍，历任渑池县长、浚仪县令、尚书郎、后将军长史。又转任相国参军，封剧阳子，深受司马昭器重。西晋建立后，官至司徒，领兖州中正。

碣石：山名，在河北省昌黎县北，碣石山余脉的柱状石亦称碣石，该石自汉末起已逐渐沉没海中。《书·禹贡》："导岍及岐……太行、恒山，至于碣石，入于海。"《汉书·武帝纪》："行自泰山，复东巡海上，至碣石。"

普陀：普陀山，位于浙江省舟山市普陀区，杭州湾南缘，舟山群岛东部海域，相传是观世音菩萨教化众生的道场。

【解析】

丁伊农为丁宝桢之子，稚公即丁宝桢，字稚璜，贵州平远（今贵州省毕节市织金县）牛场镇人，晚清名臣。咸丰三年（1853年）进士，此后历任翰林院庶吉士、编修，岳州知府、长沙知府，山东巡抚、四川总督。光绪十二年（1886年）去世，朝廷追赠太子太保，谥号文诚，入祀贤良祠，并在山东、四川、贵州建祠祭祀。

光绪六年（1880年）十二月初八日，王闿运作丁嫂挽联，即为此联。

上联说其人清苦高节六十年，已传美名，百官皆礼敬之。下联说其人历迢递风烟，而始终无恙，终以八旬身而成佛果。联语工雅，用典亦不同寻常，足见其人风襟。

【考辩】

《湘绮楼日记》光绪六年十二月初八日有记载，文字一致。

陈母

四川学使陈伯双之母。

天留晚福慰冰霜，看贤母名高，江汉双珠光海内；

东望沙羡惨云气，恨使车行远，倭迟四骆下邛山。

【注释】

沙羡：古县名，其位置为今湖北省武汉市江夏区金口。

倭迟：纡回历远貌。《诗·小雅·四牡》："四牡騑騑，周道倭迟。"毛传："倭迟，历远之貌。"朱熹集传："倭迟，回远之貌。"独孤及《癸卯岁赴南丰道中闻京师失守寄权士繇韩幼深》诗："不逢眼中人，调苦车逶迟。"

四骆：思念父母之典，骆指黑鬃黑尾的白马。《诗经小雅·鹿鸣之什·四牡》："王事靡盬，不遑将母。驾彼四骆，载骤骎骎。岂不怀归？是用作歌，将母来谂。"

邛山：邛崃山，在四川省西部。杜甫《熟食日示宗文、宗武》："松柏邛山路，风花白帝城。"

【解析】

陈伯双即陈懋侯，字伯双，闽县螺洲乡（今福州郊区螺洲镇店前村）人。陈懋侯在光绪二年（1876年）三十九岁时才成进士，散馆授编修。光绪五年（1879年）视学四川。光绪十一年（1885年）襄校顺天乡试。光绪十四年（1888年）为湖南省主试。光绪十七年（1891年）补授江南道监察御史，屡有建言讽谏，特别是上疏请禁"非刑虐民"，即日"旨允准施"，次日无疾以逝，诰授中宪大夫。著有《知非斋易注》《易释》等。有孪生兄弟名建侯，字仲耦，咸丰五年（1855年）举顺天乡榜，纳资为户部主事。咸丰十一年（1861年）入河南巡抚严树森戎幕，在老君塘战胜捻兵，奏改直隶州知州，又以本籍团练捐资叙知府。同治元年（1862年）赴湖北主持天门白沙潭、监利柴林河和子贝渊等水利工程。同治六年（1867年）署安陆府事，又升盐运使。调署汉阳府，期满入觐，特旨补缺，授德安府知府。又调武昌府，升道员加二品衔。光绪七年（1881年）丁母艰，服阕仍留湖北，以道员归，又特旨班序补委办宜昌川盐局。光绪十三年（1887年），权荆宜施兵备道。同年七月，河南郑工决口，巡抚倪文蔚特上疏请调建侯，后卒于商丘。著有《易原》《说文提要》等。

光绪七年三月二十二日，王闿运作陈母挽联，即为此联。

上联说其母虽历冰霜却得享晚福，培养的陈懋侯、陈建侯兄弟名闻天下。下联说望湖北而云气惨淡，恨车途遥远，车马倭迟而方出川。联语述其兄弟事而赞其母，用典考究，饱含哀挽之情，非寻常应酬之联可比。

【考辩】

《湘绮楼日记》光绪七年三月二十二日有记载，文字一致。

胡稚泉妻

风节比莱妻，早闻丈室如宾敬；

霜华寒马帐，忍见孤孙问礼来。

【注释】

莱妻：老莱子之妻，为贤妇。刘向《列女传·贤明传·楚老莱妻》："莱子逃世，耕于蒙山之阳。葭墙蓬室，木床蓍席，衣缊食菽，垦山播种。楚王驾至老莱之门……其妻曰：妾闻之，可食以酒肉者，可随以鞭捶；可授以官禄者，可随以鈇钺。今先生食人酒肉，授人官禄，为人所制也，能免于患乎？妾不能为人所制。投其畚莱而去。老莱子曰：'子还，吾为子更虑。'遂行不顾，至江南而止。"白居易《秋晚》："莱妻卧病月明时，不捣寒衣空捣药。"

丈室：犹斗室。白居易《秋居书怀》："何须广居处，不用多积蓄。丈室可容身，斗储可充腹。"

宾敬：相敬如宾。韦应物《伤逝》诗："结发二十载，宾敬如始来。"

马帐：指通儒的书斋或儒者传业授徒之所。《后汉书·马融传》："融才高博洽，为世通儒，教养诸生，常有千数……善鼓琴，好吹笛，达生任性，不拘儒者之节。居宇器服，多存侈饰。常坐高堂，施绛纱帐，前授生徒，后列女乐，弟子以次相传，鲜有入其室者。”

问礼：询问礼法，学礼。《礼记·曲礼下》：“在朝言礼，问礼，对以礼。”《史记·老子韩非列传》：“孔子适周，将问礼于老子。”刘长卿《将赴南巴至馀干别李十二》：“江上花催问礼人，鄱阳莺报越乡春。”

【解析】

其人生平不详。

光绪七年（1881年）十二月二十日，王闿运闻胡稚泉妻丧，以其先于仲章（王代丰）有挽词，故报一联，即为此联。

上联说其人为贤妇，夫妻相敬如宾。下联以霜华切其时节，说胡于书斋，当不忍见孤孙来学习礼法。联语简略，为应酬之作，却亦有哀挽之情。

【考辩】

《湘绮楼日记》光绪七年十二月二十日有记载，文字一致。

彭子茂妻

世年佩带总劬劳，盐米操持，内助称贤悲独苦；

三峡惊忧甫宁帖，婴晲环绕，含饴可乐遽先徂。

【注释】

世年：指三十年。《说文解字》：“世，三十年为一世。”《论语·子路》：“子曰：‘如有王者，必世而后仁。’”

佩带：感铭，铭记。《北齐书·李元忠传》：“久相嘉尚，嗟咏无极。恒思标赏，有意无由。忽辱蒲桃，良深佩带。”

宁帖：安定；平静。吴兢《贞观政要·慎终》：“脱因水旱，穀麦不收，恐百姓之心，不能如前日之宁帖。”董解元《西厢记诸宫调》卷五："去了红娘归书舍，坐不定何曾宁帖，倚门专待西厢月。"

婴咣：婴儿哭笑声。咣指婴儿发出的声音。陈著《踏莎行·杏苑长春》："佳占端的在孙枝，明年寿席咣呕笑。"刘崧《胡侯五子诗》："见人远相揖，学语声嚅咣。"

含饴：含饴弄孙。饴，饴糖，用麦芽或谷芽之类熬成。刘壎《隐居通议·骈俪三》："肯堂收教子之功，含饴遂弄孙之乐。"孙枝蔚《和韵答郭怀德见赠举孙》："含饴欢老妇，题凤任门墙。"

【解析】

其人生平不详。

光绪八年（1882年）正月二十四日，王闿运作彭子茂妻钟氏挽联，即为此联。

上联说当铭记其人三十年劬劳，操持家务，虽称贤内助而实则悲苦。下联说蜀地安定后，正享含饴弄孙之乐，却于此时遽然而徂。联语上联以"贤"与"苦"对比，下联以"乐"与"徂"作一转折，独见作者用心，可见无尽哀思也。

【考辩】

《湘绮楼日记》光绪八年正月二十四日有记载，文字为"卅年佩戴总劬劳，盐米操持，内助称贤悲独苦；三峡惊忧甫宁帖，婴儿环绕，含饴可乐遽先徂"。

李筱荃母

慈云起南岳封中，酿作甘霖遍寰海；

贤母数中兴第一，只凭俭德训家庭。

【注释】

慈云：佛教云慈心广大，覆于一切，譬如云也。刘丹《天封寺》："尘寰渐遥天路近，慈云辉物已灰心。"释印肃《颂证道歌·证道歌》："布慈云兮洒甘露，润物沛生无伴侣。"

封中：高空。吕温有《白云起封中诗》。张嗣初《赋得白云起封中》："英英白云起，呈瑞出封中。"

寰海：海内，全国。江淹《为建平王庆明帝疾和礼上表》："仁铸苍岳，道括寰海。"韩愈《为韦相公让官表》："毫釐之差，或致弊于寰海；晷刻之误，或遗患于历年。"

【解析】

李筱荃即李瀚章，时为湖广总督，其母即李文安之妻李氏，为李瀚章、李鸿章六兄弟之母。

光绪八年（1882年）三月十三日，王闿运作合肥李母挽联，即为此联。

上联说李母之慈心若云，起自南岳而化为甘霖，惠及海内。下联说中兴诸臣中第一贤母，以俭德训育诸子女。联语虽作大颂扬，却无哀挽，只是寻常应酬之语。

【考辩】

《湘绮楼日记》光绪八年三月十三日有记载，文字为"慈云起南岳封中，酿作甘霖遍寰海；贤母数中兴第一，只凭俭德训家庭"。

李次青母喻氏

兼富贵寿考以著徽音，儒素显清门，五承凤诰贤名大；

历困苦危亡而终荣养，碑铭追往事，一到泷冈涕泪多。

【注释】

寿考：年高，长寿。《诗·大雅·棫朴》："周王寿考，遐不作人。"郑玄笺："文王是时九十余矣，故云寿考。"《后汉书·东夷传·倭》："人性嗜酒，多寿考，至百余岁者甚众。"

徽音：犹德音，指令闻美誉，多用于形容女子美德。《诗·大雅·思齐》："大姒嗣徽音，则百斯男。"郑玄笺："徽，美也。"汉蔡邕《太傅胡公夫人灵表》："至德修于几微，徽音畅于神明。"

儒素：儒雅质朴。《隋书·杜台卿传》："性儒素，每以雅道自居。”《晋书·王隐传》：“以儒素自守，不交势援。”

清门：清贵的门第。白居易《博陵崔府君神道碑铭》：“长源远派，大族清门，珪组贤俊，准绳济美，斯崔氏所以绵千祀而甲百族也。”

凤诰：诰命，授赠给官员家属的荣誉证书。陆文圭《故夫人陈氏挽章四首其二》：“凤诰将金阙，鸾骖遽玉京。”楼钥《令人王氏挽词》：“凤诰恩荣渥，鸠桑德意均。”

泷冈：山冈名，即江西省永丰县南凤凰山。欧阳修葬其父母于此，并为文镌于阡表，即《泷冈阡表》。罗大经《鹤林玉露》卷五：“欧阳公居永丰县之沙溪，其考崇公葬焉，所谓泷冈阡是也。厥后，奉母郑夫人之丧归合葬。载青州石镌《阡表》，石绿色，高丈余，光可鉴。”

【解析】

李次青即李元度，字次青，又字笏庭，湖南平江县人，自号天岳山樵，晚年号超然老人。以举人官黔阳教谕，后入曾国藩幕。累擢知府，以道员记名，加按察使衔，赐号色尔固楞巴图鲁。咸丰八年（1858年）授浙江温处道。咸丰十年（1860年），曾国藩督师皖南，调元度安徽宁池太道，防徽州，因败退而受国藩奏劾，褫职逮治。会浙江巡抚王有龄奏调援浙，元度不待命，回籍募勇八千，号安越军。将行，粤匪犯湖南，巡抚文格留其军守浏阳，偕诸军破贼，诏赏还按察使衔，并加布政使衔。后率军入浙，授浙江盐运使，署布政使。曾国藩复劾革职，交左宗棠差遣。言官再论劾，论遣戍，沈葆桢、李鸿章、彭玉麟、鲍超等交章荐其才，代缴台费，免罪归。同治初年，贵州巡抚张亮基奏起剿教匪，以功复原官，擢云南按察使。光绪八年（1882年），丁母忧。服阕，补贵州按察使，迁布政使。光绪十三年（1887年），卒于官。著有《国朝先正事略》《天岳山馆文钞》《天岳山馆诗集》《四书广义》《国朝彤史略》《名贤遗事录》《南岳志》等，主纂同治《平江县志》《湖南通志》。

光绪八年三月十六日，王闿运得次青母喻氏讣书，言其年八十六矣，与筱泉母均称多福，作挽联即为此联。

上联说其福寿皆全且有令誉，以儒雅而显其门第，五受诰命，贤名远大。下联说曾历危困而终归荣养，墓碑记述往事，若《泷冈阡表》，读之下涕。联语述其德，更作哀挽，对仗工雅且用典高古，当为湘绮先生用心之作。

【考辩】

《湘绮楼日记》光绪八年三月十六日有记载，文字一致。

《古今联语汇选》亦收录此联，文字一致。

唐凤仪母

一门群从昔同游，久闻懿德贤名，大族持家推礼法；

少子远州悲薄宦，方冀山田奉养，衰翁挥涕促归期。

【注释】

群从：指堂兄弟及诸子侄。陶潜《悲从弟仲德》："礼服名群从，恩爱若同生。"《晋书·阮咸传》："群从昆弟，莫不以放达为行。"

懿德：特指妇女的美德。韩愈《贺册皇太后表》："恭惟懿德，克配前芳。"王玉峰《焚香记·辨非》："桂英坚志，死不改节，懿德可嘉，爵禄宜永。"

【解析】

唐凤仪，字縠延，号苏荃，湖南宁乡人，县学生。著有《易陶山馆诗文钞》三卷。其父为唐家圭，字执镇，号楚田，湖南宁乡人，清代医家，著有《人身通考》《幼科刍论》，也是光绪八年（1882年）卒，从联语看应在唐母亡后不久。

光绪八年十月十九日，王闿运闻唐凤仪母丧，以曾经理仲章（王代丰）疾殡，作联挽之，即为此联。

上联说两家兄弟子侄交好，昔曾同游，久知唐母贤德之名，以礼法持其家族。下联说有少子在远地为薄宦，正期归田奉养其母，此时其父已挥泪促其归来。联语为报答其家而作，以堂皇之语述其母贤德，亦为其少子衰翁而哀，读之俨然有余音。

【考辩】

《湘绮楼日记》光绪八年十月十九日有记载，文字为“一门群从昔同游，久闻懿德贤明，大族持家推礼法；少子远州悲薄宦，方冀山田奉养，衰翁挥涕促归期”。

陈妹

若愚妻。

廿年荏弱久相依，每当万里归家，助搜囊箧，更支颐听话关山，委佩不重来，此后大雷悲断雁；

一病淹缠成绝证，正与武冈爱姪，同怨炉铛，似相约先探净土，灵灯对双烬，那堪短夜望明燔。

【注释】

荏弱：柔弱，怯弱。《楚辞·九章·哀郢》：“外承欢之汋约兮，谌荏弱而难持。”温庭筠《春日寄岳州从事李员外》：“苒弱楼前柳，轻空花外窗。”

支颐：以手托下巴。白居易《除夜》：“薄晚支颐坐，中宵枕臂眠。”刘得仁《对月寄同志》：“霜满中庭月在林，塞鸿频过又更深。支颐不语相思坐，料得君心似我心。”

委佩：下垂的佩玉。杜甫《宣政殿退朝晚出左掖》：“宫草霏霏承委佩，炉烟细细驻游丝。”柳贯《送李士弘侍读摄祠王屋》：“林光忽与升烟合，云气初乘委佩重。”

大雷：地名，在今安徽省望江县。此处指兄妹间的通信。鲍照有《登大雷岸与妹书》。

武冈爱姪：指王闿运长女王无非，字娥芳，嫁给武冈邓氏，亦死于光绪八年（1882年）。陈若愚妻为王闿运妹，故称王无非为姪。

炉铛：炉子和锅子，铛此处指烧药的药铛。姚燮《飞雪满群山》：“炉铛剩茗，窗篝残焰，守得如此黄昏。”

净土：佛教词语，全称清净土、清净国土、清净佛刹，又作净刹、净界、净国、净方、净域、净世界、净妙土、妙土、佛刹、佛国，指圣者所住之国土也，无五浊之垢染，故云净土。《大乘义章》卷十九："经中或时名佛地，或称佛界，或云佛国，或云佛土，或复说为净刹、净首、净国、净土。"

灵灯：寺院中的长明灯。薛能《三学山开照寺》："圣迹留岩险，灵灯出混茫。"

明熻：应为明蟾，古代神话称月中有蟾蜍，后以"明蟾"为月亮的代称。舒元舆《坊州按狱苏氏庄记室二贤自鄜州走马相访》："阳乌忽西倾，明蟾挂高枝。"刘基《次韵和十六夜月再次韵》："永夜凉风吹碧落，深秋白露洗明蟾。"

【解析】

陈若愚其人生平不详，按日记，应在哈密为官，其妻为王闿运之从妹、王闿运叔父王麟之女。

光绪八年（1882年）七月二十五日，若愚自哈密还，万里十年之别，不见其妻，感悼愀然，作陈妹挽联，即为此联。

上联说二十年相依，知其人柔弱，后嫁到万里之外，归家后又一起整理行囊，共话关山，如今其人已亡，此后重读旧信，当悲此景不再。下联说其人和侄女王无非一样，病榻缠绵已久，似有相约而先去净土，如今灵灯将尽，空望夏夜明月而何堪。联语详述旧事，对仗精工，挽其妹亦念其女，见作者无尽哀思。

【考辩】

《湘绮楼日记》光绪八年七月二十五日有记载，文字为"廿年荏弱久相依，每当万里归家，助搜囊箧，更支颐听话关山，委佩不重来，此后大雷悲断雁；一病淹缠成绝证，正与武冈爱侄，同怨炉铛，似相约先探净土，灵灯对双烬，那看短夜望明蟾"。

黄运仪母

苏台盛日驻鱼轩，数湘州命妇班中，委蛇曾享承平福；
桂树双雏真凤采，知国史儒林传里，渊源定述女宗师。

【注释】

苏台：姑苏台，又名胥台。在苏州西南姑苏山上。相传为春秋时吴王阖庐所筑，夫差于台上立春宵宫，作长夜之饮。此处借指苏州。王勃《乾元殿颂》："风寒碣馆，露惨苏台。"吴处厚《青箱杂记》卷八："苏有姑苏台，故苏州谓之苏台。"

鱼轩：古代贵族妇女所乘的车，用鱼皮为饰。《左传·闵公二年》："归夫人鱼轩。"杜预注："鱼轩，夫人车，以鱼皮为饰。"王维《故南阳夫人樊氏挽歌》之一："锦衣余翟茀，绣毂罢鱼轩。"

命妇：受封号的妇人，一般多指官员的母、妻。《礼记·礼器》："卿大夫从君，命妇从夫人。"陈鸿《长恨歌传》："每岁十月，驾幸华清宫，内外命妇，熠燿景从。"

委蛇：雍容自得貌。《诗·召南·羔羊》："退食自公，委蛇委蛇。"郑玄笺："委蛇，委曲自得之貌。"陆德明释文："《韩诗》作'逶迤'，云公正貌。"

凤采：比喻才华和风采。《水经注·庐江水》引晋张僧鉴《寻阳记》："其山川明净，风泽清旷，气爽节和，土沃民逸。嘉遁之士，继响窟岩；龙潜凤采之贤，往者忘归矣。"《艺文类聚》卷十四引沈约《齐武帝谥议》："龙姿凤采，焕若丽天。"

【解析】

黄运仪，湖南长沙人，为王闿运之同学，生平不详，从联语看，应在苏州为官。

光绪八年（1882年）十月二十四日，王闿运作黄运仪母挽联，即为此联。

上联说其人曾居苏州，而在湖南的诸命妇之中，能雍容自得而享承平之福。下联说有二子才华出众，可入正史儒林传，而述其渊源定说其母功德。联语为雍容堂皇之语，对仗工雅，虽少哀挽，亦不凡也。

【考辩】

《湘绮楼日记》光绪八年十月二十四日有记载，文字为“苏台盛日驻鱼轩，数湘州命妇班中，委佗曾享承平福；桂树双雏真凤采，知国史儒林传里，渊源定述女宗师”。

杨厚庵母向氏

三朝庆典宠荣增，母德扬辉，当代名臣无此盛；

八坐起居乡党敬，孟邻为美，长春大耋有余晖。

【注释】

宠荣：犹尊荣。《史记·礼书》：“德厚者位尊，禄重者宠荣。”晋庾亮《让中书令表》：“夫富贵宠荣，臣所不能忘也；刑罚贫贱，臣所不能甘也。”

八坐：八座，高级官员合称。东汉用以称尚书令、仆射、六曹尚书。魏晋至隋用以称尚书令、左右仆射、诸曹尚书，无论共有几人，皆沿其称。唐朝尚书令、左右仆射为宰相，故以左、右丞及六部尚书为八座。明、清用作对六部尚书的俗称，清亦作为对总督、巡抚等高级官员的俗称。

起居：居址，住地。《汉书·赵广汉传》：“宗族宾客谋欲篡取，广汉尽知其计议主名起居。”颜师古注：“起居谓居止之处。”冯梦龙《酒家佣·卜肆奇逢》：“相觅已三年了，到此问卜，偶遇王兄，询知起居，实出万幸，今欲请公子到寒家暂住几时。”

乡党：指乡里、家乡，乡族朋友。《论语·乡党》：“孔子于乡党，恂恂如也，似不能言者。”《孟子·万章上》：“乡党自好者不为，而谓贤者为之乎？”

孟邻：孟母之邻。借指好邻居。杜甫《寄张十二山人彪三十韵》：“历下辞姜被，关西得孟邻。”王闿运《蔡夫人墓志铭》：“庶比孟邻，耻居关外。”

大耋：古八十岁曰耋（一说指七十岁），故以“大耋”指老年人，或指高龄。《易·离》："九三，日昃之离，不鼓缶而歌，则大耋之嗟，凶。"孟郊《晚雪吟》："小儿击玉指，大耋歌圣朝。"

【解析】

杨厚庵即杨岳斌，原名载福，字厚庵，湖南善化（今湖南长沙）人，晚清名将，湘军水师统帅。杨岳斌行伍出身，曾参与镇压新宁李沅发起义。咸丰三年（1853年），随曾国藩创建湘军水师，任右营营官，此后多次与太平军交战，屡立战功，累升至福建水师提督，赐号彪勇巴图鲁。同治年间，与曾国藩、曾国荃定计合围南京，围剿长江两岸，击败太平军，授陕甘总督，赏一等轻车都尉世职。光绪元年（1875年），受命与彭玉麟整顿长江水师。光绪十一年（1885年），率军赴援台湾，协同刘铭传共御法军。光绪十六年（1890年）病逝，赠太子太保，谥勇悫。有《杨勇悫公遗集》传世。其母向氏，直隶独石口副将杨秀贵之妻，诰封一品夫人，历咸、同、光三朝。光绪十年（1884年），慈禧太后以杨岳斌奉诏远军，不能侍候老母，著加恩赏给杨岳斌之母向氏御书匾一方、大缎二匹，后又因慈禧太后五十大寿，加赏杨母紫檀三镶玉如意一柄、大卷红绸袍挂料二匹。卒于光绪十三年（1887年）。

上联说其母历三朝而尊容愈加，其德闻名天下，当代名臣中亦无此盛状。下联说总督杨岳斌出于其家，乡人皆敬之，并视其母为佳邻，高龄而犹有余晖。联语以颂扬为主，对仗工雅，虽为应酬联，亦不同凡响也。

陈隽丞妻颜氏

勤俭著徽音，列戟门高，更喜诸郎班禁近；
忧虞增阅历，鸣笳归早，重还故里即神仙。

【注释】

徽音：参前第284页"徽音"注释。

列戟：宫庙、官府及显贵之府第陈戟于门前，以为仪仗。《旧唐书·德宗纪下》："壬戌，诏以太尉、中书令、西平郡王李晟长子愿为银青光禄大夫、太子宾客，赐勋上柱国，与晟门并列戟。”曾巩《降龙》诗：“文旛列戟照私第，青紫若若官其拏。”

禁近：禁中帝王身边。多指翰林院或官署在宫中的文学近侍之臣。元稹《令狐楚衡州刺史制》：“早以文艺，得践班资；宪宗念才，擢居禁近。”《新唐书·张嘉贞传》：“臣草茅之人，未睹朝廷仪，陛下过听，引对禁近。”

忧虞：忧虑。《易·系辞上》：“悔吝者，忧虞之象也。”杜甫《北征》诗：“乾坤含疮痍，忧虞何时毕！”

鸣笳：吹奏笳笛，古代贵官出行，前导鸣笳以启路。曹丕《与梁朝歌令吴质书》：“从者鸣笳以启路，文学托乘于后车。”王安石《晏元献挽辞》之一：“萧瑟城南路，鸣笳上九原。”

【解析】

陈隽丞即陈士杰，生平见挽陈祠联及陈隽丞挽联。其妻颜氏，从陈士杰于贫贱中，诸子多在朝者，其中最知名者如陈兆葵、陈兆文皆为翰林，陈兆奎为主事。

光绪十六年（1890年）五月十四日，王闿运一日而作四挽联，其中俊臣夫人挽联即为此联。

上联说其人以勤俭而有令名，陈家不仅为显贵之府，且诸子更为朝中近臣。下联说陈士杰历忧患而增长阅历，故早早归乡，以过神仙生活。联语作堂皇语，赞其人其家，亦雅亦切，乃见王与陈家交厚也。

【考辩】

《湘绮楼日记》光绪十六年五月十四日有记载，文字一致。

周铁园继母甘氏

粤藩妻也。

揄翟列崇班，南海鱼轩春富贵；

寿麋荣万石，西风雁阵月凄清。

【注释】

揄翟：也作“揄狄”，采画雉形为饰之服，古代三夫人及上公妻之命服。《礼记·玉藻》：“王后袆衣，夫人揄狄。”郑玄注：“夫人，三夫人，亦侯伯之夫人也。”陆德明释文：“揄音摇，羊消反。《尔雅》云：‘……江淮而南，青质五色皆备成章曰鷂。’鷂音摇，谓刻画此雉形以为后、夫人服也。”《礼记·杂记上》：“夫人税衣揄狄，狄税素沙。”

崇班：犹高位。卢怀慎《奉和九日幸临渭亭登高应制得还字》诗：“无因酬大德，空此愧崇班。”屠隆《彩毫记·为国荐贤》：“官监门大将，列棨戟光荣，近侍崇班，貂珰领袖。”

鱼轩：古代贵族妇女所乘的车，用鱼皮为饰。《左传·闵公二年》：“归夫人鱼轩。”杜预注：“鱼轩，夫人车，以鱼皮为饰。”王维《故南阳夫人樊氏挽歌》之一：“锦衣余翟黻，绣毂罢鱼轩。”

寿麋：麋寿，又作眉寿，长寿之意。“麋”通“眉”。《隶释·汉北海相景君铭》：“不永麋寿异臣子兮。”洪适释：“以麋为眉。”欧阳修《六一题跋·后汉北海相景君铭》：“碑铭有云：‘不永麋寿。’余家集录三代古器铭有云眉寿者皆为麋。盖古字简少通用，至汉犹然也。”

万石：指一家有五人官至二千石或一家多人为大官者。《汉书·酷吏传·严延年》：“延年兄弟五人皆有吏材，至大官，东海号曰‘万石严妪（延年母）’。”《新唐书·张文瓘传》：“（张文瓘）四子：潜，为魏州刺史；沛，同州刺史；洽，卫尉卿；涉，殿中监。父子皆至三品，时谓‘万石张家’。”

雁阵：成列而飞的雁群。王勃《滕王阁诗序》：“雁阵惊寒，声断衡阳之浦。”陆游《幽居》诗：“雨霁鸡栖早，风高雁阵斜。”

【解析】

周铁园即周繂，字义斋，号铁园，太学生，历任湖南永顺、永州、远州、靖州、衡州知州，特授沅州府知府，仅先补用道，钦加盐运使司衔，诰授中议大夫，官秩四品。光绪二十六年（1900年）庚子，葬湖南长沙，寿六十七岁。其父为周起滨，号蓉帆，贵州毕节人。原名起岐。道光元年（1821年）辛巳科举人，道光三年（1823年）癸未科进士，三甲六十名。由河南林县知县历江西知府、湖南按察使、广东布政使代办巡抚、太常寺正卿。诰受资政大夫，晋封荣禄大夫，官秩一品。周起滨有五子，皆为官一方，周䍃为其第三子，甘氏为其继室。

光绪十七年（1901年）八月二日，王闿运作周铁园继母挽联，即为此联。

上联说其人为高官命妇，于粤地而享车马富贵。下联说其人不仅高寿，更有五子为官，无奈当此秋时故去，徒剩冷月凄清。联语工雅，对仗、用典皆用心，切其事、其时、其地，浑然不能移也。

【考辩】

《湘绮楼日记》光绪十七年八月二日有记载，文字为“揄翟列崇班，南海鱼轩春富贵；寿麋荣万石，西风雁信月凄清”。

程春浦母万氏

名门五世昌，天将福寿酬清节；

登堂一人在，我拜帷筵感逝川。

【注释】

清节：高洁的节操。《汉书·王贡两龚鲍传赞》：“春秋列国卿大夫及至汉兴将相名臣，怀禄耽宠以失其世者多矣！是故清节之士于是为贵。”汉陈琳《檄吴将校部曲文》：“虞文绣砥砺清节，耽学好古。”

帷筵：帷幕和筵席。潘岳《哀永逝文》：“彻房帷兮席庭筵，举酹觞兮告永迁。”

逝川：喻流逝的光阴。谢朓《王抚军庾西阳集别时为豫章太守庾被征还东》：“离会虽相亲，逝川岂往复。”吴融《子规》：“举国繁华委逝川，羽毛漂荡一年年。”

【解析】

程春浦，参前第49页“程春浦”解析。

光绪二十年（1894年）六月十日，王闿运作程母挽联，即为此联，并云“实存二人，而云一人，先忘其人也”。

上联说程家曾经五世昌盛，程母有清节而得享福寿。下联说此日来吊，却仅见一人在堂，自己拜祭之时唯感叹光阴流逝之迅疾。联语上下联形成了强烈的对比，已足哀挽之意，令人喟然。

【考辩】

《湘绮楼日记》光绪二十年六月十日有记载，文字为“名门五代昌，天将福寿酬清节；登堂一人在，我拜帷筵感逝川”。

易笏山妻

早岁名闻孝绰夸，况兼通谱，所幸莱妻管妾，并挹清芬，全福羡三多，同说凤雏能振羽；

百年歌共刘纲和，正乐归田，岂期弄玉飞琼，便迎仙驾，敛衣空一品，更无官俸与营斋。

【注释】

孝绰：指刘刘冉，字孝绰。南朝梁彭城人。能文善草隶，年十四，代父起草诏诰，号神童。其兄弟及群从诸子侄，当时有七十人并能属文，近古未之有也。袁枚《随园诗话》卷十：“余三妹皆能诗，不愧孝绰门风。”

通谱：异姓人相约结为兄弟。朱熹《奉同都运直阁张文哭敬夫张兄》诗之二：“亦知游好曾通谱，却记登临唤卜邻。”

莱妻：参前第281页“莱妻”注释。

管妾：指管仲的侍妾婧，为能帮助丈夫的贤妾。刘向《列女传》：妾婧者，齐相管仲之妾也。宁戚欲见桓公，道无从，乃为人仆。将车宿齐东门之外，桓公因出，宁戚击牛角而商歌，甚悲，桓公异之，使管仲迎之，宁戚称曰：“浩浩乎白水！”管仲不知所谓，不朝五日，而有忧色，其妾婧进曰：“今君不朝五日而有忧色，敢问国家之事耶？君之谋也？”管仲曰：“非汝所知也。”婧曰：“妾闻之也，毋老老，毋贱贱，毋少少，毋弱弱。”管仲曰：“何谓也？”“昔者太公望年七十，屠牛于朝歌市，八十为天子师，九十而封于齐。由是观之，老可老邪？夫伊尹，有氏之媵臣也。汤立以为三公，天下之治太平。由是观之，贱可贱邪？皋子生五岁而赞禹。由是观之，少可少邪？駃騠生七日而超其母。由是观之，弱可弱邪？”于是管仲乃下席而谢曰：“吾请语子其故。昔日，公使我迎宁戚，宁戚曰：‘浩浩乎白水！’吾不知其所谓，是故忧之。”其妾笑曰：“人已语君矣，君不知识邪？古有白水之诗。诗不云乎：‘浩浩白水，鲦鲦之鱼，君来召我，我将安居，国家未定，从我焉如。’此宁戚之欲得仕国家也。”管仲大悦，以报桓公。桓公乃修官府，齐戒五日，见宁子，因以为佐，齐国以治。君子谓妾婧为可与谋。诗云：“先民有言，询于刍荛。”此之谓也。颂曰：“桓遇宁戚，命管迎之，宁戚白水，管仲忧疑，妾进问焉，为说其诗，管嘉报公，齐得以治。”

三多：指多福、多寿、多男子，祝颂之辞。《庄子·天地》：“尧观乎华，华封人曰：‘嘻，圣人！请祝圣人，使圣人寿。’尧曰：‘辞。’‘使圣人富。’尧曰：‘辞。’‘使圣人多男子。’尧曰：‘辞。’”

刘纲：三国时吴下邳人，东汉末年为上虞令。刘纲性喜神仙方术，闻有一位得道仙人白道人（又称白君）隐居在梁弄白水山潺湲洞侧，便弃官挂印，偕夫人樊云翘双双拜白道人为师，在洞侧结庐学道。数十年后，两人道术渐进，能檄召鬼神，禁制度化之事。后与妻樊云翘同入四明山仙去。白居易《酬赠李炼师见招》诗：“刘纲有妇仙同得，伯道无儿累更轻。”

弄玉：又称秦娥、秦女、秦王女等，相传为春秋秦穆公女，嫁善吹箫之萧史，日就萧史学箫作凤鸣，穆公为作凤台以居之。后夫妻乘凤飞天仙去。事见汉刘向《列仙传》。庾信《荡子赋》：“罗敷总发，弄玉初笄。”李白《凤台曲》：“曲在身不返，空余弄玉名。”

飞琼：仙女名。《汉武帝内传》：“王母乃命诸侍女……许飞琼鼓震灵之簧。”顾况《梁广画花歌》：“王母欲过刘彻家，飞琼夜入云軿车。”孔尚任《桃花扇·草檄》：“环佩湿，似月下归来飞琼。”

敛衣：敛服。《礼记·丧服大记》：“敛衣踊。”杨炯《中书令薛振行状》：“别降中使赐敛衣一袭，杂物百段。”

营斋：设斋食以供僧道，请为死者超度灵魂。《南齐书·刘瓛传》：“子良遣从瓛学者彭城刘绘、顺阳范缜将厨于瓛宅营斋。”《法苑珠林》卷七六："留一万钱物寄谐，请为营斋。"元稹《遣悲怀》诗之一："今日俸钱过十万，与君营奠复营斋。"

【解析】

易笏山即易佩绅，字笏山，一字子笏，湖南龙阳人。出生于道光六年（1826年），卒于光绪三十二年（1906年），年八十一岁。咸丰八年（1858年）举人，从军川陕间，积功授知府。历任贵州按察使、山西布政使，次年移四川，官至四川藩司。光绪十年（1884年），以援台湾去。光绪十一年（1885年）调江苏，后因病而免。性负气，敢任事，官蜀日，与丁宝桢不相能，赖王闿运为解。佩绅尝从郭嵩焘、王闿运游，诗学随园，易佩绅、陈宝箴、罗亨奎相交甚好，被称为"三君子"。有《诗义择从》《岳游诗草》等著作。子易顺鼎，字实甫，一字中实，龙阳人。光绪乙亥（1875年）举人，历官广东钦廉道。有《琴志楼集》。光绪三十二年（1906年）十月七日王闿运曾代道香作挽易笏山联，但日记未录联语。

光绪十九年（1893年）九月七日，王闿运作易妻挽联，即为此联。

上联说易笏山早岁即已成名，和自己又是通谱，其妻为贤妇，而易家多福、多寿、多男子亦让自己羡慕，皆云其子定能成名。下联说其夫妻唱和而似神仙，正享归田之乐，不料此时仙逝，空余一品敛服，而无官俸和斋食。联语技法高超，用典考究，文字工雅，述其逝而近仙，足见其文采和用心。

【考辩】

《湘绮楼日记》光绪十九年九月七日有记载，文字为"早岁名闻孝绰夸，况兼同谱，所幸莱妻管妾，并挹清芬，全福羡三多，同说凤雏能振羽；百年歌共刘纲和，正乐归田，岂期弄玉飞琼，便迎仙驾，敛衣空一品，更无官俸与营斋"。

曾妹

竹林母。

辛苦忆孤童，劳役欢然，早知后福当荣寿；

艰危得偕隐，毓华偶尔，独恨佳儿坐厄穷。

【注释】

劳役：劳苦。赵与时《宾退录》卷五：“元日：‘相公口气逼人，恐著述搜索劳役，心气不正，何不坐禅？’”高明《琵琶记·才俊登程》：“风光正暮春，便纵然劳役，何必愁闷？”

毓华：茂密的花卉。黄佐《咏玄芝》：“毓华林上浮紫清，弥罗梵气化兆形。”朱曰藩《朱曰藩寄升庵先生一首》：“锦水毓华添丽藻，禺山金碧有光辉。”

厄穷：艰难困苦。刘向《列女传·卫寡夫人》：“厄穷而不闵，劳辱而不苟，然后能自致也。”苏轼《与元老侄孙书》之二：“旅况牢落，不言可知。又海南连岁不熟，饮食百物艰难；及泉广海舶绝不至，药物酱酢等皆无，厄穷至此，委命而已。”

【解析】

曾妹为王闿运之族妹，其子竹林即曾纪元，字竹麟，号麟父，湖南湘潭人，著有《闻政新编》《思兰堂诗集》。

光绪二十五年（1899年）十月一日，王闿运作八妹挽联，即为此联。

上联忆及从甥事，其母多年辛劳，当有荣寿之后福。下联说历尽艰危之后归隐，惜其家终不旺，独剩其子艰难困苦。联语不重辞藻，但于平实中见哀挽之情。

【考辩】

《湘绮楼日记》光绪二十五年十月一日有记载，文字为“辛苦忆孤童，劳役欢然，早知后福当荣寿；艰危得偕隐，繁华偶耳，独恨佳儿坐厄穷”。

胡子清妻

东邻箫鼓正喧阗，撒手捐尘，从此不为儿女累；

中壶衿缨传法则，同心述美，岂徒悲咏曜灵诗。

【注释】

东邻箫鼓：邻舍的箫鼓之声。王樵《宾灌行》："东邻车马阗，西邻箫鼓喷。"

喧阗：喧哗，热闹。杜甫《盐井》："君子慎止足，小人苦喧阗。"苏轼《竹枝歌》："水滨击鼓何喧阗，相将扣水求屈原。"

撤手：放手，死的婉辞。史浩《童丱须知衾褥八篇其八》："百年撤手成归计，多少衣衾属别人。"胡云绣《有悼》："一现昙花二九年，飘然撤手判人天。"

捐尘：舍弃尘世，死的婉辞。杨瑞麟《挽郭嵩焘联》："迟阿母七日捐尘。"

中壶：犹中宫，本意指皇后的住处，亦借指皇后，此处泛称妻室。壶，宫内巷舍间道。《新唐书·宪宗十八女传》："礼始中壶，行天下，王化之美也。"孙光宪《北梦琐言》卷三："唐崔侍中安潜，崇奉释氏……而中壶预政，以玷盛德，惜哉。"

衿缨：指衣冠楚楚的士大夫、读书人。康有为《闻菽园居士欲为政变说部诗以速之》："闻君董狐说小说，以敌八股功最深；衿缨市井皆快睹，上达下达真妙音。"

法则：榜样，表率。《尉缭子·治本》："帝王之君，谁为法则？"元结《夏侯岳州表》："公能清正宽恕，静以理之，故其人安和而服说，为当世法则。"

曜灵诗：指《楚辞·天问》："角宿未旦，曜灵安藏？"王逸注："曜灵，日也。"

【解析】

胡子清，字少潜，自号绠汲斋主人，湖南湘乡人，出生于同治七年（1868年）。参加湖南末届［光绪二十八年（1902年）］乡试，以《理财论》等几篇策论得中举人。光绪三十年（1904年），由湖南官费派送日本留学，入早稻田大学选修法政科。光绪三十二年（1906年）回国，出任湖南法政学堂副监督，实际负责校务。民国初胡子清任民国财政部赋税司佥事，主持全国田赋管理达十余年之久。民国三十五年（1946年）卒。

光绪二十五年（1899年）十月一日，王闿运作胡妻挽联，即为此联。其时胡妻应年龄不大，故后云不为儿女累。

上联说其人于东邻箫鼓喧哗时故去，不需再为儿女操劳。下联说其妻与胡子清一样堪为表率，齐心传述美德，而并不是仅仅咏《楚辞》之诗。联语对仗精工，用典亦切，见哀挽之情。

【考辩】

《湘绮楼日记》光绪二十五年十月一日有记载，文字为“东邻箫鼓正喧阗，撒手捐尘，从此不为儿女累；中壶衿缨传法则，同心述美，岂徒悲咏曜灵诗”。

张子年妻

薄宦类豪家，樽酒不空中馈吉；

无儿多爱女，金鞶有诫母仪彰。

【注释】

中馈：指家中供膳诸事，此处指酒食。《易·家人》：“无攸遂，在中馈。”孔颖达疏：“妇人之道……其所职，主在于家中馈食供祭而已。”三国魏曹植《送应氏》诗之二：“中馈岂独薄，宾饮不尽觞。”赵幼文校注：“《后汉书·王符传》章怀注：‘中馈，酒食也。’”

金鞶：原指镶金的小囊，亦为父母对成婚子女规诫之典。周彦质《宫词其四十一》：“端午茸花簇彩鸾，高标宝鉴缕金鞶。”朱熹《小学·明伦》：“庶母及门内施鞶，申之以父母之命，命之曰：‘敬恭听，宗尔父母之言。夙夜无愆，视诸衿鞶。’”

母仪：为母之道。王维《工部杨尚书夫人墓志铭》：“妇道允谐，母仪俱美。”杨珽《龙膏记·宠赐》：“夫人王氏，共传妇道母仪；小女湘英，更喜天才国色。”

【解析】

其人生平不详。

上联说张虽为薄宦，其家却豪爽，酒食丰足且善美。下联说其人无儿，却有数女，牢记母之劝诫而彰显母仪。联语为寻常应酬之联，未见出彩之处。

【考辩】

《古今联语汇选》亦收录，文字为“薄宦类豪家，樽酒不空中馈吉；无儿多爱女，金鞶有诫女仪新”。

余尧衢母

晚岁值荣华，须知挽鹿丸熊，艰苦自然多福寿；

湘州观礼法，更有齐讴赣曲，弦歌到处颂慈恩。

【注释】

挽鹿：挽鹿车，为夫妻共守清苦生活的典故。出自《后汉书·列女传·鲍宣妻》：“勃海鲍宣妻者，桓氏之女也，字少君。宣尝就少君父学，父奇其清苦，故以女妻之，共挽鹿车装送资贿甚盛。宣不悦，谓妻曰：‘少君生富骄，习美饰，而吾实贫贱，不敢当礼。’妻曰：‘大人以先生修德守约，故使贱妾侍执巾栉。即奉承君子，唯命是从。’宣笑曰：‘能如是，是吾志也。’妻乃悉归侍御服饰，更着短布裳，与宣共挽鹿车归乡里。拜姑礼毕，提瓮出汲。”

丸熊：参前第248页“丸熊”注释。

礼法：礼仪法度，此处指葬礼。《商君书·更法》：“及至文武，各当时而立法，因事而制礼，礼法以时而定，制令各顺其宜。”《晋书·裴頠传》：“何晏、阮籍素有高名于世，口谈浮虚，不遵礼法。”

【解析】

余尧衢即余肇康，字尧衢，号敏斋，晚号倦知老人，湖南长沙县人，咸丰四年（1854年）生，九岁丧父，赖母供其读书。逾冠补县学诸生，光绪八年（1882年），中举人。光绪十二年（1886年）成进士，官工部主事，后以知府分发湖北补用，后擢武昌、汉阳知府。光绪三十年（1904年），擢山东按察使，次年夏改任江西按察使。光绪三十二年（1906年）因南昌教案被撤职，不久起复任法部左参议，后再次免职。归湘后任湖南粤汉铁路总公司坐办、总理，主持修筑了长株段铁路。

辛亥革命后，避居山中数年，后迁居上海，于民国十九年（1930年）病逝。有《克己斋记事珠》《务时敏斋日记》和《病余随笔》等著述留存于世。

光绪三十四年（1908年）七月二十八日，王闿运作尧衢母联，先以思及，枕上成之，即为此联。

上联说其母晚岁得享荣华，全因早年生活清苦并教子有方，历艰苦后方得福寿。下联说长沙之人皆参加其葬仪，更有山东、江西等地之歌咏，到处皆颂其母之恩德。联语文字工雅，用典亦且，虽略为应酬，亦不凡也。

【考辩】

《湘绮楼日记》光绪三十四年七月二十八日有记载，文字为“晚岁极荣华，须知挽鹿丸熊，艰苦自然多福寿；湘州观礼法，更有齐讴赣曲，弦歌到处颂慈恩”。

谭芝畇母

因母著芳型，来往板舆尊禄养；

华宗钦自出，瞻依萱背感春晖。

【注释】

芳型：美好的典范。乾隆《述悲赋》：“对嫔嫱兮想芳型，顾和敬兮怜弱质。”乾隆《无悰》：“心内芳型眼内容，但相关处总无踪。”

华宗：显达富贵的宗族。《文选·任昉·王文宪集序》：“公生自华宗，世务简隔。”张铣注：“言生于富贵之宗。”陆游《老学庵笔记》卷二：“秦会之以孙女嫁郭知运，自答聘书曰：‘某人东第华宗，南宫妙选，乃肯不卑于作赘，何辞可拒于盟言。’”

瞻依：瞻仰依恃，表示对尊长的敬意。语出《诗·小雅·小弁》：“靡瞻匪父，靡依匪母。”郑玄笺：“此言人无不瞻仰其父取法则者，无不依恃其母以长大者。”王安石《祭欧阳文忠公文》：“然天下之无贤不肖，且犹为涕泣而歔欷。而况朝士大夫、平昔游从，又予心之所向慕而瞻依。”

【解析】

谭芝昀即谭启瑞，字芝昀，贵州省镇远府镇远县（今贵州省镇远县）人，光绪十一年（1885年）举人，光绪十八年（1892年）进士，同年五月，改翰林院庶吉士。光绪二十年（1894年）四月，散馆，授翰林院编修，后任国史馆协修。光绪二十三年（1897年），任广西乡试副考官。光绪二十七年（1901年），任陕西潼商道，后改湖南衡永郴桂道。宣统二年（1910年），任湖南布政使，以湖南衡永郴桂道兼署、盐法长宝道、长沙关监督。

民国元年（1912年）十月二十二日，王闿运闻谭芝昀赴母丧，作一联唁之，即为此联。

上联说其母为贤德的典范，得其子禄养，来往皆有板舆。下联说其家族为华贵之族，皆出自其母之力，故此日瞻仰其母犹感春晖。联语简洁，文字工雅，为挽他人母之联的佳作。

【考辩】

《湘绮楼日记》民国元年十月二十二日有记载，文字一致。

萧玉衡母周氏

樛木颂绥成，委佩庭前冬日煦；

葛覃勤浣濯，擣衣砧畔晓霜寒。

【注释】

樛木：向下弯曲的树木，出自《诗经·国风·周南·樛木》。《毛诗序》："樛木，后妃逮下也。"

绥成：赠予成功之意，出自《诗·商颂·那》："汤孙奏假，绥我思成。"

委佩：参前第287页"委佩"注释。

葛覃：葛藤蔓，出自《诗经·国风·周南·葛覃》。《毛诗序》："《葛覃》，后妃之本也。后妃在父母家，则志在于女功之事，躬俭节用，服浣濯之衣，尊敬师傅，则可以归安父母，化天下以妇道也。"

浣濯：洗涤。《太平御览》卷八八五引汉桓谭《新论》："吕仲子婢死，有女四岁，数来为沐头浣濯。"司空图《华帅许国公德政碑》："王恭勤备至，浣濯必亲。"

擣衣：即捣衣，洗衣时用木杵在砧上捶击衣服，使之干净。庾信《夜听捣衣》诗："秋夜捣衣声，飞度长门城。"贾至《答严大夫》诗："今夕秦天一雁来，梧桐坠叶捣衣催。"

【解析】

萧玉衡即萧干，字玉衡，湖南湘潭人，王闿运的学生，民国十五年（1926年）任湖口第一任县长。其父为萧陞高，字荣阶，湖南湘潭人，从左宗棠转战浙闽间，又从左氏西征，擢总兵，加提督。

民国元年（1912年）十一月二日，萧有葬期，王闿运作一联赠之，即为此联。

上联说其母遗泽于子孙，使庭前如有冬日之暖阳。下联说其母持家躬俭，如今斯人已逝，唯余砧畔寒霜。联语切以时节，并用《诗经》典，语义高古且对仗精微，结句更见哀思。

【考辩】

《湘绮楼日记》民国元年十一月二日有记载，文字为"樛木颂绥成，委佩庭前冬日煦；葛覃勤浣濯，捣衣砧畔晓霜寒"。

《古今联语汇选》亦收录，文字为"樛木颂绥成，委佩庭前冬日煦；葛覃勤浣濯，捣衣砧畔晓霜寒"。

朱纯卿母

三子同时作考官，盛事曜儒林，棣鄂光荣传桂籍；

一柱南天如敌国，教忠承母训，版舆安稳到莲花。

【注释】

棣鄂：亦作“棣萼”，为兄弟的代称。《诗·小雅·常棣》：“常棣之华，鄂不韡韡，凡今之人，莫如兄弟。”岑参《送薛彦伟擢第东归》：“一枝谁不折，棣萼独相辉。”

桂籍：科举登第人员的名籍。徐铉《庐陵别朱观先辈》：“桂籍知名有几人，翻飞相续上青云。”《宋史·外国传三·高丽》：“陛下以其万里辞家，十年观国，俾登名于桂籍，仍命秩于芸台。”

一柱南天：南天一柱，指栋梁之材。张固《独秀山》：“曾得乾坤融结意，擎天一柱在南州。”《唐·大诏令集·赐陈敬瑄铁券文》：“卿五山镇地，一柱擎天；气压乾坤，量含宇宙。”

敌国：相当于一国，可与国家相匹敌。楼钥《陈顺之灵壁石砚山》：“陈侯之富可敌国，会有宝光惊四塞。”《初刻拍案惊奇》卷十三：“殷氏纵有扑天的本事，敌国的家私，也没门路可通。”

莲花：指江西萍乡莲花县。

【解析】

朱纯卿即朱益濬，字辅源，号纯卿，江西莲花县人，宣统帝师。光绪三年（1877年）丁丑科进士，选翰林院庶吉士，散馆改湖南衡州府清泉县知县。官至湖南辰沅永靖道，署湖南巡抚，辛亥革命后归里。民国九年（1920年）在家中病逝。著有《碧云山房存稿》。其父为朱之杰，咸丰十一年（1861年）进士，陕西试用知县。朱益濬有兄弟朱益藩，字艾卿，号定园，光绪十六年（1890年）庚寅恩科进士，殿试二甲第九名，赐进士出身。同年五月改翰林院庶吉士。散馆授翰林院编修，擢翰林侍读学士、南书房行走、兼充经筵进讲大臣，光绪三十三年（1907年）出任京师大学堂总监督。宣统元年（1909年）任宗人府府丞，宣统二年（1910年）授都察院左副都御史。后任清逊帝溥仪师傅。晚年在北京琉璃厂荣宝斋南纸店挂笔单鬻字为生，后病殁北京，溥仪追赠清故太保，谥文诚。又有弟朱益湛，光绪十九年（1893年）举人，官至广东丰县知县。

民国元年（1912年）十一月十八日，王闿运得朱纪卿赴书，云其母二月丧，而十月后始达，亦奇事也，作一联挽之，即为此联。

上联说朱益濬三兄弟同作考官，是为儒林盛事，兄弟之光荣名声已传遍登科之文士。下联说朱氏兄弟有敌国之大才，且忠于母训，其母当可安然归葬莲花县。联语借述朱氏兄弟事而颂其母之德，亦能工雅，只是略少哀挽。

【考辩】

《湘绮楼日记》民国元年十一月十八日有记载，文字为“三子同时作考官，盛事耀儒林，棣鄂光荣传桂籍；一柱南天如敌国，教忠承母训，版舆安稳到莲花”。

唐子明母袁氏

五世协昌符，数恩荣百岁光华，不比园葵伤漆室；
安贞称富媪，看儿女两家勤俭，岂徒寸草报春晖。

【注释】

昌符：表示昌盛吉祥的符瑞。萧子云《玄圃园讲赋》：“惟玉帛之光盛，信昌符之在焉。”卢庾《梓潼神鼎赋》：“宝彼天之所锡，表吾君之至治。扬五百代之昌符，成六万年之宝位。”

园葵伤漆室：忧心国事的典故，亦作“忧葵”“惜园葵”。刘向《列女传》卷三：“漆室女者，鲁漆室邑之女也。……漆室女曰：‘不然，非子所知也。昔晋客舍吾家，系马园中，马佚驰走，践吾葵，使我终岁不食葵。……今鲁君老悖，太子少愚，愚伪日起。夫鲁国有患者，君臣父子皆被其辱，祸及众庶，妇人独安所避乎？吾甚忧之。子乃日妇人无与者，何哉？’邻妇谢曰：‘子之所虑，非妾所及。’三年，鲁果乱。”李商隐《咏怀寄秘阁旧僚二十六韵》：“小男方嗜栗，幼女漫忧葵。”李白《书怀赠南陵常赞府》：“将无七擒略，鲁女惜园葵。”

安贞：静而正。《易·坤》：“安贞之吉，应地无疆。”杨炯《盂兰盆赋》：“上寥廓兮法天，下安贞兮象地。”

寸草报春晖：报母恩之典。化用孟郊《游子吟》：“谁言寸草心，报得三春晖。”

【解析】

唐子明即唐际昌，湖南湘潭人，派名德布，字庆成，一字子明、行一，清庠生，花翎二品顶戴，江苏候补道署江南盐巡道，赏给一品封典，诰授荣禄大夫。父唐卓人，母袁太夫人，生四子，际昌为长子，十九岁时上书曾国藩，得曾赏识而入军。累功至江苏知府、候补道。甲午战争时期随刘坤一征讨倭寇，掌军械事。后负责江南新创银圆局、南京筹防局、盐巡等职务，五十五岁卒。其余兄弟亦为官。唐母百岁而亡。

民国二年（1913年）八月二十九日，王闿运作唐子明母挽联，即为此联。

上联说唐家五世昌盛，唐母享百岁之荣华，亦少悲忧之事。下联说其人安静方正，且为富家媪，但儿女两家皆勤俭，又何止报母亲之恩。联语雍容，用典亦切，因唐母百岁而亡，故少哀情。

【考辩】

《湘绮楼日记》民国二年八月二十九日有记载，文字一致。

程春甫妻萧氏

封鲊训廉勤，垂老江淮劳顾复；

乘鸾归寂静，通家女妇失仪型。

【注释】

封鲊：陶母封鲊责侃之典。《晋书·列女传·陶侃母湛氏》："侃少为寻阳县吏，尝监鱼梁，以一坩鲊遗母。湛氏封鲊及书责侃曰：'尔为吏，以官物遗我，非惟不能益吾，乃以增吾忧矣。'"

顾复：父母之养育。《诗·小雅·蓼莪》："父兮生我，母兮鞠我。拊我畜我，长我育我，顾我复我，出入腹我。"郑玄笺："顾，旋视；复，反复也。"孔颖达疏："覆育我，顾视我，反复我，其出入门户之时常爱厚我，是生我劬劳也。"

乘鸾：犹言仙逝，死的婉词。曾巩《郧口》："风光满眼宛如昨，故人乘鸾独腾骞。"

通家：犹世交。《后汉书·孔融传》："语门者曰：'我是李君通家子弟。'"卢照邻《哭明堂裴主簿》："缔欢三十载，通家数百年。"

仪型：楷模，典范。苏轼《次韵张安道读杜诗》："简牍仪型在，儿童篆刻劳。今谁主文字，公合抱旌旄。”薛蕙《送杨石斋》：“事业存钟鼎，仪型照简编。”

【解析】

宣统三年（1911年）五月十三日，王闿运作春甫夫人挽联，即为此联。

上联说其妻以勤廉训子，到老依然关心其子在江淮为官之事。下联说其妻仙逝，使世交之女妇顿失典范。联语虽简略，但对仗工雅，述其人之德，亦见哀思。

【考辩】

《湘绮楼日记》宣统三年五月十三日有记载，文字一致。

程二嫂赵氏

淑慎早传徽，忆佩环来自仙源，湘东共识名家韵；

蘋蘩能率礼，惜筐筥初终妇职，堂北俄倾寸草晖。

【注释】

淑慎：善良恭慎。《诗经·邶风·燕燕》：“终温且惠，淑慎其身。”曾巩《祖母陈氏追封蜀郡太守夫人》：“淑慎恭俭，化行闺门。”

传徽：传扬美好的名声。沈约《为南郡王侍皇太子释奠宴诗》：“尊学尚矣。继列传徽。”苏辙《送韩宗弼》：“君家汉代平与韦，蔼然令德传余徽。”

仙源：指《仙源类谱》，宋代的皇族谱牒，记录了宋皇室宗族男女成员的支脉、婚姻、官爵迁转、功罪是非以及生死年月，此处切其妻姓氏。

蘋蘩：苹和蘩。两种可供食用的水草，古代常用于祭祀。《左传·隐公三年》：“苹蘩薀藻之菜……可荐于鬼神，可羞于王公。”晋左思《蜀都赋》：“杂以蕴藻，糅以苹蘩。”

率礼：遵循礼法。《东观汉记·梁冀传》：“大将军夫人，躬先率礼，淑慎其身，超号为开封君。”《三国志·魏志·高堂隆传》：“夫灾变之发，皆所以明教诫也，惟率礼修德，可以胜之。”

筐筥：筐与筥的并称。方形为筐，圆形为筥。亦泛指竹器。《诗·周颂·良耜》："或来瞻女，载筐及筥。"郑玄笺："筐筥，所以盛黍也。"《左传·隐公三年》："筐筥锜釜之器，潢污行潦之水，可荐于鬼神，可羞于王公。"

初终：始终。曾巩《祭欧阳少师文》："维公平生，恺悌忠实，内外洞彻，初终若一。"《清史稿·诸王传七论》："乾乾翼翼，靡间初终。"

堂北：北堂，指母亲的居室，也代指母亲。《仪礼·士昏礼》："妇洗在北堂。"郑玄注："北堂，房中半以北。"贾公彦疏："房与室相连为之，房无北壁，故得北堂之名。"方苞《工部尚书熊公继室李淑人墓志铭》："而淑人留京师，余尝拜于北堂。"

【解析】

其人生平不详。

民国四年（1915年）四月二十四日，王闿运之六女王滋请作程二嫂挽联，即为此联。

上联说其人善良恭慎而有令名，出于赵氏而湘东尽识其家风。下联说其人尊礼法而行祭祀，终不逾矩，此际遽逝而使子女失去慈恩。联语对仗工切，行文雅正，颂其人而哀挽之情亦足。

【考辩】

《湘绮楼日记》民国四年四月二十四日有记载，文字为"淑慎早传徽，忆佩环来自仙源，湘东共识名家韵；蘋繁能率礼，惜筐筥初终妇职，堂北俄倾寸草晖"。

常九嫂陈氏

清门循吏有渊源，官舍棠阴，今日环归更凄恻；

从妇卅年承爱育，家园菊瘦，空庭霜冷失瞻依。

【注释】

清门：参前第284页“清门”注释。

棠阴：棠树树荫，喻惠政或良吏的惠行。典出《诗经·甘棠》：“蔽芾甘棠，勿剪勿伐，召伯所茇。蔽芾甘棠，勿剪勿败，召公所憩。蔽芾甘棠，勿剪勿拜，召伯所说。”

环归：环佩归，女子死亡之典。杜甫《咏怀古迹五首其三》：“画图省识春风面，环佩空归月夜魂。”

瞻依：参前第303页“瞻依”注释。

【解析】

常九即常霖生，湖南衡阳人，排行第九，为常大淳之子、常豫之弟。王闿运之三女王珰嫁常豫之子，故为常霖生之侄媳。

民国四年（1915年）九月九日，王闿运闻常霖生丧妻，往吊之，未录挽联。

上联说常家之门第渊源，有德泽于民，今为其妻归去而感凄恻。下联说自己之女承其育护近三十年，正当菊花凋零之时，失去尊长而唯余空庭寒霜。联语述其家世，切以时节，文字亦工雅，有代女致哀之意。

段芝贵妻王氏

絜膳佐南陔，对人馔鱼羹，远道应悲中馈辍；

成功数东伐，想亲缝犀甲，三军犹感内堂恩。

【注释】

絜膳：修整膳食。束皙《补亡诗六首其一南陔》：“馨尔夕膳，絜尔晨餐。”

南陔：参前第251页“南陔”注释。

中馈：指家中供膳诸事。《易·家人》：“无攸遂，在中馈。”孔颖达疏：“妇人之道……其所职，主在于家中馈食供祭而已。”汉王粲《出妇赋》：“竦余身兮敬事，理中馈兮恪勤。”

犀甲：原指犀牛皮制的铠甲，后亦指牛皮甲。《楚辞·九歌·国殇》："操吴戈兮被犀甲，车错毂兮短兵接。"杜牧《郡斋独酌》："犀甲吴兵斗弓弩，蛇矛燕戟驰锋铓。"

【解析】

段芝贵，字香岩，安徽合肥人。天津北洋武备学堂毕业，留校任教习，后任职于淮军。光绪二十一年（1895年）投入新建陆军，历任督队稽查先锋官、步队左翼第二营统带、督操营务处提调兼讲武堂教习，赏道员衔。后历任直隶军政司参谋处总办、天津南段巡警总局总办、东三省军务处总办等。光绪三十一年（1905年）署黑龙江巡抚，后因行贿案发被免职。宣统二年（1910年）任镶红旗蒙古都统。辛亥革命护理湖广总督，任武卫右军右翼翼长。民国元年（1912年）任驻京总司令官、拱卫军总司令、察哈尔都统。民国二年（1913年）七月"二次革命"时，被任命为江西宣抚使兼第一军军长，率军南下镇压江西讨袁军，旋改兼安徽宣抚使，授陆军上将。次年署湖北都督。民国四年（1915年）调任奉天督理、镇安上将军兼督理东三省军务，兼奉天巡按使，受袁世凯封为一等公。袁世凯死后于二十日辞去奉天将军职，归居天津。张勋复辟时任讨逆军东路总司令，后出任京师卫戍司令、京畿警备总司令、陆军总长，后又改京畿警备总司令为京畿卫戍总司令。直皖战争时，任皖系的定国军西路司令，被直军击败后匿居于天津，后获特赦，居天津，民国十四年（1925年）病故，年五十六。著有《壮游记》。

民国三年（1914年）八月二十二日，王闿运云"段翠喜丧妻，亦姓王，其克琴姊耶？送一联，其翁日陞受吊，古礼也"，即为此联。王闿运对段芝贵多讥讽，故称其"段翠喜"，又说其妻为"克琴姊"，盖当时名伶杨翠喜、王克琴皆与段有关，段将杨翠喜介绍给载振，将王克琴介绍给袁克定。

上联说其妻辅助其母整治膳食，如今馔食犹在，而其人已去，家中供膳诸事将要断绝了。下联说段芝贵之功是于"二次革命"时，率军南下镇压江西讨袁军，王氏亲缝其甲衣，三军当感其恩德。联语雍容雅正，对仗精工，述其妇德而见哀挽。

【考辩】

《湘绮楼日记》民国三年八月二十二日有记载，文字一致。

清泉杨六嫂罗氏

遗恨泯桓禽，得教三子亲承含；

贤名称揄翟，敢望雏孙克嗣徽。

【注释】

桓禽：又作“桓山禽”“桓山鸟”，原指悲鸣的鸟，后用以喻离别的痛苦。《孔子家语·颜回》：“回闻桓山之鸟，生四子焉，羽翼既成，将分于四海，其母悲鸣而送之，哀声有似于此，谓其往而不返也。”李群玉《乌夜号》诗：“既非蜀帝魂，恐是桓山禽。”

承含：含通琀，指古代塞在死者嘴里的珠玉。《礼记·文王世子》：“至于赗赙承含，皆有正焉。”

揄翟：参前第292页“揄翟”注释。

嗣徽：继承前人的盛美德业。《诗·大雅·思齐》：“大姒嗣徽音。”郑玄笺：“徽，美也。嗣大任之美音，谓续行其善教令。”高亨注：“嗣，继也。徽音，美誉也。”《宋书·王敬弘传》：“先帝拔臣于蛮荆之域，赐以国士之遇。陛下嗣徽，特蒙眷齿。”

【解析】

其人生平不详。

上联说虽有遗恨亦可泯矣，有三子亲为料理丧事。下联说其人有贤名而能受诰封，今尚有幼孙，期能继承德业。联语用典高古，对仗亦工，颂其贤而亦足哀思。

许隐君妻戴氏

勤俭佐兴家，未终偕隐虚鸿案；

文儒争作诔，不负劬劳育凤雏。

【注释】

鸿案：夫妻相敬之典。《后汉书·逸民传·梁鸿》："每归，妻为具食；不敢于鸿前仰视，举案齐眉。"章学诚《文史通义·古文十弊》："抑思善相夫者，何必尽识鹿车鸿案。"

【解析】

许隐君即许楚钦，湖南湘潭人。有三子皆成名，其中最著名者为许铭彝，字笃斋，入王闿运门下，民国时湖南知名学者。

上联说其人勤俭而能佐助兴家，却未及偕隐而鸿案已空。下联说时有名儒争相作诔，亦不负其教子之劳。

癸輪鐵甲有時會
玉堂金殿要論恩

秀先仁兄前輩雅正

赠张文心

壁立千仞，犹恐未免俗；

兼包九流，而后可谈经。

【注释】

壁立千仞：形容高峻陡峭。张载《剑阁铭》：“是曰剑阁，壁立千仞。穷地之险，极路之峻。”

九流：原指秦至汉初的九大学术流派，在《汉书·艺文志》中指道家、儒家、阴阳家、法家、农家、名家、墨家、纵横家、杂家，后泛指各学术流派。《北史·周高祖武帝纪》：“遂使三墨八儒，朱紫交竞；九流七略，异说相腾。”高适《奉酬睢阳李太守》诗：“逸足横千里，高谈注九流。”

【解析】

张文心即张宪和，字闻惺，又字文心，平湖人。咸丰九年（1859年）举人，历官武冈知州。有《受月轩诗草》。

光绪八年（1882年）正月初六，王闿运为文心书柱，撰二句，即为此联，并云“颇能自道其所得”。

上联说纵所学高峻，亦难免俗，下联说兼通各种学术流派，此后方可谈经义。联语说学术之事，为劝勉而语亦工。

【考辩】

《湘绮楼日记》光绪八年正月初六有记载，文字为“壁立千仞，犹恐未免俗；兼包九流，而后可说经”。

《对联话》亦收录，题为“王湘绮赠张文襄联”，文字为“壁立千仞，犹恐未免俗；胸包九流，而后可谈经。”并云“此联非湘绮不能作，非孝达不能当”。

《古今联语汇选》亦收录，题为“湘绮赠张文襄联”，文字一致。

赠余佐卿

斥鷃飞，鹏所笑，宋荣可无笑；
三人行，我有师，仲尼何常师。

【注释】

斥鷃：鷃雀。《庄子·逍遥游》："斥鷃笑之曰：'彼且奚适也？'"陆德明释文引司马彪曰："斥，小泽也。本亦作'尺'。鷃，鷃雀也。"成玄英疏："鷃雀，小鸟。"晋葛洪《抱朴子·明本》："犹之斥鷃之挥短翅，以凌阳侯之波。"

宋荣：宋钘，又称宋子（庄子作宋钘，孟子作宋牼，非子作宋荣子），宋国人。约周烈王六年至周赧王二十四年间在世，与齐宣王（田辟疆）同时，曾游稷下，其继承老子思想，提倡"接万物以别宥为始"，提出"情欲寡""见侮不辱"说，反对诸侯间的兼并战争。著书一篇。孟轲与庄周都很尊敬他，称之为"先生"，是战国时代道家学派的前驱。《庄子·逍遥游》："而宋荣子犹然笑之。且举世誉之而不加劝，举世非之而不加沮，定乎内外之分，辩乎荣辱之境，斯已矣。"

三人行，我有师：意思是不仅要以善者为师，而且以不善者为师。出自《论语·述而》："子曰：'三人行，必有我师焉；择其善者而从之，其不善者而改之。'"

仲尼何常师：孔子无固定的老师。《论语·子张》："夫子焉不学？而亦何常师之有？"

【解析】

余佐卿即余世松，字佐卿，湖南长沙县人。初学明陈子龙诗，后改学齐梁，尽汰其旧作，然所存不多，未逮强仕而没。有《古砚香斋遗诗》四卷。

《湘绮楼日记》光绪八年四月八日，王闿运为佐卿书一联，即为此联。

上联说即使是鷃雀的飞翔，鹏鸟或可嘲笑，而宋荣子就不应嘲笑了。下联说要多向周围的人学习，就像孔子无常师那样。联语为规劝做人处事之语，引典亦合，可为箴诫。

【考辩】

《湘绮楼日记》光绪八年四月八日有记载，文字一致。

《古今联语汇选》亦收录此联，文字一致。

赠寄冯章京

闲观世事如修史；

多见通人始信书。

【注释】

通人：学识渊博通达的人。《庄子·秋水》："当桀纣而天下无通人，非知失也。"王先谦集解："贤人皆隐遁，非其智失也。"汉王充《论衡·超奇》："博览古今者为通人。"贾岛《即事》诗："心被通人见，文叨大匠称。"

【解析】

冯章京即冯锡仁，字伯育，号莘垞，湖南沅陵人，光绪二年（1876年）举人，光绪三年（1877年）进士，由刑部主事转给谏，授兵部给事中，加三品官衔。曾任湖南谘议局副议长、资政院议员、湖南西路师范学堂监督，富藏书，有《丛石斋印集》《听彝堂续稿》等著述。

一说此联为刘墉所作，有手稿流传。

上联说闲观世事亦如修史，下联说多见渊博通达之人而后始信其书。联语与修史及藏书皆相关，故王闿运用以赠冯锡仁。

【考辩】

《古今联语汇选》亦收录此联，文字一致。

赠陈用阶

陈为湖南官中能文者，好甜酒而重听，故戏之云。

论文似酒知甘苦；

退宦如僧静见闻。

【注释】

退宦：离开官场。刘禹锡《和令狐相公寻白阁老见留小饮因赠》：“宦达翻思退，名高却不夸。”戴亨《赠尹相国四公子卓庵》：“濡首泥涂不觉非，宦途恬退世人稀。”

【解析】

陈用阶，湖南人，曾入丁宝桢幕府。

光绪六年（1880年）八月二日，王闿运写扇对，撰二句赠陈用阶，即为此联。

上联说其人论文如论酒之甘苦，下联说其人离开官场后，即如僧般不闻世事。联语虽雅但亦有揶揄之意。

【考辩】

《湘绮楼日记》光绪六年八月二日有记载，文字一致。

《古今联语汇选》亦收录此联，文字一致。

赠吴华峰

壁经正义三梅鹜；

壶子全心养木鸡。

【注释】

壁经：指汉代发现于孔子宅壁中的藏书。《汉书·卷三十·艺文志》："秦燔书禁学，济南伏生独壁藏之。……《古文尚书》者，出孔子壁中。武帝末，鲁共王坏孔子宅，欲以广其宫，而得《古文尚书》及《礼记》《论语》《孝经》凡数十篇，皆古字也。"

正义：正确的或本来的意义。桓谭《抑讦重赏疏》："屏群小之曲说，述五经之正义。"三国魏曹植《七启》："览盈虚之正义，知顽素之迷惑。"

梅鷟：明学者。字致斋，旌德（今属安徽）人。明正德八年（1513年）举人，官南京国子监助教、盐课司提举。著《尚书考异》《尚书谱》，力功古文之伪。撰《南雍志·经籍考》（亦名《明太学经籍志》《南雍书目》）。其他著作有《古易考原》《春秋指要》《仪礼翼经》。

壶子：壶丘子，名林，战国郑人，列子之师。《庄子·应帝王》："列子见之而心醉，归，以告壶子，曰：'始吾以夫子之道为至矣，则又有至焉者矣。'"成玄英疏："壶子，郑之得道人也。号壶子，名林，即列子之师也。"《淮南子·精神训》："壶子持以天壤，名实不入，机发于踵。壶子之视死生亦齐矣。"

木鸡：喻指修养深淳以镇定取胜者。《庄子·达生》："纪渻子为王养斗鸡。十日而问曰：'鸡已乎？'曰：'未也，方虚骄而恃气。'……十日又问，曰：'几矣，鸡虽有鸣者，已无变矣。望之似木鸡矣，其德全矣，异鸡无敢应者，反走矣。'"成玄英疏："神识安闲，形容审定……其犹木鸡不动不惊，其德全具，他人之鸡，见之反走。"

【解析】

吴华峰，能诗，生平不详。

上联说其人参（"三"疑为"参"之误）梅鷟之书而钻研诸经正义，下联说其人类壶子而修养深淳。联语工雅，用典考究，亦见庄谐。

赠张子年

亲知欢喜常评酒；

生计清贫不厌官。

【注释】

亲知：亲戚朋友。谢朓《和王著作融八公山》："浩荡别亲知，连翩戒征轴。"金董解元《西厢记诸宫调》卷三："俺有箇亲知，只在蒲关住。"

不厌官：不以此官职为厌。宋李彭《题范赞府觅先春亭》："素标垂青衫，不厌官踪冷。"欧大任《季秋晦日同贯汝诚陈伯化张和卿崔德卿周之祯集何仁甫宅得间字》："秋能随节尽，客不厌官闲。"

【解析】

其人生平不详，前卷有张子年妻挽联，云其薄宦而好酒。

上联说亲朋皆喜此人，因其常评酒之故，下联说虽生计清贫而依然为此薄宦。联语与张子年妻挽联类似，见其人之豪爽。

赠段郎中玉成

康乐文章，先承祖德；

子山松石，不对俗人。

【注释】

康乐：谢灵运，名公义，字灵运，小名客儿，陈郡阳夏县（今河南省太康县）人，东晋至刘宋时期大臣、佛学家、旅行家，山水诗派鼻祖，东晋名将谢玄之孙，秘书郎谢瑍之子，母为王羲之的外孙女刘氏。出身陈郡谢氏，晋安帝元兴二年（403年）袭封康乐县公。历任抚军（刘毅）记室参军、太尉（刘裕）参军、中书黄门侍郎等职。刘宋建立后，降封康乐县侯，历任散骑常侍、太子左卫率、永嘉太守、秘书监、临川太守。宋文帝元嘉十年（433年），以"叛逆"罪处死。有《谢康乐集》。

祖德：祖宗的功德。《管子·四称》："循其祖德，辩其顺逆，推育贤人，谗慝不作。"范仲淹《赠樊秀才》诗："始知祖德长，光辉传佩刀。"

子山松石：子山即庾信，字子山，小字兰成。南阳郡新野县（今河南省南阳市新野县）人。曾任萧纲的东宫学士，累官右卫将军，封武康县侯。侯景之乱时，庾信逃往江陵。后奉命出使西魏，因梁为西魏所灭，遂留居北方，官至车骑大将军、开府仪同三司。北周代魏后，更迁骠骑大将军、开府仪同三司，封临清县子，世称其为“庾开府”。隋文帝开皇元年（581年）死于北方，年六十九。有《庾子山集》。松石及下句不对俗人，出自《拟咏怀诗二十七首》十六：“横石三五片，长松一两株。对君俗人眼，真兴理当无。”

【解析】

段玉成，曾任郎中，生平不详。

上联说其人承祖德而能为文章，下联说其人所交皆非俗。联语清雅，用典亦浑然，抬高对方身份，合赠联之意。

【考辩】

《古今联语汇选》亦收录此联，文字一致。

赠李玉溪

花萼一家春富贵；

竹林三益酒神仙。

【注释】

花萼：比喻兄弟或兄弟间和睦友爱的情谊。《诗·小雅·常棣》：“常棣之华，鄂不韡韡。凡今之人，莫如兄弟。”杨炯《唐右将军魏哲神道碑》：“门传万石，庭列双珠，花萼争荣，芝兰蔼秀。”

竹林：指朋友游宴之处。参前第225页“竹林”注释。

三益：指良友。《论语·季氏》：“孔子曰：益者三友，损者三友。友直，友谅，友多闻，益矣。”晋释慧远《庐山东林杂诗》：“妙同趣自均，一悟超三益。”苏轼《除吕公著守司空同平章军国事制》：“朕重失此三益之友，而闵劳以万几之烦。”

【解析】

李玉溪，生平不详。

上联说其家兄弟和睦而得富贵，下联说其人所交多良友，亦好竹林之游宴。联语工雅，犹见魏晋士子风襟。

【考辩】

《古今联语汇选》亦收录此联，文字一致。

赠李杜生

江山奇秀怀三峡；

兄弟文章比二苏。

【注释】

二苏：指苏轼与苏辙。《宋史·常安民传》：“董敦逸再为御史，欲劾苏轼兄弟，安民谓二苏负天下文章重望，恐不当尔。”黄庭坚《和答子瞻和子由常父忆馆中故事》诗：“二苏上连璧，三孔立分鼎。”

【解析】

李杜生，生平不详。

上联说感怀三峡之奇秀山水，下联说其兄弟二人文章可比苏轼、苏辙。联语切以地理，赞其兄弟文章，合赠之意。

【考辩】

《古今联语汇选》亦收录，题为“赠黄可屏联”，文字一致。

赠向晴峰

云笺自题三万轴；

风骚已及四千言。

【注释】

云笺：有云状花纹的纸。周邦彦《蕙兰芳引》：“更花管云笺，犹写寄情旧曲。”张景《飞丸记·邂逅参商》：“掩映芙蓉面，想起心事寄云笺。”

三万轴：言诗文之多。韩愈《送诸葛觉往随州读书》：“邺侯家多书，插架三万轴。”苏轼《张竞辰永康所居万卷堂》：“岂惟邺侯三万轴，家有世南行秘书。”

风骚：原指《诗》中的《国风》和《楚辞》中的《离骚》，后借指诗文。高适《同崔员外綦毋拾遗九日宴京兆府李士曹》：“晚晴催翰墨，秋兴引风骚。”全句出自方干《赠上虞胡少府百篇》：“日晷未移三十刻，风骚已及四千言。”

【解析】

向晴峰即向熙，字晴峰，湖南衡山白莲寺人，曾任广东万州知州。其子为向燊，为王闿运在东洲船山书院时的学生。

上下联均说其题写诗文之多。联语对仗工，下联为集句，然上下联含义近似。

【考辩】

《古今联语汇选》亦收录，文字为“云笺自题二万轴；风骚已及四千言”。

赠喻直夫

闲看戟门桐树合；

肯过精舍竹林前。

【注释】

戟门：宫庙、官府及显贵府第之门，陈戟于门前以为仪仗。钱起《秋霖曲》：“貂裘玉食张公子，炰炙熏天戟门里。”曹寅《西轩月夜有怀南洲却寄》诗：“戟门侯吏散，月上天池平。”

精舍：学舍；书斋。《后汉书·党锢传·刘淑》：“淑少学明《五经》，遂隐居，立精舍讲授，诸生常数百人。”吴曾《能改斋漫录·辨误二》：“古之儒者，教授生徒，其所居皆谓之精舍。”全句出自王维《同比部杨员外十五夜游有怀静者季》：“竞向长杨柳市北，肯过精舍竹林前。”

【解析】

喻直夫，生平不详。

上联说其家世显贵，下联说其交游于学舍书斋。联语赞其家世，亦述其交游，工巧并且雅致。

【考辩】

《古今联语汇选》亦收录此联，文字一致。

赠张少衡（其一）

念我能书数字至；

羡君不入七贵门。

【注释】

念我能书数字至：本句出自杜甫《公安送韦二少府匡赞》“念我能书数字至，将诗不必万人传”。

羡君不入七贵门：七贵，原指西汉时七个以外戚关系把持朝政的家族，后泛指权贵。《文选·潘岳〈西征赋〉》：“窥七贵于汉庭，诪一姓之或在。”李周翰注：“汉庭七贵：吕、霍、上官、丁、赵、傅、王，并后族也。”李白《流夜郎赠辛判官》：“昔在长安醉花柳，五侯七贵同杯酒。”本句出自张谓（一作刘眘虚）《赠乔琳》：“如今七贵方自尊，羡君不过七贵门。”

【解析】

张少衡，其人生平不详，其名字与石鼓书院院长张学尹之号相同，但并非同一人。张学尹字子任，号少衡，有著作《师白山房诗文集》《师白山房讲易》等，即日记中所云“师白山房”。

光绪二十二年（1896年）九月二十一日，张少衡来，“盖不知有师白山房者，云曾于高庙、营盘街皆相见，动十年也”。书一联赠之，即为此联，并云“七贵实一贵也，而又不贵，贵之所以贱之”。

上联说其人念己而有书信往来，下联说羡其人不入权贵之门。本联为集句联，赠人亦见雅致。

【考辩】

《湘绮楼日记》光绪二十二年九月二十一日有记载，文字一致。

《古今联语汇选》亦收录此联，文字一致。

赠张少衡（其二）

知君开馆常爱客；

赖子高文一启予。

【注释】

知君开馆常爱客：本句出自岑参《送费子归武昌》“知君开馆常爱客，樗蒱百金每一掷”。

赖子高文一启予：本句出自李白《早秋单父南楼酬窦公衡》“曾无好事来相访，赖尔高文一起予”。

【解析】

光绪二十二年（1896年）十月五日，程生为张儿求书，已书但失之，作二语赠之，即为此联。

上联说其人好客，下联说其人文高。本联为集句联，赠人亦切。

【考辩】

《湘绮楼日记》光绪二十二年十月五日有记载，文字为“知君开馆常爱客；赖尔高文一启予”。

《古今联语汇选》亦收录此联，文字一致。

赠唐宾楼

兰陔旧地花才结；

桂树新枝色更清。

【注释】

兰陔旧地花才结；桂树新枝色更清：二句均出自刘禹锡《闻韩宾擢第归觐以诗美之兼贺韩十五曹长时韩牧永州》“兰陔旧地花才结，桂树新枝色更青”。

【解析】

唐宾楼，生平不详。

上联说归觐之意，下联为赞其子嗣之意，二句皆引刘禹锡诗，应能切其人其事，故赠之。

【考辩】

《古今联语汇选》亦收录此联，文字一致。

赠唐鲁臣

颠拓茅茨不期逸；

诡晖分丽焕若云。

【注释】

颠拓茅茨不期逸：“拓”应为“柘”之误。此句出自卢鸿一《嵩山十志》：“基颠柘，架茅茨，居不期逸。”

诡晖分丽焕若云：诡晖亦作“诡辉”，异彩，变幻异常的光辉。木华《海赋》：“瑕石诡晖，鳞甲异质。”此句出自卢鸿一《嵩山十志》：“诡辉分丽，焕若云锦。”

【解析】

唐鲁臣，生平不详，从联语看疑是画家。

上联说其人居茅庐而不期逸，下联说有异彩焕发而如云。二句皆化用唐卢鸿一《嵩山十志》，以切其人其事。

【考辩】

《古今联语汇选》亦收录此联，文字一致。

赠符子琴

文章岭海风云气；

诗画名家山水缘。

【注释】

岭海：指两广地区，其地北倚五岭，南临南海，故名。韩愈《潮州刺史谢上表》：“虽在万里之外，岭海之陬，待之一如畿甸之闲，辇毂之下。”张孝祥《念奴娇·过洞庭》：“应念岭海经年，孤光自照，肝肺皆冰雪。”

【解析】

符子琴，号蔬苟居士，湖南清泉人，宦粤二十余年，以金石书画名闻五岭。

上联说其文章有岭海风云之气，下联说其为诗画名家并与山水结缘。联语朴而无华，直述其意而赠之。

【考辩】

《古今联语汇选》亦收录此联，文字一致。

萧子，闲官，又不读书，因题二语

琴书陶令销忧物；

诗酒扬州写意臣。

【注释】

琴书陶令销忧物：陶令即陶渊明。此句出自陶渊明《归去来兮辞》：“悦亲戚之情话，乐琴书以消忧。”

诗酒扬州：犹言诗酒风流之事。元乔孟符有《杜牧之诗酒扬州梦》。

写意：适意，舒服。蘧园《负曝闲谈》：“倒去让格格老太婆写意？”

【解析】

萧子，《古今联语汇选》作萧子问，生平不详。

光绪三十二年（1906年）二月五日，王闿运为萧子写联，即为此联，并云“萧子闲官，又不读书，因题二句”。

上联写其效陶渊明而乐琴书，下联写其效杜牧而为闲逸之臣。联语写风雅之事以赠之，亦含讥讽之意。

【考辩】

《湘绮楼日记》光绪三十二年二月五日有记载，文字为“琴书陶令销忧物；

诗酒扬州写意官”。

《古今联语汇选》亦收录，题为“赠萧子问联”，文字为“琴书陶令销夏物；诗酒扬州写意臣”。

与李子政

惟古于文必己出；

当今之世贵独清。

【注释】

惟古于文必己出：此句出自韩愈《南阳樊绍述墓志铭》“唯古于词必己出，降而不能乃剽窃，后皆指前公相袭，从汉迄今用一律”。

独清：谓清白自处，不同流合污。《楚辞·渔父》：“屈原曰：举世皆浊我独清，众人皆醉我独醒。”高启《题许澜伯三虫图》：“谁道争花群队里，长吟还有独清人。”

【解析】

李子政，生平不详。

上联说著文之事，下联说立身处世之事。联语作劝勉之意，若赠弟子之语。

【考辩】

《古今联语汇选》亦收录，文字为“惟古于文必出己；当今之世贵独清”。

与黄实监

到门不敢题凡鸟；

种树还须问橐驼。

【注释】

到门不敢题凡鸟：本句出自王维《春日与裴迪过新昌里访吕逸人不遇》“到门不敢题凡鸟，看竹何须问主人”。“题凡鸟”之典出自《世说新语·简傲篇》：“嵇康与吕安善，每一相思，千里命驾，安后来，值康不在，喜（康弟）出户延之，不入，题门上作‘凤’字而去。喜不觉，犹以为欣，故作。‘凤’字，凡鸟也。”按：吕安所书“凤”字，字面虽称赞，而实乃讥之也，此为字形之双关。

种树还须问橐驼：问种树之方，实述保民之法。本句化用自柳宗元《种树郭橐驼传》。

【解析】

黄实监，生平不详。

上联言膺服其人之才，下联赞其人有保民之道。联语以典切其人其事，亦别致。

【考辩】

《古今联语汇选》亦收录此联，文字一致。

与喻蒸梧

诗句清如江见底；

雅怀遥共月初明。

【注释】

雅怀：高雅的胸怀。刘义庆《世说新语·容止》：“形貌既伟，雅怀有概。”李白《春夜宴桃李园序》：“不有佳咏，何伸雅怀。”

【解析】

喻蒸梧为王闿运的学生，曾为王闿运之女做媒。

上联说其诗句之清，下联说彼此皆有雅怀，共此月明。联语风雅，亦如真水无香。

【考辩】

《古今联语汇选》亦收录此联，文字一致。

桂学李守一

菁莪得士如朱郑；

桂管看山想岱衡。

【注释】

菁莪：指育材，出自《诗·小雅·菁菁者莪》："菁菁者莪，在彼中阿。"《毛诗序》："菁菁者莪，乐育材也，君子能长育人材，则天下喜乐之矣。"朱熹《白鹿洞赋》："乐《菁莪》之长育，拔隽髦而登进。"

朱郑：朱指朱熹，字元晦，又字仲晦，号晦庵，晚称晦翁。祖籍徽州府婺源县（今江西省婺源），出生于南剑州尤溪（今属福建省尤溪县）。南宋时期理学家、思想家、哲学家、教育家、诗人。郑指郑玄，字康成。北海郡高密县（今山东省高密市）人。东汉末年儒家学者、经学家。

桂管：唐朝政区，全称桂管都防御观察处置等使，设经略观察使，驻桂州治（今桂林）。经略观察使兼桂州刺史，领桂、梧、贺、连、柳、富、昭、环、融、古、思唐、龚、象十三州。此处指广西。沈说《征途》："桂管三千里，征人一寸心。"

岱衡：岱指泰山。《说文》："岱，太山也。"衡指衡山。

【解析】

李守一即李翰芬，字显宗，号守一，广东香山人，光绪二十一年（1895年）进士，光绪三十二年（1906年）署广西提学使，宣统元年（1909年）实授广西提学使。

宣统三年（1911年）二月二日，王闿运撰一联赠桂学李守一，即为此联。

上联切其人之职，赞其育人才如朱熹、郑玄一般。下联说其人于广西看山，如见泰山、衡山一样，虽远隔而若比邻也。联语用典高古，对仗工雅，切合所赠之人之身份。

【考辩】

《湘绮楼日记》宣统三年二月二日有记载，文字一致。

《古今联语汇选》亦收录此联，文字一致。

箴邓婿幼弥（其一）

幼弥世讲甥，年垂五十，宦学不进，岁暮积雨，方乐远游，而自云千里不赍粮。于其行也，书此箴之。

久客人情当自惜；

倦游词赋始名家。

【注释】

久客人情当自惜：久客指长久离乡在外。焦延寿《易林·卷一·屯之巽》："久客无依，思归我乡。"此句化用自杜甫《遭田父泥饮美严中丞》："久客惜人情，如何拒邻叟。"

倦游词赋始名家：倦游指游兴已尽。陆机《长安有狭邪行》："余本倦游客，豪彦多旧亲。"此句化用自苏轼《送郑户曹》："他年君倦游，白首赋归来。"

【解析】

邓幼弥即邓国瓛，字幼弥，武冈人，邓绎之子、邓辅纶之嗣子，王闿运婿，王闿运长女王无非嫁邓国瓛。由廪生授补用知县。

光绪二十六年（1900年）十二月十日，邓国瓛自云游可无闲，出纸求书，王闿运为撰一联，即为此联。

上联说离乡在外尤当珍惜人情，下联说游兴尽时当携词赋归来。联语作箴诫之意，见先生爱惜后辈之心。

【考辩】

《湘绮楼日记》光绪二十六年十二月十日有记载，文字一致。

《古今联语汇选》亦收录此联，文字一致。

箴邓婿幼弥（其二）

南国前闻思贾语；

西川后起得雄文。

【注释】

思贾语：贾指贾谊，洛阳人，西汉初年著名政论家、文学家，世称贾生。贾谊少有才名，十八岁时，以善文为郡人所称。文帝时任博士，迁太中大夫，受大臣周勃、灌婴排挤，谪为长沙王太傅，故后世亦称贾长沙、贾太傅。三年后被召回长安，为梁怀王太傅。梁怀王坠马而死，贾谊深自歉疚，抑郁而亡，时仅三十三岁。此处指思念贾谊之语。

雄文：雄指扬雄，字子云，蜀郡郫县（今四川省成都市郫都区）人。汉朝时期辞赋家、思想家，庐江太守扬季五世孙，名士严君平弟子。少年好学，博览群书，长于辞赋。游历长安，担任大司马王音门下史。汉成帝时，得到同乡杨庄推荐，入奏《甘泉》《河东》等赋。授给事黄门侍郎，修书于天禄阁，结交王莽。天凤五年（18年）卒，时年七十一岁。此处指扬雄之文。

【解析】

上联说在长沙多闻思念贾谊之语，下联说在四川亦后起扬雄之文。联语拉人作衬并能切湘川两地，见工巧。

【考辩】

《古今联语汇选》亦收录，文字为“南国前问思贾语；西川后起得雄文”。

勖常婿敦竹

谨厚斯称保家主；

田园不羡宦游人。

【注释】

谨厚：谨慎笃厚。《墨子·节用中》：“彼其爱民谨忠，利民谨厚，忠信相连，又示之以利，是以终身不餍，殁世而不卷。”《后汉书·赵孝传》：“贼见谭似谨厚，独令主爨，暮辄执缚。”

保家主：保住家族或家业的人。《左传·襄公二十七年》：“印段赋《蟋蟀》。赵孟曰：‘善哉，保家之主也！吾有望矣。’”

宦游：外出求官或做官。《汉书·司马相如传上》：“长卿久宦游，不遂而困，来过我。”元稹《为萧相国谢太夫人国号诰身状》：“臣家传儒素，母实劬劳，每织屦以资臣宦游，尝断织以勉臣师学。”

【解析】

常敦竹即常国笃，字敦竹，湖南衡阳人，常豫之子、王闿运之婿，王闿运三女王琄嫁于常国笃。

上联称其人谨慎笃厚，可保其家业。下联说其人安于田园，不羡外出做官之人。联语平实，亦赞亦勉。

【考辩】

《古今联语汇选》亦收录，文字为“谨厚始称保家主；田园不羡宦游人”。

示廖卓夫

治经略通公羊礼；

博学能谈冬鼠文。

【注释】

公羊礼：指公羊礼学，以礼解《公羊》。清人凌曙有《公羊礼说》一卷、《公羊礼疏》十一卷。

冬鼠文：冬鼠即鼨鼠，是一种有像豹一样斑纹的鼠。《尔雅·释兽》："鼨鼠，豹文鼮鼠。"郭璞注："鼠文采如豹者。汉武帝时得此鼠，孝廉郎终军知之，赐绢百匹。"《新唐书·卢藏用传》："弟若虚，多才博物。陇西辛怡谏为职方，有获异鼠者，豹首虎臆，大如拳。怡谏谓之鼮鼠而赋之。若虚曰：'非也，此许慎所谓鼨鼠，豹文而形小。'一坐惊服。"

【解析】

廖卓夫即廖昺文，字卓夫，清泉（今湖南衡阳）人，为王闿运在东洲船山书院时的弟子，后为经科教员，曾对王代丰之《春秋例表》进行了编次增订。

上联说其治经略通公羊礼学，下联赞其博学。联语对仗工巧，用典亦合赞人之意。

【考辩】

《古今联语汇选》亦收录，无联题而文字一致。

示李砥卿

处世宜师黄石履；

下帷当著玉杯文。

【注释】

黄石履：张良圯上纳履之典。张良为黄石公三进履，终于拜黄石公为师，得其传授《太公兵法》。出自《史记·留侯世家》。

下帷：放下悬挂的帷幕，指教书。《汉书·董仲舒传》："董仲舒，广川人也。少治《春秋》，孝景时为博士。下帷讲诵，弟子传以久次相授业，或莫见其面。"

玉杯：董仲舒《春秋繁露》中的《玉杯》篇。

【解析】

李砥卿即李安澜，字砥卿，号金戣，湖南桂阳南门人。其父李紫云，号东来，其母陈新红为陈士杰长女。李安澜是王闿运东洲船山书院的学生，与杨度、夏寿田为同学。

上联有劝其效张良而谦忍之意，下联有励其效董仲舒教学著书之意。语意虽简，却为学生指出了张良和董仲舒两个值得效仿的对象，可见对学生的殷切期望。

【考辩】

《古今联语汇选》亦收录，无联题而文字一致。

示陈芝生

立身当兼仲尼墨翟之行；

处世正在山水鸣雁之间。

【注释】

立身：立足、安身。《孝经·开宗明义》："立身行道，扬名于后世，以显父母，孝之终也。"《史记·太史公自序》："且夫孝始于事亲，中于事君，终于立身。"

仲尼墨翟：仲尼指孔子，儒家学派创始人。墨翟指墨子。墨子是墨家学说的创立者，提出了"兼爱""非攻"等观点。

山水鸣雁：此处应为“山木鸣雁”之误，意思是成材的和不成材的。典出《庄子·山木》：“庄子行于山中，见大木，枝叶盛茂。伐木者止其旁而不取也。”问其故，曰：“无所可用。”庄子曰：“此木以不材得终其天年。”夫子出于山，舍于故人之家。故人喜，命竖子杀雁而烹之。竖子请曰：“其一能鸣，其一不能鸣，请奚杀？”主人曰：“杀不能鸣者。”明日，弟子问于庄子曰：“昨日山中之木，以不材得终其天年；今主人之雁，以不材死。先生将何处？”庄子笑曰：“周将处乎材与不材之间。”

【解析】

陈芝生，曾任东洲船山书院收支庶务，其余生平不详。

上联劝其人立身当兼儒家墨家，下联赞其人处世在材与不材之间。联语雅正，用典亦高古，上联与《挽曹镜初》联之下起类似，乃知身兼儒墨正是湘绮先生所推崇的。

【考辩】

《古今联语汇选》亦收录此联，文字一致。

示蒋霞初

居家当思求阙翁八本；

处世须慎快意事三端。

【注释】

求阙翁八本：指曾国藩教子弟的家训。求阙翁即曾国藩，于道光二十五年（1845年）时自署书斋之名为“求阙斋”。曾氏家训的八本为：“读书以训诂为本，作诗文以声调为本，事亲以得欢心为本，养生以少恼怒为本，立身以不妄语为本，治家以不晏起为本，居官以不要钱为本，行军以不扰民为本。”

快意事：指肆意所欲或称心适意之事。曾国藩教子弟“无好快意之事，常存省过之心”。

三端：君子之泽中最善的三个方面。出自《曾文正公全集》：“士大夫之志趣、学术，果有异于人者，则修之于身，式之于家，必将有风流余韵传之子孙，化行乡里，所谓君子之泽也。就其最善者约有三端，曰诗书之泽、礼让之泽、稼穑之泽。”

【解析】

蒋霞初，湖南衡州（今衡阳）乡绅，参与集捐创办东洲船山书院，其余生平不详。

上联说治家当多思考曾氏家训，下联说立身处世应慎重对待快意之事，以君子之泽传于子孙。联语工朴，围绕曾国藩的治家之语来写，赠予乡绅自然是非常合适的。

【考辩】

《古今联语汇选》亦收录，文字为“居家当思求阙翁八本；处世须慎快意事之端”。

示程戟传（其一）

春秋经世先王法；

诗礼论兵霸国才。

【注释】

春秋经世先王法：此句化用自《庄子·齐物论》：“春秋经世先王之志，圣人议而不辩。”

霸国：使国家强盛。庾信《周柱国大将军纥干弘神道碑》：“受书黄石，意在王者之图；挥剑白猿，心存霸国之用。”

【解析】

程戟传即程崇信，字戟传，号半芋居士、天鬻老人、乌台旧吏、二溟等。湖南衡阳人。程学伊之孙，两淮盐运使程商霖（程龢祥，字商霖）之长子，王闿运之弟子。光绪十九年（1893年）举人，官至陕西潼关道、监察御史，民国初曾任肃政厅肃政史。长于治经，著有《诗补笺绎》十八卷。参与集捐创办东洲船山书院，曾任东洲船山书院监学。

上联赞其人长于治经，下联说其人亦能论兵，是能使国家强盛的人才。联语直白，见嘉许之意。

【考辩】

《古今联语汇选》亦收录此联，文字一致。

示程戟传（其二）

三辅川原长在眼；

九州人物最关心。

【注释】

三辅：原指西汉治理京畿地区的三个职官的合称，此处指京城附近地区。《太平御览》卷一六四引《三辅黄图》：“（武帝）太初元年，以渭城以西属右扶风，长安以东属京兆尹，长陵以北属左冯翊，以辅京师，谓之三辅。”黄遵宪《天津纪乱》之一：“何堪三辅地，棼乱遂如丝。”

【解析】

上联说留意京畿地区的局势，下联说关心九州人物。联语直白，亦能工也。

【考辩】

《古今联语汇选》亦收录此联，文字一致。

示程戟传（其三）

经义制心常有主；

诗篇避俗不酬人。

【注释】

经义：经书的义理。《汉书·张禹传》："宣之来也，禹见之于便坐，讲论经义。"《后汉书·儒林传下·锺兴》："光武召见，问以经义，应对甚明。"

制心：原为佛教语，意思是将心制于一处。出自《佛遗教经》："制之一处，无事不办。是故比丘，当勤精进，折伏汝心。"

【解析】

上联说其人专心于经义，下联说其人诗文无庸俗应酬之作。联语有赞励之意。

【考辩】

《古今联语汇选》亦收录此联，文字一致。

示程颂旭（其一）

江山行处皆成字；

冷热因人不算官。

【注释】

冷热：喻指地位的清闲或显要。白居易《再授宾客分司》："但问适意无，岂论官冷热？"《剪灯余话·武平灵怪录》："昔日炎炎今寂寂，莫将冷热向人夸。"

【解析】

程颂旭为程崇信之从弟、程学伊之孙，亦为王闿运在东洲船山书院的学生。

上联说游历各处江山皆可为文，下联说清闲或显要取决于自己的努力而并非官职。联语说处世之道，为剖心之语也。

【考辩】

《古今联语汇选》亦收录此联，文字一致。

示程颂旭（其二）

游宦在巫峡涐眉天外天之地；

立身处山木鸣雁才不才之间。

【注释】

巫峡：长江三峡第二峡，自巫山县城东大宁河起，至巴东县官渡口止，全长约四十五公里，有大峡之称。

涐眉：指峨眉山。涐指涐水即大渡河，在四川省。《说文》："涐水出蜀汶江徼外，东南入江。"

山木鸣雁：参前第338页"山水鸣雁"注释。

【解析】

上联说其人在川渝等荒僻之地为官，下联说立身当效庄子处于才与不才之间。联语与《示陈芝生》类似，皆说立身之道。

【考辩】

《古今联语汇选》亦收录，无联题，文字为"游宦在巫峡峨眉天外天之地；立身处山木鸣雁才不才之间"。

示程颂旭（其三）

以忠信笃敬行州里蛮貊；

能坚若卓绝为道德阶梯。

【注释】

忠信笃敬：忠诚信实，笃厚敬肃。《论语·卫灵公》：“言忠信，行笃敬，虽蛮貊之邦行矣。”

蛮貊：同“蛮貊”“蛮貉”，指的是古代南方和北方落后部族。《书·武成》：“华夏蛮貊，罔不率俾。”汉桓宽《盐铁论·通有》：“求蛮、貉之物以眩中国，徙邛、筰之货，致之东海。”

【解析】

上联说当以忠信之言和笃敬之行，行于蛮荒落后之地。下联“若”应为“苦”，说当以坚苦卓绝为达到道德境界的途径。联语说其人之品德，亦切其人游宦事。

【考辩】

《古今联语汇选》亦收录，无联题，文字为“以忠信笃敬，行州里蛮貊；能坚苦卓绝，为道德阶梯”。

示程颂旭（其四）

真迹近来留数字；

新诗改罢自长吟。

【注释】

真迹近来留数字：本句出自王建《宫词》“真迹进来依数字，别收锁在玉函中”。

新诗改罢自长吟：本句出自杜甫《解闷十二首·其七》“陶冶性灵存底物？新诗改罢自长吟”。

【解析】

此联为集句联，说诗文之事以示。

【考辩】

《古今联语汇选》亦收录，题为《赠某君联》，文字一致。

示程颂旭（其五）

山水有灵，亦惊知己；

竹柏之契，妙会神衿。

【注释】

山水有灵，亦惊知己：本句出自东晋袁山松《宜都山川记》“既自欣得此奇观，山水有灵，亦当惊知己于千古矣”。

竹柏之契，妙会神衿：本句出自北魏郦道元《水经注》“竹柏之怀，与神心妙远；仁智之性，共山水效深，更为胜处也”。

【解析】

上联化用《宜都山川记》之句，说三峡山水应惊喜得其人为知己。下联化用《水经注》之句，说其人与松柏之交契，志趣高洁。联语清雅，切其人行处并赞之。

【考辩】

《古今联语汇选》亦收录此联，文字一致。

示程颂旭（其六）

家藏古史存疑是；

天与高文自信难。

【注释】

存疑：疑难问题搁置而不做决定。崔述《唐虞考信录》卷一："故今于唐虞之录尤致慎焉，必其详审无疑，乃敢次经一等书之，否则宁列之备览，甚或竟置之存疑。"

【解析】

上联说其家藏有存疑之古史，下联说其人文才甚高。有勉励之意。

【考辩】

《古今联语汇选》亦收录此联，文字一致。

《楹联续话》有何绍基集《争坐位》帖联，文字为"家藏古史存疑是；天与高文割爱难"。

示程颂旭（其七）

言念九流，无所不况；

化和万有，若取诸怀。

【注释】

九流：参前第316页"九流"注释。

万有：犹万物。《子华子·阳城胥渠问》："太初胚胎，万有权舆。"锺嵘《诗品·总论》："照烛三才，晖丽万有。"

【解析】

上联说其人及于各种流派，没有达不到的，下联说能包罗化和宇宙万物，就像从怀中取物一样。联语说学术方面事，赠以勉之。

【考辩】

《古今联语汇选》亦收录此联，文字一致。

示程叔揆（其一）

捧盈执玉防蹉跌；

披褐怀珠守性真。

【注释】

捧盈执玉：捧着满溢的东西，手持玉器，形容谨慎小心。《礼记·祭义》："孝子如执玉，如奉盈，洞洞属属然如弗胜，如将失之。"孔颖达疏："言孝子对神，容貌敬慎，如执玉之大宝，如奉盈满之物。"

蹉跌：失足跌倒，比喻失误。焦赣《易林·解之师》："推车上山，力不能任，颠蹶蹉跌，伤我中心。"《汉书·朱博传》："功曹后常战栗，不敢蹉跌，博遂成就之。"

披褐怀珠：同"披褐怀玉"，穿着粗布衣服，怀里揣着宝珠，意思是身怀才德，却不显露。《道德经》第七十章："知我者希，则我者贵。是以圣人被褐而怀玉。"

性真：谓真性。《楞严经》卷三："性真圆融，皆如来藏，本无生灭。"阮葵生《茶馀客话》卷五："人生太闲则别念窃生，太忙则性真不见。"

【解析】

程叔揆为程学伊之孙，亦为王闿运在东洲船山书院的学生。

上联说当谨慎小心而防失足，下联说有才亦不显露，以守真性。联说为人处世之道而赠之。

【考辩】

《古今联语汇选》亦收录，文字为“捧盈执玉防蹉跌；被褐怀珠守性真”。

示程叔揆（其二）

忠信笃敬，行乎蛮貊；

易书诗礼，备在春秋。

【注释】

忠信笃敬：忠诚信实，笃厚敬肃。《论语·卫灵公》：“言忠信，行笃敬，虽蛮貊之邦行矣。”

蛮貊：参前第344页“蛮貊”注释。

【解析】

上联与示程颂旭（其三）的上联一致，知其行于蛮荒之地。下联说其人通五经。联说处世为学事而赠之。

【考辩】

《古今联语汇选》亦收录此联，文字一致。

示程叔揆（其三）

静坐观心知损益；

周流学礼得乾坤。

【注释】

静坐观心知损益：静坐而观察自己的内心，才会发现自己不足和进益。本句出自洪应明《菜根谭》：“夜深人静，独坐观心，始觉妄穷而真独露，每于此中得大机趣。”

周流学礼得乾坤：周游各地而学理，可得乾坤。本句出自《礼记·礼运》：“我欲观殷道，是故之宋，而不足征也。吾得乾坤焉。”

【解析】

上联说静修己身，下联说周游学礼。联语切其人之行为，赠而勉之。

【考辩】

《古今联语汇选》亦收录此联，文字一致。

赠陆瑞贞

一命存心能济物；

卅年勤业许通经。

【注释】

一命存心能济物：哪怕只是小官，如果有心关爱万物，对于众人也会有所帮助。一命，指低微的官职，《周礼·地官·党正》：“一命齿于乡里。”贾公彦疏：“一命，谓下士。”本句出自程颢《二程粹言爱民》“一命之士，苟心存于爱物，于人必有所济。”

通经：通晓经学。《后汉书·儒林传序》：“东京学者猥众，难以详载，今但录其能通经名家者，以为《儒林篇》。”韩愈《潮州请置乡校牒》：“赵德秀才，沉雅专静，颇通经，有文章。”

【解析】

陆瑞贞曾任巡检，生平不详。

光绪三十三年（1907年）九月二十六日，陆巡检来听讲，生员作卑官，亦自得也，王闿运作一联赠之，即为此联。

上联说其人虽为卑官，亦能有济于人。下联说三十年勤于学业，自能通晓经义。联语切其人事，赞而赠之。

【考辩】

《湘绮楼日记》光绪三十三年九月二十六日有记载，文字为“一命有心能济物；卅年勤业许通经”。

《古今联语汇选》亦收录，题为“赠陆瑞真联”，文字一致。

赠唐凤庭（其一）

从来为学心重细；

不待披云意已深。

【注释】

披云：拨开云层，喻解释疑问。徐干《中论·审大臣》：“文王之识也，灼然若披云而见日，霍然若开雾而观天。”嵇康《琴赋》：“天吴踊跃于重渊，王乔披云而下坠。”

【解析】

唐凤庭，曾任东洲船山书院监学，其余生平不详。

此为赠唐凤庭第一联，后文有赠唐凤庭第二联。

上联说其人为学之心思多而细，下联说遇疑难处自己尚未解释，而其人已能深得其意。联语赞其人之学而赠之。

【考辩】

《古今联语汇选》亦收录此联，文字一致。

赠李藓青

清风朗月，不用一钱买；

流水高山，自有万里心。

【注释】

清风朗月，不用一钱买：本句出自李白《襄阳歌》：“清风朗月不用一钱买，玉山自倒非人推。”

流水高山：指知音、知己。典出《列子·汤问》：“伯牙善鼓琴，钟子期善听。伯牙鼓琴，志在登高山，钟子期曰：‘善哉，峨峨兮若泰山。’志在流水，钟子期曰：‘善哉，洋洋兮若江河。’”本句出自王安石《伯牙》：“故人舍我归黄壤，流水高山心自知。”

【解析】

李藓青，湖南衡阳人，曾任衡阳云集乡的团练，其余生平不详。

上联说可以尽情享用清风朗月而不花一钱，下联说已成知己，自有万里相思之心。联语说远游之事，动情而赠之。

【考辩】

《古今联语汇选》亦收录，文字为“清风明月，不用一钱买；流水高山，自有万里心”。

赠杨叔文

才大须知难作吏；

心虚何患不能文。

【注释】

才大须知难作吏：本句出自卫宗武《和野渡赋双竹松梅古风》：“须知

大才作隆栋，岂但古干森虬蛇。”

【解析】

杨叔文，其人生平不详。

上联说其人才大，故难以作好小吏之事，下联说只要虚心必能精通文事。联语说吏事、文事，有劝勉之意。

【考辩】

《古今联语汇选》亦收录此联，文字一致。

赠陈啸云

世家乔木春长在；

循吏无华月有余。

【注释】

世家乔木：参前第032页“世家乔木”注释。

循吏无华月有余：本句出自《后汉书·章帝纪》：“安静之吏，悃愊无华，日计不足，月计有余。”

【解析】

陈啸云，其人生平不详。

上联说其家为长盛不衰之贵族世家，下联说其人为质朴之循吏，持之以恒，故能有成。联语赞其门族，勉其吏风以赠之。

【考辩】

《古今联语汇选》亦收录，无联题，文字一致。

赠周岩泉

千年日至天非远；

六艺心通海可浮。

【注释】

千年日：形容君王之德。令狐楚《将赴洛下，旅次汉南，献上相公二十兄言怀八韵》："帝德千年日，君恩万里波。"

六艺：指礼、乐、射、御、书、数六种技能。《周礼·地官·大司徒》："三曰六艺：礼、乐、射、御、书、数。"《史记·孔子世家》："孔子以诗书礼乐教，弟子盖三千焉，身通六艺者七十有二人。"

海可浮：乘桴浮于海之典。出自《论语·公冶长》："子曰：'道不行，乘桴浮于海，从我者，其由与？'子路闻之喜。子曰：'由也，好勇过我，无所取材。'"

【解析】

周岩泉，其人生平不详。

上联说君王有德则为官亦不远也，下联说能通六艺当可乘桴浮于海。联语说进退之事，有赠弟子之意。

【考辩】

《古今联语汇选》亦收录此联，文字一致。

赠周荫云

龙德而学，不至于谷；

香风有邻，庶同如兰。

【注释】

龙德而学，不至于谷：本句出自《汉故博陵太守孔府君碑》："龙德而学，不至于谷。"龙德指圣人之德。《易·乾》："潜龙勿用，何谓也？子曰：'龙德而隐者也，不易乎世。'"不至于谷出自《论语泰伯》："子曰：'三年学，不至于谷，不易得也。'"

香风有邻：出自汉仇靖《郙阁颂》："所历垂勋，香风有邻。"

【解析】

周荫云即周荫棠，派名万立，湖南渌口区淦田公社（今株洲市淦旧镇）文星桥（原属湘潭）人，曾在昭潭、龙潭书院读书，后停学设馆教书。

光绪十六年（1890年）十二月十七日，周荫云来请王闿运写匾。十二月十九日，王闿运为周生题田匾，写二联，此为第二联。

上联说其人学圣人之道而并不求取官职俸禄，下联说其人有惠泽于邻。联语集碑字而成，诉其人之事，赞其德而赠之。

【考辩】

《湘绮楼日记》光绪十六年十二月十九日有记载，文字一致。

《古今联语汇选》亦收录，题为"赠周荫棠联"，文字一致。

示喻味皆

旧书百读多新意；

古事重论感世情。

【注释】

旧书百读多新意：本句出自苏轼《送安惇秀才失解西归》："旧书不厌百回读，熟读深思子自知。"

世情：世态人情。李玉《人兽关·窘谒》："岳丈，岳丈，就是世情冷暖，也不该这样待我。"

【解析】

喻味皆即喻谦，字味皆，一字味安，湖南衡阳人，为王闿运的学生，曾任东洲船山书院史科教员，著有《王湘绮行述》《新续高僧传四集》《王氏六书存微》。

上联说读旧书多遍而能知新意，下联说重论古事而能感世态人情。联语说为学、处世之事，有感而赠之。

【考辩】

《古今联语汇选》亦收录，文字为“旧书百读无新意；古事重论感世情”。

示功儿

学贯九流才一艺；

儒兼十行不言仁。

【注释】

学贯九流：左宗棠题岳麓书院百泉轩及衡阳石鼓书院联“学贯九流，汇此地人文法海；秀冠三湘，看群贤事业名山”。

一艺：“六艺”之一，指经学的一种。《史记·儒林列传》：“能通一艺以上，补文学掌故缺。”《汉书·艺文志》：“古之学者，耕且养，三年而通一艺。”曾巩《读书》：“古人至白首，搜穷败肝肠，仅名通一艺，著书欲煌煌。”

儒兼十行不言仁：本句出自《孔子家语》“温良者，仁之本也；慎敬者，仁之地也；宽裕者，仁之作也；孙接者，仁之能也；礼节者，仁之貌也；言谈者，仁之文也；歌乐者，仁之和也；分散者，仁之施也；儒皆兼此而有之，犹且不敢言仁也。其尊让有如此者”。

【解析】

功儿即王代功，字伯谅，小名吉来，湖南湘潭人，王闿运长子。光绪元年

（1875年）考取秀才，光绪三年（1877年）补弟子员，光绪二十八年（1902年）得两尚书及湘抚保荐京师经济特科，光绪三十四年（1908年）任存古学堂（前两湖书院）分教，宣统元年（1909年）聘为京师礼学馆纂修，参与大清通礼的修订。著有《湘绮府君年谱》。

上联说学问贯通各种流派，才算通一艺。下联说儒者兼有各种美德，还不敢说做到了仁。联语有教其子勿骄勿纵，恭敬谦让之意。

【考辩】

《古今联语汇选》亦收录此联，文字一致。

示六女

但明诗礼传家学；

惟有勤恭是本师。

【注释】

诗礼传家：以儒家经典及其道德规范传于子孙。柯丹丘《荆钗记·会讲》："诗礼传家忝儒裔，先君不幸早倾逝。"

本师：犹祖师。《史记·乐毅列传论》："乐臣公学黄帝、老子，其本师号曰河上丈人，不知其所出。河上丈人教安期生，安期生教毛翕公，毛翕公教乐瑕公，乐瑕公教乐臣公。"

【解析】

六女即王滋，字蒲芳，王闿运之六女。有才学，书法亦佳，嫁于长沙人黄瑜之子黄希濂。

上联说以诗礼为传家之学，下联说以勤奋和恭敬为祖师。联语说传家之事，见其期许。

【考辩】

《古今联语汇选》亦收录此联，文字一致。

集句（其一）

情如合竹谁能见；

君看母笋是龙材。

【注释】

情如合竹谁能见：本句出自李贺《许公子郑姬歌（郑园中请贺作）》“两马八蹄踏兰苑，情如合竹谁能见”。

君看母笋是龙材：本句出自李贺《昌谷北园新笋四首》“箨落长竿削玉开，君看母笋是龙材”。

集句（其二）

碧萝阴处琴声润；

红藕香中酒味浓。

【注释】

碧萝阴处琴声润：本句出自陶宗仪《题唐涿州横云草堂》“翠芬落几琴声润，玉气浮阶鹤梦清”。

红藕香中酒味浓：本句出自陶宗仪《五月菊》“石榴明处朝同采，红藕香巾酒漫赊”。

【考辩】

《古今联语汇选》亦收录，文字为“碧萝险处琴声润；红藕香中酒味浓”。

集句（其三）

安丰眼光若岩电；

少年心事当拏云。

【注释】

安丰眼光若岩电：本句出自刘义庆《世说新语·容止》“裴令公目王安丰‘眼烂烂如岩下电’”。刘孝标注：“王戎形状短小，而目甚清照，视日不眩。”

少年心事当拏云：本句出自李贺《致酒行》“少年心事当拿云，谁念幽寒坐呜呃”。

【考辩】

《古今联语汇选》亦收录，文字为“安丰眼光若岩电；少年心事当拏云”。

集句（其四）

酒中倒卧南山绿；

花气浑如百合香。

【注释】

酒中倒卧南山绿：本句出自李贺《江南弄》“鲈鱼千头酒百斛，酒中倒卧南山绿”。

花气浑如百合香：本句出自杜甫《即事》“雷声忽送千峰雨，花气浑如百和香”。

【考辩】

《古今联语汇选》亦收录此联，文字一致。

集句（其五）

红窗花开春对酒；

青轩树转月满林。

【注释】

青轩树转月满林：本句出自李贺《勉爱行二首送小季之庐山》“青轩树转月满床，下国饥儿梦中见”。

【考辩】

《古今联语汇选》亦收录此联，文字一致。

集句（其六）

楼台月明燕夜语；

瀛洲草绿莺早飞。

【注释】

楼台月明燕夜语：本句出自李贺《牡丹种曲》“檀郎谢女眠何处？楼台月明燕夜语”。

瀛洲草绿莺早飞：本句出自李白《侍从宜春苑奉诏赋龙池柳色初青听新莺百啭歌》“东风已绿瀛洲草，紫殿红楼觉春好”。

【考辩】

《古今联语汇选》亦收录此联，文字一致。

集句（其七）

独共南山守中国；

欲雕小说干天官。

【注释】

独共南山守中国：本句出自李贺《官街鼓》“从君翠发芦花色，独共南山守中国”。

欲雕小说干天官：本句出自李贺《仁和里杂叙皇甫湜》“欲雕小说干天官，宗孙不调为谁怜”。

【考辩】

《古今联语汇选》亦收录此联，文字一致。

集句（其八）

吴波不动楚山碧；

蕙花已老桃叶长。

【注释】

吴波不动楚山碧：本句出自温庭筠《湖阴词》“吴波不动楚山晚，花压阑干春昼长”。又有张孝祥《满江红·于湖怀古》：“凝望眼、吴波不动，楚山丛碧。”

蕙花已老桃叶长：本句出自李贺《堂堂》“蕙花已老桃叶长，禁院悬帘隔御光”。

【考辩】

《古今联语汇选》亦收录此联，文字一致。

集句（其九）

金碧楼台洞天远；

琴瑟几杖柴门幽。

【注释】

琴瑟几杖柴门幽：本句出自杜甫《锦树行》“飞书白帝营斗粟，琴瑟几杖柴门幽”。

【考辩】

《古今联语汇选》亦收录此联，文字一致。

集句（其十）

曲江翠幙排银牓；

画阑桂树悬秋香。

【注释】

曲江翠幙排银牓：本句出自杜甫《乐游园歌》“阊阖晴开昳荡荡，曲江翠幕排银榜”。

画阑桂树悬秋香：本句出自李贺《金铜仙人辞汉歌》“画栏桂树悬秋香，三十六宫土花碧”。

【考辩】

《古今联语汇选》亦收录，文字为“曲江翠幕排银榜；画栏桂树悬秋香。”

集句（其十一）

枫林橘树丹青合；

露华兰叶参差光。

【注释】

枫林橘树丹青合：本句出自杜甫《夔州歌十绝句》“枫林橘树丹青合，复道重楼锦绣悬”。

露华兰叶参差光：本句出自李贺《李夫人歌》“玉蟾滴水鸡人唱，露华兰叶参差光”。

【考辩】

《古今联语汇选》亦收录此联，文字一致。

集句（其十二）

象口吹香毾㲪暖；

龙头泻酒珍珠红。

【注释】

象口吹香毾㲪暖：本句出自李贺《宫娃歌》“象口吹香毾㲪暖，七星挂城闻漏板”。

龙头泻酒珍珠红：本句出自李贺《秦王饮酒》“龙头泻酒邀酒星，金槽琵琶夜枨枨”。又有李商隐《河阳诗》：“龙头泻酒客寿杯，主人浅笑红玫瑰。”

【考辩】

《古今联语汇选》亦收录，文字为“象口吹香毾㲪暖；龙头泻酒珍珠红”。

集句（其十三）

博罗老仙时出洞；

龙伯国人罢钓鳌。

【注释】

博罗老仙时出洞：本句出自李贺《罗浮山父与葛篇》“博罗老仙时出洞，千岁石床啼鬼工”。

龙伯国人罢钓鳌：本句出自杜甫《荆南兵马使太常卿赵公大食刀歌》“苍水使者扪赤绦，龙伯国人罢钓鳌”。

【考辩】

《古今联语汇选》亦收录此联，文字一致。

集句（其十四）

待余挂杖入句曲；

知子松根长茯苓。

【注释】

知子松根长茯苓：本句出自杜甫《严氏溪放歌行》“知子松根长茯苓，迟暮有意来同煮”。

【考辩】

《古今联语汇选》亦收录此联，文字一致。

集句（其十五）

泻酒水兰椒叶盖；

题诗玳瑁郁金堂。

【注释】

泻酒水兰椒叶盖：本句出自李贺《南园十三首》“泻酒木栏椒叶盖，病容扶起种菱丝”。

题诗玳瑁郁金堂：本句出自沈佺期《古意呈补阙乔知之》“卢家少妇郁金堂，海燕双栖玳瑁梁”。

【考辩】

《古今联语汇选》亦收录此联，文字一致。

集句（其十六）

兰风桂露洒幽翠；

江亭晚色静年芳。

【注释】

兰风桂露洒幽翠：本句出自李贺《洛姝真珠》“兰风桂露洒幽翠，红弦袅云咽深思”。

江亭晚色静年芳：本句出自杜甫《曲江对雨》“城上春云覆苑墙，江亭晚色静年芳”。

【考辩】

《古今联语汇选》亦收录此联，文字一致。

集句（其十七）

山禽引子哺红果；

溪女洗花染白云。

【注释】

山禽引子哺红果：本句出自杜甫《解闷十二首》“山禽引子哺红果，溪友得钱留白鱼”。

溪女洗花染白云：本句出自李贺《绿章封事》“石榴花发满溪津，溪女洗花染白云”。

【考辩】

《古今联语汇选》亦收录，文字为“山禽引子哺红果；溪女浣花染白云”。

集句（其十八）

桃花乱落如红雨；

薇帐逗烟生绿尘。

【注释】

桃花乱落如红雨：本句出自李贺《将进酒》“况是青春日将暮，桃花乱落如红雨”。

薇帐逗烟生绿尘：本句出自李贺《河南府试十二月乐词·二月》“薇帐逗烟生绿尘，金翘峨髻愁暮云”。

【考辩】

《古今联语汇选》亦收录此联，文字一致。

集句（其十九）

别浦云归桂花渚；

青洲步拾兰苕香。

【注释】

别浦云归桂花渚：本句出自李贺《听颖师琴歌》“别浦云归桂花渚，蜀国弦中双凤语”。

青洲步拾兰苕香：本句出自李贺《天上谣》“粉霞红绶藕丝裙，青洲步拾兰苕春”。

【考辩】

《古今联语汇选》亦收录此联，文字一致。

集句（其二十）

江心磻石生桃竹；

山头老桂吹古香。

【注释】

江心磻石生桃竹：本句出自杜甫《桃竹杖引，赠章留后（竹兼可为簟，名桃笙）》“江心蟠石生桃竹，苍波喷浸尺度足”。

山头老桂吹古香：本句出自李贺《帝子歌》“山头老桂吹古香，雌龙怨吟寒水光”。

【考辩】

《古今联语汇选》亦收录此联，文字一致。

集句（其二十一）

别起高楼临碧筱；
手牵苔絮长莼花。

【注释】

别起高楼临碧筱：本句出自李贺《嘲少年》“别起高楼临碧筱，丝曳红鳞出深沼”。

手牵苔絮长莼花：本句出自李贺《南园十三首》“自履藤鞋收石蜜，手牵苔絮长莼花”。

【考辩】

《古今联语汇选》亦收录此联，文字一致。

集句（其二十二）

见买若耶溪水剑；
重闻西方止观经。

【注释】

见买若耶溪水剑：本句出自李贺《南园十三首》“见买若耶溪水剑，明朝归去事猿公”。

重闻西方止观经：本句出自杜甫《别李秘书始兴寺所居》“重闻西方止观经，老身古寺风泠泠”。

【考辩】

《古今联语汇选》亦收录此联，文字一致。

集句（其二十三）

石破天惊逗秋雨；

罗帷绣幙围香风。

【注释】

石破天惊逗秋雨：本句出自李贺《李凭箜篌引》“女娲炼石补天处，石破天惊逗秋雨”。

罗帷绣幙围香风：本句出自李贺《将进酒》“烹龙炮凤玉脂泣，罗帏绣幕围香风”。

【考辩】

《古今联语汇选》亦收录，文字为“石破天惊逗秋雨；罗帷绣幕围香风”。

集句（其二十四）

神光欲截蓝田玉；

秋老犹鸣日暮钟。

【注释】

神光欲截蓝田玉：本句出自李贺《春坊正字剑子歌》“挼丝团金悬簏簌，神光欲截蓝田玉”。

秋老犹鸣日暮钟：本句出自杜甫《大觉高僧兰若（和尚去冬往湖南）》“一老犹鸣日暮钟，诸僧尚乞斋时饭”。

【考辩】

《古今联语汇选》亦收录此联，文字一致。

集句（其二十五）

唯对松篁听刻漏；

潜指星机认海槎。

【注释】

唯对松篁听刻漏：本句出自韩偓《雨后月中玉堂闲坐》“唯对松篁听刻漏，更无尘土翳虚空”。

潜指星机认海槎：本句出自韩偓《南安寓止》“岂知卜肆严夫子，潜指星机认海槎”。

【考辩】

《古今联语汇选》亦收录此联，文字一致。

集句（其二十六）

涧松亦有陵云分；

石竹偏宜带雪看。

【注释】

涧松亦有陵云分：本句出自韩偓《宫柳》“涧松亦有凌云分，争似移根太液池”。

【考辩】

《古今联语汇选》亦收录，文字为“涧松亦有凌云分；石竹偏宜带雪看”。

集句（其二十七）

不贪夜识金银气；

角壮翻同麋鹿游。

【注释】

不贪夜识金银气：本句出自杜甫《题张氏隐居二首》“不贪夜识金银气，远害朝看麋鹿游”。

角壮翻同麋鹿游：本句出自杜甫《沙苑行》“角壮翻同麋鹿游，浮深簸荡鼋鼍窟”。

【考辩】

《古今联语汇选》亦收录此联，文字一致。

集句（其二十八）

凉苑虚庭空澹白；

水晶春殿转霏微。

【注释】

凉苑虚庭空澹白：本句出自李贺《河南府试十二月乐词九月》“月缀金铺光脉脉，凉苑虚庭空澹白”。

水晶春殿转霏微：本句出自杜甫《曲江对酒》“苑外江头坐不归，水精春殿转霏微”。

【考辩】

《古今联语汇选》亦收录此联，文字一致。

集句（其二十九）

轩车过尽无公事；

燕雀飞来带笑声。

【注释】

轩车过尽无公事：本句出自赵嘏《题昭应王明府溪亭》“轩车过尽无公事，枕上一声长乐钟”。

燕雀飞来带笑声：本句出自韩偓《隰州新驿赠刺史》“萍蓬到此销离恨，燕雀飞来带喜声”。

【考辩】

《古今联语汇选》亦收录，题为“集句赠黄蕴思联”，文字一致。

集句（其三十）

楚江巫峡半云雨；

枳篱茅厂共桑麻。

【注释】

楚江巫峡半云雨：本句出自杜甫《七月一日题终明府水楼二首》“楚江巫峡半云雨，清簟疏帘看弈棋”。

枳篱茅厂共桑麻：本句出自韩偓《南安寓止》“此地三年偶寄家，枳篱茅厂共桑麻”。

【考辩】

《古今联语汇选》亦收录此联，文字一致。

集句（其三十一）

尽日风扉从自掩；

五更云幕不知寒。

【注释】

尽日风扉从自掩：本句出自韩偓《赠渔者（在湖南）》“尽日风扉从自掩，无人筒钓是谁抛”。

【考辩】

《古今联语汇选》亦收录此联，文字一致。

集句（其三十二）

诗道揣量宜可进；

酒怀郁勃不能醒。

【注释】

诗道揣量宜可进：本句出自韩偓《春阴独酌寄同年虞部李郎中》“诗道揣量疑可进，宦情刓缺转无多”。

【考辩】

《古今联语汇选》亦收录此联，文字一致。

集句（其三十三）

曾题芍药元晖句；

借得茅斋岳麓西。

【注释】

借得茅斋岳麓西：本句出自韩偓《小隐》“借得茅斋岳麓西，拟将身世老锄犁”。

【考辩】

《古今联语汇选》亦收录，联题为“集句赠黄泗岷联”，文字一致。

集句（其三十四）

近来更得穷经力；

此心兼笑野云忙。

【注释】

近来更得穷经力：本句出自韩偓《再思》“近来更得穷经力，好事临行亦再思”。

此心兼笑野云忙：本句出自韩偓《秋深闲兴》“此心兼笑野云忙，甘得贫闲味甚长”。

【考辩】

《古今联语汇选》亦收录，联题为“集句赠萧玉衡联”，文字一致。

集句（其三十五）

升沉不定都如梦；

痴黠相兼似得中。

【注释】

升沉不定都如梦：本句出自韩偓《味道》“升沉不定都如梦，毁誉无恒却要聋”。

痴黠相兼似得中：本句出自韩偓《味道》“如含瓦砾竟何功，痴黠相兼似得中”。

【考辩】

《古今联语汇选》亦收录，文字为“升沉不定都是梦；痴黠相兼似得中”。

集句（其三十六）

似闻佳士心相许；

每见同人眼暂明。

【注释】

似闻佳士心相许：本句出自陆游《先少师宣和初有赠晁公以道诗云奴爱才如萧颖士婢知诗似郑康成晁公大爱赏今逸全篇偶读晁公文集泣而足之》“远闻佳士辄心许，老见异书犹眼明”。

每见同人眼暂明：本句出自韩偓《李太舍池上玩红薇醉题》“乍为旅客颜常厚，每见同人眼暂明”。

【考辩】

《古今联语汇选》亦收录，联题为“赠黄蕴思联”，文字一致。

集句（其三十七）

镜寂不疲群动照；

玉寒曾试几炉烘。

【注释】

玉寒曾试几炉烘：本句出自韩偓《此翁（此后在桃林场）》“金劲任从千口铄，玉寒曾试几炉烘”。

【考辩】

《古今联语汇选》亦收录，文字为“镜寂不疲群动照；玉寒曾识几炉烘”。

集句（其三十八）

寻常莫遣轻提笔；

所短深默尽信书。

【注释】

所短深默尽信书：本句出自韩偓《闲居》“拙谋却为多循理，所短深惭尽信书”。

【考辩】

《古今联语汇选》亦收录，文字为“寻常莫遣轻提笔；新旧知难尽信书”。

集句（其三十九）

刀尺不亏绳墨在；

声韵宜裁锦绣诗。

【注释】

刀尺不亏绳墨在：本句出自韩偓《闲居》“刀尺不亏绳墨在，莫疑张翰恋鲈鱼”。

声韵宜裁锦绣诗：本句出自韩偓《同年前虞部李郎中自长沙赴行在余以紫石砚赠之赋诗代书》“紫光称近丹青笔，声韵宜裁锦绣诗”。

【考辩】

《古今联语汇选》亦收录，文字为“刀尺不夸绳墨在；声韵宜裁锦绣诗”。

集句（其四十）

拥鼻绕廊吟看雨；

杖藜沽酒独寻山。

【注释】

拥鼻绕廊吟看雨：本句出自韩偓《清兴》“拥鼻绕廊吟看雨，不知遗却竹皮冠”。

【考辩】

《古今联语汇选》亦收录此联，文字一致。

集句（其四十一）

故人每忆心先见；

新诗未就口微吟。

【注释】

故人每忆心先见：本句出自韩偓《冬日》“故人每忆心先见，新酒偷尝手自开”。

【考辩】

《古今联语汇选》亦收录此联，文字一致。

集句（其四十二）

书墙暗记移花日；

得石先开种竹山。

【注释】

书墙暗记移花日：本句出自韩偓《即目》“书墙暗记移花日，洗瓮先知酝酒期”。

【考辩】

《古今联语汇选》亦收录此联，文字一致。

集句（其四十三）

花落三更五更雨；

松浮欲尽不尽云。

【注释】

松浮欲尽不尽云：本句出自杜甫《阆山歌》“松浮欲尽不尽云，江动将崩未崩石”。

【考辩】

《古今联语汇选》亦收录此联，文字一致。

集句（其四十四）

新翠舞衿净如水；

楚江巫峡冰入怀。

【注释】

新翠舞衿净如水：本句出自李贺《河南府试十二月乐词·三月》“复宫深殿竹风起，新翠舞衿净如水”。

楚江巫峡冰入怀：本句出自杜甫《相和歌辞·前苦寒行二首》“楚江巫峡冰入怀，虎豹哀号又堪记”。

【考辩】

《古今联语汇选》亦收录此联，文字一致。

集句（其四十五）

知心不隔一片月；

时论同高尺五天。

【注释】

时论同高尺五天：本句出自杜甫《赠韦七赞善》“尔家最近魁三象，时论同归尺五天”。

【考辩】

《古今联语汇选》亦收录此联，文字一致。

集句（其四十六）

青女素娥俱耐冷；

春兰秋菊可同时。

【注释】

青女素娥俱耐冷：本句出自李商隐《霜月》“青女素娥俱耐冷，月中霜里斗婵娟”。

春兰秋菊可同时：本句出自李商隐《代魏宫私赠》“知有宓妃无限意，春松秋菊可同时”。

【考辩】

《古今联语汇选》亦收录此联，文字一致。

集句（其四十七）

重帘不卷留香久；

清簟初横待月迟。

【注释】

重帘不卷留香久：本句出自陆游《书室明暖终日婆娑其间倦则扶杖至小园戏作长句》“重帘不卷留香久，古砚微凹聚墨多”。

【考辩】

《古今联语汇选》亦收录此联，文字一致。

集句（其四十八）

桃叶渡江兰眼绿；

柳丝牵水杏房红。

【注释】

柳丝牵水杏房红：本句出自郑谷《乱后灞上》“柳丝牵水杏房红，烟岸人稀草色中”。

【考辩】

《古今联语汇选》亦收录此联，文字一致。

集句（其四十九）

友来辄入论文坐；

书就还思作跋人。

【考辩】

《古今联语汇选》亦收录此联，文字一致。

集句（其五十）

绿粉扫天愁露湿；

银浦流云学水声。

【注释】

绿粉扫天愁露湿：本句出自李贺《梁台古愁》“台前斗玉作蛟龙，

绿粉扫天愁露湿”。

银浦流云学水声：本句出自李贺《天上谣》“天河夜转漂回星，银浦流云学水声”。

【考辩】

《古今联语汇选》亦收录此联，文字一致。

集句（其五十一）

黄莺久住浑相识；

紫燕西飞欲寄书。

【注释】

黄莺久住浑相识：本句出自戎昱《移家别湖上亭》“黄莺久住浑相识，欲别频啼四五声”。

紫燕西飞欲寄书：本句出自顾况《相和歌辞·短歌行六首》“紫燕西飞欲寄书，白云何处逢来客”。

【考辩】

《古今联语汇选》亦收录此联，文字一致。

集句（其五十二）

大鹏六月有闲意；

桂树香风生隐心。

【注释】

大鹏六月有闲意：本句出自刘禹锡《和仆射牛相公见示长句》“大鹏六月有闲意，仙鹤千年无躁容”。

桂树香风生隐心：本句出自王闿运自己所写的《题石门山居三首》“桂树香风生隐心，北山初别易追寻”。

【解析】

光绪六年（1880年）七月十九日，王闿运偶集二联，此为其一。

【考辩】

《湘绮楼日记》光绪六年七月十九日有记载，文字一致。

《古今联语汇选》亦收录此联，文字一致。

集句（其五十三）

桃花流水窅然去；

湖水林风相与清。

【注释】

桃花流水窅然去：本句出自李白《山中问答》“桃花流水窅然去，别有天地非人间”。

湖水林风相与清：本句出自杜甫《书堂饮既，夜复邀李尚书下马，月下赋绝句》“湖水林风相与清，残尊下马复同倾”。

【考辩】

《古今联语汇选》亦收录此联，文字一致。

集句（其五十四）

水外有人闲听竹；

春城无处不飞花。

【注释】

春城无处不飞花：本句出自韩翃《寒食》“春城无处不飞花，寒食东风御柳斜”。

【考辩】

《古今联语汇选》亦收录此联，文字一致。

赠谢龙伯（其一）

集杜句

钟鼎山林各天性；

风流儒雅亦吾师。

【注释】

钟鼎山林各天性：本句出自杜甫《清明二首》“钟鼎山林各天性，浊醪粗饭任吾年”。

风流儒雅亦吾师：本句出自杜甫《咏怀古迹五首·其二》“摇落深知宋玉悲，风流儒雅亦吾师”。

【解析】

谢龙伯其人生平不详。王闿运曾作《论尚志》一篇示谢龙伯。

上联说富贵隐逸皆为各自天性，下联赞其人风流儒雅。联语直白，见钦慕之意。

【考辩】

《古今联语汇选》亦收录此联，文字一致。

赠谢龙伯（其二）

羡君不入五侯宅；

与尔同消万古愁。

【注释】

羡君不入五侯宅：本句出自张谓（一作刘昚虚）《赠乔琳》“如今五侯不爱客，羡君不问五侯宅”。

与尔同消万古愁：本句出自李白《将进酒》“五花马，千金裘，呼儿将出换美酒，与尔同销万古愁”。

【解析】

上联羡其人不入富贵侯门，下联说进酒共饮之事。联语有羡慕之意，并述二人交情。

【考辩】

《古今联语汇选》亦收录，文字为“羡君不入五侯宅；与尔同销万古愁”。

赠谢龙伯（其三）

独共南山守中国；

每依北斗望京华。

【注释】

独共南山守中国：本句出自李贺《官街鼓》“从君翠发芦花色，独共南山守中国”。

每依北斗望京华：本句出自杜甫《秋兴八首》“夔府孤城落日斜，每依北斗望京华”。

【解析】

上联犹说自己在湘地，下联说经常北望京华。联语为思念朋友之意。

【考辩】

《古今联语汇选》亦收录，联题为“集句赠萧玉衡联”，文字一致。

赠谢龙伯（其四）

诸事随时若流水；

此怀无日不春风。

【注释】

诸事随时若流水；此怀无日不春风：此二句出自罗洪先《罗状元醒世歌》“诸事随时若流水，此怀无日不春风”。

【解析】

上联说人间事终如流水，下联说其情怀若春风。上下联均为前人成句，取其意而赠之。

【考辩】

《古今联语汇选》亦收录此联，文字一致。

赠邓子溪（其一）

集元人句

新朋每共论高义；

忠孝应知属大才。

【解析】

邓子溪其人生平不详。

上联赞其人高义，下联说其人忠孝而为大才。联语以赞颂为主而赠之。

【考辩】

《古今联语汇选》亦收录，联题为“集元人句赠萧玉衡联”，文字一致。

赠邓子溪（其二）

硬黄新写兰亭帖；

飞白轻描薤叶文。

【注释】

硬黄：纸名，以黄檗和蜡涂染，质坚韧而莹彻透明，便于法帖墨迹的响拓双钩，又因色黄利于久藏而多用以抄写佛经。赵希鹄《洞天清禄集·古翰墨真迹辨》：“硬黄纸，唐人用以书经，染以黄蘗，取其辟蠹，以其纸加浆，泽莹而滑，故善书者多取以作字。”苏轼《次韵秦观秀才见赠》：“新诗说尽万物情，硬黄小字临黄庭。”

兰亭帖：又称《禊帖》《兰亭集序帖》，著名的行书法帖，东晋王羲之书。王安石《用前韵寄蔡天启》：“谁珍坛山刻，共赏兰亭帖。”

飞白：书法中的一种特殊笔法，笔画中丝丝露白，像枯笔所写，汉魏宫阙题字，曾广泛采用。张怀瓘《书断》：“飞白者，后汉左中郎将蔡邕所作也。”李绰《尚书故实》：“飞白书始于蔡邕，在鸿门见匠人施垩帚，遂创意焉。”

薤叶文：薤叶篆，指薤叶体书法。宋人释梦英则谓：“薤叶篆者，仙人务光之所作。务光辞汤之之禅，去往清冷之陂，植薤而食。轻风时至，见其精叶交偃，则而为书，以写《紫真经》三卷，见行于世。其为状也，若翕风远望、寒云片飞。世绝人学矣。”

【解析】

上联说其人能以硬黄纸写兰亭集序帖，下联说其人擅飞白体和薤叶篆。联语赞其书法而赠之。

【考辩】

《古今联语汇选》亦收录，联题为“集元人句赠郑子溪联”，文字一致。

赠周亩庄

亩庄仁弟索书，以前赠杨皙子京卿句赠之，亦祝其为京卿也。

细推物理须行乐；

各有因缘莫羡人。

【注释】

细推物理须行乐：本句出自杜甫《曲江二首》“细推物理须行乐，何用浮名绊此身”。

各有因缘莫羡人：本句为格言。曾见于袁枚《随园诗话》卷八：“过润州，见僧壁对联云：‘要除烦恼须成佛，各有来因莫羡人。’”

【解析】

周亩庄，其人生平不详。

上联说仔细推敲事理后应及时行乐，下联说各人有自己的因缘而无需羡慕他人。联语说处世之道，有劝其释怀之意。

【考辩】

《古今联语汇选》亦收录此联，文字一致。

赠杨江润寰（其一）

好买耶溪三尺剑；

莫笑田家老瓦盆。

【注释】

好买耶溪三尺剑：本句出自李贺《南园十三首》“见买若耶溪水剑，明朝归去事猿公”。

莫笑田家老瓦盆：本句出自杜甫《杂曲歌辞·少年行三首》“莫笑田家老瓦盆，自从盛酒长儿孙”。

【解析】

杨江润寰即杨江，字润寰，湖南清泉（今衡阳）人，王闿运的学生。

上联说其人好剑而有侠气，下联说莫笑其人贫寒。联语为集句，犹能显其豪情。

【考辩】

《古今联语汇选》亦收录此联，文字一致。

赠杨江润寰（其二）

独抱郳篇求史笔；

闲将吴带写庄襟。

【注释】

鄦篇：许篇，指唐代许敬宗所编纂的史书，包括《晋书》《武德实录》《贞观实录》等，记事曲从迎合并多有篡改。后晋刘昫《旧唐书》："敬宗自掌知国史……辄以己所爱憎曲事删改，论者尤之。"

史笔：史家记叙史实的笔法。岑参《佐郡思旧游》："史笔众推直，谏书人莫窥。"胡应麟《少室山房笔丛·史书占毕一》："余谓刘有史学，无史笔。"

吴带：吴道子善画佛像，笔势圆转，所画衣带如被风吹拂。郭若虚《图画见闻志·论曹吴体法》："吴带当风，曹衣出水。"

庄襟：短小简陋的衣服。出自《庄子·让王》："曾子居卫，缊袍无表，颜色肿哙，手足胼胝。三日不举火，十年不制衣，正冠而缨绝，捉衿而肘见，纳屦而踵决。"

【解析】

上联说其人从篡改之史书而求诸史实，下联说其人以吴带笔法画短小简陋的衣襟。联语有揶揄之意，有告诫其不可缘木求鱼之意。

【考辩】

《古今联语汇选》亦收录此联，文字一致。

与曾荆山（其一）

浮名少味同鸡肋；

烈士何心说豹皮。

【注释】

鸡肋：鸡的肋骨，没有肉，比喻无多大意味而又不忍舍弃的东西。《三国志·魏志·武帝纪》裴松之注引《九州春秋》曰："夫鸡肋，弃之如可惜，食之无所得，以比汉中，知王欲还也。"

豹皮：比喻美名。欧阳修《王彦章画像记》："公本武人，不知书，其语质，平生尝谓人曰：‘豹死留皮，人死留名。’盖其义勇忠信出于天性而然。”舒位《梅花岭吊史阁部》：“豹皮自可留千载，马革终难裹一尸。”

【解析】

曾荆山其人生平不详。

上联说浮名犹如鸡肋一般无味，下联说烈士之心并非求美名。联语有劝慰之意。

【考辩】

《古今联语汇选》亦收录此联，文字一致。

与曾荆山（其二）

大千瑞色攒松叶；

弟一春风到杏花。

【注释】

大千：大千世界。道恒《释驳论》：“故神晖一震，则感动大千。”苏轼《端午遍游诸寺得禅字》诗：“忽登最高塔，眼界穷大千。”

瑞色：瑞气。唐高宗《太子纳妃太平公主出降》：“玉庭浮瑞色，银榜藻祥徽。”五代徐夤《放榜日》：“花浮酒影彤霞烂，日照衫光瑞色鲜。”

【解析】

上联说满世瑞气集于松叶，下联说此时春风先到杏花。联语写春景以赠，而类春联。

【考辩】

《古今联语汇选》亦收录，文字为“大干瑞色攒松叶；第一春风到杏花。”

赠程春甫

修身践言，有朋自远；

含纯履轨，与世无争。

【注释】

修身践言：本句出自《礼记·曲礼上》“修身践言，谓之善行”。

有朋自远：本句出自《论语·学而》“子曰：‘学而时习之，不亦说乎？有朋自远方来，不亦乐乎？人不知而不愠，不亦君子乎’”。

含纯履轨：本句出自《豫州从事尹宙碑》“立朝正色，进思尽忠，举衡以处事，清身以寓时，高位不以为荣，卑官不以为耻，含纯履轨，秉心惟常”。

与世无争：本句出自《战国策·楚策四》“自以为无患，与人无争也”。

【解析】

上联引经语赞其德，下联引古文语赞其行。联语雅正，亦合所赠之人的身份。

【考辩】

《古今联语汇选》亦收录此联，文字一致。

赠周荫棠（其一）

孝弟渊懿，温恭博敏；

崇壮幽峻，晶白清方。

【注释】

孝弟渊懿：本句出自《汉故益州太守北海相景君铭》“孝弟渊懿，帅礼蹈仁”。

温恭博敏：本句出自《汉繁阳令杨君碑》“温恭博敏，贞皦蕤伦，帝嘉忠懿，乃诏宠光”。

崇壮幽峻：本句出自蔡邕《郭有道碑文》“崇壮幽浚，如山如渊”。

晶白清方：本句出自《汉故益州太守北海相景君铭》“根道核艺，抱淑守真。皛白清才，刻己治身”。

【解析】

周荫棠，参前第354页“周荫棠”的解析。

光绪十六年（1890年）十二月十七日，周荫云来请王闿运写匾。十二月十九日，王闿运为周生题田匾，写二联，此为第一联。

上联说其人之德行，下联说其人之才节。联语集诸碑语，赞以赠之。

【考辩】

《湘绮楼日记》光绪十六年十二月十九日有记载，文字为“孝弟渊懿，温恭博敏；崇壮幽浚，晶白清方”。

《古今联语汇选》亦收录此联，文字一致。

赠周荫棠（其二）

体识清远，言行以礼；

运用吐纳，风流转佳。

【注释】

体识清远，言行以礼：本句出自《世说新语·言语》“会稽贺生，体识清远，言行以礼；不徒东南之美，实为海内之秀”。

运用吐纳，风流转佳：本句出自《世说新语·栖逸》“庾公诸人多往看之，观其运用吐纳，风流转佳”。

【解析】

上联将其比作两晋时期名臣贺循，下联将其比作晋时隐者康僧渊。联语引《世说新语》而赞，其人当有古人之风。

【考辩】

《古今联语汇选》亦收录，文字为“体识清远，口行以礼；运用吐纳，风流转佳”。

赠周荫棠（其三）

性情所同，不翅儒域；

识致安处，足副时谈。

【注释】

性情所同，不翅儒域：本句出自《世说新语·赏誉》“王长史云：‘江思悛思怀所通，不翅儒域’”。

识致安处，足副时谈：本句出自《世说新语·赏誉》“王长史与大司马书，道渊源‘识致安处，足副时谈’”。

【解析】

上联将其比作西晋名士江惇，下联将其比作东晋时期大臣殷浩。联语引《世说新语》而赞，其人当有古人之风。

【考辩】

《古今联语汇选》亦收录此联，文字一致。

赠唐凤庭（其二）

集汉碑字

语言文字意为法；

节奏音声和以天。

【解析】

唐凤庭，曾任东洲船山书院监学，其余生平不详。

前已有赠唐凤庭联，此为赠唐凤庭之第二联。

上联说语言文字之事，下联说节奏音声之事。联语集汉碑字，说学术事以赠之。

【考辩】

《古今联语汇选》亦收录此联，文字一致。

示程季硕

如有所能，既竭吾力；

不患无位，求为可知。

【注释】

如有所能，既竭吾力：本句出自《论语·子罕》“颜渊喟然叹曰：‘仰之弥高，钻之弥坚，瞻之在前，忽焉在后。夫子循循然善诱人，博我以文，约我以礼，欲罢不能。既竭吾才，如有所立卓尔。虽欲从之，末由也已。’”。

不患无位，求为可知：本句出自《论语·里仁篇》“子曰：‘不患无位，患所以立；不患莫已知，求为可知也。’”。

【解析】

程季硕应为曾季硕，即曾彦，字季硕，四川成都人。左锡嘉第五女，曾懿之五妹，适广汉张祥龄。年未三十，殒于吴门。曾师事王闿运，有《桐凤集》传世，王闿运为之作序，诗名为时所重，其作多拟古。

上联说在自己能力范围内当竭力而为。下联说不怕没有官位，只求以真才实学为人所知。联语引《论语》句，作劝勉弟子之语。

【考辩】

《古今联语汇选》亦收录此联，文字一致。

与向乐谷

插羽先飞酒；

交锋便著文。

【注释】

插羽先飞酒，交锋便著文：此二句出自李绅《和晋公三首》“插羽先飞酒，交锋便著文”。

【解析】

向乐谷即向燊，字乐谷，号抱蜀子，湖南衡山县白莲寺（今衡东县白莲镇）人，向熙之子。受业衡阳东洲船山书院王闿运门下，后留学日本，卒业宏文学院，归为衡州府中学堂监督、南路实业学堂监督，被举为湖南省谘议局议员，以资为道员，候补甘肃。辛亥起义时为秦州副都督，民国时为陇南观察使，改渭川道尹。宣统三年（1911年）集资在家乡创办尚德学校，先后两任校长。民国五年（1916年）任湖南湘江道尹，翌年兼任湖南省财政厅厅长，后弃官居沪以卖字鬻画自给。民国十七年（1928年）卒。

上联说饮酒行令之事，下联说文章交锋之事。联语引李绅和裴度诗以赠之，说二人君子之交，有和而不同之意。

示程仲旭

守身如执玉；

从善若转圜。

【注释】

守身如执玉：本句出自清李绿园《歧路灯》五八“试看古圣先贤，守身如执玉，到临死时候，还是一个‘如临深渊，如履薄冰’光景”。

从善若转圜：北齐刘昼《刘子·贵言》“从善如转圜，遣恶如去仇”。

【解析】

程仲旭为王闿运的学生，为王闿运好友之后辈。王闿运曾作《论为宦之方》一篇示程仲旭。

上联说当守清节如玉，下联说当从善而改。联语说修身之事，赠而勉之。

【考辩】

《古今联语汇选》亦收录此联，文字一致。

示樊寄吾

多文以为富；

逊世不见知。

【注释】

多文以为富：本句出自《礼记·儒行》“不祈多积，多文以为富”。

逊世不见知：本句出自《礼记·中庸》“君子依乎中庸，遁世不见知而不悔，唯圣者能之”。

【解析】

樊寄吾即樊民景，字寄吾，号非之，湖南永州人。清邑优附生，后往东洲船山书院成为王闿运的学生，并担任东洲船山书院监院之职。后从教私塾，又任零陵县立国文教员之职，终不为官。民国三十四年（1945年）卒。王闿运亲书此联赠之，又赠横幅扁额云“澹静斋”，故寄吾公晚年号澹静老人。

上联说其人以学识的渊博为富，下联说其人避世而不为人知。联语切其人其事，赞而赠之。

【考辩】

《古今联语汇选》亦收录此联，文字一致。

与彭冶青

斗室似太古；

升堂无俗情。

【注释】

太古：指远古，上古。《荀子·正论》：“太古薄葬，故不扣也。”唐庚《醉眠》：“山静似太古，日长如小年。”

【解析】

彭冶青曾任东洲船山书院斋务，其余生平不详。

上联说其人居于斗室而能静如远古之人，下联说在官堂之上当不言私情。联语赞其人气度官风以赠之。

【考辩】

《古今联语汇选》亦收录此联，文字一致。

赠郑亮伯

二月春风清眼耳；

六经书味润身心。

【注释】

六经：指《诗》《书》《礼》《乐》《易》《春秋》的合称。《庄子·天运》："孔子谓老聃曰：'丘治《诗》《书》《礼》《乐》《易》《春秋》六经，自以为久矣，孰知其故矣。'"

【解析】

郑亮伯其人生平不详。

上联说当时之春景，下联说学业之事。联语简明而有诗意。

【考辩】

《古今联语汇选》亦收录此联，文字一致。

赠郑启迪

园中草木春无数；

笔下波澜老更成。

【注释】

园中草木春无数：本句出自苏轼《监洞霄宫俞康直郎中所居四咏》"园中草木春无数，只有黄杨厄闰年"。

笔下波澜老更成：本句出自苏轼《过泗上喜见张嘉父二首》"眉间冰雪照淮明，笔下波澜老欲平"。

【解析】

郑启迪其人生平不详。

上联说春景，下联赞文才。联语集苏轼诗句，工切中见风雅。

【考辩】

《古今联语汇选》亦收录此联，文字一致。

赠郑农伯

夜月每招三径客；

晓寒犹勒一分花。

【注释】

三径：亦作“三迳”，指归隐者的家园。赵岐《三辅决录·逃名》：“蒋诩归乡里，荆棘塞门，舍中有三径，不出，唯求仲、羊仲从之游。”陶潜《归去来辞》：“三径就荒，松菊犹存。”

晓寒犹勒一分花：本句出自汤显祖《牡丹亭》“春梦暗随三月景，晓寒瘦减一分花”。

【解析】

郑农伯其人生平不详。

上联说夜月招归隐之客，下联说晓寒中尚有瘦小之花。联语引前人语写隐逸之事，对仗工而能见隐者神韵。

【考辩】

《古今联语汇选》亦收录此联，文字一致。

赠王竹闲（其一）

自研朱露点周易；

斫取青光读楚辞。

【注释】

自研朱露点周易：本句出自高骈《步虚词》“洞门深锁碧窗寒，滴露研朱点周易”。

斫取青光读楚辞：本句出自李贺《昌谷北园新笋四首》“斫取青光写楚辞，腻香春粉黑离离”。

【解析】

王竹闲即王简，字竹闲，一说字竹间，号栗坡居士，四川酉阳（今属重庆）人，曾为王闿运治病，并在尊经书院从王闿运学习诗文。有《竹盦诗录》四卷，并在王闿运死后编辑《湘绮楼说诗》八卷。

上联说自研朱露，用以评校书籍。下联说刮去竹子的青皮以读写诗词。联语引唐诗而说学习诗文之事，对仗尤为精工。

【考辩】

《古今联语汇选》亦收录，联题为“赠王竹间联”，文字一致。

赠王竹闲（其二）

松根古石眠云绿；

笛管新篁拔玉青。

【注释】

笛管新篁拔玉青：本句出自李贺《昌谷北园新笋四首》“今年水曲春沙上，笛管新篁拔玉青”。

【解析】

上联说松根盘绕古石而带云绿之色，下联说新竹如青玉一般挺拔。联语写清奇之景色，足见风雅。

【考辩】

《古今联语汇选》亦收录，联题同上，文字为“松根古石限云绿；笛管新篁拔玉青”。

赠许隐君

名花出地皆兰玉；

小筑临湘似草玄。

【注释】

兰玉：芝兰玉树，比喻佳子弟。颜真卿《祭侄季明文》：“惟尔挺生，夙标劭德，宗庙瑚琏，阶庭兰玉。”苏轼《书刘君射堂》诗：“兰玉当年刺史家，双鞬驰射笑穿花。”

草玄：指淡于势利，潜心著述。《汉书·扬雄传》：“哀帝时丁、傅、董贤用事，诸附离之者或起家至二千石。时雄方草太玄，有以自守，泊如也。或嘲雄以玄尚白，而雄解之，号曰解嘲。其辞曰：……扬子曰：‘……仆诚不能与此数公者并，故默然独守吾太玄。’”

【解析】

许隐君即许楚钦，湖南湘潭人。有三子皆成名，其中最著名者为许铭彝，字笃斋，入王闿运门下，民国时湖南知名学者。

上联说其家多佳子弟，下联赞其人淡泊名利潜心著述。联语切许家三子之事，对仗精工，用典风雅，为赠联中之佳作。

赠许笃斋

笃斋仁弟自秦还，书此奉赞。

车行孔子不到处；

箧有黄香未见书。

【注释】

孔子不到处：指秦地，孔子周游列国未到秦国。韩愈《石鼓歌》：“孔子西行不到秦，掎摭星宿遗羲娥。”

箧有黄香未见书：本句出自刘攽《初秋馆中呈诸公》“上知景伯无人事，恩许黄香未见书”。黄香，字文强（一作文疆），江夏安陆（今湖北云梦）人，东汉时期官员、孝子，号曰“天下无双，江夏黄香”。后任郎中、尚书郎、尚书左丞、尚书令、魏郡太守等。

【解析】

许笃斋即许铭彝，字笃斋，湖南湘潭人，许楚钦之子，王闿运的学生。民国时湖南知名学者，著作有《秦文粹》《春秋公羊传考异》《淡园经说》《曾左联语合钞》等。王闿运曾推荐其在陕西师范学校任教，自陕西回来时王闿运写此联以赠。

上联说其人去陕西之事，下联说其人学识广博。联语用典得当，足以抬高受赠者的身份，故云“奉赞”。

卷五　补遗

花外金猊沉水颺
竹邊玉版隔山香
王闓運

院宇风光

门联一副

用唐人诗句。

人情已觉春长在;

溪户仍将水共闲。

【注释】

人情已觉春长在，溪户仍将水共闲：此二句出自赵嘏《宛陵寓居上沈大夫二首》“人情已觉春长在，溪户仍将水共闲”。

【解析】

同治八年（1869年）十二月二十八日，王闿运作门联一副，用唐人诗句，并云“自然好桃符句也”。

【考辩】

《湘绮楼日记》同治八年十二月二十八日有记载，文字一致。

又集一联

碧海鲸鱼，兰苕翡翠；

青春鹦鹉，杨柳楼台。

【注释】

碧海鲸鱼，兰苕翡翠：本句出自杜甫《戏为六绝句》“或看翡翠兰苕上，未掣鲸鱼碧海中”。

青春鹦鹉，杨柳楼台：本句出自司空图《二十四诗品·精神》“青春鹦鹉，杨柳池台”。

【解析】

光绪六年（1880年）七月十九日，王闿运作集句二联，此为第二联。

【考辩】

《湘绮楼日记》光绪六年七月十九日有记载，文字一致。

会馆戏台联

东馆接朱陵，好与长沙回舞袖；

南山笼紫盖，共听仙乐奏云门。

【解析】

即卷一中的衡州长沙馆台联，卷一中为“东馆接朱陵，好与长沙回舞鹤；南山笼紫盖，共听仙乐奏云门”。

题空灵杜祠一联

舟楫眇然，怀古共随颠米拜；

经过偶尔，寻幽如到浣花居。

【注释】

眇然：遥远貌。《后汉书·冯衍传下》：“疆理九野，经营五山，眇然有思陵云之意。”江淹《杂体诗·效郭璞〈游仙〉》：“眇然万里游，矫掌望烟客。”

颠米：指宋代书法家米芾，因爱石成癖，行止违世脱俗，倜傥不羁，世称“米颠”。米芾曾到株洲凿石浦拜谒杜甫草堂，并在湘江边的鸡头岭巨石上写下“怀杜岩”，时人摩崖而刻之。

浣花居：指杜甫草堂，位于成都西郊的浣花溪畔，是杜甫流寓成都时居处。

【解析】

空灵杜祠在湖南省株洲市城南湘江之畔的空灵岸，唐代诗人杜甫在晚年旅湘期间，停靠此处，写了《次空灵岸》诗，中有“幸有舟楫迟，得尽所历妙”。后人为纪念杜甫而仿成都杜甫草堂建祠。

宣统二年（1910年）十一月十四日，王闿运题空灵杜祠一联，即为此联。

上联说舟楫已然远去，到此应效米芾拜石而拜祭杜甫。下联说偶尔经过此处，如到浣花溪畔杜甫草堂一般。联语契合杜甫之经历，用典无斧凿痕，故能发人幽思。

【考辩】

《湘绮楼日记》宣统二年十一月十四日有记载，文字一致。

咏物及赠示

罗敷

好如秦氏，名是罗紨；

娇人左家，字为纨素。

【注释】

好如秦氏，名是罗紨：本句出自汉乐府诗《陌上桑》“秦氏有好女，自名为罗敷”。

娇人左家，字为纨素：本句出自左思《娇女诗》“吾家有娇女，皎皎颇白皙。小字为纨素，口齿自清历”。

【解析】

罗紨即秦罗敷，出自汉乐府诗《陌上桑》（又名《艳歌罗敷行》），为美貌坚贞之女。

同治十一年（1872年）正月十九日，王闿运“口授畛女《罗敷行》，‘敷’本一作‘纣’，声不相近，《说文》：‘紨布也，一曰粗细。’则罗、紨皆丝货之名，戏作一对”，即为此联。

上联赞秦罗敷，下联赞左纨素。本联为戏对，取罗紨、纨素对仗之工而成，而左纨素亦戏指四女王畛，令人莞尔。

【考辩】

《湘绮楼日记》同治十一年正月十九日有记载，文字一致。

赠慧山女冠细宝联

不知细叶谁裁出；

如入宝山空手回。

【注释】

不知细叶谁裁出：本句出自贺知章《咏柳》“不知细叶谁裁出，二月春风似剪刀”。

如入宝山空手回：本句出自杨显之《酷寒亭》楔子“正是当权若不行方便，如入宝山空手回”。

【解析】

慧山女冠细宝，即慧山女道士细宝。慧山即惠山，又名九龙山、斗龙山，在江苏无锡市西郊，以西域僧慧照曾居此而名。

光绪五年（1879年）正月二十二日，子箴（方浚颐）言前在慧山有女冠名细宝，赠联所云即为此联，并云“语有风味，兴不浅也”，但并未说此联是王闿运所作。

上联赞其眉眼美貌，下联惜其人虽美却已为女道士。此联为嵌名联，有戏谑之意，并不似王闿运之文风。

【考辩】

《湘绮楼日记》光绪五年正月二十二日有记载，文字一致。

京师传诵王先谦邪说一疏，极为丁公道地，欲以此邪说救前邪说也，前有联云

体宝鋆心，杜宝廷口，出宝名气，可惜一宝押错；

继寿昌志，述寿慈事，救寿农命，居然三寿作朋。

【注释】

宝鋆：宝鋆，字佩蘅，索绰络氏，满洲镶白旗人，世居吉林。道光十八年（1838年）进士，授礼部主事，擢中允，三迁侍读学士。咸丰时曾任内阁学士、礼部右侍郎、总管内务府大臣。同治时任军机处行走，并充总理各国事务大臣、体仁阁大学士。与恭亲王奕䜣、瓜尔佳·文祥等自同治初年当枢务，洋务运动时期中央的主要领导者之一，造就同治中兴。光绪年间晋为武英殿大学士。卒谥文靖，入祀贤良祠。

宝廷：爱新觉罗宝廷，初名宝贤，字少溪，号竹坡，又字仲献，号难斋，晚年自号偶斋。隶满洲镶蓝旗，郑献亲王济尔哈朗八世孙。同治七年（1868年）进士，选庶吉士，授翰林院编修、翰林院侍讲兼充文渊阁掌“注册点验”校理。同治十二年（1873年）六月，充浙江省乡试副考官。同年七月转补翰林院侍读，后任詹事府左中允、国子监司业、侍读学士兼詹事府少詹事、文渊阁直阁事、内阁学士兼礼部侍郎、礼部右侍郎、西陵监修大臣、正黄旗蒙古副都统。同年充福建乡试正考官职，因途中纳江山船女为妾，回京上疏自劾罢官。宝廷曾弹劾贺寿慈。

宝名：指古玩铺“宝名斋”，山西人李春山（原名李钟铭）在琉璃厂所开，以经营古籍买卖为主，其规模之大在琉璃厂独一无二。李春山对外宣称，贺寿慈是他的亲戚。因得罪了张佩纶，张上奏此事，慈禧要求严查此事，而贺寿慈不承认与李春山有勾结，只是表示去年为同治皇帝办理丧事，演习皇帝梓宫的“龙杠”时，曾经到“宝名斋”歇脚、看书。最终，朝廷下旨以“恭演龙楯车系承办要务，所称顺道阅书，亦属非是”为由，对贺寿慈“降三级调用，不准抵销”。李春山则因为“攀援显宦，交结司坊官员，置买寺观房屋，任意营造，侵占官街，匿税房契”，获得了“杖六十、徒一年，期满递解回籍，交地方官严加管束”的处罚。

寿昌：周寿昌，字应甫，一字荇农，号友生、自庵等，湖南长沙人。道光二十五年（1845年）进士，由编修累迁内阁学士兼礼部侍郎。光绪初罢官居京师，以著述为事，诗文、书、画，俱负重名。山水极秀润，有士气，又富收藏。著有《思益堂集》《汉书注校补》。王先谦妻子为周寿昌侄女，死于难产。

寿慈：贺寿慈，初名于逵，继名霖若，字云甫，晚号赘叟，又号楚天渔叟。湖北省蒲圻市（现赤壁市）赵李桥人（今属湖南省临湘市坦渡镇晓阳村人）。道光二十一年（1841年）进士，初授吏部主事，后擢员外郎中，因镇压捻军有功晋工部尚书。后因张佩纶上奏宝名斋一事受牵连，被慈禧太后降职。

寿农：不详。

三寿作朋："三寿"指三个不同年龄段的长者，上寿，中寿，下寿。《庄子·盗跖》："人上寿百岁，中寿八十，下寿六十。"《诗·鲁颂·闷宫》："三寿作朋，如冈如陵。"

【解析】

王先谦，字益吾，因宅名葵园，学人称为葵园先生，湖南长沙人。同治四年（1865年）进士，授翰林院庶吉士。同治九年（1870年）后，多次担任地方乡试正副考官、会试同考官。光绪六年（1880年）升任国子监祭酒。光绪十一年（1885年）至十四年（1888年）外放授江苏学政，任满后请假回籍，专心讲学。先后任城南书院、岳麓书院山长。戊戌变法期间，为保守派领军人物。清末新政期间，担任过湖南师范馆馆长、学务公所议长、湖南铁路局名誉总理、湖南省谘议局会办等职。辛亥革命后，对时事不满，闭门著书。民国六年（1917年）卒于长沙，享年七十六岁。编有《皇清经解续编》《十朝东华录》《续古文辞类纂》等，著有《汉书补注》《后汉书集解》《荀子集解》《诗三家义集疏》等。

光绪六年（1880年）正月十八日，日记云"京师传诵王先谦邪说一疏，极为丁公道地，欲以此邪说救前邪说也，前有联云"，即为此联，并未说是王闿运所作。光绪五年（1879年）六月十七日，王先谦上《言路宜防流弊折》反对清流弹劾贺寿慈："臣工建言，原应各抒己见。若待他人举发而后从之，此唱彼和，流弊滋多。……虽心实无他而迹涉朋比。"随后又上奏言云南巡抚徐之铭罪状事，并后又上折说崇厚及伊犁外交事等。

上联说王先谦之疏，既能体察宝鋆用心，又杜绝了宝廷之口，更为宝名斋出了气。下联说王先谦继周寿昌之志，述贺寿慈之事，更救了寿农之命，恰与此三个名字带"寿"的人为朋。联语有讥讽王先谦之意，然不似王闿运所作。

【考辩】

《湘绮楼日记》光绪六年正月十八日有记载，文字一致。

光绪九年六月二十一日作

王芝圃不忘师谱；

戴子和其谓我何？

【注释】

王芝圃：王世芳，字徽德，一字芝圃，浙江临海县（今临海市）桐峙岭根人。清康熙四十七年（1708年），四十岁时中秀才；乾隆十三年（1748年）八十岁为贡生；乾隆二十九年（1764年）九十六岁官遂昌训导。任满，乾隆接见特赏六品衔。乾隆二十六年（1761年），为皇太后七十寿，设“九老会”，召世芳赴会。乾隆二十七年（1762年），赐“序耆颐”匾额。乾隆三十三年（1768年），世芳百岁，赐建“升平人瑞”牌坊于岭根村口。乾隆三十五年（1770年），授国子监司丞衔。嘉庆十三年（1808年）卒，年一百四十岁。

戴子和：四川合州（今重庆合川区）人，曾从王闿运学习。戴子和的词赋与张森楷的史学、彭耀卿的文章、丁治棠的经学同时见称于世，时人誉为“合州四俊”。

【解析】

《湘绮楼日记》光绪九年（1883年）六月二十一日录有此联，但无联题及注语。

上联取其“圃”“谱”同音，下联取其“和”“何”同音，与戴子和作戏谑语。

【考辩】

《湘绮楼日记》光绪九年六月二十一日有记载，文字一致。

光绪九年九月廿九日戏作

鸟名戴胜，人名戴不胜；

形是胡孙，号是胡念孙。

【注释】

戴胜：亦作“戴鵀”“戴任”“戴纴”，鸟名。状似雀，头有冠，五色如方胜，故称。《礼记·月令》：“（季春之月）鸣鸠拂其羽，戴胜降于桑。”《尔雅·释鸟》：“戴鵀。”郭璞注：“鵀即头上胜，今亦呼为戴胜。”

戴不胜：战国时宋国人，一作戴子，《荀子·解蔽》作载子。或以为戴不胜字盈之。一说戴不胜为宋太宰戴驩，曾经把善士薛居州推荐给宋王，事见《孟子·滕文公下》。

胡孙：猴的别名。慧琳《一切经音义》卷一百：“猴玃：猴者猿猴，俗曰胡孙。”

胡念孙：胡念孙，晚清书法家、雕刻家，与清末民初著名诗人、书画家顾印愚的雕刻称为“双璧”。

【解析】

《湘绮楼日记》光绪九年（1883年）九月廿九日录有此联，但无联题及注语。

上联取鸟名人名之巧合，下联取动物和名号之巧合，与胡念孙作戏谑之语。

【考辩】

《湘绮楼日记》光绪九年九月廿九日有记载，文字一致。

十一夜梦人赠人句

至德通仁智；

双身亘古今。

云讥讽之词也。

【注释】

至德：最高的道德，盛德。《易·系辞上》：“阴阳之义配日月，易简之善配至德。”《论语·泰伯》：“泰伯，其可谓至德也已矣。”

双身：双重或多重身份。严遵《道德指归论》："人主独立，臣下双身，养主之意，阿主之心，塞主之听，蔽主知明，此国之所以危而宗庙之所以丧也。"

亘古今：指贯穿古今，从古到今。朱熹《答陆子美书》："条贯脉络，井井不乱，只今便在目前，而亘古亘今，颠扑不破。"《朱子语类》卷九十四："无极是多少大，无一个物是宙样长远，亘古亘今，往来不穷。"

【解析】

《湘绮楼日记》光绪十三年（1887年）八月十三日录有此联，题为"十一夜梦人赠人句"，并云讥讽之词也。

上联说其德至大，下联说其身贯穿古今，讥讽之意明显。

【考辩】

《湘绮楼日记》光绪十三年八月十三日有记载，文字一致。

光绪三十一年正月二十五日赠陆观察

差厘局，官黔捐，丧尽良心，又做了湖南粮道；

父南坡，兄翠喜，那堪回首，是常年天子门生。

【注释】

厘局：旧时管理征收厘金的机关。《负曝闲谈》第六回："这回幸亏从前的旧居停，替他在方伯面上吹嘘吹嘘，派了个浏河厘局分卡的委员，总算是苦尽甜来了。"

南坡：黄冕，字服周，号南坡。曾国藩治兵计伐太平天国，黄冕创制厘税，"兴茶盐之利"，"军饷取给焉"，"又开东征局，专饷曾国藩一军"。

翠喜：杨翠喜，本姓陈，小名二妞儿，原籍直隶北通州（今北京），幼年家贫被卖给杨姓乐户，取名杨翠喜。轰动一时的杨翠喜案的女主角。王闿运称段芝贵为段翠喜，故此处指段芝贵（见卷三“段芝贵妻王氏”联）。

【解析】

陆观察其人不详。

《湘绮楼日记》光绪三十一年（1905年）正月二十五日录此联，并云陆观察雅正。

上联说其人厘局当差出身，又在黔捐官，丧尽良心，此时做到了湖南粮道。下联说其人厘税效仿南坡，又如段芝贵善逢迎，不堪回首当年中式之事。言语讥讽之甚，非寻常赠联。

【考辩】

《湘绮楼日记》光绪三十一年正月二十五日有记载，文字为“差厘局，官黔捐，丧尽良心，又做了湖南粮道；父南坡，兄翠喜，那堪回首，是当年天子门生”。

曾署守以争钱记过，复书慰之，警句云

虎竹再分诗定续；

鹤粮频减甑愁空。

【注释】

虎竹再分：分虎竹，喻指出任州郡长官。张九龄《当涂界寄裴宣州》：“如何分虎竹，相与间山川。”

鹤粮：指隐居修道者的口粮。皮日休《暇日独处寄鲁望》：“园蔬预遣分僧料，廪粟先教算鹤粮。”曹学佺《戊辰二日夜光堂及来江亭少憩》诗：“鹤粮资拾橡，僧菜学烧畬。”

【解析】

曾署守其人不详。

光绪三十三年（1907年）七月一日，云“曾署守以争钱记过，复书慰之”，作警句即为此联。

上联说待再出任州郡长官时定来续诗，下联说若此时归隐，当愁口粮少而清贫。联语劝慰其继续为官，亦见婆心。

【考辩】

《湘绮楼日记》光绪三十三年七月一日有记载，文字一致。

夜思叔鸿，为作一联

四愁曾向桂林吟，又十载江南，饱看山色怀青琐；

大梦早随仙蝶化，待重陪乡饮，无复文场照白莲。

【注释】

四愁：“四愁诗”的省称。吴兢《乐府古题要解·四愁七哀》：“《四愁》，汉张衡所作，伤时之文也。”李嘉祐《暮秋迁客增思寄京华》诗：“宋玉怨三秋，张衡复‘四愁’。”

青琐：亦作“青锁”“青璅”，原指装饰皇宫门窗的青色连环花纹，亦借指宫廷。《晋书·夏侯湛传》：“出草苗，起林薮，御青琐，入金墉者，无日不有。”陈子昂《为陈舍人让官表》：“臣闻紫机务重，青锁任隆。”

大梦早随仙蝶化：庄生梦蝶之典，喻人生变幻无常。

乡饮：指乡饮酒礼。《后汉书·李忠传》：“春秋乡饮，选用明经，郡中向慕之。”《北史·邢卲传》：“更明古今，重遵乡饮，敦进郡学，精课经业。”

文场：科举的考场。白居易《醉后走笔酬刘五主簿长句之赠》：“齐入文场同苦战，五人十载九登科。”陆游《感旧赠超师》：“我赴文场君受戒，道边曾共望高宗。”

白莲：指白色的莲花灯。王定保《唐摭言·杂记》：“韦承贻咸光中策试，夜潜纪长句于都堂西隅曰：‘……白莲千朵照廊明，一片升平雅颂声。’”

【解析】

叔鸿即徐树铭，字伯澄，号寿衡，一作叔鸿，又作子卿，又号澄园，湖南长沙人。少时读书长沙城南书院，道光二十七年（1847年）进士，选庶吉士，授编修。尝从于何桂珍、曾国藩、倭仁、唐鉴学。历官兵部、吏部、工部左右侍郎，福建督学，浙江督学，都察院左都御史，工部尚书。皇清诰授光禄大夫，充经筵讲官，国史馆纂修，朝考阅卷大臣，乡试正考官等职。光绪二十五年（1899年）拜工部尚书，旋病卒。著作有《澄园诗集》十卷、《约园志》四卷、《浙江纪事诗》、《浙江校士录》、《澄园尚书遗墨诗册》、《诰封太恭人善化张母胡太恭人墓志铭》等。

宣统二年（1910年）四月十一日，王闿运夜思叔鸿，为作一联即为此联。

上联说曾向桂林吟《四愁诗》而思念其人，后又往江南为官十年，虽饱看山色，亦心怀朝廷。下联说人生如梦般无常，若能再次乡饮，当不须再说考场之事了。联语对仗工丽，用典无形，切其人其事，饱含思念之情，足见二人交情深厚。

【考辩】

《湘绮楼日记》宣统二年四月十一日有记载，文字一致。

寄赠樊山

阴谋坠文武；

邦谍满东南。

【注释】

邦谍：在异国做间谍。《周礼·秋官·士师》：“掌士之八成……三曰邦谍。”郑玄注：“为异国反闲。”贾公彦疏：“异国欲来侵伐，先遣人往间候，取其委曲，反来说之，其言谍谍然，故谓之邦谍。”

【解析】

樊山即樊增祥，字嘉父，号云门，一号樊山，别署天琴老人，湖北省恩施市六角亭西正街梓潼巷人。光绪年间进士，历任渭南知县、陕西布政使、护理两江总督。辛亥革命爆发，避居沪上。袁世凯执政时，官参政院参政。曾师事张之洞、李慈铭，为同光派的重要诗人，诗作艳俗，有“樊美人”之称，又擅骈文，死后遗诗三万余首，并著有上百万言的骈文。著有《樊山全集》。

宣统三年（1911年）九月五日，王闿运寄书于陈完夫、樊云门，书中言及武昌起义之事，劝其归山以避，作此联。

上联说其时有阴谋欲害文武官员，下联说东南地多异国间谍。联语为劝樊增祥辞官归山，以待辛亥事稍定之意。

【考辩】

《湘绮楼日记》宣统三年九月五日有记载，文字一致。

喜寿

为周生寿袁仲青六十一联

三台公望朋三寿；

九府宾歌历九秋。

【注释】

三台：古代官署合称，此处指为官之人。陈琳《为袁绍檄豫州》："坐领三台，专制朝政。"李白《献从叔当涂宰阳冰》："虽无三台位，不借四豪名。"

朋三寿：三寿作朋，祝寿之语。《诗·鲁颂·闷宫》："三寿作朋，如冈如陵。"毛传："寿，考也。"马瑞辰通释："据下言如冈如陵，是祝其寿考，则寿从传训考为是。考犹老也，三寿，犹三老也。"

九府：南齐设置的九个官署，犹汉之九寺，此处亦指官宦人家。《资治通鉴·齐明帝建武三年》："于是郡县及六署、九府常行职事。"胡三省注："九府：太常、光禄勋、卫尉、廷尉、大司农、少府、将作大匠、太仆、大鸿胪九卿府也。"

历九秋：《历九秋篇》，西晋傅玄所作的一首六言诗，其中一句为"进爵献寿翻翻，千秋要君一言"。

【解析】

袁仲青即袁照藜，字仲青，贵阳人。光绪十四年（1888年）戊子科举人，历官内阁中书、江苏修文候补道员。工书法，擅行草、扇画。

宣统二年（1910年）十月二十三日，王闿运为周生寿袁仲青六十一联，即为此联，并云历九秋篇有进爵献寿语。

上联说三台官员来祝其寿，下联说又有九府之宾歌《历九秋篇》。联语对仗巧妙，然除贺寿外并无新意。

【考辩】

《湘绮楼日记》宣统二年十月二十三日有记载，文字一致。

夕诣瞿家，已张灯结彩，将办喜事，其弟三子文笔雅畅，年始十七，忘问其字，作喜联送之

（其一）

一品门楣，侯相外孙枢相子；

交柯玉树，云中初月雪中梅。

【注释】

侯相：指县令，汉朝在侯国设相，主治民，官秩如县令。

枢相：原为唐宋对宰相兼枢密使者之称谓，清代对官至大学士的军机大臣亦有此称。高承《事物纪原·师保辅相·枢相》：“《宋朝会要》曰：‘唐以中官为枢密使，后唐始有带相印者。’则枢相之始自后唐也。”陈康祺《郎潜纪闻》卷九：“而堂堂枢相且日策骡车入东华门内直，则公孙宏之故智矣！”

交柯：交错的树枝，贺婚常用之语。任昉《落日泛舟东溪》：“交柯溪易阴，反景澄余映。”杜甫《树间》：“交柯低几杖，垂实碍衣裳。”

玉树：喻美佳子弟。刘义庆《世说新语·言语》：“譬如芝兰玉树，欲使其生于阶庭耳。”杜甫《题柏大兄弟山居屋壁》：“叔父朱门贵，郎君玉树高。”

【解析】

瞿家即瞿鸿禨家。瞿鸿禨，字子玖，号止庵，晚号西岩老人，湖南善化（今长沙）人。同治十年（1871年）进士，授编修。光绪初年，大考名列第一，擢为侍讲学士。光绪二十三年（1897年）升为内阁学士。先后出任福建、广西乡试考官及河南、浙江、四川、江苏四省学政。后升至礼部右侍郎、军机大臣。光绪三十三年（1907年）被劾开除回籍，与王闿运等吟咏结社。宣统三年（1911年）迁居上海。袁世凯复辟帝制时，聘其为参政员，坚拒不就。民国七年（1918年）卒于上海。著有《止庵诗文集》《汉书笺识》等刊行于世。其元配妻吴世慧，为河南襄城、汝阳知县吴元浩之女；继配妻傅婉漪，为河南按察使傅寿彤之女。当年成婚的是瞿鸿禨第四子瞿宣颖，字兑之，娶妇衡山聂氏，因瞿鸿禨长子早夭，故云第三子。

宣统二年（1910年）十一月二十一日，王闿运夕诣瞿家，瞿宣颖将办喜事，王闿运作喜联送之，即为此联。

上联言其门第华贵，盖其人为侯相之外孙和枢相之子。下联贺其成婚，并切以时辰，亦赞其如月如梅。联语雅致，稳切其事，足见贺喜之意。

【考辩】

《湘绮楼日记》宣统二年十一月二十一日有记载，文字一致。

（其二）

咏凤早传丹陛笔；

作羹新得相门甥。

【注释】

咏凤：指少年而有高才。化用自李商隐《韩冬郎即席为诗相送一座尽惊他日余方追吟连宵侍坐裴回久之句有老成之风因成二绝寄酬兼呈畏之员外》："桐花万里丹山路，雏凤清于老凤声。"

丹陛：古时宫殿前的台阶多饰红色，故名"丹陛"。《隋书·薛道衡传》："趋事紫宸，驱驰丹陛。"陆游《三山杜门作歌》："小臣疏贱亦何取，即日趋召登丹陛。"

作羹：此处指新嫁之妇。王建《新嫁娘词》："三日入厨下，洗手作羹汤。"

相门甥：指瞿鸿禨长孙瞿同祖，于当年六月六日出生，为新人之甥。

【解析】

上联说其人虽年轻而有高才，得传其父之文笔。下联说新妇嫁入瞿家，正逢瞿鸿禨长孙瞿同祖出生，故云新得相门甥。联语亦切其事，赞瞿家之人才并贺诸般喜事。

【考辩】

《湘绮楼日记》宣统二年十一月二十一日有记载，文字一致。

幼女家公生日，书一联送之

海外鸿文，新成寿颂；

汉宗钟武，长乐仙乡。

原注："寿联忌'仙'，改为'家园'，切刘姓也。"

【注释】

鸿文：鸿雁群飞时形成的文字之状。扬雄《太玄·文》："次六：鸿文无范，恣于川。"司马光集注："谓鸿雁之飞，偶有文字之象，而无法也，遇川则自恣而已。"

钟武：钟武县。西汉元鼎六年（公元前111年），汉武帝于蒸水之阳立钟武县，在衡阳武水渣江一带。王莽篡汉时，钟武侯刘望（《汉书·王莽传》等作刘圣）在衡阳称帝，后败于更始帝刘玄而被杀。

长乐：指长乐宫。班固《西都赋》："自未央而连桂宫，北弥明光而亘长乐。"

【解析】

幼女指王闿运八女王纨，于光绪二十九年（1903年）嫁衡阳刘昌澧之子刘焕宸，故此联为贺刘昌澧寿。

民国元年（1912年）六月三日，王闿运得纨女书，云其家公生日改期，作贺联即为此联，并云："寿联忌'仙'，改为'家园'，切刘姓也。"

上联说海外来鸿文而祝寿，下联说其家在汉之钟武县，亦如汉家之长乐宫。联语祝寿并切其地其姓，然据日记所说，王闿运与其人虽为亲家，却并不熟，故只是应酬之作。

【考辩】

《湘绮楼日记》民国元年六月三日有记载，文字一致。

哀挽

挽孟辛

奇气郁风云，凄恻五溪秋雨夜；

灵文露鳞爪，流传万本桂阳图。

【注释】

奇气：不平凡的志气。张惠言《送张文在分发甘肃序》："文在以磊落才，抱负奇气，浮汩为吏十余年，更偃蹇摧困，始得一官。"龚自珍《己亥杂诗》之二百八十六："少年奇气称才华，登岱还浮八月槎。"

五溪：地名，指雄溪、樠溪、无溪、酉溪、辰溪。一说指雄溪、蒲溪、酉溪、沅溪、辰溪。汉属武陵郡，为少数民族聚居地，在今湖南西部和贵州东部。郦道元《水经注·沅水》："武陵有五溪，谓雄溪、樠溪、无溪、酉溪，辰溪其一焉。"

灵文：指古代遗传下来的稀少而珍奇的书籍或文字。胡应麟《少室山房笔丛·经籍会通一》："竹简韦编，既非易致，灵文秘检，又率难窥。"龚自珍《己亥杂诗》之六十二："我不畏鬼复不忧，灵文夜补秋灯碧。"

鳞爪：比喻事物的片断或点滴。计有功《唐诗纪事·刘禹锡》："长庆中，元微之、梦得、韦楚客同会乐天舍，论南朝兴废，各赋《金陵怀古》诗。刘满引一杯，饮已即成……白公览诗，曰：'四人探骊龙，子先获珠，所余鳞爪，何用耶！'于是罢唱。"

【解析】

孟辛即左枢，字孟辛，一字梦星，湖南湘乡人。少有俊才，为罗泽南弟子，曾随湘军攻陷太平天国首都天京，授知县、同知。后随军镇压回民起义，解凉州、优羌、巩昌等围，赴贵州镇压苗民起义，复镇远、清江、施秉等处，积功由同知晋知府，赏戴花翎。后城破而死，授光禄寺卿，照道员例从优议恤。同治年间，左枢曾和王闿运一起来桂阳主修桂阳州志，并有诗唱和。

同治九年（1870年）三月八日，王闿运作孟辛挽联，即为此联，并云“孟辛平生尽之矣”。

上联说其人有不凡之志，却终于秋雨夜殁于蛮地。下联说其人有零星文字流传，即在《桂阳州志》之中。联语切其地、其时、其事，对仗工巧而见哀思。

【考辩】

《湘绮楼日记》同治九年三月八日有记载，文字一致。

挽丁果臣

城南结友推老苍，卅年道路风尘，谁知共向湘城老；

□□□草倍哀痛，今日行踪□□，无复高吟除夕篇。

【解析】

丁果臣即丁取忠，其事见卷三哀挽丁果臣联。

光绪三年（1877年）十二月二十八日王闿运作挽丁果臣联，即为此联。后王闿运又于光绪四年（1878年）四月三十日改作丁果臣挽联，即前卷所录联。

【考辩】

《湘绮楼日记》光绪三年十二月二十八日有记载，文字及佚失处皆一致。

挽彭郎

壬年烝上始相逢，十七回池柳重生，休向瑞芝寻旧迹；

甲第门中最醇谨，五千里昙花一现，空留美誉在京朝。

【注释】

壬年：同治元年（1862年），为壬戌年。

烝上：蒸水之上，指衡阳。蒸水是湘江一条较大的支流，俗称草河，古称承水、丞水。蒸水流经衡阳，在衡阳市石鼓书院汇入湘江。

瑞芝：指衡阳县金兰镇瑞芝村。

甲第：指豪门贵族。杜甫《醉时歌》："甲第纷纷厌粱肉，广文先生饭不足。"

醇谨：淳厚谨慎。《史记·万石张叔列传》："建陵侯卫绾者，代大陵人也……事文帝，功次迁为中郎将，醇谨无他。"司空图《蒲帅燕国太夫人石氏墓志》："磆著义方，腾褒鲁史；庆称醇谨，作表汉庭。"

【解析】

彭郎即彭寄生，湖南衡阳人，曾任郎中，从日记看应为彭玉麟家族之人。

光绪四年（1878年）三月十一日，王闿运作彭郎挽联，即为此联，并函吊雪琴。

上联说二人于同治元年在衡阳初逢，到此时已经过了十七年，瑞芝村已无旧日之遗迹可寻。下联说其家虽为豪族，其人却淳厚谨慎，可惜匆匆而逝，只留下美誉在京城。联语对仗工切，忆二人旧事，并作哀挽，读之令人泣下。

【考辩】

《湘绮楼日记》光绪四年三月十一日有记载，文字一致。

挽陈明府妻

早传闻官阁清贫，依然佐读青灯，又见郎君新射策；
曾享尽人间富贵，今日满城红雨，正逢寒食夜啼鹃。

【注释】

青灯：亦作“青镫”，指光线青荧的油灯，亦借指孤寂、清苦的生活。韦应物《寺居独夜寄崔主簿》诗：“坐使青灯晓，还伤夏衣薄。”明末清初弹词《天雨花》第二回：“不念我，少年春，空房独守；不念我，红颜女，一世青灯。”

射策：原为汉代考试取士方法，后亦指应试。《汉书·萧望之传》：“望之以射策甲科为郎。”颜师古注：“射策者，谓为难问疑义书之于策，量其大小署为甲乙之科，列而置之，不使彰显。有欲射者，随其所取得而释之，以知优劣。射之言投射也。”皮日休《三羞》诗序：“丙戌岁，日休射策不上，东退于肥陵。”

红雨：指落花。李贺《将进酒》：“况是青春日将暮，桃花乱落如红雨。”晁端礼《醉桃源》：“洞户悄无人，空锁一庭红雨。”

啼鹃：指杜鹃鸟的悲啼。《禽经·杜鹃》：“蜀右曰杜宇。”张华注引李膺《蜀志》载：“战国末杜宇在蜀称帝，号望帝，为蜀除水患有功。后年老禅位于相鳖灵，处西山而隐，修道而化为杜鹃鸟，春至则啼，啼至血出，闻者凄恻。”

【解析】

陈明府即陈雨初，其人生平不详，应是知县一类的官职。其妻为叶名琛之女。

光绪二十四年（1898年）三月十一日，王闿运写陈妻挽联，即为此联，并云陈妻“叶故爵阁督之小女，所谓‘卅六猫主人’，筠仙所羡者”。

上联说其人于清贫中伴夫读书，见其夫再次应试。下联说其人亦曾享尽人间富贵，此时满城落花，正是寒食而杜鹃夜啼之时。联语对仗工丽，备述其事其德，切其时节，末句犹显哀挽之意。

【考辩】

《湘绮楼日记》光绪二十四年三月十一日有记载，文字一致。

挽蒋筠轩

宦迹似旋蓬，晚晋崇阶才未展；

名场同掉鞅，昔游京辇梦全非。

【注释】

旋蓬：随风飞转的蓬草，喻难以自主。苏辙《奉使契丹二十八首其十五虏帐》：“秋山既罢复来此，往返岁岁如旋蓬。”

崇阶：高位，高官。李贽《答耿司寇》：“吾谓孔孟当此时若徒随行逐队，旅进旅退，以恋崇阶，则宁终身空室陋巷穷饿而不悔矣。”侯方域《拟思宗改元廷臣谢表》：“生入玉门之关，已叨非望；新脱龙城之戍，便授崇阶。”

名场：指追逐声名的场所。李咸用《临川逢陈百年》：“教我无为礼乐拘，利路名场多忌讳。”元好问《伦镇道中见槐花》：“名场奔走竞官荣，一纸除书误半生。”

掉鞅：原指驾车时，下车整理马脖子上的皮带，以示御术高超，此处喻从容显示才华。《左传·宣公十二年》：“吾闻致师者，左射以菆，代御执辔，御下两马，掉鞅而还。”杜预注：“掉，正也；示闲暇。”李商隐《为裴懿无私祭薛郎中文》：“乡塾掉鞅，文林励戈。”

京辇：参前第226页“京辇”注释。

【解析】

蒋筠轩其人生平不详。

光绪三十二年（1906年）十月二十八日，王闿运作蒋筠轩挽联，即为此联。

上联说其人宦迹无定，到老方得高位，终未能展其才。下联说其人于声名之场从容进退，和当年游京城之时的梦已经完全不一样了。联述其事，作惋惜语，亦有叹造化弄人之意。

【考辩】

《湘绮楼日记》光绪三十二年十月二十八日有记载，文字一致。

挽鹿滋轩

入辅拄艰危，议绌论都，空洒老臣忧国泪；

披襟见肝胆，例严取友，料无同调称心人。

【注释】

入辅：成为辅佐皇帝的重臣。方岳《满庭芳（寿刘参议七月二十日）》："便好趁昌辰，入辅吾皇。"曹勋《水龙吟（送戴郎中漕荆襄）》："看功成、入辅中兴，永佐乾坤主。"

议绌：议黜，被罢黜。苏辙《李常蔡延庆并转朝议大夫敕》："三考而议黜陟，古今所同。"指鹿传霖任四川总督期间，因为得罪恭亲王奕䜣被罢职。

论都：东汉杜笃有《论都赋》，描绘了西安地势，说明应定都长安的原因。此处指鹿传霖护慈禧、光绪帝到西安之事。

披襟：亦作"披衿"，指推诚相与。《晋书·周顗传》："伯仁总角于东宫相遇，一面披襟，便许之三事，何图不幸自贻王法。"杜甫《奉赠卢五丈参谋琚》："入幕知孙楚，披襟得郑侨。"

取友：选取朋友。《礼记·学记》："古之教者……一年视离经辨志，三年视敬业乐群，五年视博习亲师，七年视论学取友。"韩愈《别知赋》："余取友于天下，将岁行之两周。"

同调：喻指志趣或主张一致的人。顾炎武《寄张文学弨时淮上有筑堤之役》："愁绝无同调，蓬飘久索居。"

【解析】

鹿滋轩即鹿传霖，字润万，又字滋（芝）轩，号迂叟。直隶（今河北）定兴人。同治元年（1862年）进士，选翰林院庶吉士，初入清军胜保部，后历任广西兴安知县、桂林知府，广东惠潮嘉道道员、福建按察使、四川布政使。光绪九年（1883年）晋升河南巡抚，光绪十一年（1885年）调任陕西巡抚，次年因病开缺。光绪十五年（1889年）复任陕西巡抚。甲午战争中兼摄西安将军。光绪二十一年（1895年）调任四川总督，后被罢职。光绪二十四年（1898年）任广东巡抚，次年调任江苏巡抚，兼署两江总督。光绪二十六年（1900年），八国联军攻占北京，鹿曾募兵三营赴山西随护慈禧、光绪帝到西安，被授两广总督，旋升军机大臣。光绪二十七年（1901年）回京后兼督办政务大臣。宣统嗣立，鹿与摄政醇亲王同受遗诏，加太子少保，晋太子太保，历任体仁阁、东阁大学士，兼经筵讲官、德宗实录总纂。宣统二年（1910年）卒，赠太保，谥文端。著有《筹瞻疏稿》等。

宣统二年（1910年）九月十二日，王闿运书鹿滋轩挽联，即为此联，并注“鹿重然诺，故云”。

上联说其人于艰危时辅佐皇帝，曾被罢黜亦曾护驾入西安，空洒忧国之泪。下联说其人坦诚，但选取朋友亦有很严的标准，料来应没什么志趣一致的人。联语述其事亦赞其人，结句尤见哀思。

【考辩】

《湘绮楼日记》宣统二年九月十二日有记载，文字一致。

挽谭四少爷

綦屦习长征，独侍锋车行万里；

锦囊多秀句，忍令慈母录遗篇。

【注释】

綦屦：同綦履，用斜纹丝织品制成的鞋。《后汉书·刘盆子传》：“侠卿为制绛单衣、半头赤帻，直綦履。”李贤注：“綦，履文也。盖直刺其文以为饰也。”

锋车：古代外放官员有紧急事故返回朝廷所乘的快车。王鹏运《八声甘州·是男儿万里惯长征》：“认参差、神京乔木，愿锋车、归及中兴年。”

【解析】

谭四少爷即谭恩闿，字祖庚，号无爱，湖南茶陵人，谭钟麟第四子，谭延闿之弟。以荫生官陆军部员外郎。光绪二十五年（1899年），上谕令谭钟麟赴北京觐见，谭恩闿年方弱冠，侍父入朝京师，后亲历庚子之乱。宣统二年（1910年）卒，

时年二十多岁。著有《灵鹊蒲桃镜馆词》一卷，

宣统二年（1910年）九月二十二日，王闿运作谭四少爷挽联，即为此联，并云“报添箱故意也”。

上联说其长途跋涉，侍父入朝京师之事。下联说其人擅诗词，却英年早逝，忍教其母录其遗文成篇。联语赞其孝并惜其早逝，见哀挽之意。

【考辩】

《湘绮楼日记》宣统二年九月二十二日有记载，文字一致。

挽刘道台

丹桂袭庭芬，海内共知循吏子；

青骢怆星驾，滇民愁送使君车。

【注释】

丹桂：比喻子息，旧称人子曰桂子。高明《琵琶记·牛相教女》：“回首庭前，凄凉丹桂好伤怀。”

青骢：毛色青白相杂的骏马。《玉台新咏·古诗为焦仲卿妻作》：“踯躅青骢马，流苏金镂鞍。”杜甫《高都护骢马行》：“安西都护胡青骢，声价欻然来向东。”

星驾：星夜驾车而行，谓早发。《诗·鄘风·定之方中》：“星言夙驾，说于桑田。”《后汉书·袁绍传》：“会公孙瓒师旅南驰，陆掠北境，臣即星驾席卷，与瓒交锋。”潘岳《寡妇赋》：“龙輀俨其星驾兮，飞旐翩以启路。”

使君：参前第234页“使君”注释。

【解析】

刘道台其人不详，从联语看应是出身官宦世家，并在云南为官，死后归葬湖南。

宣统二年（1910年）十二月十七日，王闿运写刘道台挽联，即为此联，并于当月二十一日出吊刘道台。

上联说其人承袭家风，海内皆知其父为循吏。下联说其车于悲怆中星夜而行，而其治下滇地之民在哀愁中送其归葬。联语取旁敲侧击之法，说其父之德和其民之哀，为之哀挽。

【考辩】

《湘绮楼日记》宣统二年十二月十七日有记载，文字一致。

挽稷初

孤直未伸眉，一瞑重泉恩怨了；

文章无达命，荒园衰草鹡鸰寒。

【注释】

孤直：孤高耿直。《北齐书·厍狄士文传》："士文性孤直，虽邻里至亲莫与通狎。"《北史·房彦谦传》："清介孤直，未必高第；卑谄巧官，翻居上等。"

伸眉：舒展眉头，形容得志。司马迁《报任少卿书》："乃欲仰首伸眉，论列是非，不亦轻朝廷羞当世之士邪？"魏应瑒《侍五官中郎将建章台集诗》："良遇不可值，伸眉路何阶？"

达命：犹知命。《庄子·达生》："达命之情者，不务知之所无奈何。"《北齐书·儒林传·权会》："有一子，字子袭，聪敏精勤，幼有成人之量。不幸早亡，临送者为其伤恸，会唯一哭而罢，时人尚其达命。"

鹡鸰：参前第223页"脊鸰"注释。

【解析】

彭稷初，湖南长沙人，同治三年（1864年）举人，其人生平不详。

宣统二年（1910年）十二月二十三日，王闿运闻彭稷初丧，作挽联即为此联。

上联说其人因孤高耿直而不得志，今已瞑目九泉，过去恩怨当可了结。下联说看其人文章难知命，惟剩荒园衰草，而脊鸰寒啼。联语简述其人际遇，并哀挽少时之友，故有鹡鸰寒之谓。

【考辩】

《湘绮楼日记》宣统二年十二月二十三日有记载，文字一致。

挽黄小鲁

经世即名儒，百卷书成明道统；

乘轩非素志，一廛归卧乐余年。

【注释】

经世：阅历世事。《淮南子·俶真训》："养生以经世，抱德以终年，可谓能体道矣。"

道统：指儒家传道的脉络和系统。朱熹《与陆子静·六》："子贡虽未得道统，然其所知，似亦不在今人之后。"

乘轩：乘坐大夫的车，后亦泛指做官。《左传·闵公二年》："卫懿公好鹤，鹤有乘轩者。"杜预注："轩，大夫车。"鲍照《拟古诗》："不谓乘轩意，伏枥还至今。"

一廛：古时一夫所居之地，后泛指一块土地，一处居宅。《周礼·地官·遂人》："上地，夫一廛，田百亩，莱百亩。"孙诒让正义："古制田百亩而中有廛，因谓百亩之地为一廛。"柳宗元《柳长侍行状》："无一廛之土以处其子孙，无一亩之室以聚其族属。"

【解析】

黄小鲁即黄嗣东，字小鲁，号鲁斋，晚号鲁叟。邑拔贡生，历仕刑部郎中、陕西候补道、暑陕安兵备道。光绪十一年（1885年），署盐法道时捐廉集资与邑令樊增祥在长安县东关春明学社旧址建鲁斋书院。著有《濂学编》和《道学渊源录》。

宣统二年（1910年）十二月二十三日，王闿运云昨日得黄小鲁讣闻，作挽联即为此联。

上联说其人阅历世事而为名儒，更著书阐明道学渊源。下联说其人无意为官，但有一居处即能安度余年。联语雅正，说其人之才学和高节，见隐者风襟。

【考辩】

《湘绮楼日记》宣统二年十二月二十三日有记载，文字一致。

其他

过章木寺

生适并宗，冠馈昏迎，二师主丧旅吊；

私既未诔，出引宗户，阴垣使下将司。

【解析】

章木寺即樟木寺，在湖南衡阳县。据清同治《衡阳县志》记载："樟木寺系盖木居士旧祠。后因周围樟木丛生，故取名樟木寺。"

光绪八年（1882年）九月三十日，王闿运乘舟过大步，感知交零落而作诗，随后过章木寺，录有此句，然注语云："不可句读，疑有讹误。"故不知其所指。

【考辩】

《湘绮楼日记》光绪八年九月三十日有记载，文字为"生适并宗，冠馈昏迎，二师主丧旅吊；私既未诔，出引宗户，阴垣使下将司"。

卷六　补遗（又）

李小泉生日

八日谢客，愧孝达之专精；

七蟒排珠，欣小泉之富丽。

【注释】

孝达：张之洞，字孝达，号香涛，时为湖广总督。

【解析】

李小泉即李瀚章，时任两广总督，生平见前卷哀挽。

光绪二十年（1894年）正月十日，王闿运闻李小泉过生日，得七珠蟒，并有送翠钏者，巡抚此生不及百分之一，故得一联即为此联，并云“金圣叹所谓‘此一联堪绝倒’者”。

上联说张之洞事，张之洞对公事极为认真，写重要奏章时会闭门谢客。下联说李瀚章事，得七珠蟒，富丽之极。联语如戏作，带嘲讽之意。

【考辩】

《湘绮楼日记》光绪二十年正月十日有记载，文字一致。

改旧句

常如意事无八九；

不可言人有二三。

【解析】

光绪十四年（1888年）正月二十八日，王闿运改旧句，即为此联。

上联说事多不如意，下联说亦有不可言人之语。联语类格言，而数字对仗尤工。

【考辩】

《湘绮楼日记》光绪十四年正月二十八日有记载，文字一致。

作联赠涂颖廉

薄领得闲贫是福；

科名无忝学成家。

【注释】

薄领：谓官府记事的簿册或文书。《后汉书·南匈奴传》："当决轻重，口白单于，无文书簿领焉。"《资治通鉴·唐代宗大历六年》："滉为人廉勤，精于簿领。"

得闲：有隙可乘，得到机会。《管子·幼官》："障塞不审，不过八日，而外贼得闲。"韩愈《曹成王碑》："绍爵三年而河南北兵作，天下震扰，王奉母太妃逃祸民伍，得闲走蜀从天子。"

无忝：不玷辱，不羞愧。《书·君牙》："今命尔予翼，作股肱心膂，缵乃旧服，无忝祖考。"孔传："无辱累祖考之道。"《汉书·韦玄成传》："于戏后人，惟肃惟栗。无忝显祖，以蕃汉室。"

【解析】

涂颖廉其人生平不详，从日记所载应为东洲船山书院的教授。

光绪三十三年（1907年）四月十五日，涂颖廉年侄送诗，次日王闿运至涂教授处小坐，此联应为此二日间所作。

上联说于文书工作中得闲，虽贫亦是福。下联说若能学成一家，当不辱此科名。联语赞其人而赠之，亦有劝勉后辈之意。

【考辩】

此联有书法传世，落款为丁未四月，文字一致。

附录

附录一　王闿运年谱简编

道光十二年（1832年）1岁

五月，祖父王之骏卒。十一月二十九日，王闿运出生于湖南善化（今长沙）学宫巷内居宅，父王士璠，母蔡氏，有兄早夭，王闿运为次子。初名开运，三十五岁时因与衡州县令同名，故改名闿运。

道光十三年（1833年）2岁

十二月，葬祖父王之骏于善化南门外林子冲。

道光十四年（1834年）3岁

开始学习古歌谣及唐五言诗。

道光十七年（1837年）6岁

二月王士璠卒，十月葬于善化南门外林子冲。是岁王闿运染重疾，幸得祖母扶持而后愈可。

道光十八年（1838年）7岁

从善化李鼎臣学习《论语》《孟子》。

道光二十年（1840年）9岁

与同学兼表亲郭正斋新楷交好。

道光二十一年（1841年）10岁

开始学习时文，因家贫不能延师，从叔父步洲公王麟学。

道光二十三年（1843年）12岁

四月祖母戴氏卒，卖房而葬之。叔父王麟至宜章县设馆，王闿运从之游学。

道光二十六年（1846年） 15岁

僦居杨家花园。不喜制举之业，尝借得《楚辞》读之惊喜，遂发愤读书。

道光二十七年（1847年） 16岁

从刘焕藻学，结识罗熙赞、刘凤苞等。

道光二十八年（1848年） 17岁

读书于营盘街戴祠，始应童子试。因诗结交邓绎、邓辅纶、李寿蓉、丁取忠、龙汝霖等。移家城南，拟入城南书院读书。

道光二十九年（1849年） 18岁

肄业城南书院，院长陈本钦爱其才，特许入内听讲。得朱昌琳介绍，得以问业于熊少牧，得熊大赞其才。

道光三十年（1850年） 19岁

三月应县试，知县李春暄拔置第一，入县学。因丁果臣结识彭嘉玉，立志习礼。

咸丰元年（1851年） 20岁

与李寿蓉、龙汝霖、邓绎、邓辅纶成立兰林词社，时人称为湘中五子。三月游邵阳，八月与龙、邓游衡山。

咸丰二年（1852年） 21岁

二月往江西南昌，与孙麟趾结为忘年交，与李仁元交游。因太平军袭长沙，疾驰而回，八月入长沙。十月渡湘西走，十一月欲往乐平，因道路阻塞乃由萍醴至袁州，十二月过南昌，邓绎留之过年。

咸丰三年（1853年） 22岁

正月由南昌至乐平。七月返乡，八月至长沙。十月移家湘潭县城内学坪。得丁取忠为媒，十一月与蔡菊生成婚。

咸丰四年（1854年） 23岁

正月谒李云根先生。三月上书曾国藩未被采纳，欲从军，而冯卓怀向曾国藩力言王闿运尚无子嗣，不宜从行，遂令曾国藩生疑王闿运，王亦不辩解，虽罢从军之意。五月移家省城，并作《哀江南赋》。八月长女无非出生。九月往南昌，十月客游武昌，十二月由武昌还长沙，至岳州因大风而停留，游岳阳楼。

咸丰五年（1855年） 24岁

正月还长沙。二月往武冈邓绎家教其弟子读。四月其母及家人迁居明冈。八月王自武冈返明冈，九月复往武冈，十二月还明冈。是岁始治三礼，作《礼仪演》十三篇。选编《唐十家诗钞》，并作点评。

咸丰六年（1856年） 25岁

正月上《与书曾侍郎言兵事书》，未用。二月往武冈。五月长子王代功出生。十二月回明冈。始治《今古文尚书》。

咸丰七年（1857年） 26岁

正月往武冈，七月还明冈。参加补行的壬子、乙卯两科乡试，中第五名举人。

咸丰八年（1858年） 27岁

正月往武冈。三月至湘乡唁在家守孝的曾国藩。六月至长沙，往送曾国藩赴浙。与李鸿章书信往来。十一月与邓绎一起由明冈返长沙，到南昌见曾国藩，时李鸿章兄弟、许振祎、李元度俱在。然后溯饶水，至玉山，经严陵滩，至桐庐，渡浙江，除夕登吴山观杭州城。

咸丰九年（1859年） 28岁

正月游杭州西湖，后至苏州，游扬州，过淮安，乘车入京。三月假居晋阳馆。四月会试未中，寓居法源寺，参加宴会。得龙、李介绍结识肃顺，欲入幕得严正基书信而止之。八月次子王代丰出生。十月到济南，寓居山东巡抚文煜公署中。是岁研治《诗经》，作诗演数卷，又选汉魏六朝诸家诗为《八代诗选》并评。

咸丰十年（1860年） 29岁

正月与何少基、郭嵩焘登历山、探龙洞，泛大明湖，登华不注。三月还京师，居法源寺，与诸友为文酒之会。八月往祁门见曾国藩，进言而曾不听，后果溃败。十月返长沙。十一月母蔡夫人卒，十二月与王士璠合葬。

咸丰十一年（1861年） 30岁

始读《丧礼》。七月致书曾国藩劝曾入觐申明祖制，曾不听。

同治元年（1862年） 31岁

三月至武昌入湖北布政使唐训方幕。编次《湖北褒忠录》。后唐移抚安徽，阎敬铭代之。十一月归家，十二月行释服礼。

同治二年（1863年） 32岁

居长沙，与陈钟英、严咸、左枢唱和。欲从多隆阿军入陕，复以道阻，改计粤游。九月次女桂窳出生。十月由长沙至衡州，十二月到广州，在陈澧、方柳桥、徐子远处观览书籍。

同治三年（1864年） 33岁

居广州。六月纳长妾莫六云。七月到潮州，八月返长沙。十月到南京拜访曾国藩。十一月至齐河，作《思归引》，定计归隐。十二月居保定，除夕观保定行宫。

同治四年（1865年） 34岁

正月登恒山。三月于真定吊同县举人朱君。四月至汉口游洞庭湖，五月返长沙。八月定居衡阳石门。

同治五年（1866年） 35岁

二月往衡阳县程学伊家。四月，三女珰出生。是岁注《庄子》内篇。因原名开运与衡州县令王开运相同，遂改名王闿运。初字纫秋，五十岁后改字壬秋。

同治六年（1867年） 36岁

正月居石门。三月应陈士杰之邀修撰《桂阳州志》。

同治七年（1868年） 37岁

正月起修《桂阳州志》。九月，四女帉出生。十月游九嶷山，十一月还石门。

同治八年（1869年） 38岁

九月，五女帷出生，母莫氏。代御史黄锡彤拟作奏稿，请立博士。《湘绮楼日记》从是年起。

同治九年（1870年） 39岁

正月到查江访彭玉麟。二月代李鸿章拟《陈苗事疏》。四月上书曾国藩，言天津教案事。九月到长沙。十月长女无非出嫁，嫁于邓辅纶之嗣子邓国瓛。闰十月返石门。

同治十年（1871年） 40岁

正月启程北游，到长沙，然后买舟东下。二月到汉阳，乘小车至汝宁，作《陈夷务疏》。三月到京，寓黄晓岱宅，然后参加会试。四月游圆明园，至故宫，还，过舍卫城而归。五月，六女滋出生。作《圆明园诗》，为京师文人传写。七月出京到天津。八月到德州，然后到宿迁。九月，至清江浦，见曾国藩讨论经史及修志事。到彭城，登戏马台，访燕子楼。到镇江，登北固山，游甘露寺。然后告别曾国藩南归。十月到湖口，登石钟山；到南昌，登滕王阁。经袁州、萍乡，十一月回石门。

同治十一年（1872年） 41岁

正月，笺《尚书》、理《衡阳志》稿。二月到衡阳见彭玉麟、陈隽丞、李如昆，然后回石门。四月到长沙晤吴南屏，到湘潭，后还家。携二子及珰、帉出行，至太史码头。五月居太史码头王宅。六月往长沙，七月回衡州讲学。八月回石门山居。九月登回雁峰。十月，三子代舆出生。十一月到渌田看望叔父王麟。十二月闻叔父病逝，前往奔丧。

同治十二年（1873年） 42岁

正月到渌田，经理叔父之丧。回长沙，葬叔父于林子冲祖坟。二月到衡州。至花光寺寻春，因至东洲宴集。三月到袁州，与李若农长谈。四月离袁州，过萍乡、醴陵到渌田，宿槠木塘曾宅，然后回衡州。六月移家石门山居。九月至衡州议刻《衡阳县志》事，十月回石门。

同治十三年（1874年） 43岁

二月至东安修县志，四月书成。五月至长沙。六月《衡阳县志》刊成。九月回石门山居。十一月到衡州，十二月回石门山居。

光绪元年（1875年） 44岁

二月，七女茙出生。三月，《诗补笺》成。六月，命代功、代丰应童子试。七月至许家桥祭祖，八月回石门山居，然后返长沙，九月回石门山居。十一月到长沙，应曾纪泽邀请修《湘军志》，然后回石门山居。

光绪二年（1876年） 45岁

正月至衡州。二月至长沙，寓居传中书局。三月，赁居桂花井报慈寺南寮。五月闻石门山居毁，即返。闰五月回石门旧庐，然后买舟经常宁返长沙。九月率家人移居营盘街陈氏旧宅，四子代懿出生。十一月，五女帏去世。拟开思贤讲舍，始营湘绮楼。长女无非自武冈归家。

光绪三年（1877年） 46岁

四月，赴浏阳县（现浏阳市），主持浏阳县试。返长沙。八月，因撰《湘军志》，欲借东山何氏宅。九月往东山何氏宅。是岁，《春秋笺》初稿成。

光绪四年（1878年） 47岁

正月至湘潭。二月往东山。三月还山居。七月还长沙。八月，四川总督丁宝桢遣书约往四川。九月，寓居于府学宫，后步还东山。十一月出行，经藕池步、枝江、宜昌到巴东。十二月，入巫峡，泊界矶，经夔门、万县、蓬溪到成都，寓居铁板桥机器局，得丁宝桢邀请主讲尊经书院。除夕游洗马池。

光绪五年（1879年） 48岁

二月，移居君平里尊经书院。三月，八女纨出生。五月，开尊经书局，手写今古文尚书刊之。六月，夜泛浣花溪。七月，至大佛寺看海眼。九月至宝云庵，访百花潭。十月，改定《湘军志》。十一月，由成都启行至乐山，观大佛，览乌尤山。十二月经丰都、夔门、巫山、宜昌、枝江、安乡到长沙。

光绪六年（1880年） 49岁

正月，登定王台。是月郭嵩焘拟创立禁烟公社，请王闿运主持清议。二月率代丰及莫姬、诸女登舟，出虎渡口，到巫山县。三月到成都，入居书院。九月，手写《春秋》经三卷，交书局刊之。十二月，考订燕礼仪节。

光绪七年（1881年） 50岁

正月，得李鸿章书，言夷务事。令代丰拟定视学礼。三月出游，至新繁看东湖亭，至彭县，宿丹景山多宝寺，后返成都。七月，为代丰改定《春秋例表》。闰七月，令代丰还湘，谋乡居之计。是月，代丰卒于夔门。十月，登舟回湖南。是月，《湘军志》刻成。十一月，经行合江、巫山、归州、白阳、西港口、沅江。十二月至长沙，往湘潭侯塘蔡宅奔丧。除夕，为亡子代丰设祭。

光绪八年（1882年） 51岁

正月登定王台。二月得武冈书信言长女无非病重，欲自往看望，遂启行，经连司渡、侧水、阳唐湾、枯杉亭、司桥铺，到尖山邓辅纶家。三月与无非一起登舟返湘，经宝庆、雀塘铺至长沙。五月无非卒，年二十九。是月，九女复出生。六月，长女无非灵柩发引，归葬武冈。九月，买舟至衡阳，吊程春甫之丧。十月还长沙。十一月，次女桂窳出嫁，夫婿为同县胡锡燕子胡元玉。

光绪九年（1883年） 52岁

二月至湘潭刘家冲，阅视王代丰新茔。三月，买舟东下入蜀，至沅江、南洲。四月，过藕池口、宜昌、巫峡、云阳。五月，经万县、孙巢至成都。九月，重校《湘军志》。十月，三女珰嫁衡阳常豫之子常国笃。

光绪十年（1884年） 53岁

二月得家书闻夫人蔡氏患伤寒，买舟还湘，经重庆至巫山。三月，过归州到长沙，蔡氏病渐愈。率帉、[illegible]两女登舟赴蜀，至宜都。四月，经夔州、万县至兴隆场。五月至成都。十月校《春秋》表毕。十一月，十女真出生。是岁，长孙名建出生。

光绪十一年（1885年） 54岁

正月，校《礼记》。二月，莫姬率诸女至成都。五月，注《离骚》毕，删定四十岁前所作之五言古诗。八月，四女帉嫁海宁钟肇立之子钟文虎。九月，从子王䜩中乡试第一名解元。十一月，莫姬卒于成都华阳。

光绪十二年（1886年） 55岁

正月，卸任尊经书院山长。二月，先遣莫姬灵柩登舟，率诸女后行。三月返长沙。五月，往湘潭卜藏地未得。六月返长沙。八月，四女帉卒。是月东游，到扁担夹。九月，经南津港到汉口，登江轮到镇江，再到扬州、高邮、淮安、清江浦、泰安，游岱祠。十月，游泰山，至济南，游大明湖。十一月，重登华不注山。十二月，经德州到京师。

光绪十三年（1887年） 56岁

正月，游琉璃厂。二月，离京过涿州，至保定，寓居刘树堂署中。李鸿章遣车来迎，至天津。后辞李鸿章，登轮舟，至上海。后乘轮船出吴淞，至汉口，买舟还乡，至长沙。三月至碧浪湖修禊。后往湘潭。五月，移学堂至曾国藩祠思贤讲舍。八月，至东洲，入东洲书院。后过湘潭。九月至靖港，入紫云寺。后至湘潭县城。十一月还长沙。

光绪十四年（1888年） 57岁

正月，应郭嵩焘请代主讲思贤讲舍。二月将王代功得次子名良作为王代丰后嗣。三月往湘潭西乡云湖卜居。六月，营盘街居宅失火，书籍衣物和书笺被焚。八月葬莫姬于山塘，携诸女往湘潭西乡，与族弟王开枚谋筑新居。十月，新屋成。十一月还长沙。

光绪十五年（1889年） 58岁

二月，携代舆、代懿二子及王滋、王纨诸女北游，至汉口。三月登轮舟泛海，遇薛福成，后至天津，得李鸿章授馆于吴楚公所。四月，游水西庄、海光寺、柳墅等处。八月至上海，过昆山往苏州访俞樾，游颐园、留园、沧浪亭、五百祠、两书院、府学、虎丘、师子林。十月，游北寺塔、灵岩，后至无锡，游惠山，后过常州到丹阳。十一月到镇江，游焦山，后登轮船至汉口，经螺山还长沙。十二月往湘潭，至山塘庄屋，后还长沙。是月《湘潭县志》刻成。

光绪十六年（1890年） 59岁

正月至山塘，始修族谱。闰二月，六女滋嫁于黄瑜之子黄希廉。五月回长沙，后至衡州，作《刚直公行状》。六月还山塘。七月还长沙。八月还山塘。九月还长沙，妻蔡氏病卒。十月，岳父蔡荣森卒，往侯塘会葬，后还山塘。十二月，葬妻蔡氏于省城南郊赤冈冲茶园坡，后还山塘。

光绪十七年（1891年） 60岁

正月居山塘。二月受邀主讲东洲讲席，携代舆、代懿二子及王滋、王茷诸女至衡州，后入舍讲学。四月回山塘，后又至东洲。七月，改定《春秋笺》。八月，还湘潭，后至长沙，还山塘。九月至长沙，为亡妻蔡氏练祭。十月回东洲讲舍。十一月回长沙，十二月复往东洲。

光绪十八年（1892年） 61岁

正月，代功、代舆从鄂浙回来。重抄《诗补笺》。十一月作《祭常都尉文》。十二月陈隽丞卒于衡州，王吊临备至。

光绪十九年（1893年） 62岁

正月，校改《礼经笺》，作《陈隽丞行状》。二月，游雁峰寺、白鹭桥、西禅寺。九月，七女茷嫁于丁宝桢之子丁体晋。十月，至长沙，子代功送七女王茷夫妇东行。

光绪二十年（1894年） 63岁

二月，至大托铺，后游麓山，到万寿寺游云麓宫，观湘州二津，饮白鹤泉，登赫曦台。三月至东洲。五月至长沙送丁体晋，经乔口至常德，后经龙阳返长沙。六月还东洲。十一月回山塘，至长沙，后乘舟东下，栖岳阳楼。十二月至汉口两湖书院见邓绎，后登江轮过九江，至江宁见张之洞。又游华林园，登太平城楼，游玄武湖、鸡鸣寺、清凉山、皇姑院、随园、煦园。后乘江轮经汉口、湘阴至长沙。

光绪二十一年（1895年） 64岁

正月，登定王台，后回山塘。三月往衡州，至东洲。五月回山塘，后仍往东洲。八月回山塘，作《云湖火神祠碑》，令王滋篆书，刻于乾元宫壁。九月，王代舆补显学生员。十月，登舟还湘，先至山塘，后至长沙。十一月游浩园。十二月书《楞伽经》。

光绪二十二年（1896年） 65岁

正月，回山塘，写《楞伽经》毕，交金山寺僧藏之。应陈右铭约至碧浪湖修禊。二月，至碧湖雅集，后还山塘。四月至东洲。十月由衡州启行，经株洲，至长沙，后返东洲。十二月回山塘。

光绪二十三年（1897年） 66岁

正月居山塘，授孙女少春、孙男名良读经，讲《史记》。二月至湘潭县城，四子代懿成婚，其妻为杨度妹杨庄。三月至东洲。十二月还山塘。

光绪二十四年（1898年） 67岁

正月居山塘，授诸女及孙名良渡。二月至长沙。三月回东洲。四月朝廷欲召用王闿运，王暂不就，未几政变事起。四月访石门旧庐，后乘船还。六月至长沙，后还山塘。八月至东洲。十一月返山塘。十二月携良孙黄孙到县城看迎春，后回山塘。是岁，孙名端出生。

光绪二十五年（1899年） 68岁

正月携孙名良到县城，寓宾兴堂，后登舟过三门至东洲。九月，应朱其懿约至雁峰登高。十月至耒口，至曾家临曾氏从姑之丧，后回东洲。十一月，因送吕雪棠回蜀，率李金戣同行至长沙，经傅家洲，登岳阳楼，至龙口。十二月经汉口至镇江，登风神庙楼。经阊门至杭州，与瞿海渔、李少荃同游，借寓退省庵。游东西曲阑桥、武林山、孤山、岳坟、高庄。

光绪二十六年（1900年） 69岁

正月，游净慈寺、云栖寺、苏堤、俞楼、武林山、灵隐、一线天、赤山、石屋岭、理安寺、丛青阁废址、十八涧、龙井寺。后至平湖访张文心。二月至苏州见朱竹石，后经常州、丹徒、镇江、汉口至长沙。三月至东洲。四月至山塘，至长沙，后至岳州，游君山，登岳阳楼。后至沙市，登轮舟至汉口，换江轮经淮关至西坝。五月乘车经泰安至济南，丁体晋、王茙率子女出迎。游趵突泉、大明湖、历山、开元寺。携茙及其两女乘车至泰安，渡盐河至西坝，至扬州。六月经镇江、汉口、岳州至长沙，后还东洲。十二月新刻《尔雅集解》成，自校一过。

光绪二十七年（1901年） 70岁

正月率诸女由衡州还山塘，后至湘潭县城。二月，与书夏献铭，辞去东洲讲席。三月往县城。四月至长沙，后还山塘。六月至衡州县城，入祝圣寺，步溪桥玩月，投樟木寺。七月还山塘。九月，始建湘绮楼。十月至长沙。十二月，十女真嫁于陈隽丞之子陈兆璇。

光绪二十八年（1902年） 71岁

正月还山塘。三月至长沙。四月还山塘，后至花石，过馀庆，至衡州。五月至东洲。八月至清泉学社访廖荪畡，同游西郭。十一月，京师开经济特科，代功为两尚书及湘抚保荐。

光绪二十九年（1903年） 72岁

二月，代懿至日本学习陆军。八女紈嫁于衡阳刘焕辰。应端方邀买舟至长沙，登轮舟至汉口，端方遣船迎至武昌，乘火车至信阳，至确山县署。后至驻马店，因山洪暴发，复还确山，居县斋。三月到武昌，端方迎入抚署。与张之洞约谈时事。登南楼。后返长沙。四月至衡州，至东洲。八月还山塘。九月，江西巡抚夏时遣江峰青来湘，请王至南昌开办江西大学堂，有上谕准任江西学堂总教。后至长沙，后还山塘。十月至东洲。十一月由衡州启程，经醴陵、芦溪、袁州到江西省城，游东湖、宴百花洲、游苏园，至豫章书院，访北兰寺、观南唐将军石像，游娱园。十二月经分宜、萍乡还山塘。是月，孙女少春（王代丰女）嫁桂阳陈后琨之子履祥。

光绪三十年（1904年） 73岁

二月，至长沙，后还山塘，后至东洲。三月，江西遣船来接王闿运。四月，经札屋洲至南昌，入豫章书院。六月，辞去总教习一职，经江西巡抚夏时挽留，入其幕府。九月，至百花洲。是月还山塘。十月，率子代功及孙名良乘轮船至九江。十一月至南昌，后返湘，一路游散原山、翠崖、风雨池、洗药湖。十二月，经吴城、南康至长沙，后还山塘。是岁，孙名章出生。

光绪三十一年（1905年） 74岁

正月，至长沙，后还山塘。四月，四子代懿携妻杨庄出游日本，三子代舆护送。五月，至长沙展墓，后回山塘。八月，至长沙。九月，携二孙出游陕西，舟经涝口泊南津港，游君山、洞庭湖、湘妃庙、崇圣寺、救生公所、湘灵宫、九江楼，后过鲇鱼套、蔡甸、仙桃镇、帽子洲。十月至樊城，游习池鹿门、张柬之祠，后过牛首、老河口、荆子关、龙驹寨至商州，过秦岭上七盘山，后入城寓居夏宅。十一月，游曲江、小雁塔、慈恩寺、行宫、八仙庵、兴庆池，至华阴谒岳庙，登万寿阁，游玉泉、华山。后出涵谷，过曲沃、陕州、渑池、新安至洛阳。经巩县、虎牢、荥阳至郑州，乘火车至汉口，过濠子口。十二月，过岳州，夜至水麓洲，至长沙，后还山塘。后又至长沙。

光绪三十二年（1906年） 75岁

正月，应廖荪畡之约游沩山，渡水麓洲，过黄泥铺至横田廖宅，与廖同行经横铺市至黄柴，游密印寺、同庆寺，至东鹜山，游紫龙寺，后回山塘。三月至衡州，往退省庵。闰四月，往游零陵，过云石洪至祁阳，过浯溪、冷水滩、白蘋州，游朝阳岩，至双排峡，后至萧家山。五月，游苦竹垒、舜庙、紫霞洞，往三分石，渡冷水，过镰刀湾至祁阳，后还东洲。七月，还山塘。十月，至铁佛寺。十二月，往陈宅探视病重的孙女少春，又吊夏时灵柩，后还山塘。

光绪三十三年（1907年） 76岁

三月，至东洲。三月，九女复疾病，王返山塘省视，料理医药，待其病愈后还东洲。五月，至长宁水口山观矿山，至横头夏墓。六月，为夏时送葬后还东洲。七月还山塘，后至长沙，又至东洲。八月，与夏寿田泛舟夜游，至白沙。是月，作《湘绮楼记》。十一月，至长沙，送七女茙入蜀。十二月，至山塘视察老屋。

光绪三十四年（1908年） 77岁

三月，至东云峰探春。二月，至长沙，重游开福寺、碧浪新亭，后回山塘。三月，往后山看春，失足摔倒，代舆侍理医药，月杪乃愈。四月，得上谕授翰林院检讨。因程书祥之丧，经萱洲至衡，送程书祥发引后还湘潭。九月，携孙名畤往衡州。十月，为花药寺写大行皇帝孝钦皇太后神牌。十二月，校《春秋表》。

宣统元年（1909年） 78岁

二月，九女复嫁于武陵赵谨瑗，王闿运回长沙。闰二月，往青郊别墅，后回山塘，至药冲周氏看牡丹。四月，参加妻弟蔡与循之葬礼。五月，受端方邀游江南，代功侍行，自长沙乘轮，至汉口，乘江轮至江宁，与端方谈时局。后游清溪，下秦淮，会饮于升平园。至曾国藩祠，游藩署瞻园、晚游秦淮。后游胡园、半山寺、扫叶楼。六月至安庆，得沈曾植宴请，宿西园。后过汉口至长沙，还山塘。八月得便后血疾，久不愈。时京师新设礼学馆，被聘为顾问官，子代功为纂修。后至长沙就医。九月，疾小愈。至麓山。是月，子代舆被取为拔贡生。十月，至湘潭自治局演说。十一月，还长沙。十二月，还山塘，后至长沙。

宣统二年（1910年） 79岁

二月，还山塘。三月，至长沙调处抢米风潮。四月，九女复自武陵来省觐。五月，还山塘。是月，小疾，不食者数日。八月，感寒病疟疾，久不愈，又患下痢，代功侍疾，定服白虎汤，遂愈。十月，至长沙，游麓山，至爱晚亭看红叶。十一月，得陈程初约往开福寺看迎藏经。是月，因中举满六十年，重宴鹿鸣。十二月，至贡院寻旧游，后至浩园，公宴补祝生日。后至丝茅冲，访朱雨田。

宣统三年（1911年） 80岁

正月，湖南巡抚杨文鼎送来电谕，因乡举周甲加翰林院侍讲衔。是月，九女复卒。三月，还山塘，后至侯塘蔡家，留居三日。四月，七女茙自济南归宁。五月，至长沙，后还山塘。八月，至长沙。九月，还山塘。十一月，至刘家冲清理祠事，往横田廖宅留居。十二月，孙名良卒。

民国元年（1912年） 81岁

正月，还山塘。二月，至东洲。三月，至旧船山书院。五月，还山塘。七月，书《所见录》，成五千余字。十月，至宗庙祭高祖，后至县城。十一月，至长沙，宋教仁自上海来请王受职民国史馆。十二月，送七女茙至上海，自长沙启程至汉口，乘江轮至上海。游愚园，定寓辛园。

民国二年（1913年） 82岁

正月，至樊园探梅，与袁世凯会面。登江轮至汉口，后至长沙，又至湘潭。二月，还山塘。三月，子代懿来告将率名端往居青岛。往容园，赴南路女子师范学堂之招。因湘江涨水，入城居陈完夫家。四月，还东洲。五月，还山塘。后至长沙，寓居府学宫桂轩。六月，还山塘。八月，湘潭县改立慈善公所，请王主理。九月，三女珰自衡州来。后往东洲。十月，赴彭玉麟祠公讌。十一月，孙女寿香嫁清泉杨棨之子杨褩，王亲往送之，至长沙。十二月，还山塘。

民国三年（1914年） 83岁

正月，至长沙。二月，还山塘，得袁世凯书信促北行。还长沙，再得袁世凯电，遂允北行。三月，乘轮舟至汉口，乘轮车至京。谒袁世凯，游劝工场，登畅观楼。游法源寺、崇效寺，祭孔社，游畿辅先哲祠，游宴法源寺。四月，宴于岳云别墅，又赴黎元洪招宴于瀛台。又会宴于会馆、陶然亭、积水潭。闰五月，子代功南旋，留代舆居侍。六月，至参政院听讲。七月，与蔡锷谈。八月，遣孙名畤往曲阜谒孔林。九月，至安庆馆，再集翰林大会。十一月，赴隆福寺饯席，乘夜车南旋，至汉口作书别袁世凯，至长沙，得袁世凯复书云遥领史职。

民国四年（1915年） 84岁

正月，出南关展墓，后至烈士祠公宴，后还山塘。三月，衡州专船人来复请开学。六月，移居旧船山书院，后往西禅寺斋集。七月，还山塘。八月，为孙名健书《独行谣》诗册。后至东洲。十月，作《船山书院记》。十一月，致书袁世凯劝阻称帝事。十二月，还山塘。

民国五年（1916年） 85岁

三月，至浮塘，后至宁乡横田见廖荪畡。得京电，次女桂窳卒。五月，闻袁世凯丧，致书国史馆，嘱其自行解散。后往县城议练兵事，返家已病重。六月，子代功还，侍疾。代懿率家人自天津还。七月，彭畯伍自长沙来，作一律赠之，是为绝笔。八月，病益剧。九月二十四日子正三刻，终于正寝。丧祭仪节一遵其生前手定，诔者数千人，诸省皆恸。十二月，黎元洪遣使来祭，并致神道碑文。

民国五年（1916年）

三月二十八日，葬于湘潭六都二甲白鹿冲之原。

附录二　王闿运家族成员简编

祖父：王之骏，字遹斋，湘潭县学附生。

祖母：戴氏，江苏句容人，南澳同知戴志达之女。

父：王士璠，字奂若，王之骏长子。

母：蔡氏，湘潭县侯塘人。

叔：王麟，字步洲，王之骏次子。

妻：蔡菊生，字梦缇，湘潭人，蔡荣森之女。

妾：莫六云，又字绿云，宣化人。

长子：王代功，字伯谅，小名吉来，娶妻黄氏。

次子：王代丰，字仲章，小字庆来，娶妻彭氏。

三子：王代舆，字恒子，娶妻周氏。

四子：王代懿，字文育，其妻为杨度之妹，才女杨庄。

长女：王无非，又名去非、娥芳，适邓绎之子邓国瓛。

次女：王桂窳，也作桂窊，适湘潭胡锡燕之子胡元玉。

三女：王珰，适衡阳常豫之子常国笃。

四女：王帉，适海宁钟肇立之子钟文虎。

五女：王帏，小名胜萸，八岁殇。

六女：王滋，字蒲芳，适长沙黄瑜之子黄希濂。

七女：王茙，适丁宝桢之子丁体晋。

八女：王纨，适衡阳刘昌澧之子刘焕辰。

九女：王复，适武陵人赵谨瑗。

十女：王真，适桂阳陈士杰之子陈兆璇。

长孙：王名健。

孙：王名良。

孙：王名章。

孙：王名端。

孙女：王少春。

附录三　主要参考书目

1．王闿运．湘绮楼联语［M］．刻本．长沙：湘绮楼藏版，1917.

2．周渊龙，符双之主编．湘绮楼联语校注［M］．北京：中国文史出版社，2013.

3．王闿运．湘绮楼日记［M］．长沙：岳麓书社，1997.

4．王闿运．湘绮楼诗文集［M］．北京：朝华出版社，2018.

5．王代功．湘绮府君年谱［M］．刻本．长沙：湘绮楼藏版，1917.

6．王闿运．湘军志［M］．北京：朝华出版社，2018.

7．王闿运、汪敩灏修纂．桂阳直隶州志［M］．长沙：岳麓书社，2011.

8．陈嘉榆，王闿运等修纂．湘潭县志［M］．长沙：岳麓书社，2010.

9．王闿运．中宪大夫衡阳程君墓志铭［J］．长沙：船山学刊，1935.

10．王闿运．湘绮楼文集［M］．刻本．成都：广益书局，1936.

11．曾国藩．曾国藩全集［M］．长沙：岳麓书社，2011.

12．曾国藩．曾国藩家书［M］．南昌：江西美术出版社，2018.

13．黎庶昌，王定安等．曾国藩年谱［M］．长沙：岳麓书社，2017.

14．萧艾．王闿运评传［M］．长沙：岳麓书社，1997.

15．周柳燕．王闿运的生平与文学创作［M］．长沙：湖南大学出版社，2010.

16．谢丹．瞿鸿禨年谱［J］．长沙：湖南师范大学，2018.

17．贾健鹏．瞿鸿禨的家世、科第与典试经历［J］．福州：教育与考试，2019.

18．朱新华，黄志刚．杨沂孙杨泗孙年谱［M］．南京：凤凰出版社，2012.

19．刘忆江．李鸿章年谱长编［M］．保定：河北大学出版社，2015.

20．赵尔巽等．清史稿［M］．北京：中华书局，1977.

21．龚联寿．联话丛编［M］．南昌：江西人民出版社，2000.

22. 陆筠. 海角续编［M］. 北京：中华书局，1959.

23. 郭嵩焘. 郭嵩焘日记［M］. 长沙：湖南人民出版社，1981.

24. 恽毓鼎. 恽毓鼎澄斋日记［M］. 杭州：浙江古籍出版社，2004.

25. 吴宇栋. 王闿运年谱稿［J］. 沈阳：辽宁大学，2015.

26. 刘平，章启辉. 王闿运改制船山书院探析［J］. 长沙：湖南大学学报，2007.

27. 郭嵩焘. 伦敦与巴黎日记［M］. 长沙：岳麓书社，1984.

28. 杨式仁. 邓辅纶父子集［M］. 北京：光明日报出版社，2016.

29. 王隽. 光绪年间清廷功臣画像考述［J］. 邵阳：邵阳学院学报，2010.

30. 寻霖，龚笃清. 湘人著述表［M］. 长沙：岳麓书社，2010.

31. 胡君复. 古今联语汇选［M］. 北京：西苑出版社，2002.

32. 黄涵林. 古今楹联名作选萃［M］. 刻本. 成都：广益书局，1929.

33. 张思宁. 王先谦交游考论［J］. 西安：陕西师范大学，2019.

34. 朱德印. 新见王闿运佚文五篇考述［J］. 娄底：湖南人文科技学院学报，2020.

35. 陈先枢，李渔村. 长沙野史类钞［M］. 长沙：岳麓书社，2011.

36. 渔父. 黄彭年与王闿运［J］. 贵阳：贵阳文史，2009.

37. 缪荃孙，冯煦、庄蕴宽、吴廷燮等. 江苏省通志稿［M］. 南京：江苏古籍出版社，2002.

38. 余德泉. 清十大名家对联集［M］. 长沙：岳麓书社，2008.

39. 叶衍兰，叶恭绰. 清代学者像传［M］. 上海：上海书店出版社，2014.